WILEY

交易对手信用风险和信用价值调整

（第二版）

Counterparty Credit Risk and Credit Value Adjustment:
a Continuing Challenge for Global Financial Markets

〔英〕 乔恩·格雷戈里（Jon Gregory）著
杨超 吴攀攀 白宇 杨静平 译

北京大学出版社
PEKING UNIVERSITY PRESS

著作权合同登记号 01-2014-7934

图书在版编目(CIP)数据

交易对手信用风险和信用价值调整：第二版 /（英）乔恩·格雷戈里著；杨超等译 . —北京：北京大学出版社，2019.1
ISBN 978-7-301-30074-9

Ⅰ. ①交… Ⅱ. ①乔… ②杨… Ⅲ. ①市场交易—风险管理—研究 Ⅳ. ① F713.50

中国版本图书馆 CIP 数据核字 (2018) 第 265879 号

Title: Counterparty Credit Risk and Credit Value Adjustment: a Continuing Challenge for Global Financial Markets by Jon Gregory, ISBN: 9781118316672

Copyright © 2012 by John Wiley & Sons Ltd

All rights reserved. This translation published under license. Authorized translation from the English language edition. Published by John Wiley & Sons . No part of this book may be reproduced in any form without the written permission of the original copyrights holder. Copies of this book sold without a Wiley sticker on the cover are unauthorized and illegal.

书　　名	交易对手信用风险和信用价值调整（第二版）
	JIAOYI DUISHOU XINYONG FENGXIAN HE XINYONG JIAZHI TIAOZHENG
著作责任者	〔英〕乔恩·格雷戈里（Jon Gregory） 著
	杨　超　吴攀攀　白　宇　杨静平 译
责任编辑	曾琬婷
标准书号	ISBN 978-7-301-30074-9
出版发行	北京大学出版社
地　　址	北京市海淀区成府路 205 号　100871
网　　址	http://www.pup.cn　新浪微博：@ 北京大学出版社
电子信箱	zpup@pup.cn
电　　话	邮购部 010-62752015　发行部 010-62750672　编辑部 010-62754819
印 刷 者	天津中印联印务有限公司
经 销 者	新华书店
	889 毫米 ×1194 毫米　16 开本　28 印张　591 千字
	2019 年 1 月第 2 版　2019 年 1 月第 1 次印刷
定　　价	98.00 元

未经许可，不得以任何方式复制或抄袭本书之部分或全部内容。
版权所有，侵权必究
举报电话：010-62752024　电子信箱：fd@pup.pku.edu.cn
图书如有印装质量问题，请与出版部联系，电话：010-62756370

致 Ginnie，George 和 Christy

内 容 简 介

本书是一部全面而系统地介绍交易对手信用风险管理的金融学专著.本书第一版的问世,受到广泛的关注,有关交易对手信用风险的研究也因此取得迅猛的发展.第二版对第一版进行了大幅度的调整与补充,以便及时吸纳、总结最新的研究成果,为读者呈现一个更为完备的理论体系,提供一套更为有效的实务指导.全书包括四大部分内容:第一部分对金融风险管理做了概括性介绍;第二部分介绍降低交易对手信用风险的各种手段;第三部分是针对信用风险的衍生品价值调整;第四部分总结了交易者和监管者从各自角度对控制交易对手信用风险所做的努力,并对信用风险管理未来的发展做出了设想.

致　　谢

距本书第一版的出版已过去了近三年的时间，在此期间，交易对手风险领域出现了长足的改变与发展. 我希望本书第二版能将这些更新及时而全面地呈现给大家. 事实上，本书第二版对第一版的大部分内容进行了重写与扩充，且增加了新的章节. 篇幅所限，本书的数学推导细节以附录的形式供大家从 www.cvacentral.com 免费下载. 此举出于许多读者并不需要对这些细节做深入探究.

我有幸得到了业界和学术界专家的反馈，他们是 Ronnie Barnes，Karin Bergeron，Liesbeth Bodvin，Alexandre Bon，Christoph Burgard，Andrew Green，Matthew Leeming，Michael Pykhtin，Nicolas Rabeau，Colin Sharpe 和 David Wigan. 任何遗漏的疏漏均属作者之责.

感谢 Wiley 出版社 Aimee Dibbens，Sam Hartley，Lori Laker 和 Jennie Kitchin 自始至终的帮助. 非常感谢来自 Get Ahead VA 的 Rebecca Newenham 和 Desiree Marie Leedo 在组织和校对方面的帮助. 我还要感谢在伦敦 Solum Financial Partners 的同事 Vincent Dahinden，Thu-Uyen Nyugen 和 Rowan Alston.

在过去两年半的时间里，我因交易对手相关工作有幸走访了阿姆斯特丹、巴塞罗那、柏林、波士顿、布鲁塞尔、芝加哥、迪拜、杜塞尔多夫、法兰克福、日内瓦、香港、冰岛、马德里、墨尔本、米兰、孟买、纽约、巴黎、罗马、圣保罗、新加坡、悉尼、台北、多伦多、土耳其和华沙. 感谢我在这些地方的会议、培训和咨询项目中所遇到的每一个人，他们提出的想法和问题使我对交易对手风险这一广阔的领域进行不断思考.

乔恩·格雷戈里
2012 年 8 月

译者导读

《交易对手信用风险和信用价值调整》(*Counterparty Credit Risk and Credit Value Adjustment：a Continuing Challenge for Global Financial Markets*)是一部全面而系统地介绍交易对手信用风险管理的金融学专著。该书第一版的问世，正值美国次贷危机及其连锁反应在全球蔓延。交易对手信用风险，因其会给个人投资者、金融机构乃至政府带来巨额损失而受到广泛关注，有关交易对手信用风险的研究也因此取得迅猛发展。该书第二版对第一版进行了大幅度调整与补充，以便及时吸纳、总结最新的研究成果，为读者呈现一个更为完备的理论体系，提供一套更为有效的实务指导。

该书作者 Jon Gregory 是英国剑桥大学博士、信用衍生品和交易对手风险管理领域的知名专家。Jon 在过去的 10 年中一直致力于信用模型的开发工作。他曾任职于法国巴黎银行(BNP Paribas)和所罗门兄弟公司(Salomon Brothers)。2008 年以前，他一直担任巴克莱资本(Barclay Capital)在伦敦的信用分析主管。他的著作 *Credit：the Complete Guide to Pricing，Hedging and Risk Management* 曾获 Kulp-Wright 风险管理和保险领域最杰出图书奖。

全书共分为四个部分。在第一部分(第 1~3 章)第 1 章中，作者首先通过回顾美国次贷危机和欧洲主权债务危机的酝酿、爆发及其给全球金融系统稳定性带来的沉重打击，揭示信用风险在当今各类金融交易活动中所扮演的重要角色，继而围绕监管机构为防范信用风险所采取的各种措施，探讨了信用风险管理的原则与挑战；在接下来的第 2 章中，作者对金融风险管理做了概括性介绍，包括金融风险的分类、各类金融风险的相关性、作为风险量化指标的风险价值(VAR)的定义与计算方法、场外衍生品市场的壮大与信用衍生品的发展、交易对手信用风险的出现与信用价值调整(CVA)的引入；在第一部分的最后一章中，作者对交易对手信用风险给出了全面的定义，包括受其影响的衍生产品和市场参与者，构成交易对手信用风险的各种要素——信用风险敞口、违约概率、回收率、替换成本，以及作为量化与控制此类风险的信用额度和 CVA 的作用。

该书的第二部分(第 4~8 章)所关注的是降低交易对手信用风险的各种手段。在第 4 章与第 5 章中，作者分别介绍了通过减少信用风险敞口而降低信用风险的两种最主要手段——净额结算和抵押。当与同一交易对手的资产组合中包含许多双向交易时，净额结算是一种及时、有效地降低因交易对手违约而导致的损失的方式。与净额结算相比，抵押品的使用与管理更为复杂，牵涉更多法律问题、操作成本和融资流动性风险。降低交易对手信用风险的另一种手段是只选择与信誉好的交易对手进行交易。违约隔离实体和中央清算机制正是基于这一原则而设计的.该书的第 6 章和第 7 章对它们分别进行了介绍.其中,违约隔离实体已因其糟糕的历史表现而成为明日黄花,中央清算机制凭借其信息透明性和更为严格的管理标准而成为后金融危机时代监管机构的新宠.在第 8 章中,作者正式引入了信用风险敞口的概念及其量化指标和影响因素,深入探讨了降低信用风险敞口的两种主要手段——净额结算和抵押的实施细节,并强调了在计算信用风险敞口时,测度选择的重要性.

该书第三部分(第 9~15 章)的主题是针对信用风险的衍生品价值调整.从这一部分起,作者开始逐步展开前述课题的技术细节.第 9 章介绍了计算信用风险敞口的各种常用方法,特别是在采用净额结算和抵押情况下,估计信用风险敞口的随机模拟方法.第 10 章研究违约概率、回收率和信用溢差之间的联系,并介绍了作为对冲工具的一些重要信用衍生品以及其中可能蕴含的错向风险.在第 11 章中,作者考查包含多个交易对手的资产组合信用风险管理的基本方法及其局限性.有了以上的铺垫,作者在第 12 章正式引入了 CVA.简言之,CVA 代表衍生品价格对交易对手信用风险而做出的调整,它的计算涉及信用风险敞口、违约概率、回收率和它们之间的相互联系.第 12 章在假设三者相互独立且交易者自身无违约风险的条件下,给出了 CVA 的计算公式,并引入了增量 CVA 和边际 CVA 的概念.在第 13 章中,作者考查衍生品价格对交易者自身违约风险做出的调整,即债务价值调整(DVA).DVA 与 CVA 在理论上互为对称,交易一方的 DVA 即为另一方的 CVA.但是,DVA 的计算涉及交易者自身违约所带来的收益或损失,而出于包括会计准则在内的种种原因,这种收益或损失并不一定能够真正实现,因此 DVA 至今仍是一个颇具争议的课题.作者对此进行了深入探讨.第 14 章的主题是衍生品价格对交易者自身融资成本所做的调整,即融资价值调整(FVA).在伦敦银行间拆借利率(LIBOR)不再被视为无风险利率和抵押担保被大量引入衍生品交易的背景下,交易者的融资成本不但不应继续被忽视,而且还影响到在市场无套利的假设下衍生品估值这一根本问题.作者在这一章对 FVA 的缘起和它对 CVA 和 DVA 的影响做了初步探讨.在这一部分的最后一章中,作者引入错向风险的概念,作为对信用风险敞口、违约概率和回收率三者相互独立这一完美假设的现实修正.作者首先揭示错向风险产生的原因,继而列举了在资产组合的不同层面和不同的资产类别中,错向风险的识别与处理方式,最后还探讨了错向风险给抵押担保和中央清算带来的影响.

该书第四部分包括第 16~19 章.在这一部分中,作者总结了交易者和监管者从各自角度对控制交易对手信用风险所做的努力,包括对冲交易对手风险的有效策略、围绕 CVA 的波动而制定的监管要求以及公司的 CVA 部分所承担的责任.最后,作者对信用风险管理未来的发展做出了自己的设想.

信用是现代商业社会的基石,也是构建现代金融体系的重中之重.在我国,信用风险管理日益受到各级监管部门和市场主体的高度关注.近年来,我国商业银行衍生工具交易增长加快，业务品种多样化. 同时，商业银行国际业务加速扩张，境外衍生品交易数量增加. 而现行资本计量规则风险敏感度不足，不能充分捕捉衍生工具交易对手信用风险的波动和增加. 为强化商业银行衍生工具风险管理和计量能力，适应国际监管标准变化和衍生工具业务发展趋势，银监会已于2018年年初印发《衍生工具交易对手违约风险资产计量规则》. 此计量规则借鉴Basel委员会发布的《衍生工具资本计量国际标准》，大幅提高了衍生工具资本计量的风险敏感性；重新梳理了衍生工具资本计量的基础定义和计算步骤，明确了净额结算组合、资产类别和抵消组合的确定方法，考虑净额结算与保证金协议的作用，并分别规定了重置成本与潜在风险暴露的计算步骤和公式.

美国次贷危机开始爆发至今已过去11年，该书第二版的中文版终于与读者见面了. 我们相信，健全的征信体制、丰富的信用衍生产品和完善的信用风险管理体系，对于我国金融系统的稳健发展，将起到关键的作用. 希望该书的翻译出版，能够为广大学术界和业界人士提供及时而有益的参考.

译　者

2018年6月

工 作 表

本书第一版的特色之一在于包含工作表示例. 这些表格帮助读者理解正文中与量化分析有关的部分内容. 这些示例曾广泛应用于相关培训, 从而具有直观和便于理解的特点(作者希望如此).

在本书的第二版中, 作者对这些工作表示例进行了彻底更新与补充, 加入了一些更复杂的计算. 所有这些工作表都可以从网站 www.cvacentral.com 免费下载. 新的示例会不断补充. 如有任何问题, 请通过该网站与作者联系.

工作表 3.1　远期契约型风险敞口的交易对手风险
工作表 4.1　简单的净额结算计算
工作表 6.1　简单的专业保险公司的例子
工作表 8.1　正态分布下的 EE 和 PFE
工作表 8.2　EPE 的计算
工作表 8.3　EPE 和有效 EPE 的例子
工作表 8.4　跨币种互换风险敞口形状的一个简单例子
工作表 8.5　CDS 风险敞口的简单计算
工作表 8.6　与独立金额、阈值、所持有抵押品、最低转账金额和舍入法相关的支付和返回抵押品的范例
工作表 9.1　单因子 Vasicek 模型模拟利率互换的风险敞口
工作表 9.2　净额结算对例子中所涉及的交易的影响
工作表 9.3　边际风险敞口计算的例子
工作表 9.4　增量风险敞口的计算
工作表 9.5　边际风险敞口的计算
工作表 9.6　量化抵押对风险敞口的影响
工作表 10.1　分析历史违约概率
工作表 10.2　计算市场隐含违约概率
工作表 11.1　计算二元正态分布的联合违约概率
工作表 11.2　计算带有随机风险敞口的信用资产组合的意外损失和 α 因子
工作表 12.1　简单的 CVA 计算
工作表 12.2　互换 CVA 的半解析方法

工作表 13.1　BCVA 的简单计算
工作表 14.1　FVA 计算示例
工作表 15.1　存在错向风险时期望风险敞口的计算
工作表 15.2　带有交易对手风险的 Black-Scholes 公式

附　　录

以下是包含更多数学细节的附录列表. 这些列表可以从网站 www.cvacentral.com 免费下载. 如有任何问题,请通过该网站与作者取得联系.

附录 6A　简单的专业保险商公式
附录 8A　正态分布下 EE,PFE 和 EPE 的公式
附录 8B　远期合约的风险敞口计算示例
附录 8C　互换的风险敞口计算示例
附录 8D　跨币种互换的风险敞口计算示例
附录 8E　简单的净额结算的计算
附录 9A　风险敞口模型的更多数学细节
附录 9B　边际风险敞口的计算
附录 9C　计算抵押品对风险敞口的影响的示例
附录 10A　累积违约概率函数的定义
附录 10B　违约过程的数学含义以及市场隐含违约概率的计算
附录 11A　二元正态分布下联合违约概率的计算和信用资产组合的描述
附录 12A　标准 CVA 公式的推导
附录 12B　CVA 的计算和简单的基于溢差的近似
附录 12C　期权头寸的 CVA 公式
附录 12D　互换 CVA 的半解析计算方法
附录 12E　增量 CVA 的公式
附录 13A　双边 CVA 公式的推导
附录 14A　FVA 的计算公式及其与贴现曲线方法的比较
附录 15A　违约时刻与风险敞口相关条件下典型远期合约期望风险敞口的计算,处理错向风险的较为通用的方法
附录 15B　处理外汇错向风险的贬值法
附录 15C　包含交易对手风险的 Black-Scholes 公式
附录 15D　带有交易对手风险的个体 CDS 和层级的定价方法
附录 15E　CDO 结构价值的演示
附录 17A　大型同质化资产池的近似

附录 17B　Basel II 中资产相关性和到期日调整因子的公式
附录 17C　当前风险敞口方法(CEM)对于净额结算和抵押的处理
附录 17D　标准的方法
附录 17E　有效到期日的计算和双违约公式

目 录

第 1 章　导言 ……………………………………………………………（ 1 ）
第 2 章　背景知识 ………………………………………………………（ 7 ）
　§2.1　简介 ……………………………………………………………（ 7 ）
　§2.2　金融风险 ………………………………………………………（ 7 ）
　　2.2.1　市场风险 …………………………………………………（ 7 ）
　　2.2.2　信用风险 …………………………………………………（ 8 ）
　　2.2.3　流动性风险 ………………………………………………（ 8 ）
　　2.2.4　操作性风险 ………………………………………………（ 8 ）
　　2.2.5　风险类型的整合 …………………………………………（ 8 ）
　§2.3　风险价值(VAR) ………………………………………………（ 9 ）
　　2.3.1　定义 ………………………………………………………（ 9 ）
　　2.3.2　VAR 的危险 ………………………………………………（ 10 ）
　　2.3.3　模型 ………………………………………………………（ 10 ）
　　2.3.4　相关系数与相依性 ………………………………………（ 12 ）
　§2.4　衍生品市场 ……………………………………………………（ 12 ）
　　2.4.1　衍生品的使用 ……………………………………………（ 12 ）
　　2.4.2　交易所交易和场外交易衍生品 …………………………（ 13 ）
　　2.4.3　衍生品的风险 ……………………………………………（ 13 ）
　　2.4.4　"大而不倒"和系统性风险 ………………………………（ 14 ）
　　2.4.5　信用衍生品 ………………………………………………（ 16 ）
　§2.5　交易对手风险的历史 …………………………………………（ 16 ）
　　2.5.1　交易对手风险的由来 ……………………………………（ 16 ）
　　2.5.2　交易对手风险和 CVA ……………………………………（ 16 ）
　　2.5.3　减少交易对手风险 ………………………………………（ 17 ）
　　2.5.4　交易对手风险与中央清算 ………………………………（ 18 ）
　§2.6　小结 ……………………………………………………………（ 18 ）
第 3 章　定义交易对手信用风险 ………………………………………（ 19 ）
　§3.1　交易对手风险介绍 ……………………………………………（ 19 ）
　　3.1.1　交易对手风险和借贷风险 ………………………………（ 20 ）

3.1.2　交割风险和交割前风险…………………………………………（20）
　　　3.1.3　交易所交易衍生品……………………………………………（22）
　　　3.1.4　场外交易衍生品………………………………………………（22）
　　　3.1.5　回购和证券借贷………………………………………………（25）
　　　3.1.6　降低交易对手风险……………………………………………（25）
　　　3.1.7　交易对手风险主体……………………………………………（26）
　§3.2　组成元素和术语………………………………………………………（28）
　　　3.2.1　信用风险敞口…………………………………………………（28）
　　　3.2.2　违约概率、信用转移及信用溢差……………………………（29）
　　　3.2.3　回收和违约损失………………………………………………（30）
　　　3.2.4　盯市价值和重置成本…………………………………………（31）
　　　3.2.5　降低交易对手风险……………………………………………（31）
　§3.3　控制和量化……………………………………………………………（32）
　　　3.3.1　信用限额………………………………………………………（32）
　　　3.3.2　CVA……………………………………………………………（34）
　　　3.3.3　是使用CVA还是信用限额？…………………………………（35）
　　　3.3.4　CVA代表了什么？……………………………………………（36）
　　　3.3.5　对冲交易对手风险……………………………………………（36）
　　　3.3.6　资产组合的交易对手风险……………………………………（37）
　§3.4　小结……………………………………………………………………（38）
第4章　净额结算、压缩、交割和终止特征…………………………………（39）
　§4.1　简介……………………………………………………………………（39）
　　　4.1.1　交易对手风险的起源…………………………………………（39）
　　　4.1.2　ISDA主协议……………………………………………………（39）
　§4.2　净额结算………………………………………………………………（40）
　　　4.2.1　支付净额结算…………………………………………………（40）
　　　4.2.2　对终止净额结算的需要………………………………………（41）
　　　4.2.3　终止净额结算…………………………………………………（42）
　　　4.2.4　净额结算集与次可加性………………………………………（43）
　　　4.2.5　净额结算的影响………………………………………………（44）
　　　4.2.6　产品范围………………………………………………………（45）
　§4.3　终止特征和交易压缩…………………………………………………（45）
　　　4.3.1　重置协议………………………………………………………（46）
　　　4.3.2　额外终止事件…………………………………………………（46）

4.3.3　躲开特征 … （48）
　　　4.3.4　交易压缩和多边净额结算 … （49）
　§4.4　小结 … （51）
第5章　抵押品 … （52）
　§5.1　简介 … （52）
　　　5.1.1　抵押的基本原理 … （52）
　　　5.1.2　与抵押贷款类比 … （53）
　　　5.1.3　抵押的基础知识 … （54）
　　　5.1.4　抵押品的使用 … （54）
　　　5.1.5　信用支持附件 … （55）
　　　5.1.6　抵押的影响 … （56）
　§5.2　抵押条款 … （57）
　　　5.2.1　估值方 … （57）
　　　5.2.2　抵押品的类型 … （57）
　　　5.2.3　抵押协议的适用范围 … （58）
　　　5.2.4　纠纷和调解 … （59）
　　　5.2.5　保证金通知的频率 … （60）
　　　5.2.6　抵押折扣 … （60）
　　　5.2.7　分红和利息的支付 … （62）
　　　5.2.8　替代品、融资成本和再抵押 … （62）
　§5.3　定义抵押品金额 … （64）
　　　5.3.1　CSA 的类型 … （64）
　　　5.3.2　抵押参数与信用资质的联系 … （64）
　　　5.3.3　阈值 … （65）
　　　5.3.4　独立金额 … （65）
　　　5.3.5　最低转账金额和舍入法 … （66）
　§5.4　抵押的风险 … （66）
　　　5.4.1　市场风险和保证金风险期 … （67）
　　　5.4.2　操作性风险 … （67）
　　　5.4.3　流动性风险 … （68）
　　　5.4.4　资金流动性风险 … （68）
　§5.5　小结 … （69）
第6章　违约隔离实体和"大而不倒"问题 … （70）
　§6.1　导言 … （70）

6.1.1	违约隔离实体和"大而不倒"	(70)
6.1.2	从场外交易到交易所交易	(71)
§6.2	特殊目的载体	(72)
§6.3	衍生品公司	(73)
6.3.1	标准的衍生品公司	(73)
6.3.2	DPC的衰落	(74)
§6.4	专业保险公司和信用DPC	(75)
6.4.1	合理性	(75)
6.4.2	专业保险公司	(75)
6.4.3	信用衍生品公司	(76)
6.4.4	专业保险公司的失败	(77)
6.4.5	为什么评级机构搞错了?	(81)
6.4.6	一个(非常简单的)对专业保险公司的量化分析	(82)
§6.5	中央交易对手	(84)
6.5.1	简介	(84)
6.5.2	交易所与清算	(84)
6.5.3	中央清算的基本知识	(85)

第7章 中央交易对手(CCP) (87)

§7.1	中央清算	(87)
7.1.1	系统性风险	(87)
7.1.2	金融危机的影响	(88)
7.1.3	透视CCP	(89)
7.1.4	CCP的功能	(89)
7.1.5	多边净额结算	(90)
7.1.6	CCP的数目	(92)
7.1.7	CCP的覆盖范围	(93)
§7.2	中央清算的流程	(95)
7.2.1	清算会员	(95)
7.2.2	追加保证金	(96)
7.2.3	清算会员违约的影响	(96)
7.2.4	初始保证金	(97)
7.2.5	储备基金、出资请求和损失共担	(100)
7.2.6	协作性	(100)
7.2.7	非清算会员和最终用户	(101)

§7.3 对 CCP 的影响和益处的分析 ……………………………………………（102）
  7.3.1 中央清算的优势 ………………………………………………（103）
  7.3.2 CCP 破产案例 …………………………………………………（103）
  7.3.3 同质化的影响 …………………………………………………（104）
  7.3.4 CCP 在未来是否会被允许破产？ ……………………………（105）
  7.3.5 若没有 CCP，场外衍生品还能存在吗？ ……………………（105）
  7.3.6 CCP 市场发展的障碍与挑战 …………………………………（106）
§7.4 小结 ………………………………………………………………………（107）

第 8 章 信用风险敞口 …………………………………………………………（109）

§8.1 信用风险敞口 ……………………………………………………………（109）
  8.1.1 定义 ……………………………………………………………（109）
  8.1.2 双边风险敞口 …………………………………………………（110）
  8.1.3 清算金额 ………………………………………………………（111）
  8.1.4 风险敞口作为期权空头头寸 …………………………………（112）
  8.1.5 未来风险敞口 …………………………………………………（112）
  8.1.6 与 VAR 方法的比较 …………………………………………（113）
§8.2 信用风险敞口的度量 ……………………………………………………（114）
  8.2.1 期望未来价值 …………………………………………………（114）
  8.2.2 未来潜在风险敞口 ……………………………………………（115）
  8.2.3 期望风险敞口 …………………………………………………（115）
  8.2.4 正态分布下的 EE 和 PFE ……………………………………（116）
  8.2.5 PFE 的最大值 …………………………………………………（116）
  8.2.6 期望正风险敞口 ………………………………………………（116）
  8.2.7 负风险敞口 ……………………………………………………（118）
  8.2.8 有效期望风险敞口 ……………………………………………（118）
§8.3 信用风险敞口的驱动因素 ………………………………………………（119）
  8.3.1 贷款和债券 ……………………………………………………（119）
  8.3.2 未来的不确定性 ………………………………………………（119）
  8.3.3 周期性现金流 …………………………………………………（120）
  8.3.4 综合效应 ………………………………………………………（123）
  8.3.5 期权性风险 ……………………………………………………（124）
  8.3.6 信用衍生品 ……………………………………………………（126）
§8.4 理解净额结算对风险敞口的影响 ………………………………………（127）
  8.4.1 净额结算对未来风险敞口的影响 ……………………………（127）

8.4.2　净额结算和相关性的影响……………………………………………（128）
　　　8.4.3　净额结算和绝对值………………………………………………………（130）
§8.5　信用风险敞口和抵押品……………………………………………………………（132）
　　　8.5.1　要求多少抵押品?………………………………………………………（133）
　　　8.5.2　保证金风险期……………………………………………………………（135）
　　　8.5.3　抵押品对风险敞口的影响………………………………………………（137）
　　　8.5.4　回购和过度抵押…………………………………………………………（138）
§8.6　是采用风险中性测度还是真实世界测度?…………………………………………（139）
　　　8.6.1　测度的重要性……………………………………………………………（139）
　　　8.6.2　漂移………………………………………………………………………（140）
　　　8.6.3　波动性……………………………………………………………………（141）
　　　8.6.4　相关性……………………………………………………………………（142）
　　　8.6.5　结论………………………………………………………………………（142）
§8.7　小结……………………………………………………………………………………（142）

第9章　量化信用风险敞口……………………………………………………………（143）
§9.1　导言……………………………………………………………………………………（143）
§9.2　量化信用风险敞口的方法……………………………………………………………（143）
　　　9.2.1　附加金额…………………………………………………………………（143）
　　　9.2.2　半解析方法………………………………………………………………（144）
　　　9.2.3　Monte Carlo 模拟…………………………………………………………（145）
§9.3　Monte Carlo 方法……………………………………………………………………（145）
　　　9.3.1　模拟模型…………………………………………………………………（145）
　　　9.3.2　情景生成…………………………………………………………………（147）
　　　9.3.3　再估值……………………………………………………………………（148）
　　　9.3.4　整合………………………………………………………………………（149）
　　　9.3.5　后期处理…………………………………………………………………（150）
　　　9.3.6　提取………………………………………………………………………（150）
§9.4　信用风险敞口的模型…………………………………………………………………（150）
　　　9.4.1　风险中性和真实世界……………………………………………………（151）
　　　9.4.2　利率………………………………………………………………………（152）
　　　9.4.3　外汇和通货膨胀…………………………………………………………（153）
　　　9.4.4　商品………………………………………………………………………（154）
　　　9.4.5　信用溢差…………………………………………………………………（154）
　　　9.4.6　权益………………………………………………………………………（154）

9.4.7　相关性 ………………………………………………………………（154）
　　9.4.8　随机波动率 …………………………………………………………（155）
§9.5　净额结算实例 …………………………………………………………………（156）
　　9.5.1　实例 …………………………………………………………………（156）
　　9.5.2　风险敞口概况 ………………………………………………………（158）
§9.6　风险敞口的分配 ………………………………………………………………（161）
　　9.6.1　两笔交易、单期的简单实例 ………………………………………（161）
　　9.6.2　增量风险敞口 ………………………………………………………（164）
　　9.6.3　边际风险敞口 ………………………………………………………（166）
　　9.6.4　增量风险敞口和边际风险敞口的计算 ……………………………（170）
§9.7　风险敞口和抵押 ………………………………………………………………（171）
　　9.7.1　抵押假设 ……………………………………………………………（172）
　　9.7.2　基础情形 ……………………………………………………………（173）
　　9.7.3　保证金风险期的影响 ………………………………………………（174）
　　9.7.4　阈值和独立金额的影响 ……………………………………………（175）
　　9.7.5　双向CSA一定是有益的么？ ………………………………………（177）
　　9.7.6　非现金抵押品 ………………………………………………………（178）
§9.8　小结 ……………………………………………………………………………（181）

第10章　违约概率、信用溢差和信用衍生品 …………………………………（183）

§10.1　违约概率和回收率 …………………………………………………………（183）
　　10.1.1　定义违约概率 ……………………………………………………（183）
　　10.1.2　实际违约概率和风险中性违约概率 ……………………………（184）
　　10.1.3　估算实际违约概率——历史数据 ………………………………（186）
　　10.1.4　估计实际违约概率——基于股权的方法 ………………………（189）
　　10.1.5　估算风险中性违约概率 …………………………………………（190）
　　10.1.6　比较实际违约概率和风险中性违约概率 ………………………（193）
　　10.1.7　回收率 ……………………………………………………………（195）
§10.2　CDS ……………………………………………………………………………（198）
　　10.2.1　CDS基础 …………………………………………………………（198）
　　10.2.2　信用事件 …………………………………………………………（199）
　　10.2.3　CDS结算 …………………………………………………………（199）
　　10.2.4　CDS-债券基差 ……………………………………………………（201）
　　10.2.5　CCDS ………………………………………………………………（202）
§10.3　曲线映射 ……………………………………………………………………（203）

  10.3.1 映射的基础 ……………………………………………………（204）
  10.3.2 指数和分类 ……………………………………………………（205）
  10.3.3 曲线的形状 ……………………………………………………（205）
§10.4 资产组合信用衍生品 …………………………………………………（206）
  10.4.1 CDS 指数产品 …………………………………………………（206）
  10.4.2 指数分档 ………………………………………………………（207）
  10.4.3 超高级风险 ……………………………………………………（208）
  10.4.4 CDO ……………………………………………………………（209）
§10.5 小结 ……………………………………………………………………（210）

第 11 章 资产组合的交易对手风险 ……………………………………………（211）

§11.1 导言 ……………………………………………………………………（211）
§11.2 双违约 …………………………………………………………………（211）
  11.2.1 联合违约事件 …………………………………………………（211）
  11.2.2 Merton 方法 ……………………………………………………（212）
  11.2.3 相关性的影响 …………………………………………………（213）
§11.3 信用资产组合的损失 …………………………………………………（215）
  11.3.1 一个简单的、包含两个交易对手的例子 …………………（216）
  11.3.2 损失分布和意外损失 …………………………………………（217）
  11.3.3 例子 ……………………………………………………………（219）
  11.3.4 α 因子 …………………………………………………………（221）
  11.3.5 α 因子和错向风险 …………………………………………（224）
§11.4 小结 ……………………………………………………………………（225）

第 12 章 信用价值调整(CVA) …………………………………………………（226）

§12.1 CVA 的定义 …………………………………………………………（227）
  12.1.1 为什么 CVA 不容易定价？……………………………………（227）
  12.1.2 CVA 公式 ………………………………………………………（227）
  12.1.3 CVA 作为溢差 …………………………………………………（230）
§12.2 CVA 和信用风险敞口 ………………………………………………（231）
  12.2.1 风险敞口与贴现 ………………………………………………（231）
  12.2.2 风险中性风险敞口 ……………………………………………（231）
  12.2.3 CVA 半解析方法 ………………………………………………（233）
§12.3 违约概率和回收率的影响 ……………………………………………（235）
  12.3.1 信用溢差的影响 ………………………………………………（236）
  12.3.2 回收率的影响 …………………………………………………（237）

§12.4 使用CVA定价新的交易 …………………………………………………（237）
　　12.4.1 净额结算和增量CVA ………………………………………（238）
　　12.4.2 边际CVA …………………………………………………（239）
　　12.4.3 CVA作为溢差 ……………………………………………（241）
　　12.4.4 数值计算的问题 ……………………………………………（242）
　　12.4.5 路径依赖、中断条款和奇异性 ………………………………（244）
§12.5 具有抵押品的CVA计算 ……………………………………………（245）
　　12.5.1 保证金风险期的影响 ………………………………………（246）
　　12.5.2 阈值CSA和独立金额 ………………………………………（246）
§12.6 小结 ……………………………………………………………（248）

第13章 债务价值调整（DVA）………………………………………（249）
§13.1 DVA和交易对手风险 ………………………………………………（249）
　　13.1.1 DVA的必要性 ………………………………………………（249）
　　13.1.2 双边CVA …………………………………………………（250）
　　13.1.3 BCVA的例子 ………………………………………………（252）
　　13.1.4 抵押品的影响 ………………………………………………（254）
　　13.1.5 DVA的性质 …………………………………………………（254）
§13.2 有关DVA的争论——负债计量的会计准则 ………………………（255）
§13.3 如何进行DVA套现？ ………………………………………………（257）
　　13.3.1 申请破产 ……………………………………………………（257）
　　13.3.2 冲抵和变更 …………………………………………………（258）
　　13.3.3 合同终止 ……………………………………………………（259）
　　13.3.4 对冲 …………………………………………………………（259）
　　13.3.5 融资 …………………………………………………………（260）
§13.4 DVA的其他相关问题 ………………………………………………（261）
　　13.4.1 违约相关性的影响 …………………………………………（261）
　　13.4.2 DVA与合约结算 ……………………………………………（261）
§13.5 小结 ……………………………………………………………（264）

第14章 融资与定价 ……………………………………………………（265）
§14.1 背景知识 …………………………………………………………（265）
§14.2 OIS贴现 …………………………………………………………（267）
　　14.2.1 CSA的影响 …………………………………………………（267）
　　14.2.2 OIS和LIBOR ………………………………………………（268）
　　14.2.3 CSA期权 ……………………………………………………（269）

  14.2.4 CCP ………………………………………………………………（270）
  14.2.5 方法 ……………………………………………………………（271）
§14.3 融资价值调整（FVA） …………………………………………………（272）
  14.3.1 FVA 的必要性 …………………………………………………（272）
  14.3.2 融资成本的来源 ………………………………………………（272）
  14.3.3 DVA 公式 ………………………………………………………（274）
  14.3.4 融资利率的定义 ………………………………………………（276）
  14.3.5 例子 ……………………………………………………………（277）
  14.3.6 FVA 和 DVA …………………………………………………（278）
  14.3.7 抵押品的影响 …………………………………………………（280）
§14.4 CVA、DVA 和融资成本的优化 …………………………………………（281）
  14.4.1 BCVA 和 FVA 的交易分析 …………………………………（282）
  14.4.2 CSA 的影响 ……………………………………………………（283）
  14.4.3 中央清算 ………………………………………………………（285）
  14.4.4 优化和资本金监管的影响 ……………………………………（286）
§14.5 未来的趋势 ………………………………………………………………（286）
  14.5.1 标准 CSA ………………………………………………………（286）
  14.5.2 CVA 向融资流动性风险的转化 ……………………………（288）
§14.6 小结 ………………………………………………………………………（289）

第 15 章 错向风险 ……………………………………………………………（290）

§15.1 导言 ………………………………………………………………………（290）
§15.2 错向风险概览 ……………………………………………………………（290）
  15.2.1 一个简单的例子 ………………………………………………（290）
  15.2.2 经典实例与经验证据 …………………………………………（291）
  15.2.3 正向风险与对冲 ………………………………………………（292）
  15.2.4 错向风险的挑战 ………………………………………………（293）
  15.2.5 错向风险和 CVA ……………………………………………（293）
  15.2.6 一个简单的例子 ………………………………………………（294）
§15.3 资产组合的错向风险 ……………………………………………………（296）
  15.3.1 相关性方法 ……………………………………………………（297）
  15.3.2 参数化方法 ……………………………………………………（298）
  15.3.3 校准 ……………………………………………………………（300）
  15.3.4 DVA 和错向风险 ……………………………………………（301）
§15.4 交易水平的错向风险 ……………………………………………………（302）

15.4.1　利率 ……………………………………………………………（302）
　　　15.4.2　外汇的例子 ………………………………………………………（306）
　　　15.4.3　期权头寸 …………………………………………………………（308）
　　　15.4.4　大宗商品 …………………………………………………………（310）
　　　15.4.5　CCDS …………………………………………………………（311）
　　　15.4.6　错向风险和抵押品 ………………………………………………（312）
　§15.5　错向风险和信用衍生品 …………………………………………………（313）
　　　15.5.1　个体信用衍生品 …………………………………………………（314）
　　　15.5.2　信用衍生品指数和层级 …………………………………………（315）
　　　15.5.3　CDO 的失败 ……………………………………………………（317）
　　　15.5.4　中央清算和错向风险 ……………………………………………（319）
　§15.6　小结 ………………………………………………………………………（320）
第 16 章　对冲交易对手风险 ……………………………………………………（322）
　§16.1　CVA 对冲的背景知识 …………………………………………………（323）
　　　16.1.1　CVA 对冲的目的 …………………………………………………（323）
　　　16.1.2　作为奇异期权的 CVA ……………………………………………（323）
　　　16.1.3　是采用风险中性参数还是真实世界参数？ ……………………（325）
　　　16.1.4　固定风险敞口的传统对冲 ………………………………………（325）
　§16.2　CVA 对冲的组成 ………………………………………………………（327）
　　　16.2.1　个体 CDS …………………………………………………………（327）
　　　16.2.2　CCDS ……………………………………………………………（328）
　　　16.2.3　CVA 敏感性 ………………………………………………………（329）
　§16.3　风险敞口对冲 ……………………………………………………………（330）
　　　16.3.1　即期/远期利率 ……………………………………………………（331）
　　　16.3.2　漂移与对冲 ………………………………………………………（332）
　　　16.3.3　波动性 ……………………………………………………………（334）
　§16.4　信用对冲 …………………………………………………………………（336）
　　　16.4.1　信用 delta …………………………………………………………（336）
　　　16.4.2　gamma 和突然违约风险 …………………………………………（337）
　　　16.4.3　使用指数的信用对冲 ……………………………………………（338）
　　　16.4.4　回收率的敏感性 …………………………………………………（339）
　§16.5　交叉依赖 …………………………………………………………………（339）
　　　16.5.1　重新对冲费用 ……………………………………………………（340）
　　　16.5.2　交叉-gamma ………………………………………………………（340）

16.5.3　错向风险的对冲 ……………………………………………………（342）
　　16.5.4　CVA 对冲的意外结果 ……………………………………………（342）
　　16.5.5　指数 CCDS ………………………………………………………（343）
§ 16.6　DVA 和抵押品的影响 ……………………………………………………（344）
　　16.6.1　对冲双向交易对手违约风险 ………………………………………（344）
　　16.6.2　DVA 和指数对冲 …………………………………………………（347）
　　16.6.3　抵押品对对冲的影响 ………………………………………………（348）
　　16.6.4　敏感性的整合 ………………………………………………………（348）
§ 16.7　小结 ………………………………………………………………………（351）

第 17 章　监管与资本金要求 …………………………………………………………（352）
§ 17.1　导言 ………………………………………………………………………（352）
§ 17.2　Basel Ⅱ …………………………………………………………………（353）
　　17.2.1　背景 …………………………………………………………………（353）
　　17.2.2　资本化信用风险的一般方法 ………………………………………（354）
　　17.2.3　资产相关性和到期日调整因子 ……………………………………（355）
§ 17.3　Basel Ⅱ 中的风险敞口 …………………………………………………（356）
　　17.3.1　CEM ………………………………………………………………（357）
　　17.3.2　SM …………………………………………………………………（358）
　　17.3.3　回购类交易的处理 …………………………………………………（358）
　　17.3.4　IMM ………………………………………………………………（358）
　　17.3.5　违约风险敞口和 α 因子 ……………………………………（359）
　　17.3.6　IMM 中的抵押 ……………………………………………………（361）
　　17.3.7　双违约 ………………………………………………………………（363）
§ 17.4　Basel Ⅲ …………………………………………………………………（364）
　　17.4.1　Basel Ⅲ、交易对手信用风险和 CVA ……………………………（364）
　　17.4.2　压力 EPE …………………………………………………………（365）
　　17.4.3　后向测试 ……………………………………………………………（366）
　　17.4.4　CVA 资本金要求 …………………………………………………（368）
　　17.4.5　计算 CVA VAR——高级方法 ……………………………………（369）
　　17.4.6　计算 CVA VAR——SM …………………………………………（371）
　　17.4.7　计算 CVA VAR 的例子 …………………………………………（372）
　　17.4.8　CVA VAR 的缺陷和对 CVA VAR 的批评 ………………………（373）
　　17.4.9　其他相关的资本金要求 ……………………………………………（376）
§ 17.5　CCP ………………………………………………………………………（378）

17.5.1　与交易和违约基金相关的风险敞口 ………………………………（378）
　　　17.5.2　假想资本金的计算 ……………………………………………………（379）
　　　17.5.3　总体资本金要求的计算 ………………………………………………（379）
　　　17.5.4　在清算会员之间分配总体资本金要求 ………………………………（380）
　§17.6　小结 …………………………………………………………………………（381）
第18章　CVA管理——CVA交易部门 ……………………………………………（382）
　§18.1　简介 …………………………………………………………………………（382）
　§18.2　CVA交易部门的角色 ……………………………………………………（383）
　　　18.2.1　动机 ……………………………………………………………………（383）
　　　18.2.2　定价机制 ………………………………………………………………（384）
　　　18.2.3　任务和组织方面 ………………………………………………………（385）
　　　18.2.4　是中心化还是去中心化？ ……………………………………………（386）
　　　18.2.5　覆盖范围 ………………………………………………………………（387）
　　　18.2.6　CVA交易部门是利润中心还是职能部门？ …………………………（388）
　§18.3　CVA收费 …………………………………………………………………（390）
　　　18.3.1　查询表格 ………………………………………………………………（390）
　　　18.3.2　特定产品定价 …………………………………………………………（390）
　　　18.3.3　完全基于模拟的定价 …………………………………………………（390）
　　　18.3.4　冲抵、执行、终止和其他特殊情况 …………………………………（391）
　　　18.3.5　减少CVA费用 ………………………………………………………（393）
　　　18.3.6　DVA的处理 ……………………………………………………………（394）
　§18.4　技术 …………………………………………………………………………（394）
　　　18.4.1　PFE和CVA ……………………………………………………………（395）
　　　18.4.2　构建模块 ………………………………………………………………（395）
　　　18.4.3　错向风险 ………………………………………………………………（397）
　　　18.4.4　日间计算 ………………………………………………………………（398）
　§18.5　CVA的对冲实务 …………………………………………………………（398）
　　　18.5.1　对冲与否 ………………………………………………………………（399）
　　　18.5.2　精算方法 ………………………………………………………………（399）
　　　18.5.3　市场方法 ………………………………………………………………（399）
　　　18.5.4　DVA处理 ………………………………………………………………（401）
　　　18.5.5　损益解释 ………………………………………………………………（401）
　　　18.5.6　证券化 …………………………………………………………………（402）
　　　18.5.7　对冲的实用方法 ………………………………………………………（403）

§18.6　小结 …………………………………………………………………（404）

第19章　交易对手风险的未来 …………………………………………（405）

§19.1　关键元素 ……………………………………………………………（405）

19.1.1　监管资本金和法规 …………………………………………（405）

19.1.2　抵押品 ………………………………………………………（406）

19.1.3　CVA 对冲 ……………………………………………………（406）

19.1.4　信用衍生品市场 ……………………………………………（406）

19.1.5　中央清算 ……………………………………………………（407）

19.1.6　大而不倒 ……………………………………………………（407）

§19.2　发展的关键轴心 ……………………………………………………（408）

19.2.1　量化 …………………………………………………………（408）

19.2.2　架构 …………………………………………………………（408）

19.2.3　风险削减 ……………………………………………………（408）

19.2.4　DVA …………………………………………………………（409）

19.2.5　错向风险 ……………………………………………………（409）

19.2.6　与估值和融资成本的联系 …………………………………（409）

19.2.7　风险转移 ……………………………………………………（410）

§19.3　对全球金融市场的持续挑战 ………………………………………（410）

参考文献 ……………………………………………………………………（412）

第 1 章 导　　言

> 如果历史会重复过去，而且预期以外的事件会不断上演，那么人们对于以史为鉴，显得多么无能.
>
> George Bernard Shaw(1856—1950)

从 2004 年到 2006 年，美国的利率从 1% 升高并超过 5%，从而引发美国住房市场疲软. 许多仅能在低利率水平下偿还住房抵押贷款的房屋拥有者开始违约；次级贷款（指向没有信用记录或信用记录差的个人或机构发放的贷款）的违约率达到了历史纪录；美国的家庭开始变得负债累累，债务与个人可支配收入之比持续上升. 许多其他国家也陷入了相似的处境. 多年以来过于宽松的信贷审批标准和廉价的信贷资源即将酿成全球性的金融危机.

美国市场上的许多不良次级贷款的持有者是美国的零售银行和诸如房地美、房利美等抵押贷款供应商. 诸如评级机构给予很好信用评级的住房抵押贷款支持证券（MBS）等一系列借助金融工程技术而构建的复杂的结构化金融产品，为同时期次贷市场的大规模扩张推波助澜. 这些金融衍生品的持有者包括各大投资银行和美国境外的机构投资者，但它们并非此类贷款的直接发行人.

2007 年中期，一场由美国住房抵押和 MBS 的系统性定价错误引发的信贷危机开始了. 虽然此前数年风平浪静的信贷市场已出现大幅波动，但是人们仍旧不相信这会是一场严重的金融危机（举例来说，同时期的股票市场并未受到严重的负面影响）. 然而危机并未就此化解.

2007 年 7 月，投资银行贝尔斯登告知投资者，与该公司有业务往来的两只对冲基金由于在次级贷款上的损失，将无法向投资者偿还大部分资金. 同年 8 月，巴黎银行也爆出类似消息，原因是所谓的"市场流动性彻底蒸发"，使得无法对标的资产进行估值. 这其实就是说资产不能迅速以合理价格出售. 同年 9 月，英国北岩银行向英格兰银行紧急融资，此举引发了过去一个多世纪以来的首次银行挤兑①. 北岩银行于 2008 年被政府接管，以保护存借款人的利益.

2007 年年末，一些称为专业保险公司的债务保险公司也遇到了大麻烦. 债务保险公司为银行的抵押贷款和相关债务提供担保，其自身的 AAA 评级意味着银行不必为其违约担

---

① 挤兑，是指大量存款人认为银行可能不具有偿付能力时，同时要求提取银行存款.

忧,尽管债务保险公司名不副实. 只要债务保险公司能够一直保持其 AAA 评级,银行选择忽视债务保险公司违约风险的决定,促使它们与债务保险公司在无抵押的条件下签订大量合约. 但是,债务保险公司那时已披露大量亏损,显然无法交纳因信用评级下调而被催缴的抵押品. 2007 年 12 月,债务保险公司的信用评级下调,银行不得不为自己所承担的大量交易对手风险而损失数十亿美元. 银行此时所承担的是交易对手风险中最糟糕的一种,我们称其为错向风险(wrong-way risk). 在这种情况下,交易对手的风险暴露与他们的违约概率呈正相关性.

到了 2007 年年末,美国经济陷入衰退,许多国家步其后尘. 这场危机的影响开始波及大众,但从现在看来,当时的形势只不过是冰山一角.

2008 年 3 月,摩根大通凭借美联储数百亿美元的贷款,以 2 美元/股的价格收购另一家投资银行——贝尔斯登. 为了推动此项收购,美联储为贝尔斯登最差的一部分资产上的 300 亿美元损失买单. 美联储此举显然是一种紧急政府财政援助,相当于将美国纳税人的钱用于购买贝尔斯登所出售的部分资产. 贝尔斯登 2 美元/股的出售价格低得惊人,该公司一个月前的股价为 93 美元/股. 一定是什么地方出问题了! 2008 年 9 月初,两个加起来市场份额过半的住房抵押贷款供应商——房利美和房地美,被美国财政部纳入监管状态(conservatorship,一种短期国有化的形式). 美国财政部长亨利·保尔森称:两家公司总的债务水平已构成威胁金融稳定的系统性风险.

2008 年 9 月,不可思议的事情发生了. 雷曼兄弟,这个有着百年历史的美国第四大投资银行,申请破产保护(历史上最大的一桩). 此前的一个周末,一个由银行家组成的小组在美联储的办公楼商讨解决雷曼兄弟危机的方案,特别是由巴克莱和美国银行联合对其进行收购,会谈最终宣告失败. 出于政府救市会增加金融机构自身道德风险的担忧,美国政府不愿对雷曼兄弟提供帮助. 雷曼兄弟的破产出乎意料,因为就在它破产的前一刻,三大评级机构(穆迪、标普和惠誉)对它的评级还都至少是 A,信用衍生品市场也并未将雷曼兄弟的破产纳入影响定价的因素.

拯救雷曼兄弟需要再次动用纳税人的钱,同时加剧道德风险,因为这将使雷曼兄弟免于为其无节制的风险头寸(包括雷曼兄弟在住房抵押市场所担的风险和它不顾融资需求的危险行径)付出应有的代价. 但我们也不能对雷曼兄弟的失败幸灾乐祸. 首先,市场上有大约 4 万亿美元的信用违约互换(CDS)以雷曼兄弟的债务为标的. 现在这些债务近乎一文不值,这将引发 CDS 合约的巨额赔付,加上场外衍生品市场的透明度不高,导致我们无从确知与雷曼兄弟有关的 CDS 合约的交易双方,一些为雷曼兄弟债务提供抵押担保的交易者很可能因此而陷入财务困境. 其次,雷曼兄弟总计与大约 8000 个交易对手签订了约 150 万份合约,随着雷曼兄弟的破产,这些合约都被迫终结,这个过程要持续数年,牵涉众多法律程序. 雷曼兄弟的很多交易对手从未料到雷曼兄弟会落得如此境地,也不曾认为抵押和特殊目的工具(special purpose vehicle, SPV)这些交易对手风险缓释工具的失效将会导致法律问题.

就在雷曼兄弟破产的同一天,美国银行同意以 500 亿美元对美林实施援助.剩下的两家投资银行——摩根士丹利和高盛,在不久之后选择转为商业银行.虽然这将令它们受到更为严格的监管,但也让它们充分享有美联储的融资服务,避免重蹈雷曼兄弟破产和贝尔斯登、美林被收购的覆辙.

还有比 2008 年 9 月所发生的一切更令人震惊的.美国政府给美国国际集团(AIG)提供一项高达 850 亿美元的贷款,条件是获得该公司 80% 的股份[①].假如 AIG 被允许通过破产的方式宣告失败,不但债权人会遭受损失,它的衍生品合约的交易对手也将损失惨重.鉴于 AIG 在危机发生之前的经营规模、优秀的信用评级和它所提供的抵押担保,AIG 的交易对手风险可谓微乎其微.政府对 AIG 雪中送炭,对债务保险公司袖手旁观,究其原因,部分是由于 AIG 的问题恰好出现在雷曼兄弟破产之际,房利美和房地美刚刚得到政府的援助.而另一个关键的原因在于,AIG 的风险规模虽与债务保险公司总体相当,但集中于同一金融实体,以致大而不倒.

美国最大的投资银行中的三家,或倒闭(雷曼兄弟),或出售给其他银行(贝尔斯登和美林),剩下的两家为了得到政府的救助而放弃了投资银行的有利地位.2008 年 9 月下旬,美国最大的储贷公司华盛顿互惠银行以 19 亿美元卖与摩根大通,其母体华盛顿互惠公司申请破产保护.那些由前面提及的银行所销售的以其他银行为参考标的的 CDS 合约,此时显然具有大得难以置信的交易对手错向风险.

到现在为止,已有数万亿的美元从金融市场和全球经济中蒸发.尽管这跟按揭风险的错误定价有关,但也使交易对手风险浮出水面.

2008 年 10 月 6 日,道琼斯工业平均指数跌了 700 多点后于四年间首次回到 10000 点以下.美国银行破产引发的系统性冲击波导致了资产纾困项目(troubled asset relief program,TARP)的实施,动用了差不多 1 万亿美元购买受困资产并支持濒临倒闭的银行.2008 年 11 月,花旗银行,这个在危机前世界上最大的银行,现在面对一落千丈的股价,申请 TARP 的帮助,它获得 200 亿美元现金注资以及政府对其大约 3000 亿美元的贷款进行担保.

危机的连锁反应远播美国之外.2009 年年初,苏格兰皇家银行(RBS)披露了 241 亿英镑的损失,为英国公司历史之最.RBS 损失的大部分由英国政府承担,这也使英国政府成了 RBS 的主要股东,其在 2008 年 10 月的注资总额为 450 亿英镑[②].2008 年 11 月,国际货币基金组织联同其他欧洲国家批准向爱尔兰贷款 46 亿美元,该国的银行系统已于前一个月崩溃.这是自 1976 年以来,国际货币基金组织首次向西欧国家发放贷款.

[①] AIG 还将进一步接受政府救助.
[②] 提供了数千亿英镑的贷款和担保.

从2009年年末开始，欧洲部分国家的高负债和政府债务降级引发了对主权债务违约的担忧. 2010年5月，希腊接受了来自欧元区国家和国际货币基金组织(IMF)的1100亿欧元救助. 希腊还将得到进一步的救助，同时得到救助的还包括欧元区其他国家，如葡萄牙、爱尔兰和西班牙. 银行再一次暴露在主权债务违约的风险之下. 这些国家曾被认为是可靠的交易对手，但现在其交易对手风险高得出奇. 更糟糕的是，它们一般不必交纳抵押担保.

现在大家终于明白，没有交易对手(拥有AAA评级的实体、国际投资银行、商业银行、主权国家)是毫无风险的. 交易对手风险再也无法被似是而非的信用评级、抵押担保或者法律假定所掩饰，它正变得无所不在. 信用价值调整(credit value adjustment，CVA)作为交易对手风险以价格形式的体现，已经从生僻的技术词汇跃升为金融市场的流行语. 在交易的定价中包含交易对手风险(通过收取CVA)已经成为一项准则，而不再是一种例外. 规模最大的投资银行已经建立起管理CVA的交易部门和复杂的系统与模型，与此同时，所有的银行(还有一些其他类型的金融机构以及衍生品的使用者)都致力于提高这方面的管理水平.

截至2009年，围绕银行各项业务的金融监管新规已初具规模. Basel Ⅲ全球监管协议(专门针对此次危机而制定)的引入，旨在增强银行的资本实力，并对流动性与杠杆率提出新的要求. 美国的Dodd-Frank华尔街改革和消费者保护法案、欧洲市场基础结构监管条例都意在增强场外衍生品市场的稳定性. 金融监管对本次金融危机的反应，在很大程度上是围绕交易对手风险展开的，CVA波动率、抵押品管理和错向风险均受到了重视.

金融监管的焦点似乎是鼓励积极对冲交易对手风险，以降低对资本金的依赖. 但是，对实施这种对冲最重要的信用衍生品市场却有着它自己的问题. 信用衍生品，比如个体和指数信用违约互换，可以用来转移交易对手风险. 但是，作为场外交易产品，它们自身也有交易对手风险，而且是错向型的，属债务保险公司的违约所昭示的类别. 因此，信用衍生品交易实际上已因其严重的交易对手风险而几乎被叫停. CDS市场上交易双方的交易对手风险可能引起系统性的瘫痪. 监管当局解决这一问题的方案是极力推进某些标准化场外衍生品的中央清算机制，尤其针对CDS. 在危机发生之前，大部分的利率互换就已经实行了中央清算. 跟利率互换比起来，如果没有监管当局的干预，CDS市场的中央清算恐怕还得拖好几年.

虽然中央交易对手(CCP)提供了场外衍生品市场所没有的透明度，但也带来了新问题，即中央交易对手违约的后果是什么? 鉴于中央交易对手很可能取代雷曼兄弟、花旗和美国国际集团等机构而成为一个复杂的金融网络的枢纽，其自身的安全性就变得至关重要，而这个问题并未得到广泛的讨论. 除此之外，加强交易对手风险监管的其他一些举措所产生的意外效果已于2010年逐步凸显. 英格兰银行当年就曾指出，CVA交易部门对冲交易对手风险的行为正在导致欧洲主权国家的信用溢差超出仅由主权债务违约概率所决定的水平①. 虽然无人质疑确保投资银行有充足资本应对所承担风险的必要性，但关于什么

---

① 这或许将引发免除与主权违约有关的CVA资本金的考虑.

是合理的资本水平以及监管新规潜在的不良后果,各方仍存在争论.

就在交易对手风险重新受到关注之时,衍生品市场也在发生着其他一些变化.衍生证券定价理论的一个基础性假设是用伦敦银行间拆借利率(LIBOR)代替无风险利率.但是,现在大家意识到隔夜指数掉期率(overnight indexed spread,OIS)可以更好地代表无风险利率.LIBOR 与 OIS 的历史溢差维持在 10 个基点左右,说明这两种利率联系紧密.但这种紧密的联系已被打破——雷曼兄弟破产的时候两种利率的溢差达到了 350 个基点.这意味着,即使对于最简单的衍生品来说,那些沿用数十年的定价方式也不再适用,取而代之的是一种有别于以往且更为复杂的手段.由于 CVA 是对于一笔交易的无违约风险价格的调整,这一主题和交易对手风险息息相关.

另一个必然的变化是银行的借贷成本(银行在无抵押的情况下长期融资)增加.一直以来,银行的借款利率都基本保持在几个基点左右,但现在动辄几百个基点.如此显著的融资成本使银行将其与 CVA 一并纳入量化范围.融资成本体现在融资价值调整(funding value adjustment,FVA)之中,它的计算涉及交易对手风险和另一个称为债务价值调整(debt value adjustment,DVA)的概念.

对于某些银行来说,DVA 是穿过交易对手风险这片黑暗的曙光.DVA 允许银行将自身的违约风险纳入交易价格之中,因此可以抵消信用溢差增大导致的 CVA 增加所带来的与交易对手风险相关的损失.但是,许多评论员认为 DVA 不过是一种会计把戏.银行可以利用 DVA 虚报数十亿美元的利润,其原因竟是它们自身的信用溢差预示它们更有可能在将来违约.Basel Ⅲ 已经排除了 DVA 所能带来的福利,以避免"银行的资本金在其信用恶化的情况下反倒增加"这类情况的出现.

银行在金融危机的教训与监管当局的压力下,开始综合考虑无风险定价、交易对手风险和融资成本的影响.显然,融资成本的上升和交易对手风险的增加将提高对抵押担保的要求,但这却连累了衍生品最终的使用者,它们过去既不能够也不愿意出于流动性和操作方面的原因签订抵押合约.一些主权国家已经考虑提供抵押担保,此举不仅是为了躲避高额的 CVA 并减少融资成本,同时也是为了防止那些对冲 CVA 风险的银行购买以它们为参考标的的 CDS 合约,因为这将增加它们的信用溢差,给它们带来更多的问题.一个主权国家用其发行的债券作为抵押品可以解决一部分问题,但是由于错向风险的缘故,这并不是最理想的做法.另外,那些不提供抵押担保的公司也将遇到麻烦.比如说,一家航空公司预期利润的波动可能并非来自乘客数量、利率或燃油价格的不可预测性,而是因为未在衍生品交易中提供抵押担保①.衍生品最终的使用者,尽管无辜,却也同金融危机的始作俑者一样,受到了沉重的打击.

与此同时,许多纳税人都在经历经济不景气和政府为支援经济而引起的税收提高及政

---

① "Corporates fear CVA charge will make hedging too expensive",Risk,October 2011.

府开支降低. 企业和个人现在很难从高度资本化的银行融资. 所有这些都是这场在很大程度上由交易对手风险助长的金融危机所造成的.

鉴于以上这些原因, 交易对手风险已经成为全球金融市场面临的主要问题. 我们有必要考虑交易对手风险的定义与量化, 理解降低交易对手风险的方法, 同时明确这些方法的副作用和任何残存风险. CCP 的角色和它所代表的风险需要检验. 同样重要的是计算并管理 CVA 和与之相关的 DVA 和 FVA. 我们必须理解并降低甚至彻底避免错向风险. 银行或其他机构的 CVA 交易部门的角色与位置必须明确. 我们必须理解针对交易对手风险的监管法规及其对银行和金融市场的影响. 最后, 我们应当考虑以上这些转变对未来的风险管理实务意味着什么.

如果您对以上谈到的任何一点感兴趣, 请接着往下读吧.

第 2 章 背 景 知 识

生活就像在舞台上边学习边演奏小提琴.

Samuel Butler(1835—1902)

§2.1 简 介

金融风险可以分为几种类型，其中之一就是交易对手风险. 交易对手风险由多种不同的风险类型(比如市场风险和信用风险)交互驱使，并且对诸如大的金融机构违约之类的系统特质非常敏感，因此交易对手风险可以说是最复杂和最难处理的风险类型. 交易对手风险也当然会涉及最复杂的金融工具和衍生品. 众所周知，衍生品是非常强大的和有效的，它助推了全球金融市场的成长和经济增长. 然而，一旦误用，衍生品也会造成不可估量的损失和金融灾难.

在本章中，我们首先简要回顾一下交易对手风险的基础知识；然后讨论风险价值(VAR)的概念，该概念类似于用来评估交易对手风险的未来潜在风险敞口(PFE).

§2.2 金 融 风 险

在过去的 20 年中，金融风险管理已经经历了一场重大的变革. 这场变革源于大型金融机构的崩溃引发的历次金融危机，如 1995 年的巴林银行，1998 年的长期资本管理公司，2001 年的安然，2002 年的世通，2003 年的帕玛拉特和 2008 年的雷曼兄弟. 这样的灾难证明，不健全的金融风险管理可能酿成巨大的损失，并导致全球金融市场的负面波动. 金融风险通常包括多个不同类型. 我们将在本节中一一阐述.

2.2.1 市场风险

市场风险通常来自市场价格的短期波动. 它可以是线性的风险，源于诸如股票价格、利率、汇率、大宗商品价格和信用溢差等一系列潜在变量的变化的风险敞口，也可以是由对冲风险过程中的市场波动或者风险敞口引发的非线性风险. 在各类风险中，市场风险在过去的 20 年得到最深入的研究，并且量化风险管理方法已被广泛应用到市场风险的度量和管理中. 自 20 世纪 90 年代以来, 由市场风险引发的一系列巨大损失(如巴林银行破产)和随后于 1995 年修订的 Basel I (协议允许金融机构利用专门的数学模型计算其市场风险的资本金) 极大地促进了风险量化管理技术的广泛使用. 事实上, 市场风险的客观存在迫使整个行业对风险进行量化, 从而促进了风险价值评估方法的发展.

签订对冲合约可以减小市场风险. 然而, 除非是和相同的交易对手签订合约, 否则交易对手风险将随之产生, 因为如果签订对冲合约的交易对手不同并且交易对手违约, 那么交易头寸都已经不再是中性的. 因此, 市场风险是交易对手风险的一个组成部分.

2.2.2 信用风险

信用风险, 是指由债务人没有能力或没有意愿去偿还债务或者履行合同的责任而引起的风险. 它通常被称为违约风险. 违约概率、回收价值和信用资质的恶化应该在整个风险敞口周期中被充分度量. 信用资质的恶化虽然没有违约严重, 但是它会导致违约概率的增加, 进而造成当前市场价值的损失. 就交易对手风险而言, 如何刻画交易对手的违约概率是一个关键问题.

2.2.3 流动性风险

流动性风险通常可用两种方式来刻画: 资产流动性风险, 是指由于仓位大小或者相应流动性相对较低而造成的交易不能按市场价格执行的风险. 融资流动性风险, 是指现有资金无法保证合约或抵押品正常支付的要求而迫使资产提前清算所造成损失的风险. 由于这种损失可能会导致进一步的资金问题, 因此资金流动性风险可以通过一个"死亡螺旋"所造成的损失和现金需求之间的恶性循环具体体现出来.

2.2.4 操作性风险

操作性风险可以源于人、系统、内部和外部的突发事件, 它涵盖了: 人自身的错误, 如交易录入错误; 流程性的失败, 如无法进行交易或者抵押品结算; 模型的风险, 如模型本身不够精确或者模型参数估算误差; 商业欺诈, 如无赖交易员; 法律风险, 如无法强制执行某些净额结算或抵押条款协议. 虽然一些操作性风险损失可能是中等程度的和常见的(诸如错误地录入了交易), 但是最显著的损失往往是由小概率的事件或者一系列小概率事件的连锁反应引起的.

2.2.5 风险类型的整合

多年来, 金融风险管理的一个显著弱点就是在不同风险类型的整合过程中缺乏重点. 人们早已公认, 金融危机往往涉及不同类型的金融风险组合. 由于单独量化和管理某一种金融风险有一定的难度, 人们把有限的努力应对其组合效应也就不足为奇了. 交易对手风险本身就已经是两种不同风险类型的组合：市场风险和信用风险.此外，交易对手风险的缓解可能引起其他类型风险，如流动性风险和操作性风险.重要而不应忽视的是，交易对手风险是多种类型的金融风险共同作用的结果.

§2.3 风险价值(VAR)

2.3.1 定义

近年来定量方法在金融风险管理中已经被广泛采用，尤以风险价值 VAR 的概念最为普及.设计之初，VAR 只是一种纯粹市场风险的度量，后来作为一种有效的以一个数值来概述风险的手段被用于多个金融领域.VAR 水平的一个简单而直观的解释是：在特定时间展望期内，超过目标置信水平的最大损失.$\alpha\%$ 置信水平的 VAR 是一个以概率 $1-\alpha\%$ 不会发生的损失额度，如图 2.1 所示.99% 置信水平的 VAR 为 125（根据惯例，"最糟糕的损失"表示为正数），因为超过这个损失的概率不超过 1%（它实际上是 0.92%，因为分布的离散性质[①]).换言之，VAR 就是将要超过而没有超过指定概率的损失的最小值.

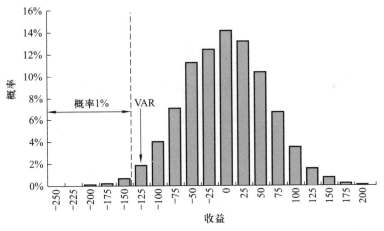

图 2.1 99% 置信水平的 VAR.VAR 的值为 125，因为损失(负收益)超过这一数值的可能性小于 1%

VAR 可以用来设置监管资本金要求.例如，获得批准使用自己内部模型的银行可以通过 VAR[②] 乘以三个监管因子的最小值来直接计算其市场风险资本需求.VAR 也用于内部

---

① 对于连续分布，VAR 就是分位数.
② 准确的定义是用昨天的 VAR 和过去 60 天平均 VAR 的较大值乘以三个或三个以上的监管因子.

2.3.2 VAR 的危险

VAR 是利用单一数值刻画整个风险分布的一种有效方法. 这也使得它不需要对分布本身特征作任何假设, 比如它是否为正态分布①. 但是, 也正是由于 VAR 对阈值(如上例中的 1%)以外的值缺乏适当的刻画, VAR 值比较容易引起误解. 图 2.2 显示了一个略有不同的分布, 它与图 2.1 具有相同的 VAR 值. 在这个例子中, 损失 250 的概率是 1%, 因此 99% 置信水平的 VAR 又是 125(因为在两者之间的其他损失的概率为零). 我们可以看到, 改变损失 250 不改变 VAR, 因为 VAR 只和该损失发生的概率相关. 因此, VAR 没有给出选定的置信水平外的可能损失的刻画. 一个特定 VAR 值并不表示 10 倍的损失量是不可能的(在正态分布的情形中这是不可能的). 过分依赖于 VAR 值可能会适得其反, 因为它可能会导致盲目的自信②.

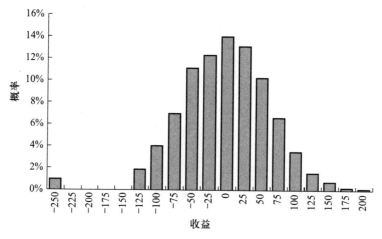

图 2.2 与图 2.1 具有相同 VAR 值的分布

2.3.3 模型

使用像 VAR 这样的度量需要计算回报率的分布, 从而促进了行业对回报率量化模型的依赖. 复杂模型的使用帮助人们把诸多复杂的市场特性, 如波动和相关关系, 结合在一起, 进而用一个或多个简单的数字来表示风险. 模型可以比较不同的交易以及依据提前定

---

① 特定 VAR 模型的实现(所谓的方差/协方差模型)可能需要作正态分布假设, 但这样做的目的在于进行简化, VAR 本身是无须分布假设的.

② 最近的交易账户基础审查建议用期望亏空(expected shortfall)替代风险价值.

义的度量来定量地分析哪一宗交易更好. 所有这些操作都可以在几分钟甚至几秒内完成, 从而让金融机构在快速变化的金融市场中迅速做出决策.

然而, 金融市场对数学模型可谓爱恨交加. 市场好的时候, 好的模型是备受推崇的, 它促使许多大型金融机构使用复杂的衍生品和动态方法来管理风险. 只有在市场不好的时候, 往往在经过巨大的经济损失之后, 才意识到模型只是金融市场实际情况的简单近似. 随着金融危机, 从 2007 年开始, 数学模型由于错误地计算了抵押贷款支持证券和其他结构性信贷产品酿成了重大损失而被严厉诟病.

在金融市场上潜在的"破产"可能, 特别是衍生品, 导致依据当时的市场条件对模型或首肯或批评. 以最有名的模型——Black-Scholes-Merton(BSM)期权定价公式(Black and Scholes, 1973)为例. 金融市场经历了相当一段时间来理解这个模型, 到 1977 年, 这个期权定价公式已经成为交易商的福音. 然而, 在黑色星期一(1987 年 10 月 19 日), 美国股市崩溃了 23%, 整个资本市场被抹去了上万亿美元, 其中部分原因就是基于 BSM 理论的诸如 CPPI(恒定比例投资组合保险)的动态对冲策略. 但是, 这并不妨碍 Scholes 和 Merton 于 1995 年被授予诺贝尔经济学奖[①]. 真正危险的事情其实是人们基于市场条件去判别模型的好或坏. 在现实中, 模型是好还是坏, 这完全取决于它们是被如何使用的. MacKenzie (2006) 对模型和金融市场之间错综复杂的关系进行了极其精彩的描述.

对于金融量化模型褒贬不一的评价也源自模型被应用于许多不同的问题, 其中有些应用是适当的, 而其他一些则是不适当的. 评级机构愿意使用迅速发展的模型对非常复杂的结构性信贷产品评级就是模型被应用于不适当的问题的一个典型例子. 在这个例子中, 可用的数据非常少, 以至于在某些情况下甚至根本不应该尝试任何的统计模型. VAR 提供了模型应用窘境的另一个很好的例子. 一天的 99% 置信水平的 VAR 是合理的模型[②], 因为出现 1% 极端事件的可能性很小. 这样的度量非常容易进行"后向测试", 根据一年的日观测数据可以检测超过 VAR 的天数是否是近似合理的[③]. 然而, 当考虑到更高的置信水平或更长的时间范围时, 风险量化将变得更加复杂和难于检验.

交易对手风险的建模是金融机构和监管机构的必然要求. 这样的建模是非常有用的措施. 诸如类似于 VAR 的 PFE 更是交易对手风险管理中的重要组成部分. 然而, 像 VAR 一样, 复杂的交易对手风险量化模型非常容易出现误解和误用. 但和 VAR 不同的是, 交易对手风险是在度量未来多年的潜在风险, 而不是短短几天, 这进一步造成模型本身不可低估的复杂性. 因此, 监管机构要求对交易对手风险量化模型进行定期后向测试[④]以评估表现也就不奇怪了. 此外, 以度量超过那些模型定义的风险为目的的交易对手风险的压力测

---

① Fischer Black 已于 1995 年逝世.
② 许多模型试图计算这一数值, 然后按比例估计 10 天展望期的对应值.
③ 在 95% 置信水平上, 1 到 6 次例外是合理的, 更多细节参见 17.4.3 小节.
④ Basel III 监管条例的要求.

试也更加重要了.

2.3.4 相关系数与相依性

可能了解和量化金融风险的最困难的地方就是不同的金融变量之间的相依性. 就如大家所熟知的一样, 基本上是一个很大的相依性矩阵在决定最后 VAR 的计算结果. 潜在相依性估算的误差也增加了最终 VAR 值的不确定性. 众所周知, 根据历史数据估计的相依性未必可以很好地表示未来的走势. 动荡的市场环境中或经济危机中, 各种相依性有一种变大的趋势[①], 因此根据历史数据的估算尤其无法做出正确的预测.

相比传统的 VAR 模型, 交易对手风险相依性计算的难度提升到了一个新的级别. 首先是相依性固有的不稳定性, 它可以随着时间的推移显著改变. 相比较仅仅度量短短一天的市场风险的 VAR, 这对于评估几年甚至几十年的交易对手风险就更加重要了. 其次, 除了相关系数之外, 还有很多其他的统计度量可以刻画相依性. 特别是在错向风险的情况下 (见第 15 章), 使用相关系数以外的度量是非常重要的.

§2.4 衍生品市场

2.4.1 衍生品的使用

所谓衍生工具合约, 就是在未来某一时间或者某些时间同意支付或者买卖某一基础合约的协议. 产品期限可能从数周或数月 (如期货合同) 到多年 (如远期互换). 衍生品合约的价值将会随着标的资产或者指数的变化和协议方可能做出的决定而发生变化. 在许多情况下, 交易衍生品的初始价值将被合同双方设定为零.

衍生品并不是一个特别现代的金融创新. 例如, 在中世纪时期, 远期合约在欧洲流行. 然而, 衍生品和市场在过去的几十年中变得特别复杂. 衍生品的一个重要的优势在于它是非常有效的规避风险的工具. 例如, 以下风险就是诸如企业之类的机构可能会遇到的:

- 外汇风险. 由于会以各种货币支付, 需要对冲不同货币现金流带来的外汇风险.
- 利率风险. 企业可能希望把固定利率债券转化为浮动利率债券.
- 大宗商品风险. 当能源成本在毛利润中的比重很大时, 企业需要锁定石油价格.

在许多方面, 衍生工具和它的基础现金产品没有太大的不同. 它只是简单地允许人们以一种合理的方式采取非常相似的头寸. 例如, 航空公司可以通过购买现金结算的石油期货来减少由潜在的油价上涨引起的风险敞口, 因此等同于简单的原油多头寸交易 (不带存储或运输成本). 机构可以通过衍生工具合约减少其某些资产的风险敞口, 而没有必要在市

---

① 或正或负.

场上直接出售资产.

2.4.2 交易所交易和场外交易衍生品

衍生品市场中很多最简单的产品通过证券交易所交易. 交易所可以促进市场的流动性，从而使交易和头寸平仓更加容易. 由于某一会员违约导致的损失会被交易所吸收化解（至少在理论上如此，这一点将在第 7 章深入讨论），因此交易所也可减轻由交易对手风险引发的担忧. 交易所的产品都必须很好地规范，从而促进交易的流动性和透明性. 一个给定的衍生品进入交易所交易之前，通常需要经过多年的标准化流程.

相比于交易所交易的衍生品，场外衍生品的结构往往不太标准，而且一般是双边交易. 它们通常是一些私下的合同，不受任何政府保险项目或客户的资产保护计划的保护. 因此，交易的每一方都需要承担由另一方引发的交易对手风险. 许多场外衍生工具市场的玩家既没有出色的信用资质，也没有能力支付抵押品来减低交易对手风险. 因此，交易对手风险在场外衍生工具市场中是不可避免的，这也往往会产生高度关联的交易方（即双方的违约概率有着高度相依性）.

1986 年，场外衍生品交易市值以 500 亿美元稍微落后于交易所交易工具[1]. 1995 年，场外衍生品市值超过交易所 5 倍，这个比例一直持续到 2005 年[2]. 场外交易利率市场自 20 世纪 80 年代初已发展到目前的 2 840 000 亿美元市值，是现在场外衍生品市场最大的组成部分. 场外衍生工具在其他如外汇、股票和大宗商品等资产类别市场中也同样重要. 最初的信用衍生品开发是作为现金债券市场的补充，但现在在许多方面反而比现金债券市场更加重要.

场外衍生工具市场在过去的 20 年里呈指数增长，为风险管理和金融创新提供有效的机会. 而这些是促进经济增长的关键因素. 场外衍生工具占主导地位的主要原因是它固有的为不同客户量身定制的灵活性.

在过去的几年里，衍生品市场出现了越来越多的旨在降低交易对手风险的中央清算的趋势. 中央清算衍生品还是保留一些场外交易的特点（如双边启动等），因此代表场外交易和交易所交易的一种新的混合. 衍生品必须被标准化以便于中央清算，但它又不需要具备交易所产品的所有标准，如足够流动性. 中央清算（第 7 章）是定义未来交易对手风险蓝图的一个重要组成部分.

2.4.3 衍生品的风险

当然，不是所有的衍生品交易都可以被归类为"对社会有益". 有些涉及监管套利（如帮

---

[1] 资料来源：ISDA survey 1986 covering only swaps.
[2] 资料来源：BIS reports 1995 and 2005.

助银行在保持不降低其风险敞口的同时降低监管资本金）；有些被用来改变税务或会计处理的某个项目；经销商设计的场外衍生工具对于缺乏经验的最终用户偶尔显得更具吸引力[①]．

作为现金资产的合成版本使用的衍生工具并不是特别令人担忧．然而，衍生工具的主要区别在于杠杆．由于大多数衍生工具只执行少量合约中的名义价值，或者直接没有预付款，等同于它们默许了显著的杠杆作用．如果一个机构认为美国的利率会下降，该机构可能会购买美国国债[②]．这样的交易规模会有一个很自然的限制，那就是该机构能筹集的用来投资债券的资金规模．然而，进入一个美元接收者利率互换将提供大致相同的利率风险敞口，却不用最初的投资[③]．因此，此类交易的规模和有效杠杆必须由机构本身和互换的交易对手或监管机构限制，原因在于此类交易的规模和有效杠杆将不可避免地显著大于前面的全款购买债券的情形．

衍生工具已被多次证明是能够制造重大市场扰动的．它们已经被贴上了"大规模杀伤性金融武器"的标签．但事实是，就像商用飞机或核动力的任何发明一样，衍生品也有着它无与伦比的优点，然而也非常危险．一些看法是所有衍生品都应该在交易所买卖，甚至在某些情况下，是应被法律禁止的（见 Soros，2009）．另一方面，很多人则表达了相反的观点，例如："唯一比金融制度中处处可见衍生品危险的事情是过于缺乏衍生品[④]．"

2.4.4 "大而不倒"和系统性风险

金融领域的系统性风险主要是指由一个机构的潜在倒闭风险引发的一系列类似于多米诺骨牌的连锁效应，从而威胁到整个金融市场乃至全球经济的稳定．系统性风险不仅可以通过实际损失来触发，仅仅是由于提高了对风险的认识和由此产生的远离风险较高的资产的行为也会造成严重破坏，从而触发系统性风险．由于相当多的优势交易对手参与和市场上的杠杆作用，衍生品一直都和系统性风险密切相关，并且不幸的是，市场中存在一些短视、贪婪的参与者．

下面我们来阐述一个对衍生品的稳定性构成威胁的关键而微妙的问题．场外衍生工具的市场已经演变成由相对少数的金融中介机构（经常被称为经销商）主导．作为大量的最终用户衍生品的共同对手方，这些主导市场的金融中介机构积极进行相互交易以管理它们的头寸．场外交易衍生品的交易对手主要集中在少数高品质的机构显然有助于增加产品本身的稳定性．毕竟，这些大的交易对手还没有倒闭过．

---

① 许多人可能会把投机和诸如次级债的大型合成交易算作场外衍生品于社会无益的应用．但在许多衍生品市场中，投机性交易是流动性的重要来源．
② 这里我们只是举个例子，不见得是最有效的方法．
③ 除初始保证金和资本金要求之外．
④ "The perils of prudence"，Economist，20th June 2009．

在 2007 年之前的很多年，人们都普遍认为大型的金融机构不会倒闭，因为它们可以雇用最好的员工和采用最优的风险管理措施. 这种观点忽略了大型机构本身政治性、区域性和管理方面所导致的不透明的表述和沟通的风险，而这样的风险在这些大型机构的高层中尤其明显. 最近的金融危机已经清晰告诉我们，"大而不倒"的概念根本是错误的. 由全球金融危机得到的一个戏剧化的观点就是，由于会引发系统性的后果和连锁反应而简单地假定很多交易对手"大而不倒"的认知是完全错误的. 诸如 AIG、贝尔斯登、德克夏银行和苏格兰皇家银行等大型机构都曾经通过中央银行某种形式的救助行为避免倒闭.

AIG 的情况可以非常清楚地说明"大而不倒"的意识问题. 当时 AIG 有名义金额约 5000 亿美元的保险（信用衍生品）①，然而 AIG 并没有预留资金或储备并且只要求有限的抵押. 基于 AIG 自身的顶级信贷质量和抵押条款会随着 AIG 信用等级的降低而收紧的事实，所有的交易对手都很愉快地完成和 AIG 的交易. 不过，2008 年 AIG 蒙受 993 亿美元的损失并于 2008 年 9 月由于流动性问题而倒闭②，从而导致美国财政部和联邦美国能源部纽约储备银行联手安排贷款以支撑 AIG 这个"大而不倒"的机构. 这需要超过 1000 亿美元的美国纳税人的钱去支付 AIG 因过度冒险而导致的亏损. 债务保险公司总体上有和 AIG 规模相当的风险敞口. 但是，因为这时风险敞口被分布在大量的金融机构中，因此它们的倒闭让人更容易接受一些.

稳定的衍生品市场不是被少数几个大型机构统治，而是由众多可以倒闭但不会引发严重后果的小型机构组成的市场. 一个"可以安全地倒闭"的金融系统比"保证不能倒"更容易实现. 诸如大型券商、保险公司和 CCP 等"大而不倒"的机构并不是金融市场的理想架构③. 然而，政策制定者和监管者似乎已经认为 SIFI（具有系统重要性的金融机构）是全球金融市场中不可避免的产物，但需要对这些机构进行非常谨慎的监管，并给予特殊的地位. 这只不过是一种柔和版本的"大而不倒". 针对全球金融危机的一个关键的反应就是通过 CCP 进行清算. 然而，就其本质而言，CCP 将会成为下一个 SIFI.

SIFI 及其交易对手可能会由于他们将在金融危机中得到中央银行支持的隐晦或明确的承诺而表现得不太谨慎，从而产生道德风险问题. 交易对手的风险评估的一个关键问题是某些交易对手是否被有意地视作"无风险". 看来在 SIFI 的情况下，答案是肯定的. 然而，全球金融危机的主要教训之一正是这些机构会成为最危险的交易对手. 而且，人们不应该认定政府出资的紧急救助是保护任何交易对手的全部内容. 没有交易对手可以被认为是毫无风险的.

---

① 通过 AIG 金融产品（AIGFP），一个秉承 AIG 声誉的子公司.

② AIG 债券评价的下调引发了追加担保通知，而 AIG 无力满足此项要求.

③ 可以这样说，即使没有任何机构"大而不倒"，仍可能存在一些纵横交错的交易对手可以造成相同的问题（比如，同一地区的一批小银行同时倒闭）.

2.4.5 信用衍生品

信用衍生品市场,虽然相对时间不长,但是由于有效转移信用风险的需要而成长迅速. 作为核心的信用衍生工具, CDS 设计简单, 可以用来改变交易的信用风险. 然而, CDS 在对冲其他产品的交易对手风险的同时, 也将交易对手风险嵌入到 CDS 本身. 因此 CDS 本身也被视作是高风险的. 最近的市场甚至有些过分警惕 CDS 的危险性从而导致它们的使用直线下降. 人们普遍认为 CDS 的交易对手风险构成全球金融市场的显著威胁. 信用衍生品一方面可以非常有效地转移信用风险, 另一方面, 如果使用不当, 可能会适得其反, 带来高的风险.

推行标准的场外衍生品中央清算的主要驱动力之一就是以 CDS 市场为代表的错向交易对手风险 (wrong-way counterparty risk). 此外, 作为对冲交易对手风险的工具, CDS 似乎需要违约的远隔性. 中央清算显然可以做到这一点. 然而, 相比较其他中央清算产品, CDS 更加复杂, 其本身的低流动性和风险性使得 CCP 方清算 CDS 的能力显得尤为关键. 可惜这样的处理能力至今还有待检验.

§2.5 交易对手风险的历史

2.5.1 交易对手风险的由来

传统意义的交易对手风险被认为是存在于场外交易衍生品对手之间的信用风险. 由于全球金融危机的影响, 场外衍生品在金融危机中的重要角色已经使交易对手风险成为主要的金融风险. 从历史上看, 很多金融机构通过与最稳健的对手交易来限制它们的交易对手风险. 交易对手风险的大小与规模一直很重要, 只是多年来被诸如第 1 章中提到的机构的 "大而不倒" 的迷信所干扰. 多年来, 金融机构忽略了高信用资质的交易对手 (如 AAA 机构)、主权国家、超级大国或抵押品过账的机构所带来的风险. 然而, 金融危机表明, 这些往往是代表了最大的交易对手风险的实体. 这产生了在所有的交易对手关系中考虑交易对手风险的需求, 而信贷质量的下降又通常会迅速激发对于交易对手风险的兴趣. 调控压力也会持续加剧这种兴趣. 而在过去, 只有少数大的经销商投入大量资金来分散交易对手风险. 现在交易对手风险已迅速成为所有金融机构所面临的问题, 不论其规模大小.

2.5.2 交易对手风险和 CVA

交易对手风险是刻画风险敞口的市场风险和交易对手信用资质的信用风险的组合. 较大违约概率但较小风险敞口和较小违约概率但较大风险敞口的交易对手哪一个更好, 并不是一个一目了然的问题. CVA 通过一个数字精准地量化了交易对手风险, 从而可以用数值来区分上述情况. CVA 就是对机构交易对手风险进行定价, 进而使交易和对冲成为可能.

在全球金融危机之前, 许多银行实际上已经通过常用的预留储备基金的办法应对由 CVA 带来的潜在损失. 而这些储备基金往往是基于历史数据和由它们的某些属性进行估计的, 基本上每天没有太大变动. 以这种方式计算出的 CVA 被解释为对预期的交易对手风险敞口的一个统计估算. 这种方法把 CVA 作为众多银行账目中的一项, 因为它不是来自实时的市场数据, 就更不用说精确计算了. CVA 非常类似于贷款损失准备金, 其目的是吸收贷款账户未来潜在的信用风险损失.

全球金融危机后所产生的全球监管(如 Basel Ⅲ)似乎认定 CVA 连同产生它的场外交易衍生品头寸都是交易账户中非常有必要被监管的部分. 一些大的经销商很多年一直遵循这个方法, 主要是由于没有银行账户(零售银行业务). CVA 的盯市数值代表了在完全市场中对冲交易对手风险的成本. "交易账户 CVA" 通常会比 "银行账户 CVA" 大很多, 当然波动性也更大, 但在理论上, 可以通过诸如对冲和资产证券化的办法进行从前者到后者的风险转移.

银行账户 CVA 和交易账户 CVA 的区别是重要的: 一方面, 交易账户 CVA 更重要, 因为它反映了目前的市场状况和转移风险的成本, 而不是一些主观精算评估; 另一方面, 交易对手风险的信用部分的低流动性和对冲的困难性表明, 一个更被动的基于基本的信用风险分析的银行账户方法是可优先选择的. 不过监管机构似乎没有采取这种观点, 这一课题将会在第 17 章中进一步讨论.

2.5.3 减少交易对手风险

有许多方法可用来减少交易对手风险, 这些措施包括: 净额结算(netting)、抵押和对冲. 所有这些方法都可以大幅度减少交易对手风险, 但是会增加额外运营成本. 减少交易对手风险改变了相关的市场风险部分, 并带来了其他风险, 如流动性风险、操作性风险和系统性风险. 事实上, 我们将会更加详细地讨论由减少交易对手风险而产生的其他形式的金融风险. 因此, 在其他金融风险的背景下看交易对手风险是非常重要的. 进而, 对交易对手风险的充分了解涉及金融风险的各方面以及它们之间的相互影响, 特别是:

- 市场风险. 以抵押品来降低交易对手风险会产生新的市场风险. 首先, 由于需要时间来接收相关的抵押金额, 因此风险敞口在收到抵押金额前依然存在; 其次, 抵押品本身可能有价格和外汇波动.
- 操作性风险. 交易对手风险的管理主要依靠净额计算和抵押管理等, 这会带来一系列的操作性风险, 具体细节将在第 4 章中更详细地讨论.
- 流动性风险. 如果由于违约, 抵押品需要在某些时间点出售, 那么交易对手风险的抵押品可能导致流动性风险. 这也可以称为"缺口风险". 这些方面将在第 5 章和第 8 章中讨论. 再抵押(再利用)(第 3 章)也是这里一个重要的考虑因素.

- 系统性风险. CCP 作为中介机构来集中交易对手市场参与者之间的风险, 具有降低风险和提高运营效率等优点, 但是同时会带来诸如道德和发展信息不对称等方面的风险. CCP 会由于其自身有失败的可能性最终产生更大的市场系统性风险, 其细节将在第 7 章中讨论.

因此, 本书不仅仅是一部关于交易对手风险的书, 它将涵盖市场风险、信用风险、流动性风险、操作性风险和系统性风险. 更重要的是, 它会探讨不同的风险类型之间的联系以及有关减少交易对手风险的优点和缺点.

2.5.4 交易对手风险与中央清算

有许多解决交易对手风险问题的办法, 所有这些方法有助于降低风险. 但是, 政策制定者和监管者似乎认为, 一个中央清算系统会降低交易对手风险, 特别是在信用衍生品市场. 如果方法正确的话, 中央清算可能是有用的, 但它绝不是灵丹妙药. 最好的用来控制交易对手风险的办法是从各个方面充分地认识它, 包括众多可能的减少和对冲风险的办法. 由于市场参与者和监管机构对这个问题的认识也会越来越深刻, 因此这种新的更高层面的金融风险控制将得以实现.

§2.6 小 结

本章回顾了一些交易对手风险的背景知识, 阐述了其在金融市场的重要性以及和其他风险类型的联系; 复习了一些关于衍生品市场和 VAR 的基础知识; 简单介绍了降低交易对手风险的必要性以及这样做的潜在危险. 接下来的章节将详细定义交易对手风险.

第 3 章 定义交易对手信用风险

专家就是把一个非常小的领域内的所有错误都犯过一遍的人.

Niels Bohr(1885—1962)

§3.1 交易对手风险介绍

……可能是确定经济失调是否会发生或者以何种速度造成金融震荡,以及可能的系统特性的最重要的单一变量.

交易对手风险管理政策集团(2005)

交易对手信用风险(简称**交易对手风险**),是指一个签订金融合约的机构(合约的交易对手)未能履行其合约义务(比如违约)的风险. 交易对手风险主要来自两类金融产品:

- 场外衍生品,比如:
  - 利率互换;
  - 汇率远期;
  - 信用违约互换.
- 证券融资交易,比如:
  - 回购和逆回购;
  - 证券借贷.

由于其规模和场外衍生品市场的多样性,前一类更重要,而且事实上有一大部分风险并未获得抵押担保.

减少交易对手风险可能引起其他金融风险. 首先,要完全了解交易对手风险,需要对所有金融风险有所了解,比如市场风险、信用风险、操作性风险和流动性风险. 其次,各类金融风险之间的相互影响对定义交易对手风险至关重要. 从过去几年市场发生的事件来看,交易对手风险非常复杂,它具有系统性的特征,并且有产生、加速、放大金融市场不稳定性的可能. 因此,更好地了解、量化并管理交易对手风险显得尤为重要. 如若不然,未来衍生品和金融市场的健康发展将会受到影响.

3.1.1 交易对手风险和借贷风险

信用风险通常被认为是借贷风险. 一方对另一方具有负债, 但有可能因为破产而无法偿付部分或全部债务. 这些债务可以是借款、债券、按揭贷款、信用卡或其他形式. 借贷风险有两个显著特征：

- 贷款期内任一时刻的名义风险数额通常是确定的. 市场变量诸如在贷款期内的利率变动通常仅会产生温和的不确定性. 比如, 买入票面价值为 1000 美元的固定息票债券, 在到期前债券的名义风险数额都将持续保持在 1000 美元附近. 或者, 按期支付的按揭贷款将会随着时间摊还（名义风险数额由于定期偿付而减少）, 但可以完全清楚地计算未来某一日的剩余按揭金额. 一笔贷款或者一张信用卡都会有一个最高信用额度. 出于防范信用风险的目的, 可以假设该额度被完全预支[①]. 一旦客户无法偿还这一额度, 就会因为存在信用风险而被取消.

- 只有一方承担贷款风险. 一个债券持有人承担着相当大的信用风险, 但是债券的发行人并不承担任何损失, 即使在债券持有人破产的情况下[②]. 但这一特征并不适用于其他金融合约.

交易对手风险和所有其他信用风险一样, 其产生损失的原因都是债务人无法或不愿意按照合约规定履行义务. 然而, 有两点能区别合约中的交易对手风险和传统的信用风险：

- 合约的未来价值是不确定的, 大多数情况下尤其如此. 一个衍生品在未来违约时的价值等于合同规定下未来所有现金流的净现值. 所以, 在当前看, 未来的合约价值可正可负, 是不确定的.

- 正因为合约的未来价值可正可负, 所以交易对手风险通常是双向的. 也就是说, 一个衍生品交易, 每一方都承担交易对手风险.

所以, 交易对手风险与其他形式的信用风险最主要的区别就是基础合约的未来价值是不确定的, 无论是额度上还是正负上都具有不确定性.

3.1.2 交割风险和交割前风险

一个衍生品资产组合通常包括一系列的交割, 交割的数量通常是交易数量的数倍（比如, 一个互换协议会有一系列的交割日期, 然而现金流是定期交换的）. 交易对手风险主要与交割前风险有关, 后者是指交易对手在合约到期交割前违约的风险. 然而, 我们依然要考虑交割风险, 它是指交易对手在交割期间违约的风险.

- 交割前风险：交易对手在交易到期日前违约的风险. 这是交易对手风险通常所指.

---

① 在持卡人不能还清信用卡借款时, 他通常已经用尽了所有信用额度.
② 如第 13 章中所述, 在双边交易对手风险的范畴内, 这不完全正确, 尽管终止金额的相关惯例可以对此进行修正.

● 交割风险：出现在最终的交割阶段. 如果双方在履行合同协议时有时间差的话, 将会出现交割风险.

在图 3.1 中, 对交割前风险和交割风险的区别进行了说明.

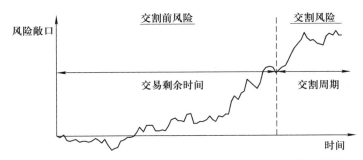

图 3.1 交割风险和交割前风险. 交割周期通常较短(几小时), 但有些情况下也可能很长

虽然交割风险将会产生更大的风险敞口, 但是违约在合约到期前发生的可能性要大于违约在交割日当天发生的可能性. 然而, 当交割周期较长时, 交割风险会更加复杂(举例来说, 在一个商品合约中, 一方可能会被要求用现金来进行交割, 而非实物商品).

虽然所有的衍生品合约都有交割风险和交割前风险, 但是两者之间的平衡还是因合约而异. 比如, 现货合约主要有交割风险, 但是长期互换协议可能主要有交割前风险. 另外, 不同类型的净额结算(见第 4 章)会减少交割风险和交割前风险.

与交易对手风险不同的是, 交割风险的特征是具有很大的风险敞口, 可能是名义本金额的 100%. 交割风险在外汇市场上尤其重要, 因为这些合约的交割涉及用一种货币进行支付而用另一种货币进行收取. 虽然大多数外汇通过 CLS[①] 交易并通过 DVP[②] 进行交割, 但仍然有例外且交割风险应予以重视. 在跨币种互换中, 现金流可能不会通过 CLS, 这样就会产生交割风险. 如果证券和现金的交易所不是 DVP, 交割风险同样可能会发生在证券融资交易中.

典型的交割风险会发生在很短的时间内(通常只是几天甚至是几个小时内). 如果要精确地衡量风险的周期, 需要将协议的支付日期、涉及的时区以及银行通过 Nostro 账户[③]进行对账的时间都考虑在内. 任何失败的合约都需要继续计算交割风险敞口, 直到该交易被实际交割.

存在明确的场景使得银行需要衡量交割风险, 但是避免与交割前风险或交易对手风险重复计算则显得更为重要. 机构通常会设置独立的交割风险限制并根据这个限制来衡量风险敞口, 而不是将交割风险包含在交易对手风险的评估中. 这可能会降低交割风险, 比如

---

① 最大的多币种现金交割系统, 参见 http://www.cls-group.com
② 现金支付与交货同时完成, 目的在于最小化证券交易中的交割风险.
③ 这是一个设在外国的银行账户, 用该国货币记账. Nostro 账户用于外汇交割.

坚持在转让证券前收取现金.

我们同时注意到最近的一个关于减少交易对手风险的提议，它产生了一些副作用，例如流动性风险，SCSA 都是引入更多交割风险的代价. 这个内容将会在后面的第 14 章中进行讨论（见 14.5.1 小节）.

例子 假设一机构进入一个远期外汇合约，即在未来的一个特定的日期交换 100 万欧元和 140 万美元. 如果该机构已经支付了 100 万欧元，但是并没有收到 140 万美元，交割风险敞口会导致该机构 140 万美元的大幅亏损. 该机构的预交割风险敞口只是所支付美元和欧元之间的市场价值之差. 如果汇率从 1.4 上升到 1.45，那么其将转化为 50 000 美元的损失. 这种跨币种类型的交割风险有时也称为赫斯特风险，参见如下内容：

> 关于交割风险最知名的例子是同一家名叫赫斯特的德国小银行的失败交易. 1974 年的 6 月 26 日，这家小银行在德国的银行同业支付系统刚刚关闭（当地时间下午 3：30）之后违约. 赫斯特银行的一些交易对手已经支付了德国马克，并且相信他们会在纽约时间的同一天收到美元. 然而，当赫斯特银行的业务被终止时，只是纽约的上午 10：30，因此所有来自赫斯特银行账户的美元付款被暂停，导致交易对手完全暴露在风险之中.

3.1.3 交易所交易衍生品

一些衍生品是在交易所交易的，在这里交易所充当了交易标准化合约的金融核心，可以用事先指定的价格购买诸如期货和期权等标准化合约. 交易所已经用于交易金融产品很多年. 通过将交易集中在一个场所，可以提升了金融市场的有效性和流动性. 一个金融合约如果想成为一个交易所交易产品需要经历一个漫长的过程，在这个过程中需要实现合理的交易规模、标准化和流通性.

交易所为价格确定提供了高效率[①]，还为降低交易对手风险提供了有效的途径. 交易所可以进行平仓，并可以作为 CCP 来提供清算服务. 清算服务保证了合约的有效履行并降低交易对手风险. 事实上，在一个典型交易所交易衍生品时，这个合约的交易对手就是交易所. 因此，在交易所交易的衍生品通常被认为是不存在交易对手风险的，因为唯一要考虑的就是交易所自身的存续性. 这一点需要在第 7 章中进行更加深入地分析.

3.1.4 场外交易衍生品

由于定制化服务的需求，更大本金规模的衍生品在场外进行交易. 场外衍生品是典型

---

① 这是通过买卖双方的互动确定资产价格的过程.

的双向交割，交易双方都承担交易对手风险. 在过去 10 年中，场外衍生品市场的规模大幅度增长，并明显超过了交易所交易衍生品的规模，如图 3.2 所示. 这样的快速增长主要得益于奇异合约(exotic contracts)和新市场，比如信用衍生品的发展(信用违约互换在 2003 年年末到 2008 年年末这 5 年中规模增加了 10 倍). 然而，更重要的是，场外衍生品能更好地根据客户需求定制产品，比如设计一款特定到期日期的合约. 而交易所交易的衍生品由于其自身的局限性，不能提供定制化的产品.

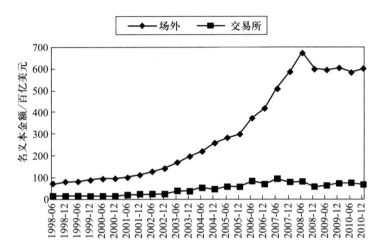

图 3.2 场外交易衍生品和交易所交易衍生品未平仓合约的名义本金额. 图中涵盖利率、外汇、股票、商品和信用衍生品合约. 未平仓合约的名义本金额并不能直接和交易所交易合约进行比较，后者通常指未结权益和净头寸，而场外衍生品市场的未平仓合约名义本金额代表总头寸，即净额结算之前的值

在 2010 年年末，全部衍生品的市值规模达到了 601 万亿美元. 这种史无前例的增长规模，无疑导致了全球金融危机的爆发. 此时各个机构均降低了衍生品在资产负债表中的规模，并对资产进行了重新分配；客户对衍生品，尤其是结构化的产品的兴趣也逐渐降低. 然而，近些年场外衍生品规模的减少也部分归因于通过去除互抵和冗余头寸来降低交易对手风险敞口而对交易进行的压缩(会在第 4 章中进行更加详细的讨论).

图 3.3 展现了场外衍生品的产品分类. 利率产品贡献了市值的主要部分，外汇和 CDS 的市值紧随其后. 然而，这可能会对其他资产类别中的交易对手风险的重要性产生误读，尤其是外汇和 CDS. 虽然大多数外汇交易都是短期的，但是长期的、跨币种的名义本金互换这类产品仍然承载着大交易对手风险. 另外，CDS 有非常剧烈的波动性且具有"错向风险"(具体细节将在第 15 章中进行讨论). 尽管利率衍生品占了市场交易对手风险的大部分并确实在实务中广泛使用，却依旧不能低估其他金融产品对于交易对手风险的重要贡献

(有时候会很微妙)①.

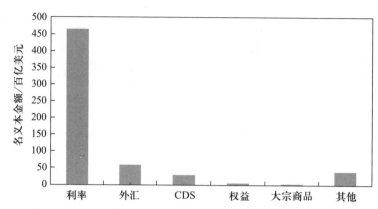

图3.3 2010年年末，场外衍生品市场总的未平仓合约名义本金额按产品种类进行的划分

衍生品的一个重要特点是它的风险敞口通常比类似的贷款或债券的风险敞口小.以利率互换为例，合约包含了浮动利率与固定利率之间的互换，其中没有本金部分的风险，因为只有现金流进行了交换.此外，即使是息票也是完全没有风险的，因为在利息交割日，只有浮动利率和固定利率之间的差(或称为净额支付)才会被交换.如果交易对手违约，那么该机构将不再有义务支付息票利息.对该互换，将会基于独立的价格按照当前的市值进行结算.如果该互换对一个机构产生了负值，且它的交易对手已经违约，此机构将不会产生任何损失.因此，当我们比对整个衍生品市场价值与它们的名义市场价值时，会发现有一个巨大的差值，如表3.1所示.举例来说，整个利率合约的市场价值只有其名义余额的3.1%.

表3.1 2010年12月，不同资产类别衍生品未结名义本金总额和总市场价值的比较

	未结名义本金总额 /万亿美元	总市场价值* /万亿美元	比值
利率	465.3	14.6	3.1%
外汇	57.8	2.5	4.3%
CDS	29.9	1.4	4.5%
权益	5.6	0.6	11.5%
商品	2.9	0.5	18%

*等于总的正市场价值和总的负市场价值的绝对值之和，并对重复计算进行修正.
资料来源：BIS.

---

① 事实上，在我2009年针对银行进行的调查"Credit value adjustment and the changing environment for pricing and managing counterparty risk"中，银行被问及他们认为交易对手风险来自何种资产.利率产品占比最高(52%)，其次是信用衍生品(21%)和外汇(18%).此次调查请见 www.cvacentral.com

3.1.5 回购和证券借贷

一个再购买协议或回购协议最初被用作降低融资成本的机制,但是随着回购市场的成熟,也发展了相应的应用和策略. 在一个回购交易中,一方交换证券以获得资金并承诺在未来某一指定时刻购回所置换的证券. 这些证券实质上充当了现金贷款的抵押品. 回购价格通常比最初价格要高,其差异有效地反映了回购利率,而回购利率则体现了交易利率和交易对手风险之和. 抵押品一般是流动性较高、价值稳定的证券(通常是债券,尽管其他证券也有被使用). 抵押品通常会被进行折算,这一措施主要是为了降低交易对手风险,其中包括借入方无法偿还现金或者抵押品的市场价值可能减值等可能性. 回购协议在国际短资本市场上有着重要意义,回购市场在最近几年获得了长足的发展. 而逆回购则是从另一方交易对手的角度看同一笔交易.

一笔回购实质上是一个有抵押品的贷款,目的是降低可能出现的其他更为本质的信用风险. 然而,总会残存一些交易对手风险. 证券的出借方可能因为违约而不能在到期日实施回购. 这意味着借入方为了拿回借出的现金,可以将证券进行清算、变现. 可能的风险在于,由于证券价格受市场冲击导致无法偿还贷款现金余额. 为了降低这种风险,回购协议通常都会过度抵押并且都采取每日盯市的保证金管理方法. 因此,残存风险实质上就成为一种"缝隙风险",这种风险在卖方违约前,体现在市场快速波动或者在很短时间区间内形成的价格差异. 反之,如果该证券价格上升,证券借出方将会承担信用风险. 过度抵押的程度越高,则信用风险发生的可能性越大. 回购的交易对手风险取决于多个因素,诸如期限(到期日)、证券的流动性以及参与回购的交易对手的实力.

证券借贷交易是一方向另一方借券并向其提供可比价值的抵押品. 此类交易类似于回购交易,但差别在于回购是为了借钱,而证券借贷是为了融券. 通常回购协议的一方会有现金交割,而证券借贷则可能不需要现金,因为证券借贷的抵押品可能是债券或其他证券. 除了抵押品外,证券借贷还与回购协议相类似,具有盯市保证金.

3.1.6 降低交易对手风险

有多种不同的方式可以用来降低交易对手风险,净额结算和抵押都是被广泛应用的工具. 它们经常是双向的,所以可以降低交易双方的风险. 当违约事件发生时,净额结算允许抵消交易对手合约下的资产与负债. 然而,净额结算的影响是有限的,且非常依赖于合约规定的交易类型. 抵押可以进一步降低交易对手风险,并且理论上可以完全消除交易对手风险,但代价是产生了操作成本和其他风险,诸如流动性风险和法律风险. 第 4 章将会对这些内容进行介绍.

中央交易对手,比如交易所和清算中心,能够将交易对手风险集中起来,同时损失共同承担. 起初看起来这个方法是对此问题的简单解决办法,但是却可能导致系统性危机,一个机构破产时就会产生多米诺骨牌效应. 而且, 中央交易对手风险会产生道德风险和信息的不对称, 因为市场的参与者会理所当然地认为交易对手风险极低, 而不仔细研究合约中蕴藏的相关风险. 在第 7 章中, 我们会详细讨论中央交易对手的优势和劣势.

日益增长的信用衍生品市场使得对冲交易对手风险成为一个切实可行的选择. 一个叫作或有信用违约互换(contingent credit default swap, CCDS)的金融衍生品因此应运而生. 信用衍生品通过减少对一个机构的客户的风险敞口, 转而获取竞争对手的客户的风险敞口来提供分散交易对手风险的机会. 然而, 对冲风险是昂贵的, 而且会发生错向风险(见第 15 章). 第 16 章将更详细地讨论对冲.

我们特别强调任何降低交易对手风险的工具都是一把双刃剑, 因为它不一定可以降低整体风险, 却可能会让金融市场发展过快而使规模达到一个危险的境地. 一个非常简单的例子可以说明这一点. 假设在市场中有 10 个经销商控制着 100 个单位的风险. 该市场不能进一步发展, 因为这 10 个经销商不能够或不愿意增加他们的头寸, 且后来的市场参与者不能或不认为这是他们入场的时机. 现在假定开发出了一些被管理者所允许的、可以降低风险敞口的模式, 可以将风险的数量减少到 25 个单位. 现在市场就可能快速地发展, 因为现有的经销商会增加其风险敞口, 且新的参与者进入市场. 最终, 市场的风险单位数量会回到 100 个. 这种降低市场风险的方法是十分有效的(与原始的风险数量相比), 因为现在的市场风险的规模已经是最初的 4 倍. 然而, 风险降低有一些不足, 且它的影响被夸大了, 这或者是由于经销商对他们的资产过于乐观的评价或监管者允许在减少资本的过程中过于激进. 因此, 市场中的总体风险因为降低风险而被增加了. 更糟糕的是, 市场参与者和管理者对这些视而不见.

对于存在交易对手风险的市场, 理解降低交易对手风险方法的好坏并不容易. 我们将分章节来讲解抵押和净额结算(见第 4 章)、中央交易对手(见第 7 章)、对冲(见第 16 章)和监管者处理问题的视角(见第 17 章).

3.1.7 交易对手风险主体

在过去的几年中, 市场中承担交易对手风险的主体的范围正在发生剧烈变化(或者更重要的是, 现在的机构充分体会了他们可能面临的更大的交易对手风险). 将金融机构交易对手风险主体分类如下:
- 大型衍生品机构.
  - 大银行, 也称作市商;
  - 在账面上有大量场外衍生品交易的机构;
  - 有很多客户, 并与其他机构相互交易;
  - 囊括了所有或许多不同的资产类型(利率、外汇、股票、商品、信用衍生品);
  - 使用抵押品来冲抵头寸.

- 中型衍生品机构.
  - 小银行或其他金融机构，比如对冲基金、养老金等；
  - 在账面上也有很多场外衍生品交易记录；
  - 与相当一部分客户做交易；
  - 会涉及一些资产类别，尽管可能不会在所有资产上都积极参与(例如不进行信用衍生品、商品和其他奇异衍生品的操作)；
  - 大部分情况下有抵押品.
- 小型衍生品机构.
  - 一些大企业或拥有很多衍生品需求的主权基金(例如对冲需要或者投资)，又或者一些小金融机构；
  - 在账面上有一些场外衍生品交易记录；
  - 仅与小部分交易对手形成交易；
  - 可能专业于某一特定类别的资产(比如一些机构只做汇率产品，一个矿业公司可能只做商品远期，保险金通常只做利率和非通胀产品)；
  - 没有能力承诺抵押品或者只能承诺流动性差的抵押品.

从历史来看，大型衍生品机构在信用资质方面比其他类型机构要好. 然而，一些小型衍生品机构，比如一些有很高信用资质(AAA 评级)的主权基金或保险公司，也可以借此评级获得有利的条款(如单方向抵押协议). 从历史上看，大量交易对手风险被忽略了，仅仅是因为大型衍生品机构或评级为 AAA 的机构被假设是没有违约风险的(2007 年以前，评级高的大型金融机构每年的信用溢差仅为几个基点[①]).

然而，自 2007 年以来，上述情况均被清晰地视作一件虚构的事情，但是交易对手双边交易的特性却是始终存在的. 由于风险双边的本质所引发的衍生品交易对手之间的僵局，引起了严重的问题，使得之前具有很好流动性的交易成为僵局(我们将在第 13 章中讨论量化双边交易对手风险以及所谓的 DVA). 现在所有的机构都面临着交易对手风险，必须认真面对且构建其自身的量化、定价、对冲等方面的能力. 没有机构有着极差的信用资质而无须考虑自身的交易对手风险，也没有机构其信用资质优秀到可以忽略在若干年之后仍然不破产.

除了一些通过交易活动来承担交易对手风险的机构，市场上的其他主体被称为市场的第三方机构. 第三方机构提供抵押品管理、软件服务、交易组合和清算交割. 他们使得市场参与者能够降低交易对手风险以及与此相关的风险(如法律风险)，从而在这些方面提升整体运营效率.

---

① 这意味着市场价格反映其债务安全性很高.

§3.2 组成元素和术语

3.2.1 信用风险敞口

信用风险敞口(以下简称为风险敞口)定义为：交易对手违约时需要承担的损失. 风险敞口的特征遵循一个事实：一个发生交易对手违约的金融工具价值若为正值，则意味着具有索取权；若为负值，则意味着按合约向交易对手支付的义务(至少是超过交易对手违约的那部分). 这意味着，如果一个机构被交易对手欠钱，而交易对手此时违约，那么这个机构就有了一笔损失；若是相反的情况，这个机构也无法从违约情况下所规避的负债中获得什么[1].

风险敞口是一个时间敏感的测量指标，因为交易对手可能在未来任意时刻违约，而一个机构可能需要在发生此类事件前好几年就考虑这种可能性发生后的影响. 风险敞口在分析交易对手风险时至关重要，因为对于很多金融产品(尤其是衍生品)，权益方的风险并不在于全部交易本金，而仅仅在于重置成本. 一个衡量风险敞口的指标应该包括从实际索赔中产生的风险(当前的索赔权以及金融机构承诺提供的那些权利)、未来潜在索赔所产生的风险(未来可能的赔偿)以及不确定负债所产生的风险. 事实上，为了更好地描述风险敞口的特征，可以从回答以下两个问题入手：

- 当前的风险敞口是什么？(如果交易对手现在违约，最大损失是多少？)
- 未来的风险敞口是什么？(如果交易对手在未来某个时刻违约，最大损失是多少？)

除了在一些简单的情况下，上述第二个问题实际上比第一个问题更难回答. 按照惯例，我们强调：所有风险敞口的计算都将忽略任何破产违约情况下的回收价值(recovery value). 因此，风险敞口就是损失，可以被定义为无任何回收价值下的触发价值或重置成本.

最后，一个要点如下：

风险敞口是在交易对手违约的条件下讨论的.

只有当交易对手违约时才涉及风险敞口，因此风险敞口的量化应该是基于违约事件的. 例如：

- 假设交易对手会在 1 年内违约，1 年内的风险敞口是什么？
- 假设交易对手会在 2 年内违约，2 年内的风险敞口是什么？
- 以此类推.

说到这，我们经常会独立于任何违约事件去考量风险敞口，并且隐含假设没有"错向风险". 这样的假设对于大多数产品的交易对手风险的评估是合理的. 然而，如果可能，读者仍然应该留意有条件的风险敞口. 我们将在第 15 章中更详细地阐述定义了风险敞口与交

---

[1] 一些特殊的、非标准的情况除外，稍后讨论这些情况.

易对手违约之间关系的错向风险.

3.2.2 违约概率、信用转移及信用溢差

评估交易对手风险时,必须考虑交易对手在相关交易的整个生命周期里的信用资质. 这样的时间区间可能会很长. 最终,有两个方面需要考虑:
- 在一个特定的时间区间里,交易对手违约的可能性[1]是多少?
- 在一个特定的时间区间里,交易对手的信用资质下降(比如评级下降)的可能性是多少?

信用转移或者信用资质的离散变化,如评级的变化,是非常重要的,因为它们影响违约概率的期限结构. 考虑到它们可能会带来的问题,尽管在交易对手没有违约时,它们也应该被考虑. 假设交易对手从现在到未来某一时间(如 1 年)内的违约概率是已知的,考虑 4 年后相同的年化违约概率是多少,也就是未来 4~5 年间违约的可能性也是很重要的. 有三个重要的方面需要考虑:
- 上文定义的未来违约概率将有下降的趋势[2],由于违约有可能在我们讨论的这个期间之前就发生. 交易对手在未来 20~21 年间发生违约的可能性是非常低的. 这不是因为他们值得信赖(很可能情况相反),而是因为他们不太可能生存 20 年!
- 随着时间的流逝,预期信用资质会下降的交易对手的违约概率会逐步上升(尽管有些时候上述现象与之相反).
- 随着时间的流逝,预期信用资质会有所改善的交易对手的违约概率会逐步下降,这可能会在第一点提到的情况中加速变化.

例子 一个交易员必须评估由于交易对手风险造成的远期外汇交易的预期损失. 一笔交易在到期日的预期损失为 1000 万美元,而交易对手在 5 年期内违约的概率大约为 10%. 这个交易员认为,既然现有的风险敞口是 0,那么在交易的生命周期里的平均损失将会是最终价值的一半,因此预期的损失是

$$1000 \text{ 万美元} \times 50\% \times 10\% = 50 \text{ 万美元}.$$

这不是一个非常精确的计算方法. 首先,平均风险敞口的计算不是最终价值的 50%,因为风险敞口并不是线性增加的. 更糟糕的是,有一个隐性的假设是,违约概率是随时间齐次变化的. 如果违约概率确实随着时间增加了,实际上预期的损失会相对更高(工作表 3.1 的例子的预期损失为 77 万美元). 交易对手更有可能在 5 年的点上违约(预期损失为 1000 万美元),而不是今天(预期损失为 0).

---

[1] 我们现在会使用"违约"这个词去指代任何可能影响交易对手的"信用事件". 在第 10 章中,信用事件会被更深层次地解释.

[2] 这里是指在一个特定的时期内违约的可能性,比如 1 年.

> **工作表 3.1**[①] **远期契约型风险敞口的交易对手风险**

有一个著名的经验性的信用资质的均值回归,该回归现象被历史评级变化印证过. 这意味着拥有好的(超过平均水平的)信用资质的公司倾向于恶化,反之亦然. 因此,一个拥有好的信用资质的交易对手的违约概率会逐步增加,而拥有一般信用资质的交易对手会更倾向于在短期内违约,但长期内违约的概率会越来越小. 设计违约的期限结构是非常重要的,上面的例子也印证了这一点.

我们最终注意到违约概率可能在真实世界(real-world)或者风险中性测度下定义. 在真实世界测度下,我们想知道交易对手真正的违约概率,这经常是通过历史的数据去估算的. 在风险中性测度下,我们从市场信用差价中计算风险中性的违约概率[②]. 真实世界和风险中性测度下的违约概率之间的区别在第 10 章中有详细讨论. 当通过信用溢差来讨论交易对手风险时,除了信用转移和违约风险外,信用溢差波动率是必须要考虑的.

3.2.3 回收和违约损失

回收率通常代表了当一个交易对手违约时未解决的索赔的回收比例. 与回收率相关的变量是违约损失,它们之间的关联非常简单:违约损失 = 1 − 回收率.

回收率有大幅度的变化. 这点很重要,因为,例如一个 60% 的索赔的回收率与一个 20% 的索赔的回收率相比,其损失只有一半. 信用风险敞口是衡量所有补偿的总量的传统方式(因为这是一个最悲观的预估),但回收率在使用信用价值调整方法对交易对手风险进行量化时扮演着非常重要的角色.

在破产事件中,交易对手违约的场外衍生品合同持有人通常会跟高级的债券持有人享受同等权益[③]. 因此,场外衍生品、债券和信用违约互换要参照高级的、无抵押的信用风险,所以它们会呈现出相同的回收率. 然而,这有两个难点:第一,当信用违约互换合约被设计成对冲债券和贷款时,它们不一定会被设置为具有相同的回收率. 这是由于信用违约互换合约的结构化特性造成的,比如最便宜的、最先支付的选择性和支付压缩. 信用违约互换市场近期有所变化,比如"大爆炸协议"(big bang protocol),已经减少了它们的影响,它们一定十分渴望通过信用违约互换合约来对冲交易对手的风险. 第二,时间选择问题. 当一个发债主体违约时,回收率会在债券于市场中被卖出时立刻实现. 信用违约互换合约也会在"定义信用事件"中通过拍卖的形式被进行清算. 然而,信用违约互换衍生品(与债

[①] 工作表用于演示示例中的相关计算,可从作者的网站 www.cvacentral.com 下载(译者注).
[②] Basel Ⅲ 资本监管条例支持风险中性方法,尽管对冲通常较为困难.
[③] 这意味着他们有相同的信用等级,从而应该具有相同的回收率.

券不同)可能不会被自由地交易或出售,尤其是当交易对手的衍生品违约时.这必然会导致衍生品拥有不同的回收率.这些回收的方面,也是 2008 年雷曼兄弟破产的重要因素,对此在第 10 章中有更详细的讨论.

3.2.4 盯市价值和重置成本

对特定交易对手风险敞口的盯市价值(MtM)定义当前的潜在损失.然而,这取决于在交易对手违约事件中净额结算的能力.此外,对其他降低违约事件风险敞口的方面也必须考虑,比如合约中的抵押品以及可能的对冲.这些会在第 4 章中详细讨论.

现在的按市值计价并不被认为是一方向另一方的即期负债(immediate liability),而被看成一家机构预期获得的支付款项的现值,且不是有义务要支付的.这些支付款项也许会被安排在未来很多年后支付,并且可能具有的价值也高度依赖于市场变化.因此,按市值计算,即期负债可正可负,这取决于这项交易是否对该机构有利.

交易的契约性特征,比如终止净额结算和终结特征,指的是重置成本.按无风险假设计算的市值结果与定义了和另外一个交易对手进行等价交易的重置成本紧密关联.为了简单起见,倾向于假定这两个模型是一样的.但是,真实的情况往往更加复杂.

尽管交易的重置成本与交易的市值紧密相连,但是二者却是不同的.为了重置一项交易,交易者必须考虑买卖差价等成本,这对于具有较低流动性的证券来说非常重要.需要注意的是,即使是一个标准的具有流动性的合约,在违约时也会变成非标准的并且失去流动性.在此类案例中,交易者必须决定是用一个昂贵的非标准的衍生品来替换原来的合约,还是用一个与原来合约不能准确匹配的但更加标准的合约来替换现有合约.文献表明这样的成本会最终通过重置成本进行传递,因此量化交易对手风险时忽略交易费用看起来是合理的[①].

很遗憾,交易对手风险本身造成了更加复杂的局面.文献表明存续方(surviving party)(或者合同终止时执行)的信誉价值在重置成本中也会被考虑.这意味着未来交易对手风险(通过 CVA 和 DVA 度量)实际上决定了未来的重置成本.这造成了一个循环的问题,因为我们不能在不了解未来交易对手风险的时候就定义交易对手风险,反之亦然.第 13 章 13.4.2 小节论述了这个主题.对于现在,我们强调那些基于无风险估值的重置成本是一个对复杂的真实情境的合理近似.

3.2.5 降低交易对手风险

下一章将详细讨论降低或者限制交易对手风险的多种方法.一些是相对简单的合约式

---

① 这仍然不完美,因为当证明材料表明使用重置成本概念时,成本可能是交易对手造成的,如果交易对手已经违约,那么成本中只有一部分会被接受.

的风险降低方法，而另一些方法则更为复杂，实施起来成本比较高．没有风险降低是完备的，即使比较小，也总会有残余的交易对手风险．因此，当量化交易对手风险时，重要的一点是仔细考虑风险降低的益处．第 8 章会详细介绍该问题．除了残余的交易对手风险，有一点需要牢记，即风险降低不能消除交易对手风险本身，而是把它转化成其他形式的金融风险．下面是一些明显的例子：

- 净额结算．当交易对手违约时，可以合法地将交易对手的所有合约价值进行结算，可以降低违约事件中交易对手的风险敞口．然而，如果净额结算的合约不能在特定的司法体系中实施，也会造成法律风险．
- 抵押．持有现金或者证券可以明显地降低风险敞口．然而，这会导致操作性风险和流动性风险，因为必须要运行一个复杂的抵押品管理功能．很多交易对手不同意抵押条约，因为这些风险是存在的以及他们自身没有能力有效地管理抵押品．
- 中央交易对手．由于以上的原因，会产生操作性风险和流动性风险；还会产生系统性风险，因为中央交易对手违约将会等同于一个重大的系统性失调．
- 对冲．对冲的目标是显著地降低交易对手风险，但是由于对冲工具当日市值的不稳定性，可能会带来市场风险．

§3.3 控制和量化

对一个机构来说，控制它所面对的交易对手风险是很重要的．必须认识到的一个事实是，交易对手风险所依赖的方面不同（比如所讨论问题中的交易和交易对手），其变化的幅度也很大．除此之外，对许多彼此相关的风险缓释方法（比如净额结算和抵押）进行合理的评价是非常重要的．交易对手风险控制传统上用于限制信用上限，这已被银行使用超过 10 年了．

然而，信用限额仅仅用于限制交易对手风险，这很明显是第一道防线，还需要正确地量化和确保一个机构所承担的风险被合理地补偿了．这可以通过 CVA 来实现．该方法在最近几年被广泛使用，主要用来对机构面临的风险进行定价．

一个面临多个交易对手风险的机构必须控制组合的影响，并且将它与资金的需求、监管或者经济相关联．最终，必须考虑交易对手风险的对冲．我们来考查这些内容以及它们是如何组合在一起的．

3.3.1 信用限额

我们先考虑风险敞口的第一个也是最基本的用法，它可以用于一段时间内控制一个指定交易对手的风险．多样化的基本思想就是避免"将所有的鸡蛋放在同一个篮子中"．市场参与者可以通过限制任何给定交易对手的信用风险敞口的方法，与该交易对手的违约概率保持一致,来实现这一目标.这是信用限额(或称为信用线)的基本原理.通过和更多交易对手进行交易,一个机构不会因为其中一个交易对手的违约而暴露过多的风险.由于通常是通过和关键客户的交易来获利,所以多样性在现实中并不一定都是实用的.在此类案例中,信用风险敞口将会过大,因此必须通过其他方法将其降低.

将信用限额分配到每个指定的交易对手,如图 3.4 所示,这个想法主要用于刻画在一段时间内对某一个交易对手的 PFE,并确保其不会超过一个给定值(信用限额).PFE 展示了最坏的情况,这与第 2 章中众所周知的 VAR 类似.第 8 章将详细讨论 PFE.信用限额会根据机构的风险偏好来进行设置.信用限额可能是依赖于时间的,这反映了一个事实,即在未来不同的时间风险敞口会被认为存在差异.

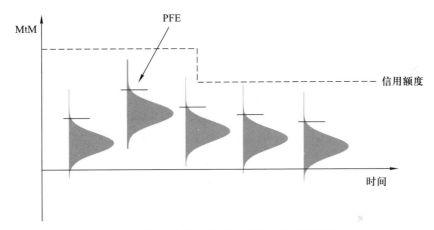

图 3.4 使用未来风险敞口控制交易对手风险

信用限额通常随着时间而降低,并且与长期的风险敞口相比,更有利于短期的风险敞口.这是因为交易对手的风险质量会在一个长时间段内逐渐恶化.事实上,从经验和市场行情来看,信用资质好(投资等级)的机构经验上的和市场隐含的违约概率将会随着时间而增加(详见第 10 章).这种违约概率的增加证明了信用限额减少的正确性.一个具有较差信用资质(次级投资等级)的交易对手的信用限额会随着时间而增加,这是因为若该交易对手没有违约,则它的信用等级会预期提高.

任何一笔在未来某一个时点会突破信用限额的交易都很可能被拒绝.信用限额允许以统一的视角来看待与每个交易对手的风险敞口,它是管理交易对手投资组合风险的第一步.

当评估 PFE 和信用限额时,不考虑可能的未来交易.然而,这很可能会改变市场状况(如现货汇率和波动性)而增加 PFE,并突破信用限额.一个机构必须不仅有针对信用限额的政策以用于确定是否继续交易,还要制定一个规则,即当信用限额由于市场的变化而被突破时,现有的持仓在什么情况下需要调整.举例来说,一个 1000 万美元的信用限额(软限制)可能会限制一些交易,使得 PFE 不会超过该值,并可能根据市场的变化允许 PFE 升至 1200 万美元(硬限制).如果信用限额被触发到一个较高的限制,可能需要通过调整持仓或实行信用衍生品来对冲风险敞口等方法,将 PFE 减少到原始的 1000 万美元的限制中.

信用限额通过双向的方法来控制风险敞口,而不需要动态地考虑以下变量:
- 交易对手的违约概率.
- 交易对手预期的回收率.
- 交易对手信用评级下调(信用质量恶化)的概率.
- 交易对手之间的关系(集中度).

所有以上的这些变量都有可能以某种方式包含在定义的信用限额中.比如,一个较低的违约概率或一个较高的回收率可能会导致一个较大的信用限额,而较大的信用评级下调可能会导致信用限额的下降(图 3.4).最终,一个与其他交易对手密切关联的机构将会比一个和其他交易对手有较少关联的机构有更低的信用限额.然而,此类决定将会通过量化的方式来确定,并且信用限额的本质会使得仅参考现有的风险敞口来决定是否接受或拒绝一笔交易,而不是该笔交易是否会盈利.这是通过 CVA 对交易对手风险进行定价的主要动机.

3.3.2 CVA

如上所述,传统的交易对手风险管理是二元的(binary fashion).举例来说,信用限额的使用使得机构有能力来决定是否与一个指定的交易对手进行一笔新的交易.如果该笔交易突破了现有的信用限额,那么这笔交易将会被拒绝执行(除特殊情况外).这么做的问题是只考虑了这笔新交易的风险,而回报(收益)也应该是一个必须考虑的因素.

通过对交易对手风险进行定价,可以超越二元的决策过程.这时是否做一个交易就变得简单了,因为一旦交易对手风险已经被计入价格,就只需要考虑该笔交易是否盈利.就像我们将在第 12 章展示的那样,一个衍生品的风险价格可以被表达为一个无风险价格(该价格假设没有交易对手风险)减去一个纠正交易对手风险的元素.后一个元素通常被叫作信用价值调整(CVA).保证一个交易的盈利可以超过 CVA 是妥善处理交易对手风险的第一个障碍.CVA 的"费用"将会采用一个复杂的方法进行计算,从而来计算在 CVA 中定义的各个方面:

- 交易对手的违约概率;
- 机构的违约概率(在双边定价和 DVA 的情况下.这将在第 13 章中进行讲解);
- 所涉及的交易;
- 对和同一个交易对手现存交易的净额结算;

- 抵押品;
- 对冲方面.

CVA 超越了信用限额的二元性并且可以直接对交易对手风险进行定价. 一个交易不会独立地被接受或拒绝, 机构在这笔交易中获得的利润应当可以覆盖此交易带来的增量 CVA, 即考虑到现存交易和净额结算的影响后 CVA 的增量. 其他方面, 比如抵押品, 也同样需要考虑. 第 12 章对这些定价方面进行了详细讨论.

然而, CVA 并不是交易对手风险的全部, 也不是其终结. 概括地说, 可以从三个层面来评价一个交易的交易对手风险:

- 交易层面. 它包括交易的所有特征和相关的风险因素. 这在"独立的"层面对一个交易的交易对手风险进行了定义.
- 交易对手层面. 它包括对风险降低的影响, 比如对单一交易对手的净额结算和保证金. 这在考虑到现有交易的基础上, 定义了一个交易带来的增量影响.
- 组合层面. 在给定的时间内已知只有一小部分交易对手违约的情况下, 它考虑到了和所有交易对手产生的风险. 这定义了一个机构面对所有交易对手风险时的影响.

CVA 只能解决上述前两个问题.

3.3.3 是使用 CVA 还是信用限额?

CVA 和信用限额二者兼用.

CVA 关注在交易层面(包括一个交易所有明确的特征)和交易对手层面(包括风险降低)对交易对手风险进行评估. 作为对比, 信用限额主要在组合层面起作用, 通过限制风险敞口来避免集中. 这样来看, 我们认为 CVA 和风险限额是互补的, 如图 3.5 所示. 事实上, CVA 鼓励最小化一个机构所需要交易的交易对手数量, 因为这可以使净额结算的利益最大化; 而信用限额则鼓励最大化交易对手数量. 因此, CVA 和信用限额是典型的可以互补使用的方法, 从而可以量化和管理交易对手风险.

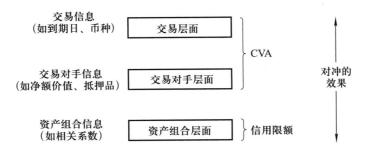

图 3.5 搭配使用 CVA 和信用限额来管理交易对手风险

3.3.4 CVA 代表了什么?

因为交易对手风险通过 CVA 刻画价格,那么一个直接的问题就是什么确定这个价格. 一个金融工具的价格通常可以用以下两种方法中的一种来定义:

- 该价格表示未来现金流的预期价值,包括对正在承受的风险(风险溢价)的一些调整. 我们称之为精算价格.
- 该价格是关联的对冲策略的费用. 这是风险中性(或市场隐含)价格.

通过对冲参数定义的价格通常和基于"期望价值+风险溢价"定义的价格相差很大. 因此,很自然的问题是:CVA 归属于哪一类? 很遗憾的是,两类都是,因为 CVA 只能被部分对冲而不能被完全对冲. 假设我们现在有一个 1000 万美元的风险敞口,如果交易对手违约,我们将无法对冲产生的损失. 即使可以对冲当前的这个风险敞口,我们也不能对冲该风险敞口在未来的变化.

因此,我们不但应该了解对冲的含义,还应该在组合层面上了解残余风险(不能被对冲的). 强调这一点非常重要,因为无论对冲的可行性,还是机构希望对冲其 CVA 的程度,Basel III 都提倡对 CVA 实施风险中性方法(见第 17 章). 对正确处理交易对手风险而言,CVA 的量化、对冲、资产组合层面和监管资本金规则都是很重要的,需要考虑的.

3.3.5 对冲交易对手风险

信用衍生品市场的增长有助于对冲交易对手风险. 假设某机构有些担心一个 1000 万美元的无抵押净额结算风险敞口,并且限制与该交易对手的进一步交易活动. 购买这个交易对手 1000 万美元的信用违约互换保护可以对冲这个风险敞口. 该对冲依赖于与该有问题的交易对手交易 CDS 的能力,并最终产生一定的费用. 然而,对冲允许一方减少风险敞口,并以此提供了与该交易对手进一步交易的方法. 可以认为 CDS 对冲通过购买 CDS 保护增加了信用限额[1]. 这提供了一个方法:通过使用 CDS 保护来对冲交易超过信用限额的情况. 对冲部分风险敞口的组合可以认为是与一些交易对手进行交易的最经济的可选方案. 这点在图 3.6 中得到了证明.

更多定制的信用衍生品,如 CCDS 已经被设计用来更为直接地对冲交易对手风险. CCDS 本质上还是 CDS,但是引入了一个与特定的合约式衍生品风险敞口挂钩的保护面值. 它们允许与特定交易以及与第三方相关的交易对手风险一同转移. 假设机构 A 与 X 方交易并且有交易对手风险. 如果 A 现在从 Y 方买了 CCDS 保护,这保护同时覆盖了交易对手 X 以及标的合约,那么这将有效地将交易对手风险传递给 Y(X 不需要被包括在合约中).

我们会在第 16 章中详细论述对冲.

---

[1] 此处需要考虑一些技术因素,它们可能导致对冲不再有效. 第 10 章和第 16 章将会对此做进一步展开.

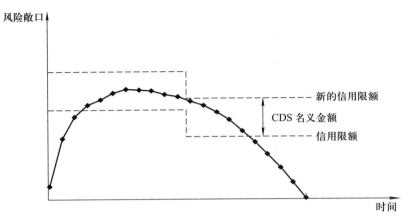

图 3.6　用于增加信用限额的 CDS 对冲

3.3.6　资产组合的交易对手风险

仍然讨论上面交易对手 X 和 Y 的例子. 机构 A 现在的风险仅仅是 X 和 Y 共同违约或"双重违约". 这意味着我们需要去考虑共同违约的可能性. 更普遍地, 我们应该考虑所有交易对手违约可能性的影响. 对于一个典型的银行, 其暴露风险敞口的交易对手的数量成千上万, 因此这是一个困难而且重要的任务.

这种按照金融风险来分配资本的概念在资产组合层面最好理解, 而不是在交易的层面. 资本需求可能是经济方面的(被寻求精确的风险量化的机构所计算), 或者是监管方面的(监管方强加). 不管怎样, 资本的角色是缓冲意外损失. 因此, 当通过 CVA 来定价交易对手风险涉及在交易对手层面对预期的损失进行评估时, 资本的概念让人可以在资产组合的层面做出决定(比如一个机构的所有交易对手)并考虑意外和预期的损失.

因为不同交易对手之间违约的相关性(或者更通俗一点叫关联性)必须被量化, 因此信用资产组合的资本计算是比较复杂的. 一个很高的正相关(强相关性)意味着多方违约是可能的, 也因此增加了未预期损失及关联资本. 由于风险敞口不对称的属性, 交易对手风险的资本评估变得更重要了. 我们不仅要理解交易对手违约事件之间的相关性, 也要理解风险敞口之间的相关性. 举个例子, 假设一个机构与 A 方有交易, 并且与 B 方的交易对冲了与 A 方的交易. 这意味着两方的盯市市值会相互抵消, 并且不可能都是正的. 因此, A 方和 B 方同时违约只会造成这家机构只有一笔损失, 它基于在违约时刻该机构在哪个交易对手方存在风险敞口. 本质上讲, 风险敞口的负相关降低了总体风险. 如果与 A 方和 B 方交易的市场价值是正相关的, 共同违约将可能造成更大的损失. 对于资产组合层面的交易对手风险, 将在第 11 章中进行更详细地讨论.

最后，需要考虑监管资本金．虽然这应该以经济资本金为准，但是使用相对简单的法规去监管这方面很有必要．更进一步，根据 Basel Ⅲ 中的资本金要求，CVA 自身的变化性连同交易对手风险中违约部分的传统度量都必须被资本化．这点将在第 17 章中进行讨论．

§3.4 小　　结

在这一章中，我们定义了交易对手风险，介绍了风险敞口的重要组成部分：违约概率和回收率，同时概述了降低风险的净额结算及抵押的方法．我们也讨论了量化及管理交易对手风险的各种方法，从传统的信用限额到更复杂的通过 CVA 来定价、投资组合的考量和对冲．

本书的下一部分，即第 4～7 章，会更深入地介绍如何降低交易对手风险．

第 4 章　净额结算、压缩、交割和终止特征

> 一个人绝对不可在遇到危险时试图背过身去逃避. 若是这样做, 只会使危险加倍. 但是, 如果立即面对它毫不退缩, 危险便会减半.
>
> Sir Winston Churchill(1874—1965)

§4.1　简　　介

4.1.1　交易对手风险的起源

典型的交易对手风险问题如图 4.1 所示, 假设一个机构和交易对手 A 做了一笔交易, 并和交易对手 B 对冲了这笔交易(这里的对冲可能是一系列交易). 举例来说, 该机构可能是一个银行, 为客户 A 提供了一笔场外衍生品交易, 并与另一个银行 B 做了对冲交易[①]. 在这个情景中, 该机构对客户 A 和银行 B 的总盈亏不会产生任何波动, 因此也就没有任何市场风险. 然而, 他们都各自对其交易对手 A 和 B 承担交易对手风险, 因为如果任意一方违约, 都会对交易的另一方留下风险敞口.

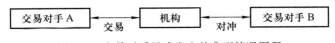

图 4.1　交易对手风险发生的典型情况图释

4.1.2　ISDA 主协议

国际互换和衍生品协会(International Swaps and Derivatives Association, ISDA), 是一个为场外衍生品交易从业者设置的交易机构. ISDA 主协议是一个双边框架, 它包括了约束双方交易的相关术语和条款. ISDA 主协议被设计用来消除法律上的不确定性并提供降低交易对手风险的相关机制. 在考虑了一些常见问题, 诸如净额结算、保证金、违约的定义和其他一些终止事件后, 它制定了交易双方协议的通用术语. 多笔交易的情况可以囊括在

---

① 请注意, 对冲可能由一系列交易组成.

这个通用主协议之中，从而形成一个单一的无期限的法律合约，覆盖许多或所有的交易行为。单笔交易通过引用的方式包含在与主协议相关的交易确认中。这样交易就可以在不更新或不修改相关的 ISDA 主协议任何方面的基础上进行。

§4.2 净额结算

考虑持有破产公司债券的投资者。他们不仅要面临违约带来的大量损失，并且还将在获得与他们索赔的名义金额相关的任何回收价值之前等待相当长的时间（通常是几年）。尽管这里面有问题，但在某些市场中，这并不被认为是重要的问题，比如在以购买持有、传统做多和现金债券为主的市场。

衍生品市场在快速地发展，这主要是由于参与者有规律地改变他们的持仓并利用工具进行反向对冲。当一个交易对手违约时，市场中对应地需要一种机制，让参与者在这种机制下与其他交易对手替换其持仓（再对冲其持仓）。此外，一个机构一定非常渴望将一个已经发生违约的机构欠自己的钱与自己欠该机构的钱进行抵消。以下两种机制可以将这个机构的想法变成现实：

- 支付净额结算。它使得一个机构可以将在同一天发生的现金流进行净额结算。这通常涉及交割风险。
- 终止净额结算。它通常允许终止无偿还能力者和有偿还能力者之间所有的合约，并同时终止所有交易的对冲价值（包括对该机构有利的和不利的）。这涉及典型的交易对手信用风险。

净额结算的法规覆盖了绝大多数国家主要金融市场中的衍生品。在绝大多数司法管辖区域，ISDA 主协议获得了法律观点来支持终止条例和净额结算条例（在起草时，它们能覆盖 54 个司法管辖区域）。37 个国家已经有了相关的法律来明确支持强制性的净额结算。然而，仍然存在某些司法管辖区域不允许进行净额结算。

4.2.1 支付净额结算

支付净额结算涵盖以下情况：一个机构将会在某个指定日期，不得不进行一笔或多笔付款以及接收一笔或多笔付款。上一章（见 3.1.2 小节）所描述的 20 世纪 70 年代建立的赫斯特银行的例子，阐明了这种情况的风险。支付净额结算允许一个机构把同一天的多笔现金流合并为一笔单独的净额支付。这样做降低了交割风险并提高了操作效率。举例来说，如果一个机构在同一天要进行一笔总额为 3.05 亿美元的浮动互换支付，并同时要收到一笔总额为 3 亿美元的固定支付，则该机构只需要简单地进行一笔价值 500 万美元的净额支付，而那笔总额为 3 亿美元的支付就不存在相关的风险了。

支付净额结算可以表现为一个简单的过程，它可以最大限度地减少由同一天发生的全部支付所产生的风险.然而,在实现支付净额结算的过程中会产生操作性风险,这在发生金融危机时一个备受瞩目的案例中被详细阐述.

复兴信贷银行(KfW)交易产生了以下问题:原本是一笔定期的货币互换业务,KfW 付欧元给雷曼兄弟,雷曼兄弟付美元给 KfW. 在雷曼兄弟宣布破产的当日,尽管遭受重创的雷曼兄弟显然已经无法支付对应的美元,KfW 进行了一笔价值 3 亿欧元的自动转账.

例子 随着围绕雷曼兄弟所产生的问题愈发明显,绝大多数雷曼兄弟的交易对手都停止了与其的生意往来.然而,由政府拥有的德国银行——KfW,把"在雷曼兄弟破产前几小时支付给它的一笔价值 3 亿欧元的付款"书面描述为"一笔自动的转账".这引发了一场强烈的抗议,一家德国的报纸因此称 KfW 为"德国最愚蠢"的银行.该银行的两名董事会成员(其中一人成功地控告了银行暂停其工作的行为)以及风控部负责人在事故发生后的几个月内被暂停工作.由于该银行为政府所拥有,该笔支付平摊到每个德国人身上需要 4 欧元.该银行的损失,包括与雷曼兄弟的其他交易,总共价值约 6 亿欧元.

4.2.2 对终止净额结算的需要

与单一的交易对手进行多笔不同的交易通常不太常见.这样的交易可能简单也可能复杂,可能覆盖跨越不同资产类别中的一小部分或一大部分产品.此外,这类交易可归为以下三种分类之一:

- 交易会形成对冲(或部分对冲).因此,它们的价值会自然地朝相反方向变动.
- 交易会形成冲抵.这样做的结果是,我们不需要取消一笔交易,而只需要进行一笔反向(或镜像)交易.因此,可通过与一个交易对手做一笔金额相同的反向交易,来反映原始交易已经被取消的事实.压缩的行使(compression exercise)有时可以减少这种风险敞口(见下文),否则这类交易可能存续数年.
- 交易可能大部分是独立的,比如基于不同的资产类别或标的.

依据以上的观点,我们更加担心的是,从法律的角度来看,在一个交易对手违约上的损失是风险敞口的总和.考虑这样一个交易案例,通过一个交易(交易 1)的反向交易(交易 2)来达到取消该交易(交易 1)的目的.假设有两种情景,交易 1 和交易 2 可以分别取 10 和 -10 这两个值中的一个.表 4.1 展示了可能的结果.

当这两笔交易的总价值是 0 的时候(这个结果本应是 0,因为原本的目标就是取消之前的那笔交易),在两种情景下总的风险敞口都是 $+10$.这就意味着,如果交易对手违约,在任何一种情况下都会造成一定的损失,因为我们需要使用负的价值,而不能使用正的盯市价值来进行索赔(通过直接的方法或结算的方法).这是一个非常反常的情况,因为任何一个估值系统都会将以上持仓情况显示为 0.此外,一个市场风险系统将会显示以上的持仓情况没有任何市场风险.然而,该持仓的交易对手信用风险敞口远不止 0.

表 4.1 两笔金额相同的反向交易在有净额结算和没有净额结算情况下的风险敞口的解释

	情景 1	情景 2
交易 1 的值	+10	−10
交易 2 的值	−10	+10
总值	0	0
交易 1 的风险敞口	+10	0
交易 2 的风险敞口	0	+10
总风险敞口(无净额结算)	+10	+10

破产程序本质上是一个较长的且难以预测的过程. 在这个过程中, 由交易对手风险造成的损失通常掺杂着终结合约过程中的诸多不确定性. 一个持有破产公司债务的债权人拥有已知的风险敞口, 然而最终的偿付却是不确定的, 但它是可以被估算和有上限的. 然而, 衍生品却不是这种情况, 因为持续的再平衡需要维持一个对冲仓位的持仓. 一旦一个交易对手违约, 现金流将会停止, 新的机构将会更可能想要或需要执行替代合约.

4.2.3 终止净额结算

当一个交易对手的违约事件发生时, 终止净额结算就会强制生效. 终止净额结算的目的是允许及时地将与交易对手进行的所有交易的净值进行终止和清算. 本质上它包含了以下两个部分:

(1) 终止. 可以终止与已经违约的交易对手的交易, 并停止所有合约支付义务.

(2) 净额结算. 由于个体合约的终结, 所以能够冲销金额[①]以确定净额结算余额. 净额结算余额是正交易价值和负交易价值的加总, 用于确定最终终止总额.

终止净额结算允许立即终止某一机构与其已经违约的交易对手之间的所有合约, 并且允许结算该机构欠其交易对手的总额以及交易对手欠该机构的总额, 从而实现净额结算. 如果该机构欠钱, 则其需要进行这笔支付; 与此同时, 如果对方欠钱, 则该机构需要为这笔总额进行破产索赔. 终止净额结算允许存续机构立刻实现交易中的收益和损失, 从而有效地跳出破产队列只需支付其净风险敞口, 如图 4.2 所示. 如果不能在交易对手破产的时刻终止他们的持仓, 市场参与者会发现自己陷入了一个价值持续波动的合约, 并且无法进行对冲(由于未来偿付的不确定性).

支付净额结算减少了交割风险, 同时终止净额结算与交易对手风险有关, 因为它减少

---

① 可以通过法律程序对由存续方做的计算进行争议解决. 但是, 估值争议和回收价值的不确定性并不影响存续方立即终止合约, 或者和另一个交易对手缔结替代合约.

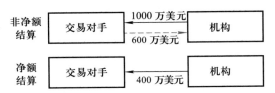

图 4.2 终止净额结算好处的图示. 对于非净额结算, 机构需要支付 1000 万美元给已经违约的交易对手, 与此同时损失了部分或全部交易对手欠自己的 600 万美元. 对于净额结算, 该机构允许仅仅支付 400 万美元的净额, 从而在整体上获得了被亏欠的 600 万美元

了交割前风险. 净额结算允许通过法律协议的方式减少交易对手对对方产生的风险, 如果两方中的任何一方违约, 则法律协议生效. 在承认与同一个交易对手冲抵交易的益处时, 净额结算协议是非常重要的.

当和一个交易对手产生了两笔或两笔以上交易时, 净额结算是控制交易对手风险的一个重要方法. 当不使用净额结算时, 在交易对手违约事件中的损失是与该交易对手所有交易的正市值的加总. 这意味着带有负值的衍生品不得不被清算(现金被支付给已经违约的交易对手), 与此同时, 带有正值的衍生品的价值需要在破产过程中予以索赔. 当交易对手违约时, 与该交易对手的完全的衍生品交易冲抵或"镜像交易"(由于一笔交易的取消而产生)不会具有零值. "一笔交易是用来取消之前的一笔交易的"这个论点不能证明对它们的值进行净额结算的正确性.

例子 考虑与一个特殊的交易对手进行了 5 笔交易, 它们的市值分别是 $+7$, -4, $+5$, $+2$, -4, 那么最终的风险敞口是:

$$+14(\text{非净额结算}), \quad +6(\text{净额结算}).$$

工作表 4.1 简单的净额结算计算

注意"抵消"与"终止净额结算"类似, 涉及正在进行结算双方的义务, 其中双方通过净额结算得到一个差额. 通常抵消与真实的责任有关, 而终止净额结算指的仅仅是计算的量. 抵消在不同的司法管辖区域有着不同的处理方式, 但是它有时也与术语"终止净额结算"互用.

4.2.4 净额结算集与次可加性

我们使用"净额结算集"的概念来对应一个交易的集合, 这些交易在发生一笔违约事件时可以合法地一起进行净额结算. 一个净额结算集可能是一笔交易, 并且一个交易对手可能有不止一个净额结算集.净额结算集之间的风险敞口通常是可加的,同时在一个净额结算集中的盯市价值是具有可加性的.

在净额结算集内,有一点非常重要,如预期风险敞口和CVA是不可加的.这是有益处的,因为整体风险有可能大幅度降低,从而使得对风险敞口的量化(第9章)和CVA(第12章)更加复杂.这个复杂性基于如下的事实:不能单独地对一笔交易进行分析,而是需要考虑整个净额结算集.

4.2.5 净额结算的影响

净额结算对于场外衍生品市场的成长起到了关键作用.没有净额结算,场外衍生品市场的当前规模和流通性将不会存在.净额结算使得整个市场信用风险敞口的增长率低于整个市场的市值增长率.这在历史上使得交易商可以使用有限的资本金创建一个较大的交易规模.衍生品市场的扩展和较高的集中度在上一个10年使得净额结算的程度稳定地增长,这使得净额结算当前能够减少近90%的风险敞口(图4.3).注意,被净额结算的持仓的波动率本来就比标的总持仓的波动率更大,这将会导致系统性风险.

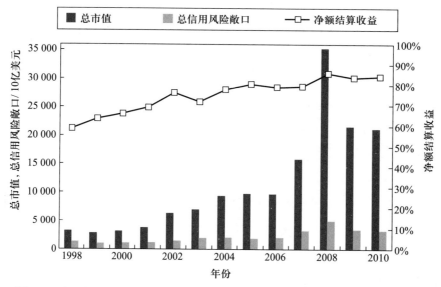

图4.3 净额结算对场外衍生品风险敞口的影响.净额结算收益定义为100%减去总信用风险敞口和总市值之比.资料来源:ISDA和BIS

净额结算对衍生品市场的动态变化有着微妙的影响.假设一个机构准备对其持仓进行交易.场外衍生品通常不是流动性的或可用于交易的.如果一个机构和另一个市场参与者执行了抵消头寸,在消除市场风险的同时,考虑到原始交易对手和新交易对手,他们将具有交易对手风险. 净额结算指的是与原始交易对手进行了反向的持仓交易, 不仅抵消了市场风险, 还包括交易对手风险. 交易对手在得知一个机构非常希望与其进行交易时, 可能会提供不利的条款以获取最大财务收益. 该机构或者接受这些不利条款, 或者与另一个交易对手进行交易, 并接受随之而来的交易对手风险.

以上的观点可以推广到建立具有不同风险敞口的多个头寸的情况. 假如一个机构既希望获得利息, 又希望获得外汇对冲. 因为这些交易并非完全相关, 所以通过与同一个交易对手进行对冲交易, 可以降低所产生的总的交易对手风险. 这个机构将会获得相对有利的条款(例如通过一个较小的 CVA 费用).

净额结算的一个附加含义是, 它可以改变市场参与者对于增加的特定交易对手风险认知的反应方式. 如果信用风险敞口是由总持仓来驱动的, 那么那些与陷入困境的交易对手进行交易的机构, 将会有强烈的意愿去尝试终结现有的持仓, 并停止任何新的交易. 此类行为将会加剧受困交易对手的经济负担. 然而, 当可以净额结算时, 如果这时没有风险敞口(市值为负的情况), 将会大幅减轻机构的焦虑. 当他们担心未来风险敞口并要求抵押的时候, 净额结算可以降低对某一个交易对手陷入困境的担心. 这一点同时可以降低系统性风险.

4.2.6 产品范围

一些机构交易多种金融产品(例如贷款、回购债券协议、利率、外汇、商品、股票及信用产品). 为了减少风险敞口, 这些机构希望具有对所有产品或者大多数产品进行净额结算的能力. 然而, 由于交易是在多个跨越不同地区的不同法律主体之间进行登记的, 有关净额结算的强制性法律问题随之产生. 由于净额结算而产生的法律风险或其他操作性风险不应被忽略.

双边净额结算通过场外衍生品、回购债券协议式的交易以及在资产负债表的贷款和存款而被人们所认可. 跨产品的净额结算在这些类别的某一类中进行是可能的(例如在利率和汇率交易之间). 然而, 在这些类别之间进行净额结算往往是不可能的(例如场外衍生品和回购债券协议).

§4.3 终止特征和交易压缩

净额结算可以将场外衍生品的风险敞口减少一个量级, 但仍需寻找方法来进一步降低风险敞口. 典型的 ISDA 净额结算协议本身具有在两个交易对手之间进行双边操作的特性. 一个想法就是把净额结算进一步扩展, 通过三个或多个交易对手之间的合作来获得多边净额结算的效果. 第一种可以达到这种目的的方法就是交易压缩(trade compression).

期限较长的衍生品具有如下问题: 当前的风险敞口较小或者是可控的, 但是经过数年的时间,该风险敞口可能轻易地增长到相对较大和不可管理的程度.一个解决该问题的显然方式就是在交易中有一个协议特征,该特征允许采取行动来降低很高的风险敞口.这就是中断条款和重置协议(reset agreements).

4.3.1 重置协议

重置协议通过重新调整特定的产品参数来避免一个交易具有较大溢价,而使之更接近平价.重置日期可能与付款日重合,或被市场价格的破坏所触发.例如,在一个可重置的跨币种互换中,市值(主要由最终市场的汇率变动来驱动)通过现金在每个重置日进行交换.除此之外,汇率会被重置为普通的即期汇率.该次重置意味着互换中某一方的市值将会发生改变.此类重置与以下操作的影响相同:平仓一笔交易并使用市场利率来执行一笔替代性交易,从而减少风险敞口.一个关于对风险敞口产生影响的例子由图 4.4 给出.

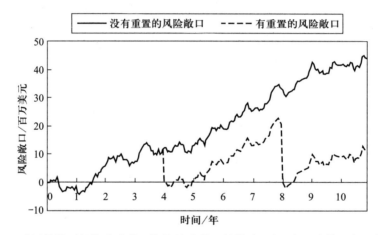

图 4.4 重置特性对长期跨币种互换的风险敞口的影响.重置发生在第 4 年和第 8 年

4.3.2 额外终止事件

额外终止事件(additional termination event,ATE)或者俗称的中断条款,可以赋予一个机构在其交易对手信用恶化至破产之前终止相关交易的可能.在 ISDA 文件中,中断条款可以通过"额外终止事件"来进行定义.一个中断条款可能在未来的一个或多个预先指定的日期发生,并且可能被一个交易对手或交易对手双方行使.如果中断条款被行使,则行使方可以用其当前的重置价格来终结交易.这样做也带来了一些复杂性,比如如何对重置费用进行定义,具体化重置交易对手的信贷质量以及第 3 章中涉及的其他问题.

当与一个具有相对良好信用资质的交易对手进行长期交易时(比如 10 年或更久),终止条款可以被认为是十分有效的.在这个时间跨度中,对于交易市值的增长和交易对手信用资质的逐步降低,有足够的反应时间.一个双边的中断条款经常是相关的,因为交易的双方可能处在相同的境况中.中断条款通常只是在一定时间以后(比如 3 年)是有效的,且通常在事先指定的日期(比如每年一次)行使.

中断条款比重新修订更进一步,它实际上指定了交易的终止.然而,中断条款也并不总是可以自由行使的.通常,可以行使中断条款的事件可归类为以下三类:

- 强制性的.这意味着交易将会被确定地在中断条款中的日期终结.
- 选择性的.这意味着单方(单边终止条款)或双方(双边终止条款)交易对手具有在事先约定的日期终止交易的选择权.
- 基于触发的.这意味着一个触发事件(典型的是评级的下调)在中断条款被行使前发生.由于没有 ISDA 标准的额外终止事件,因此事件通常由交易双方协商解决.

强制性的中断条款比较容易理解,因为它只是重置特性的一个自然延续(图 4.5).然而,如在第 3 章中所讨论的那样,这样做会带来一定的复杂性,包括在定义重置费用的时候是否重置交易对手的信用资质.选择性的中断条款和基于触发的中断条款会导致更加微妙的问题,包括如何定义它们的收益.选择性的中断条款的问题在于需要在交易对手信用资质显著下滑或风险敞口显著增加之前被行使.由于系统性风险的存在,在"最后时刻"行使选择性的中断条款往往会失效.然而,客户通常都不期望行使中断条款(尤其是在前面提到的信用资质和风险敞口变化之前),银行也出于交易关系的考虑,极少会选择行使中断条款.因此,出于维护交易对手关系的考虑,历史上银行通常会避免行使该条款,很多双边的中断条款成为一种摆设,在本应该使用它们的时候却没有使用.这已成为道德风险的主要部分,前台的工作人员可以使用中断条款来完成交易,然后在事后不赞成使用中断条款的行使权以避免给客户关系留下负面印象.在使用选择性的中断条款时,银行应该具有

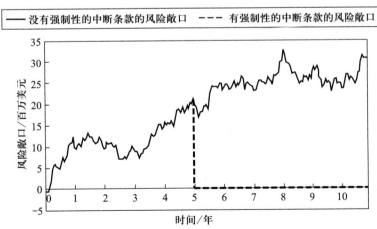

图 4.5 重置特性对长期跨币种互换的风险敞口的影响.重置发生在第 5 年.此例与强制重置有关,因为它假设合约终止必然发生

清晰和一致性的政策, 并从降低风险的角度来看银行赋予该条款的利益.

基于触发的中断条款, 比较典型的是利用信用评级. 这会产生进一步的问题. 首先, 不同于违约概率, 评级转移概率不能从市场数据中获得. 这意味着必须使用历史数据, 而从本质上看, 市场数据具有稀缺性且分类较为宽泛. 其次, 信用评级在一些境况中, 尤其是金融危机发生的时候, 对负面信用信息的反映显得极其缓慢和滞后. 当然, 在 Basel III 对资本配置的规则下, 允许没有具有正向收益的、基于信用评级的触发(见 17.4.5 小节).

> **信用评级触发的危险**　一些债务合约可能包含加速条款, 这允许债权人在发生评级机构下调评级、违约或其他负面信用事件时, 加速未来的偿付(举例来说, 本金的偿还). 加速特征明显地保护了债权人. 然而, 加速偿付可以造成一个公司的财政困难甚至导致其破产, 并且这些触发可能会增加系统性风险.
>
> 以 AIG 为例, 其在 2008 年 9 月的违约就源于流动性问题. 该流动性问题源于 AIG 需要支付一笔额外的 200 亿美元的保证金来应对其债权评级的下调(与 CDS 交易相关). 一个与 AIG 进行交易的机构会认为对 AIG 支付保证金是由于其信用评级的下调, 所以会提供一个安全的净额结算. 然而, 由于 AIG 的降级与当时 AIG 极差的表现有关, 按要求应该给许多家机构支付保证金. 现在回忆起来, 这都会加速交易对手最终的违约. 幸运的是(对它自己和它的交易对手而言, 除了美国的纳税者) AIG 最终摆脱了困境, 但是这个故事说明了与信用评级的改变所关联的任何触发的局限性.

在金融危机之前, 中断条款通常在银行与一些没有抵押品的交易对手进行交易时被银行所使用. 最近, 更多的交易对手(资产管理公司和养老基金)都会要求中断条款与银行自身的信用评级相关联. 这主要是担心银行方发生不可预料的信用资质问题.

4.3.3　躲开特征

值得注意的一点是, 一些场外衍生品被记录有"躲开"或"撕毁"特征. 这类条款可以有效地使一个机构在其交易对手发生违约时取消交易. 如果一些机构对交易对手发生了负债, 这些机构将会决然地这么做, 并且也只能选择这么做. 虽然这种特征不能减少信用风险敞口, 但是它允许一个机构从停止支付中获利, 并且无须对欠交易对手的部分进行结算. 尽管这类协议在 1992 年的 ISDA 主协议之前十分常见, 但现在已不常用, 这是由于它们都不是标准化 ISDA 主协议的一部分. 然而, 1992 年之后, 它有时也被使用在交易之中. 虽然躲开特征没有减轻交易对手信用风险本身, 但是交易对手可以从对潜在风险的抵消中获得潜在收益.

躲开协议见于 1990 年 DBL 的破产. 有趣的是, 在这个案例中 DBL 的交易对手们没有选择躲开, 而是选择了清算他们亏欠的净额. 这主要是由于与不得不维护躲开协议的合法性所造成的潜在法律成本, 或与利用 DBL 的违约来获利的声誉损失相比, 获利很小.

即使没有一个明确的躲开协议,一个机构仍然可以试图在交易对手违约的情况下获益,这可通过不终止自身的价外合约但停止基本的支付来实现. 另一个有趣的案例是在 Enron Australia 和 TXU Electricity 之间的,二者在 2002 年年初 Enron 进入清算时做了多笔电力互换. 尽管这些互换没有使用躲开特征, ISDA 文件却支持 TXU 免于支付亏欠 Enron 的金额(330 万美元),并无须终止交易而停止向已经违约的交易对手支付. Enron 的清算机构试图通过法庭强迫 TXU 结算该互换,但是法庭(新南威尔士最高法院)支持 TXU 无须支付亏欠的金额,直到该交易到期(偿付义务没有取消,而是被延期).

一些雷曼兄弟的交易对手选择(像 TXU 那样)不终止互换,且停止进行协议性的支付(像 ISDA 主协议中支持的那样),因为从交易对手的角度看,互换已经是价外的(在雷曼兄弟看来是价内的),这样做会使得他们有现在的收益. 另外,雷曼兄弟的管理层在法庭上针对这一点提出了质疑. 美国和英国法院在考虑到 "躲开事件" 的强制性时给出了不同的结论:美国法院认为该行为不妥,而英国法院则认为停止支付是正确的.

任何形式的躲开特征都是有争议且不愉快的,都应该避免,这是由于交易对手违约所造成的额外代价以及道德风险(因为一个机构有潜在的动机使其交易对手违约,以便从中获利).

4.3.4 交易压缩和多边净额结算

本章前面所介绍的标准的净额结算,是双边的,即只是在两个机构之间进行. 双边净额结算对减少总体的风险敞口有着重要的影响,且限于市场中成对的机构. 假设机构 A 对机构 B 有风险敞口,同时机构 B 对机构 C 有相同的风险敞口,且结构 C 对机构 A 也有相同的风险敞口. 如果使用的是双边净额结算,那么三个机构都具有风险敞口(A 对 B 有风险敞口,B 对 C 有风险敞口,C 对 A 有风险敞口). 因此三方(可以扩展到多边)净额结算允许进一步对风险敞口进行净额结算,如图 4.6 所示. 即使是没有匹配的风险敞口也可以将风险降到最低.

图 4.6 多边净额结算带来的潜在风险的降低. 黑和灰色风险敞口表示不同名义本金额的类似交易头寸. 黑色的风险敞口被完全抵消,而灰色的则减少了一个单位

然而,多边净额结算的实现却不容易. 除了操作费用,还会有问题随之产生,比如:如果机构 C 违约,那么机构 A 和机构 B 的损失将如何进行分配? 此类问题意味着会员组

织(membership organization)需要被置于多边净额结算问题的中心.典型的情况是,此类实体通常是清算中心或交易所,他们需要处理净额结算过程中的多个方面,比如估值、清算和抵押.多边净额结算的不足是:将会协同和均质化交易对手风险,使得机构降低对交易对手信用资质的审查.这一点将在第 7 章中进行详细讲解.

不使用会员组织方式,比如交易所或中央交易对手,可以进行多边净额结算的一个方法是通过交易压缩.交易压缩由于场外衍生品资产组合的显著增长而得以发展,但是由于交易的本质而不可避免一定的冗余(考虑到平仓后还没有交割).这意味着交易可以在数量和总名义本金额上减少而无须改变总的风险.这不仅会减少操作成本,还会使交易对手风险最小化.表 4.2 是一个关于个体 CDS 协议的简单案例.

交易压缩就其本身而言,需要多个参与者的合作.参与者提交其相关的交易用于压缩,这些相关交易与交易对手的交易进行匹配,且可对交易报告库进行交叉引用.参与者必须指明其对于盈亏和风险上相对较小的改变的容忍度,因为在以风险和现金中性为目标的同时,相对较大的容忍度可以增加压缩交易的程度.当然,不能打破机构对某一交易对手的信用额度也非常重要.基于交易的数量、冗余、容忍度,多边交易中的交易冲抵明确地取决于交易数量的冗余.一旦所提出的终止交易或替代交易被所有的参与者接受,那么该过程结束,且所有的交易终结和交易替换都被合法地关联在一起.压缩受限于随着时间的推移,实现最大多边净额结算时逐渐减少的边际效益.这同样依赖于交易对手们已经可以相互通用的程度,这意味着他们需要具有匹配的信用资质.

表 4.2 个体 CDS 协议交易压缩的简单示例.一个机构有 3 个同一信用标的以及同一到期日的协议,但是这 3 个协议对应着 3 个不同的交易对手.将这 3 个协议压缩为 1 个净合约是有益的,这一净合约可以使用做多或做空的总市值进行表示.从而可以明显地简化和交易对手 A 的原始交易,尽管实际情况并非如此.新合约的息票是 3 个原始合约的加权平均,其值还可以设置为一个涉及净亏调整的标准值

信用标的	市值	做多/做空	到期日	息票	交易对手
ABC Corp.	40	做多	2015-12-20	200	交易对手 A
ABC Corp.	25	做空	2015-12-20	150	交易对手 B
ABC Corp.	10	做空	2015-12-20	325	交易对手 C
ABC Corp.	5	做多	2015-12-20	200	交易对手 A

例如,像 TriOptima 这样的公司提供的压缩服务,包含了主要的场外衍生品,诸如利率互换(以全球市场货币)、信贷违约互换(与单一资产挂钩,指数和优先级)和能源互换.这有助于降低场外衍生品市场中的风险敞口,尤其是在那些信用衍生品快速发展的地区.信贷违约互换市场正在以变革促进压缩,例如采用标准的息票和到期日(见 10.2.1 小节).

我们注意到压缩服务同样可以与中央清算一同使用.

§4.4 小　　结

在这一章中,我们描述了通过风险敞口来降低交易对手风险的主要方法. 终止净额结算是在交易对手违约时,通过法律的方法按正负市值来结算交易,从而控制风险敞口的重要方法. 重置特征允许阶段性地对风险敞口进行重置. 提前终结允许终止一笔交易,从而降低由于一个交易对手信用资质恶化所产生的风险敞口,这有可能与其他一些事件相关联,比如信用评级的下调. 压缩降低了总市值及相关的净风险敞口.

在下一章中,我们将会讨论抵押的使用方法,这也是另一个降低风险敞口的主要方法.

第 5 章 抵 押 品

不信任和谨慎是安全之母.

Benjamin Frankin(1706—1790)

§5.1 简 介

除了上一章中介绍的净额结算或其他方法带来的益处之外,抵押品(也称保证金)提供了进一步降低风险敞口的手段. 其实抵押品的使用本质上就是终止条款的自然延伸和重置. 终止条款可以看作一次性的抵押品支付并且取消该交易. 重置的实质就是通过定期支付抵押品来中和风险敞口. 标准抵押条款只是在这些想法的基础上增加提供抵押品的频率. 在任何交易行为之前,抵押协议会在交易对手之间被反复协商,而且有可能伴随着交易量的增加或者其他交易条件的改变而被重写或更新.

5.1.1 抵押的基本原理

假设净额结算后的风险敞口是一个很大的正值. 很明显,如果交易对手违约,会带来巨大的风险. 抵押协议通过指定一方提供抵押品来限制这种风险敞口. 一旦抵押品的提供者违约,那么抵押品的接收者就是抵押品的经济所有者. 和净额结算协议类似,抵押协议也可以是双向的. 这就意味着当从各自角度计算的实时市场价格为负时,其交易对手方会被要求提供抵押品. 因此,两个交易对手都将会定期标记实时的市场头寸和净值,并且通过抵押协议的条款来计算自己是否有应收的抵押品,反之亦然. 为了使运营成本得到控制,抵押品的提供可以是不连续的,并且将根据预定的规则分阶段进行.

抵押品是一种通过法律上可强制执行的方式来规避风险的资产.

无论类型和性质,衍生品抵押品和债务的实物资产抵押品在类型和本质上都有根本的差异. 被担保的债权人可以对特定资产索赔,然而其将资产变现的能力却受制于破产过程中的各种延迟. 这甚至有可能让被担保的债权人诉请法庭释放其抵押品,但这是一个非常复杂的过程(参见 Baird,2001). 相反,针对衍生品交易头寸的抵押品,在大多数情况下,可以由交易对手支配,并且可以立即进行针对某一个"违约事件"的结算. 这是由衍生品合约的法律效用和抵押品本身的性质(现金或流动性证券)所决定的.

只要有足够的抵押品，风险敞口在理论上是可以完全中和的. 但是，这种做法会有一些法律障碍，例如再抵押（或再贷款，对此我们在后面详细讨论）. 这也是导致雷曼兄弟在 2008 年破产的一个很重要的原因.

抵押品管理的目的显然是降低交易对手风险. 降低交易对手风险会带来如下的益处：

● 可以降低风险敞口，从而有能力进行更多的业务. 可以保持风险敞口在一定的信贷额度内，从而不必因此而停止和某些交易对手的交易.

● 可以有能力与某些特定交易对手交易. 例如，信用评级的限制可能不允许对某些交易对手的无抵押的信贷额度过大.

● 可以减少资本金要求. 例如，在第 17 章中讨论，Basel 监管资本金规则要求对抵押部分的风险敞口降低资本金要求.

● 可以给交易对手的信用风险更具竞争力的价格（见 §12.5）.

抵押品管理的基本思想非常简单，就是把现金或证券作为信用风险的保障品从一个交易对手转移到另一个交易对手. 但是，有效的抵押品管理比人们最初想象的要困难很多，而且在这个过程中有各种各样的陷阱. 特别需要注意的是，虽然抵押品可用于减少风险敞口，但是它也会引发新的风险，如市场风险、操作性风险和流动性风险. 必须正确理解、量化和管理这些风险.

5.1.2 与抵押贷款类比

抵押的头寸和由于贷款而抵押的房产有诸多相似之处. 因此，理解房屋贷款的提供者在为其客户提供贷款买房时的风险对于理解抵押头寸是非常有用的. 房屋贷款的借款人不能或不愿支付未来还款的风险就是违约风险. 这种风险由于房子作为贷款的抵押品而被降低，但这也会反过来产生如下风险：

● 在考虑的问题中房产的价值跌落至未偿贷款价值或债券价值以下的风险. 这通常称为"负资产"，与市场风险相关. 我们注意到这种情况依赖于房产（抵押品）和贷款（风险敞口）两者的价值.

● 在借款人不能继续还款的情况下，房屋贷款的借出者没有办法取得抵押房产的所有权或面临法律上的阻碍，需要面对依法驱逐业主和出售该房产的成本. 这对应着操作性风险或法律风险.

● 抵押房产不能立即在公开市场出售的风险，而且如果房产随时间贬值，那么会导致房产价格大幅下降的风险. 如果适逢买方市场，房产可能会低于其公允价值出售. 这就是流动性风险.

● 房产价值和贷款违约之间的强相关性造成的风险. 例如，在经济衰退时期，高失业率和房产价值的缩水很有可能产生这种风险. 这是一种相关性（或甚至错向）的风险.

5.1.3 抵押的基础知识

抵押的基本思想非常简单,如图 5.1 中所示.在交易双方 A 和 B 之间,A 方在取得盯市利润的同时,B 方在遭受相应的盯市损失.那么,B 方需要以支付某种形式的抵押品来减轻 A 方由正的盯市利润而产生的信用风险.抵押品可以是现金或其他有价证券,其属性已于合同实施前协商完毕.

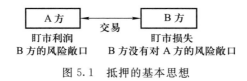

图 5.1 抵押的基本思想

需要注意的是,由于抵押担保通常为双边性协议,当风险敞口减小时,抵押品必须归还或反向支付.因此,在正的即时价格的情况下,一个机构将要求对方支付抵押品;而在负的即时价格时,将被要求给对方支付抵押品.

5.1.4 抵押品的使用

跨市场的支付抵押品会严重依赖于各种不同的机构类型(表 5.1).这样做的主要原因是支付现金或优质证券以及严格抵押协议下抵押品支付操作工作的需要.其他方面原因包括外部约束(如负的抵押供给)和无抵押交易比抵押交易便宜的经济观点.最后这一点可以认为是 CVA 费用过低或根本不存在.

表 5.1 不同类型机构的抵押品支付要求

机构类型	抵押品支付要求
一级交易商银行	很高
其他银行	高
超国家金融机构,地方政府,私募基金	低
公司	低
主权国家	很低

资料来源:由 ISDA 场外衍生品双边抵押市场回顾所改编.

然而,如图 5.2 所示的抵押品和风险敞口的总量估算,抵押品的使用已经在过去 10 年中显著增加.二者的比例给出了被抵押的风险敞口的比重.这个比例每年都在保持增长,到 2009 年已经达到 90%.但是,需要注意的是,过度抵押使得这个数据有一定的误导性.

据报道,抵押品减小了整体风险敞口的 4/5(参见 Ghosh et al.,2008).市场上全部风险敞口在净额结算和抵押品的整体作用下减少了近 93%(参见 Bliss and Kaufman,2005).

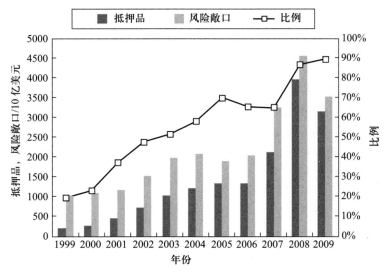

图 5.2 场外衍生品的抵押品总量和风险敞口(净值)总量的比较和比例. 资料来源:ISDA 和 BIS

5.1.5 信用支持附件

在 ISDA 主协议(见上一章)中,交易双方可以追加信用支持附件(CSA),允许双方通过各种抵押品支付的条款来进一步降低各自的信用风险[①]. 同净额结算一样,ISDA 中大量关于 CSA 条款强制性的司法权都有法律判定.

CSA 之所以成为任何抵押协议的核心,是因为它所支配的抵押机制中的如下议题:
- 标的价值计算的方法和时间;
- 抵押品支付总量的计算方法;
- 抵押转移的机制和时间;
- 合格的抵押品;
- 抵押品的替代品;
- 争议的解决;
- 抵押金的利率支付;
- 用于抵押证券的折扣;
- 抵押证券可能的再抵押(重用);

---

① 目前使用的 92% 的抵押协议都是 ISDA 协议. 资料来源:ISDA Margin Survey 2010.

- 可以改变抵押条件的触发事件(例如,信用评级下调可能导致提高抵押要求).

此外,CSA 本质上是由多个最终决定抵押品支付金额的关键参数定义的. 重要的参数主要有:

- 阈值(threshold). 它定义了需要支付抵押品的最低盯市价值. 当风险敞口高于阈值时,阈值以下的风险敞口是没有抵押品的;当风险敞口低于阈值时,没有抵押品.
- 独立金额(independent amount). 它定义了额外的无条件抵押品金额,它的支付是和风险敞口的大小无关的. 因此,风险敞口是被过度抵押的. 独立金额在概念上和交易所或中央交易对手方所需的初始保证金相似(见第 7 章). 独立金额在 CSA 中并不常见,尽管它被用于某些特定的情况,并且根据新的法规在许多情况下被要求使用(如银行间交易).
- 最低转账金额(minimum transfer amount). 它定义了可以被要求一次支付的最小的抵押品金额.

注意,阈值和独立金额基本上作用在相反的方向. 在数学上,一个独立金额是负的阈值,反之亦然.

两个交易对手同意互相抵押担保其风险的过程可以归纳如下:

- 双方协商并签署一个抵押品的支持文件,里面包含何种条件下他们将会如何运作抵押品;
- 有抵押品的交易常规上是盯市的,包括净额结算的整体市场估值对双方是一致的(除非双方对这个市场价格有争议,对于这点我们以后会继续讨论);
- 负的即时价格一方需要提供抵押品(受最低转让金额和阈值限制,如下文所讨论的);
- 抵押品的头寸被更新,以反映现金或证券的转让;
- 应进行定期对账,以减少纠纷的风险.

CSA 必须明确地定义抵押的所有参数,并考虑到所有可能出现的情况.

参数的选择往往会归结为要求和支付抵押品的工作量与风险缓释效益之间的平衡问题. 现在我们将对抵押过程的相关部分进行更详细地分析.

5.1.6 抵押的影响

抵押品对一个典型的风险敞口分布的影响如图 5.3 所示. 本质上有两个原因使得抵押品不能完全缓解风险敞口. 首先,阈值[1]的存在意味着一定量的风险敞口不能被抵押. 其次,延迟接收的抵押品和诸如最低转账金额等导致的离散效果,使得风险敞口的变动不能被全部抵消[2]. 图 5.3 中灰色区域所示为抵押品总量.

---

[1] 阈值可以为 0,此时它不起作用. 但是,即使是银行之间的 CSA,也有很多阈值不为 0.

[2] 独立金额的目的在于通过提供缓冲降低这种风险.

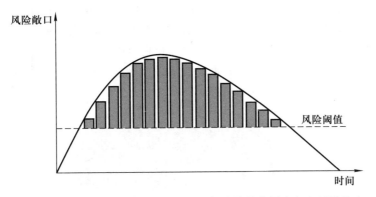

图 5.3 抵押品对风险敞口的影响. 抵押品总量由图中灰色区域给出

§5.2 抵押条款

5.2.1 估值方

估值方通常是要求交付或归还抵押品而必须处理所有价值计算的一方. 大型交易对手与相对较小的交易对手交易时可能坚持全权负责对交易的估值. 在这种情况下, "较小的"交易对手如果没有收到预期的通知就没有义务退还或支付抵押品, 而估值方则有义务在相关情况下主动做出退还. 另外, 两个交易对手可能都是估值方. 在这种情况下, 每一方在认为自己有风险敞口的时候都会要求对方支付抵押品.

估值方在抵押品计算中的作用如下:
- 计算净额结算对风险敞口的影响.
- 计算以前支付的抵押品的市场价值.
- 计算无抵押的风险敞口.
- 计算交付或退还金额(双方需要支付的抵押品金额). 这很可能会由于抵押协议的离散性而不同于无抵押风险敞口, 其中抵押品分阶段转移. 8.5.1 小节会进一步讨论各种细节.

第三方估值代理会提高运营效率, 并且还可以避免双边抵押品关系中常见的各种纠纷.

5.2.2 抵押品的类型

现金是针对场外衍生品风险敞口的抵押品主要形式(图 5.4). 由于流动性的原因, 其他形式的抵押品往往被高度认可, 但信贷危机表明, 即使是政府机构债券(如房利美和房地美)和 AAA 评级的 MBS 证券都与曾经对其假设的价格波动很小的优质资产有相当的差距,尽管它们曾经被当作优质资产. 非现金抵押品也产生再利用或再抵押(稍后讨论)以及由已支付抵押品价格的不确定性(见 9.7.6 小节)和它与原风险敞口的关联性(见 15.4.6 小节)所造成的额外波动. 但是,在极端的市场情况下,现金是趋于限量供应的.

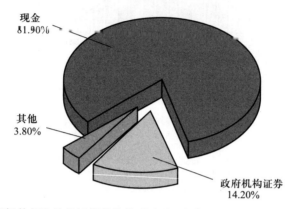

图 5.4 用于场外衍生品的抵押品的类型比重. 大约 3/4 的现金抵押品是美元和欧元. 如果再加上英镑和日元,这个比例会超过 97%. 同样,国债超过 95% 用这四种货币支付. 其他类型的抵押品包括:政府机构证券、超国家债券、抵押债券、公司债券、信用证和股票. 资料来源:2010 年 ISDA 保证金调查

如果作为抵押品的标的证券的信用评级下跌至抵押协议要求以下,那么有必要立即更换该证券. 当交易双方不具有相同的本地货币时,即使是现金抵押品,其中一方也必将承担支付抵押品的外汇风险. 各种货币的证券可以被指定为可接受抵押品,但也可能会由于额外的外汇风险而要求更大的折扣. 支付抵押品的外汇风险可以通过即期和远期外汇市场对冲,前提是必须根据抵押品价值的变化动态地对冲.

5.2.3 抵押协议的适用范围

如图 5.5 所示,大部分场外交易的衍生品都使用了抵押协议. 当然,由于信用溢差的高波动性[1],信用衍生品是使用抵押协议的比例最高的资产类别. 同时,许多外汇交易是短期交易的事实也解释了为何外汇产品使用抵押协议的比例较低.

抵押协议将会参考与特定交易对手的部分或全部交易净额结算价值. 从降低风险的角度看,所有可能的交易都应该包含在内,但另一方面对这些交易的有效估值也是必须考虑的,二者之间存在一种平衡. 产品和区域的影响是从抵押协议中排除某抵押交易时经常考

---

[1] 同时,信用衍生品中的错向风险也可能造成相同的问题,但并不清楚抵押能否强有力地降低部分风险.

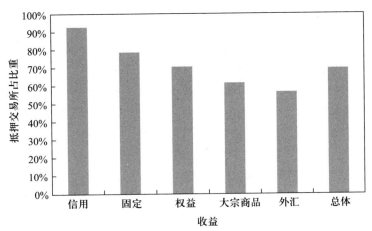

图 5.5 有抵押的场外衍生品中各类产品所占的比例.
资料来源：2010 年 ISDA 保证金调查

虑的因素. 抵押协议确实需要无可争议迅速转移, 这就意味着当产品的某一小部分价值产生纠纷时, 大部分价值仍然应该被担保. 然而, 有时候人们会倾向于把这样的争议产品放在抵押协议之外.

5.2.4 纠纷和调解

抵押品的管理是银行少数几个还没有完全使用新技术, 而仍然很大程度上依赖于人工操作和数据标准的领域. 电子表格的使用仍然相当普遍. 显然, 这种做法可能会导致交易对手之间的各种纠纷.

纠纷在要求支付抵押品时十分常见, 原因可能是如下所列的一个或若干个要素:
- 交易的数量;
- 交易的估值方法;
- 净额结算的应用;
- 市场数据和闭市时间;
- 先期支付的抵押品价值.

如果评估或有纠纷金额的差别在抵押协议规定的容忍度范围内, 那么双方可能会采取"折中的办法"; 否则, 就有必要找到差异的原因. 显然, 这种情况是不理想的, 并将意味着一方将会承受部分无抵押的风险敞口, 一直到纠纷金额的起因被找到, 并通过协商加以纠正. 下面是在有争议的情况下双方通常遵循的步骤:

- 提出争议的一方必须在收到抵押品要求的第二天闭市之前, 向其交易对手(或第三方估值代理)表达希望讨论风险敞口或者抵押品的计算的主观愿望.

● 提出争议的一方应同意支付无争议部分的金额,并且各方将尝试在一定时间框架内解决争议(解决时间表),确认价格争议的原因(例如,哪些交易的估值有实质性的差异).

● 如果双方未能在解决时间表内解决争议,他们将从几个做市商那里得到有争议风险敞口的即时市场报价(或现有有争议抵押品的价值).

与其被动地解决纠纷,不如把主动预防摆在首位. 调解就是通过商定的估值参数来最大限度地减少产生纠纷的机会,即便由此产生的净额风险敞口可能不会导致任何抵押品转手. 交易双方甚至会在交易前用假想的产品进行模拟. 进行周期性调解的做法可以最小化不同交易对手之间的估价差异. 这样的调解可以预先遏制在一些敏感时期可能产生的后续问题. 调解会非常详细地标示各种差异,除非该差异在争议容忍范围之内或者可以被其他差异抵消. 因此,对在其他做法下可能短暂出现的问题,可以通过一个彻底的调解过程将其发掘出来.

全球金融危机凸显了银行在抵押品管理中的诸多问题. 在 Basel Ⅲ(见第 17 章)中,监管机构已经给予了回应,降低了在某些情况下通过抵押品来减小风险的可靠性. 抵押品管理主要是通过简化抵押协议条款(例如只能使用现金作为抵押品)进行改善. 这也是由抵押品估值方面产生的各种问题所驱动的(见第 14 章).

5.2.5 保证金通知的频率

保证金通知的频率是指抵押品被要求支付或返还的时间周期长度. 可以商定一个较长的保证金通知的频率,原因是可减少工作量和需要时间进行相关的估值. 一些规模较小的机构可能会挣扎于规模大的交易对手要求的日保证金通知相关的工作量和资金周转之中. 虽然相对较长的保证金通知的频率对于稳定的资产类别和市场更现实一点,但是日保证金通知已经成为场外衍生品市场的标准做法. 而且,很多常见的简单产品(如回购)和通过中央交易对手方清算的衍生品(见第 7 章)都要求当日保证金.

5.2.6 抵押折扣

抵押折扣主要用来计算抵押品的价值随时间的减少. 在主要货币现金抵押中没有折扣,但其他证券将根据各自特点预先指定抵押折扣. $X\%$ 的折扣表示支付某证券作为抵押品时,只有 $(1-X\%)$ 的价值(价格比率)被认定为抵押品价值,如图 5.6 所示. 抵押品支付者必须在支付抵押品时考虑抵押折扣.

抵押折扣主要用于计算支付抵押品自身的价格波动. 用作抵押品的证券的违约可能性显然会大幅减少抵押品的价值,而抵押折扣也不大可能包括此类事件. 正是出于这个原因,通常只有高品质的债券可以用作抵押品. 抵押折扣只是被用来应对资产价格波动. 因此,应尽量避免使用带有显著违约风险的抵押品.

抵押折扣及其类型的一些例子如表 5.2 所示.

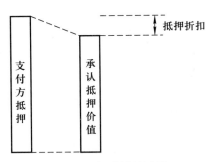

图 5.6 用于抵押的折扣

表 5.2 抵押折扣的范例

	A 方	B 方	价格比率	折扣
合格货币现金	X	X	100%	0%
美国、英国、德国的 1 年期以下的国债	X	X	98%	2%
美国、英国、德国的 1～10 年期的国债	X	X	95%	5%
美国、英国、德国的 10 年期以上的国债	X		90%	10%

在确定抵押折扣之前有一些重要点需要考虑：
- 抵押品清偿时间；
- 定义抵押品价值的相关市场变量的波动；
- 证券的违约风险；
- 证券的到期日；
- 证券的流动性；
- 交易对手的违约和抵押品价值之间的关系（错向风险）.

例如，虽然一个高品质的远期政府或企业债券违约和流动性风险可能不是其作为抵押品的最大的关注点，但是会由于期限长而具有显著的利率波动风险. 因此，这样的证券可能会导致几个百分点的抵押折扣. 具有更大信用风险的抵押品由于信贷息差和违约风险概率而必须被指定更大的抵押折扣. 波动性大的抵押品，如大宗商品（如黄金）和股票，也应该由于它们的价格波动和潜在的流动性不足而使用较高的抵押折扣作为补偿. 最后也是非常重要的因素就是风险敞口和抵押品价值之间的相关关系. 对所有这些问题，会在第 9 章中做更加定量的讨论.

例子 考虑一个抵押折扣为 5% 的证券，它将被要求提供一个 100 000 美元的抵押品通知. 由于只有 95% 的证券价值会作为抵押品价值，因此

抵押品的市场价值＝105 263 美元，

抵押折扣＝5 263 美元（105 263 美元的 5%），

实际抵押品价值＝100 000 美元（以上两者的差）.

按照折扣后价值支付是提供抵押品一方的责任. 因此，如果是一个如上所述的抵押品通知（假设双方不存在争议），那么交易对手可以支付 100 000 美元的现金，或者市场价值 105 263 美元的 5%抵押折扣的证券.

5.2.7 分红和利息的支付

只要抵押品的提供者没有违约，他依然从经济上拥有该抵押品. 因此，抵押品的接收者把由此产生的付款、分红和其他现金流转交给提供者. 唯一例外的情况就是立即追加保证金通知被触发. 在这种情况下，抵押品接收者的典型做法是保持最小的现金流出，以维持适当的抵押状态.

现金抵押品的利息通常按隔夜指数掉期率(OIS①，例如欧洲的 EONIA 和美国的联邦基金利率)支付. 这背后的逻辑是，由于抵押品仅可短时间持有(由于风险敞口的变化)，因此只会支付一个短期利率. 然而，OIS 不一定是最合适的抵押利率，特别是对远期的风险敞口，其中相当数量的抵押品会被持有很长时间. 这可能会导致负收益率的问题，因为一个机构借款用以支付抵押品的利率明显高于 LIBOR，而所支付的抵押品则只能收到 OIS 利率(低于 LIBOR). 有时候，一个抵押品的接收者可能同意支付一个高于 OIS 的利率来弥补这个资金错配. 抵押品提供者偿还超过 OIS 的回报的另一个原因是激励现金支付，而不是其他更具危险性和波动性的证券支付.

5.2.8 替代品、融资成本和再抵押

有些时候交易的一方可能需要或想要支付证券作为规划抵押品的形式(例如为了按时满足交付承诺)②. 在这种情况下，他们可以提出替换请求并提供相应折扣后的合格抵押品的替代额度. 在收到替代抵押品之前，原抵押品并不需要被释放. 如果替换是选项之一(不需要对方同意)，那么替换请求不能被拒绝③(除非它是无效的)；否则，只有在抵押品持有者允许的情况下才可以替换. 抵押品是否可以在不经同意的情况下替换是资金成本和抵押收益方面非常重要的考虑因素(见第 14 章).

对于可以提供收益以抵消融资成本的抵押品，它必须是可以用于再抵押的(因为抵押品的提供者还是从经济上拥有该抵押品). 这意味着它可以作为抵押品，或可以被回购. 要理解这一点的重要性，请参考图 5.7. 抵押证券的不能再抵押性可以降低交易对手风险，

---

① 14.2.2 小节中有详述.

② 抵押品无须完璧归赵，但应相互等价(比如同一个债券发行者的债券).

③ 例如，最初的抵押品可能被抵押给另一交易对手，被出售或出于其他原因无法取回.

但是会产生一个关于资金的问题. 我们称其为资金流动性风险.

再抵押的好处似乎是显而易见的, 因为它使得抵押品的流动可以没有任何阻碍地围绕金融体系进行. 问题在于以这种方式再抵押一个证券是否会由于抵押品的失控而产生额外风险. 在这个方面, 机构会面临两种可能的风险:

- 在负的即时价格情况下提供给交易对手的抵押品有可能被再抵押而无法退还 (即在交易对手违约并且负的即时价格增加的情况下).
- 由 A 接收的抵押品, 再抵押给 B, 如果 B 违约, 那么抵押品就不会被实际退还, 从而造成 A 负债.

图 5.7 非现金抵押品再抵押的重要性. 一个机构与 A 交易并且通过和 B 的另一笔交易对冲, 两者都签署了 CSA 协议. 如果 B 提供了抵押品, 那么理想的情况应该是该机构将此抵押品转给 A, 以尽量减少融资成本

在 2007 年的信贷危机之前, 抵押、重复使用和再抵押是被大力提倡的. 这被认为对整个金融体系是非常重要的 (Segoviano and Singh, 2008). 然而, 再抵押的做法可能变得过于普遍, 尤其是在银行之间的市场 (大概是因为当时很少关注银行违约). 雷曼兄弟的破产说明了再抵押的潜在问题. 一个例子是, 雷曼兄弟公司 (美国) 的客户比雷曼兄弟国际公司 (欧洲) 的英国客户在返还再抵押品方面得到了更好的对待 (由于英国和美国对于顾客保护的差异[①]).

Singh and Aitken (2009) 的报告中提到了再抵押的显著下降. 从系统性风险的角度来看这样相对更加安全, 但是会导致资金流动性风险的增加. 对冲基金都趋向于不允许再抵押, 这必将导致基本经纪费用的增加. 再抵押的种种问题也推动了现金成为标准的抵押品, 并且在许多情况下是大多数机构都愿意接受的唯一选择.

在支付和接收抵押品时, 机构越来越强烈地意识到需要优化其抵押品管理, 因为在金融危机期间, 融资效率已成为抵押品使用的重要驱动力. 抵押品管理不再是一个后台的成本中心, 而可以成为一个重要的可提供最有效抵押品的资产优化工具. 机构必须考虑"最便宜支付"的现金抵押品并且考虑抵押折扣的影响以及非现金抵押品的再抵押能力. 例如, 不同货币的现金将支付不同的 OIS, 可再抵押的非现金抵押品将在回购上获得不同的利率水平. 第 14 章会更深入地研究这些方面.

[①] 雷曼兄弟的清算方 (PWC) 在 2008 年 10 月雷曼兄弟破产后不久声明, 一些提供给雷曼兄弟国际公司 (欧洲) 的抵押品被用于再抵押, 可能无法退还.

§5.3 定义抵押品金额

5.3.1 CSA 的类型

由于场外衍生品的交易对手属性的截然不同，导致各种不同的抵押协议的存在. 从广义上说，这些都可以分为以下几类：

1. 无 CSA

有两个原因会让一个机构可能无法或不愿意支付抵押品：首先，这可能是因为该机构信用资质远远优于自己的交易对手；其次，该机构不能达到 CSA 所要求的运营和流动性水准.

上述原因导致的结果是，在某些交易中，由于一方或双方不能承诺提供抵押品，从而不使用 CSA. 这种交易关系的典型例子就是银行和企业，其中后者无力支付抵押品而不使用 CSA(例如，如果一个企业按 CSA 的要求提供抵押品，那么它的财务部门可能会发现几乎无法管理正常的流动性需求).

2. 双向 CSA

对于两个相似的交易对手，双向 CSA 是比较典型的. 例如，这在银行间市场是常见的. 双向 CSA 通常对双方都有利，但也可能以某种方式倾向于其中一方. 例如，一方可能比另一方有一个较低的阈值，这可能是由于其相对较差的信用等级.

3. 单向 CSA

在某些情况下，仅仅使抵押品接收者受益的单向 CSA 会被使用. 实际上，单向 CSA 代表了对于抵押品提供者的额外风险，即把他们放到一个比无 CSA 关系更糟糕的情景中（见 9.7.5 小节). 一个实际的例子就是银行与对冲基金的交易，银行会单方面要求对冲基金提供抵押品(可能包括一个独立金额)以减轻显著增加(和不透明)的交易对手风险. 另一个典型的例子是高品质的机构(如一个 AAA 评级的主权或保险机构)和银行的交易.

需要注意的是，并非所有的单向 CSA 都是真正单向的. 例如，一方现在不需要提供抵押品，但是如果其信用等级降低的话，则可能被要求提供. 金融危机之前，AAA 评级的机构，如单一险种保险公司，通过单向 CSA 交易，但是该 CSA 也规定如果其信用评级下降就必须提供抵押品的触发机制. 这似乎把银行放在了安全的位置，但事实恰恰相反.

5.3.2 抵押参数与信用资质的联系

把 CSA 协议的每一个具体条款和一方或双方信用资质联系起来是非常常见的尝试. 这样做的动机是为了在交易对手有很好的信用资质的时候减少运营的工作量，而在其信用资质恶化的时候有能力收紧抵押条款. 可以明显地和抵押条款联系起来的变量有如下几个：

- 信用评级；
- 交易信用溢差；
- 股权的市场价值；
- 净资产值(有时会在一方交易对手是对冲基金的情况下使用).

最常用的就是信用评级了,实例将在下文中给出.把收紧抵押条款同信用评级(例如,降级至下一个投资级别)联系起来似乎是一个非常容易和显然的缓解由降级而增加的交易对手风险的方法.然而,这种类型的协议可能由于交易对手的信用评级降低出现较晚以及继而由要求提供抵押品引发进一步的信用议题(与在 4.3.2 小节中讨论的附加终止时间类似)而导致非常不和谐的不连续性.

5.3.3 阈值

阈值是一个数值,当风险敞口低于该值时不要求提供抵押品.因此阈值表示的是无抵押风险敞口.如果风险敞口大于阈值,仅超过阈值部分会被要求提供抵押品.作为承受一个适度的无抵押风险敞口的回报,要求支付和返还的运营负担会降低.换句话说,很多交易对手可能只会在风险敞口超过一定水平(即阈值)时才会考虑抵押的重要性.零阈值意味着任何风险敞口都需要抵押品,而无穷大的阈值用来表示一个交易对手在任何情况下都不提供抵押品.阈值的示例以及它和信用评级的联系如表 5.3 所示.

表 5.3 阈值和信用评级的关联

评级	阈值/百万美元
AAA	100
AA	50
A	25
低于 A	0

交易对手的信用降级可能会直接引发支付抵押品通知.如前所述,如果与许多交易对手的同类协议一起生效,则会在机构最糟糕的处境下导致现金流的问题.这刚好就是发生在 AIG 和单一险种保险公司的一幕,更多细节将在第 15 章中讨论.

5.3.4 独立金额

独立金额无论从直觉上还是从数学上都可以被认为是一个负的阈值.它通常是为了缓冲缺口风险.所谓"缺口风险",是指交易的市场价值在很短的时间内可能有非常大的变化.独立金额可以显著降低风险,直到几乎为零.对于中央交易对手背景下的独立金额和缺口风险,会在第 7 章中进一步讨论. 有时候提供独立金额可能和交易对手的信用降级相关联.

我们可以认为独立金额将交易对手风险转化为缺口风险. 一个与危险的交易对手的交易会通过频繁的抵押品支付通知和独立金额一起来抵押. 这样做的目的则是该交易是始终通过独立金额过度抵押的,因此即使交易对手发生违约,机构也很可能不会承担任何损失. 残留的风险就是当交易对手违约时,交易价值在交易完成前产生的大幅移动或者"缺口". 独立金额通常被认为是足够大的,以便使这样的缺口事件在相关时间范围内是不可能的.

独立金额往往针对特定的交易,并通常针对信用资质较差的交易对手(如对冲基金). 不过,未来的调控很可能让它更为常见.

5.3.5 最低转账金额和舍入法

抵押品转账额度不能小于最低转账金额,计算抵押品的总量时,最低转账金额一定要被考虑在内. 这通常意味着,一个递增的风险敞口会由于最低转账金额的存在而被过低抵押;相反,一个递减的风险敞口则会被过高抵押,原因就是风险敞口不会要求连续地归还抵押品.

最低转账金额为可支付抵押品的最小转账金额. 它用于避免频繁的小金额的抵押品转账而导致的工作负荷. 最低转账金额的大小又一次诠释了缓解风险与运营工作量之间的平衡. 最低转账金额与阈值的和是真正意义上可以要求支付抵押品的风险敞口水平. 换言之,风险敞口必须超过此值,才可以要求支付抵押品. 我们注意到这个相加并不意味着最低转账金额可以直接纳入阈值——这是可以要求提供抵押品的正确的限定点,而不是抵押品自身的属性[①]. 同样,最低转账金额会跟信用评级关联. 当交易对手有较差的信用评级时,要求大批量的小金额抵押品支付而产生的额外运营工作量就是减少风险敞口的一个合理的代价.

抵押品的支付或归还金额将始终四舍五入到一定数量的整倍数以避免不必要小金额转账. 舍入法可以向上(或向下),或者可以始终有利于一个交易对手(即风险敞口递增时可以要求向上抵押,而风险敞口递减时要求向下抵押). 这通常是个相对很小的数值,从而对抵押的影响不大. 然而,如果将舍入法和其他因素一起考虑就会对整体的风险敞口造成微小的但不可以忽视的影响.

§5.4 抵押的风险

虽然抵押品管理是减少交易对手风险的非常有用的工具,然而它的局限性也是非常显

[①] 假设最低转账金额为 MTA,阈值为 K,那么可以在风险敞口 E(可能已包含部分抵押)超过 MTA$+K$ 的情况下提出追加抵押的要求,追加金额为 $E-K$. 如果采用加总 MTA 和 K 的近似方法,则追加金额为 $E-K-$MTA.

著的. 从本质上讲, 交易对手风险被转换成其他形式的金融风险, 如法律风险(比如, CSA 条款不被相关的法律保护). 此外, 关联风险(比如, 抵押品和标的风险敞口负相关)、信用风险(抵押品违约或遭受不良信用评级的影响)和外汇风险(由于使用不同的货币来提供抵押品)也很重要. 然而, 三个必须被考虑的重要风险是市场风险、操作性风险和流动性风险.

5.4.1 市场风险和保证金风险期

抵押品不可能完全根除交易对手风险, 我们必须考虑到抵押协议后的残留风险, 原因是除了抵押品不能被立刻归还的正常延缓之外, 合同本身的参数, 如阈值和最低转账金额, 也有效地减慢了抵押的流程. 因为它和交易对手最后提供抵押品之后市场的走势相关, 因此可以被认为是市场的风险. 而残留风险可能是无抵押风险的小部分, 它可能更难量化(见 §9.7)和对冲(见 16.6.3 小节, 其中讨论了抵押品对对冲的影响).

虽然合同中会规定两个抵押品支付通知之间的周期(通常为每天), 但是我们必须考虑所谓的"保证金风险期"(marginal period of risk). 这一时间是指从支付抵押品到收到适当的抵押品之间的有效时间(或者在最坏的情况, 即交易对手违约, 清算现有的抵押品, 结束合同和重新对冲交易). 根据 Basel Ⅱ 的规定, 场外衍生品的保证金风险期至少为 10 天, 而 Basel Ⅲ 对某些个案规定了一个较为保守的 20 天的期限. 雷曼兄弟破产的经验是, 这个期限是大约 5~10 个工作日. 我们将在 8.5.2 小节中详细讨论此期限.

5.4.2 操作性风险

抵押过程非常耗时而又具有强烈的动态性质, 这意味着其中的操作性风险是一个非常重要的方面. 下面是具体的操作性风险的例子:
- 错过了抵押品支付通知;
- 抵押品没有交付成功;
- 计算机错误;
- 人为错误;
- 欺诈行为.

很明显, 一个减少了很多风险敞口, 但在实际违约的情况下由于缺乏控制和各种错误而无法减少损失的抵押程序是没有任何意义的. 下面列出了需要考虑的操作性风险的要点:
- 法律协议必须是准确的和可强制执行的.
- 计算机系统必须能够自动执行许多日常任务和各种需要的检查.
- 正常的支付和归还抵押品的过程是极其复杂的, 并且有可能由于市场较大的波动性而产生的工作量导致非常耗时.
- 所有产品及时准确的估值是关键.

- 交易双方都必须精确保管独立金额、最低转账金额、取整法则、抵押类型和货币的信息.
- 未能支付抵押品是一种潜在的危险信号, 必须迅速采取后续行动.

5.4.3 流动性风险

交易对手风险的抵押品需要满足很高的流动性要求. 实际上, 这也就是为什么有些交易对手并不把签署 CSA 协议作为首要选择. 这种流动性风险最显而易见的表现就是在交易对手违约之后抵押品需要被清算. 首先, 幸存的机构面临着交易成本(竞价)和清算期间的市场波动; 其次, 当被清算的某一种证券的数量大到和该证券的市场交易量同一量级时, 价格就会走低并意味着潜在重大损失. 如果一个人选择通过多批量的频繁交易放慢清算, 那么市场波动的风险敞口就会持续更长的时间.

当同意支付抵押品和接受证券作为抵押品时, 一些重要的考虑因素是:
- 作为抵押品的证券的总发行规模或市值的大小.
- 抵押品的价值和交易对手的信用资质之间是否有联系. 这种联系可能并不明显, 也很难通过各种变量之间的关联系数进行预测①.
- 在考虑交易对手违约的情况下, 作为抵押品的证券其相对流动性可能会如何变化.

由于这些流动性的影响, 可以强制限制各种作为抵押品的证券的集中度在 5%～10% 之间, 以防止在交易对手违约的情况下产生严重的流动性风险.

5.4.4 资金流动性风险

上一小节所述的各种因素都是在假设交易对手已经违约的前提下才开始发挥作用的. 另一更显著的流动性风险却源于 CSA 本身的资金需求. 我们称此为资金流动性风险.

尽管抵押品使用有所增加, 但是场外衍生品的主要部分仍然保持无抵押. 出现这种情况主要是由于所涉及的交易对手(如公司和主权国家)的性质, 他们缺乏足够的流动性和运营能力来承担每天的抵押品支付要求. 在这些情况下, 机构必须考虑到可能出现的资金问题. 由于大多数银行的目标是保证场外衍生品账户的稳定性(经对冲的), 融资成本产生于对冲的属性: 一个无 CSA 的交易可以通过另外一个附带 CSA 的交易进行对冲. 这种关系如图 5.7 所示. 当无抵押的交易向机构有利的方向发展时, 该机构会承担融资成本; 反之, 则会产生资金收益. 在最近的金融危机中融资变得非常昂贵, 因此认真地评估融资的成本非常重要. 我们会在第 14 章中讨论这些问题.

来自 CSA 的资金流动性风险, 其影响对于非银行的金融机构, 如机构投资者、企业和

---

① 在长期资本管理公司违约的例子中, 一个在俄罗斯债券上的自营头寸使得这些证券不再适合作为抵押品. 即使欧洲的银行提供的欧元现金抵押担保也可能产生这种错向相关.

同银行进行交易的主权国家,更加重要[①]. 在正常的、流动性好的市场中,资金成本较低,因此将交易对手风险转化为流动性风险往往是有利的. 然而, 在不正常的、缺乏流动性的市场中, 融资成本会变得显著, 可能会给机构带来极大的压力.

英国石油公司(BP)深水地平线平台漏油事件 2010 年, BP 经历了石油工业历史上最大的海上溢油事故. 这导致数人丧生以及严重的环境问题, 当然也给 BP 自己带来了严重的经济损失. 事件发生一个月之后, 一些银行在提供抵押品方面给予 BP 一定的灵活性. 一个明显的方式来解释银行所表现的宽松态度, 就是银行认为虽然 BP 遇到了非常特殊信用问题, 但是不太可能造成违约. 如果强制按合同要求支付抵押品(公司所产生的信用评级下调有可能已经触发强制支付条款)有可能这会导致 BP 的资金流动性问题, 从而更容易引起违约行为.

以上是关于资金流动性风险的一个很好的例子. 如果假定长期的交易对手风险比短期的流动性风险更好, 银行基本上是通过不按合同苛求抵押品的方式将这种风险转回交易对手风险. 通过抵押品缓解交易对手风险在这样的情况下显然是没用的.

§5.5 小 结

在本章中, 我们详细讨论了控制使用抵押品来管理风险敞口. 当涉及大的头寸或比较危险的交易对手时, 这是一个至关重要的方法. 我们描述了抵押品管理的机制和决定抵押品数量的变量, 进而讨论了与抵押品本身相关的各种重要风险.

抵押品管理应被理解为在交易对手实际违约的时候提高回收权益的一种办法, 但是它肯定不能替代适时地评估信用资质和量化风险敞口. 此外, 使用抵押品虽然可以减少交易对手风险, 但同时也会加重资金流动性风险并带来其他金融风险.

前面关于风险缓解的描述, 已经涵盖了所有减少风险敞口的方法. 在接下来的章节中, 我们将继续讲解如何通过交易对手的违约概率来减少交易对手风险.

---

① 请注意, 信用降级可能触发向机构提出追加抵押的要求.

第 6 章 违约隔离实体和"大而不倒"问题

> 我们有一类新型银行,它被称为"大而不倒"(TBTF),这是一类绝妙的银行.
>
> Steward B. Mckinney(1931—1987)

§6.1 导　　言

在衍生品市场发展的早期,大家都倾向于与值得信赖的对手进行交易. 信用状况稍差的交易对手要么被完全驱逐,要么被要求为交易支付高额溢价. 对于许多公司和主权国家来说,这意味着只能和财务状况良好的银行或代理交易商进行交易. 出于这个原因,衍生品市场中的大型交易商需要具备优秀的信用评级并建立评级为 AAA 的破产隔离子公司(bankruptcy-remote subsidiary),也就是所谓的 DPC,以处理日常的衍生品交易.

显然,雷曼兄弟的破产和政府对其他大型银行的救助对全球银行的长期信用水平造成了明确的负面影响. 除此之外,信用评级的可靠性也大打折扣. 例如,雷曼兄弟在它破产的时候还具有一个相对不错的评级 A[①];冰岛银行在它彻底垮掉之前还具备最佳评级 AAA.

6.1.1 违约隔离实体和"大而不倒"

"违约隔离实体"是一个一般化的概念,可以或者已经应用于交易对手风险管理的诸多方面. 违约隔离实体的一般想法是:提供一个具有可靠信用的交易对手,以至于它的违约概率和交易对手风险可以忽略不计. 在信用评级还被认为包含有效信息的时代,AAA 评级可以代表此类信用水平. 从历史经验来看,违约隔离实体对于降低交易对手风险非常有效,因为这种实体的违约被认为是近乎不可能发生的事件. 如果这听上去难以置信,并反映了市场操作的懒惰,那么事实也许的确如此.

与违约隔离实体相关的一个概念是著名的"大而不倒". 这样的交易对手当然会破产,但它太大型了,并且和其他风险有相关性,所以不能允许它破产. 因此,测定交易对手风险时所反映的市场惰性也存在于此. 对大而不倒的交易对手的正式称呼是具有系统重要性

---

① Standard & Poor's(主要评级机构之一)为此进行辩护,声称雷曼兄弟的破产是"基础性的信用分析所无法预料的信心丧失"的结果,参见 http://www2.standardandpoors.com/spf/pdf/fixedincome/Lehman_Brothers.pdf

的金融机构(SIFI). 监管者致力于识别 SIFI(例如, 通过它们的规模、资产和收入与金融活动的联系[①]), 分解它们, 或者要求其满足更高的资本金标准以及实施更严格的监管手段. 这些措施的目的在于避免重复雷曼兄弟的突然崩溃及其引发的金融灾难. 尽管这些都是有效措施, 但是道德风险问题依旧存在, 因为机构和 SIFI 交易可能纯粹是由于它们相信政府和中央银行肯提供隐性担保.

违约隔离或大而不倒的想法已被证明是金融市场中交易对手风险的要害. AAA 评级基于在标的商业模型或法律结构方面有缺陷的逻辑赋予交易对手或法律实体. AAA 评级甚至可能是对的, 只是被误解了. 一个更微妙的问题和错向风险有关, 即对于高折价的产品来说, 绝对的信用评级已经不再是问题的关键. 对此, 我们将在第 15 章中进行深入讨论. 另外, 道德风险导致的与大而不倒的金融机构相关的市场参与者的行为更加强化了交易对手风险几乎为零的幻觉. 诸如 AIG, Fannie Mae, Freddie Mac 和专业保险公司的失败, 对交易对手风险的认识和管理造成了重要影响.

我们将考查金融市场中的衍生品公司、专业保险公司和信用衍生品公司, 这类公司对违约隔离的想法缺乏现实基础. 虽然是反思, 我们的讨论仍将成为下一章的基础. 在下一章中, 我们将引入中央交易对手的概念, 它们本质上就是违约隔离实体, 其中有许多 SIFI.

和大多数市场一样, 衍生产品市场也需要某些形式的保险与再保险, 以转移风险或实现损失共担(mutualise losses), 这分别由专业保险公司和中央交易对手完成. 但如果保险或者共担机制失效, 后果将是灾难性的. 我们将会看到, 这正是专业保险公司的遭遇. 我们还将追问: 这为什么会发生? 我们又能从中吸取什么教训? 这些问题对于未来将在场外衍生品市场迅速扩张的中央交易对手尤为重要.

6.1.2 从场外交易到交易所交易

交易所交易的衍生品是标准化的、流动性良好的合约, 只包含少量或者不包含交易对手风险, 因为交易所提供了担保(可能大而不倒). 所有的交易所都提供清算服务以控制交易对手风险. 另一方面, 场外衍生品市场则非常不同, 机构对不同的交易对手承担着不同的交易对手风险. 另外, 没有一个正式的机构对合约提供担保, 也缺乏正式的合约监管. 在早期的场外衍生品市场中, 主要参与者的破产会引发危机.

从交易对手风险的角度来说, 交易所交易衍生品和场外交易衍生品之间的差别在某些方面已经消失. 所采用的这些方法本质上都是复制交易所所具备的一些优势, 同时保持场外衍生品的灵活性. 这可以看作一种演进(尽管不是随时间顺序的), 如图 6.1 所示. 中间的实体所扮演的角色可以概述如下:

- 特殊目的载体(SPV). 特殊目的载体通过一系列包装产生破产隔离实体. 在违约发生

[①] 显然, SIFI 是大银行, 但这个类别还可以用于非银行机构, 只要它足够大, 且业务和经济衰退相关联.

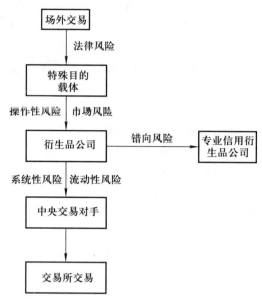

图 6.1 从场外交易衍生品到交易所交易衍生品的演进，不同的交易对手风险管理方式和不断引入的金融风险

时，它给交易对手以债权人的有利待遇.
- 衍生品公司(DPC). 衍生品公司将这种想法进一步推进，其拥有的额外资本金和操作规则可以用来减少与其交易时的交易对手风险. 专业保险公司和信用衍生品公司可以看作这一想法在信用衍生品领域的应用.
- 中央交易对手(CCP). 中央交易对手增加了更为频繁的抵押担保过程，同时使用会员制的组织形式实现损失共担.

我们将详细考查这些实体的结构和运作. 我们注意到这一过程或许能够通过将交易对手风险转化为不同的形式而降低交易对手风险. 例如，SPV 制造了法律风险，DPC 制造了操作性风险和市场风险，专业保险公司和信用衍生品公司制造了错向风险，CCP 制造了系统性风险[1]和流动性风险. 对于这些方面，我们接下来都将逐一探索.

§6.2 特殊目的载体[2]

特殊目的载体，有时也叫作特殊目的实体(SPE)，是一个为了将公司从金融风险中分

---

[1] 中央交易对手的目的在于降低系统性风险，但正如下一章所讲的，它也可以制造这种风险.
[2] 请注意，本章许多关于 SPV, DPC 和专业保险公司的内容仅从历史的角度看才有意义.

离出来而创立的法律实体(例如公司或有限合伙制). 一家公司将资产转移至 SPV 或使用 SPV 为一个大项目融资, 以避免将整个公司或交易对手暴露在风险之下. 司法管辖权可能会要求建立 SPV 的实体不能拥有 SPV.

SPV 本质的目的在于改变破产规则, 从而在衍生品交易的对手没有清偿能力的情况下, 客户仍能在其他索赔支付之前收回全额投资. SPV 在结构化票据中用得最多, 这种产品使用这一机制来为票据本金的交易对手风险提供高于发行者信用水平的信用担保(典型情况是 AAA 评级). SPV 的信誉由信用评级机构在授予评级前通过仔细审阅流程和法律细则进行测定.

SPV 将交易对手风险转化为法律风险. 最明显的法律风险莫过于整合(consolidation), 也就是破产法庭将 SPV 和它的发起人进行整合. 整合的基础在于 SPV 和发起人在很大程度上是一样的. 这意味着转移到 SPV 的资产将被当成发起人的一部分资产进行处理. 因此, SPV 所起的分离作用就失效了. 整合取决于多个方面, 比如司法管辖权. 美国的法庭有整合规则的历史经验, 而英国的法庭对此不太热衷, 除非是一些明显的欺诈案例.

不幸的是, 法律文件通常是根据经验演变出来的, 而且 SPV 法律机构的强制性已经多年未受检验. 当它在雷曼兄弟的案例中受到检验时, 出现了问题, 尽管这依赖于司法管辖范围. 雷曼兄弟本质上使用了 SPV, 以在债务抵押证券(CDO)等复杂交易中保护投资者, 让他们免受雷曼兄弟自身交易对手风险的影响(回过头看, 这是个好主意), 其中关键的条款就是"翻转"条款("flip" provision). 该条款本质上意味着, 如果雷曼兄弟破产了, 投资者将最先收回他们的投资. 但是, 美国破产法庭裁定"翻转"条款不具有法律强制性, 这和英国破产法庭产生了争议, 后者裁定"翻转"条款具有法律强制性.

在"翻转"条款是否具有法律强制性这个依赖于司法管辖权问题以及 SPV 是否是坚实的法律实体这些问题之外, 雷曼兄弟在院外了结了此案[①]. 唯一能够肯定的是, 将交易对手风险转化为法律风险是危险的过程, SPV 就证明了这一点.

§6.3 衍生品公司

6.3.1 标准的衍生品公司

早在全球金融危机发生的 2007 年以前, 尽管没有主要的衍生品交易商破产, 交易商主导的双边清算场外市场就被认为本质上比交易所交易市场更容易遭受交易对手风险冲击. 衍生品公司的出现是作为场外衍生品市场降低交易对手风险的一种手段(参见

---

① 参见 Lehman opts to settle over Dante flip-clause transactions. http://www.risk.net/riskmagazine/news/1899105/lehman-opts-settle-dante-flip-clause-transactions

Kroszner，1999）.

DPC 通常是一个或多个国际性银行设立的评级为 AAA 的实体．典型的 DPC 是主要交易商的破产隔离子公司，它不同于 SPV 通过独资方式获得 AAA 的信用评级[①]．DPC 结构通过对 DPC 的母体破产保护为外部的交易对手提供针对交易对手风险的保护．因此，DPC 提供了一种类似于交易所的系统优势，同时保持场外市场的灵活性和离心性．最初的一些 DPC 包括 Merrill Lynch Derivative Products、Salomon Swapco、Morgan Stanley Derivative Products 和 Lehman Brothers Financial Products.

发起者通过 DPC 创立自己的"迷你衍生品交易所"的能力部分归功于风险管理模型的进步和信用评级机构的发展．DPC 通过结合资本金、抵押品和行动限制获得 AAA 评级．每个 DPC 都有自己的量化风险测定模型用于量化其当前的信用风险．该指标参照 AAA 评级的标准．许多 DPC 使用动态资本配置以满足 AAA 评级信用风险要求．DPC 的评级通常依赖于：

● 最小化市场风险．从市场风险的角度说，DPC 可以试图通过交易相互抵消的合约达到接近市场中性的风险水平．理想情况下，它可以站在交易的两边，这些"镜像交易"将导致账户整体匹配．通常这些"镜像交易"存在于 DPC 的母体中．

● 母体的支持．DPC 受到母体的支持，相对于母体成为破产隔离实体（就像 SPV），以获得较好的信用评级．如果母体违约，DPC 将会被转移给一个资本金充足的机构或以市场中间价终止交易．

● 信用风险管理和操作指导（限额、抵押条款等）．一些限制施加在（外部）交易对手信用资质和交易活动（头寸限额、抵押等）上．交易对手风险的管理是通过每日盯市和抵押来实现的．

尽管具有良好的信用资质，DPC 还通过定义有序的操作过程进一步提高安全性．DPC 定义什么样的事件将触发它的失败（例如母体信用评级的下调）以及之后的操作过程如何实施．这样所导致的场外衍生品交易对手的"预包装的破产"将变得比"标准的破产"更为简单（其可能性也同时降低）．概括地说，有两种方法：持续结构和终止结构．每种方法都由管理人员负责管理并对冲现有交易（持续结构）或终止交易（终止结构）．

6.3.2 DPC 的衰落

DPC 这一想法并没有什么明显的错误，而且自 1990 年初期它诞生以来，表现得还不错．DPC 是在场外衍生品市场早期被创造出来的，为了在没有达到 AAA 评级的交易对手之间交易长期衍生品．但是，AA 评级或评级更低的银行所发起的 AAA 评级的实体真的是比银行自身更好的交易对手么？DPC 经历了名义本金额的稳步增长，其业务在 20 世纪 90

---

① 大多数 DPC 根据其资本金结构性地获得信用评级，但有些直接参考其发起者的信用评级．

年代中后期达到了顶峰. 但是, 市场上抵押品使用的增加以及其他 AAA 评级实体的存在, 导致了 DPC 的衰落.

全球金融危机本质上终结了业已衰落的 DPC. 在它的母体衰落之后, 贝尔斯登 DPC 被摩根大通接收, 它的客户通过替代交易得到了补偿. 作为保护资产的策略性努力, 两个雷曼兄弟 DPC 自愿申请 Chapter 11[1] 破产保护. 这似乎表明, DPC 的命运无法摆脱它的母体. 不出所料, DPC 所缺乏的自主性已经导致信用评级机构取消之前的评级[2].

尽管 DPC 并不需要为任何灾难性的事件负责, 它们已经大大淡出了舞台. 就如同 SPV 一样, DPC 这一概念是有缺陷的, 其 AAA 评级并没有多少信誉, 因为真正的交易对手是它的母体, 而后者的信用评级一般稍差. 因此, DPC 说明, 将交易对手风险简单转化为其他金融风险(在此情况中, 不仅有像 SPV 那样的法律风险, 还有市场风险和操作性风险)的方法并不奏效.

§6.4 专业保险公司和信用 DPC

6.4.1 合理性

正如我们上面谈到的, DPC 的创立在很大程度上是由交易场外衍生品时对高信用资质交易对手的需求所推动的. 但是, 从 1998 年开始, 伴随着信用衍生品的诞生和指数型增长, 这种需求被提升到另一个水平.

第一个信用衍生品是个体信用违约互换(个体 CDS). CDS 代表了一个不同寻常的挑战, 因为它的价值是由信用溢差驱动的, 而其收益仅与一个或多个信用事件相关联. 所谓的错向风险(更多细节参见第 15 章)意味着, 相对于其他场外衍生品来说, CDS 交易对手的信用资质更为重要. 在个体 CDS 之外, 结构化金融 CDO 的高级层级具有更多的错向风险, 造成了对违约隔离实体更强烈的需求. 简单地说, 信用衍生品市场需要 AAA 评级的信用保护卖方, 而且鉴于它发展迅速, 这种需求很急切.

6.4.2 专业保险公司

专业保险公司(及其他诸如 AIG 的类似公司[3])是金融担保公司, 它们用其 AAA 评级提供信用包装, 即金融担保. 专业保险公司起初为美国市政金融提供信用包装, 但之后为

---

[1] 译者注: 美国《破产法》第 11 章.

[2] 参见 Fitch withdraws Citi Swapco's ratings. http://www.businesswire.com/news/home/20110610005841/en/Fitch-Withdraws-Citi-Swapcos-Ratings

[3] 出于分析的目的, 我们将专业保险公司和 AIG 归为一类. 根据它们在信用衍生品市场上的活动, 这种分类是公平的.

了实现分散化和追求更高收益，进入了个体 CDS 和结构化金融领域. 为了证明它们的信用评级，专业保险公司需要满足的资本金要求是由其所包装的结构的可能损失所驱动的. 例如，信用评级机构也许会同时考查基础情形和压力情形，并将专业保险公司的资本金要求设为这些情形对应损失的一个百分比(100% 或更多). 专业保险公司的资本金要求还和所包装的资产组合动态相关，这和 DPC 结构的操作类似.

如果所包装的资产的信用资质较好(通常为 AAA 评级)，期望(甚至压力状态)损失应当较低. 这意味着专业保险公司所持有的资本金额与总名义本金额相比较小. 因此，专业保险公司的隐性杠杆可能很高. 由于高杠杆，专业保险公司的头寸的盯市价值一旦为负，就会出现问题，因为杠杆会放大损失. 但是，作为保险公司，它们不必考虑头寸的盯市价值. 而且，专业保险公司也不需要(归功于它们历史上的 AAA 评级)为合约盯市价值的降低而缴纳抵押品(至少在正常时期如此). 缴纳抵押品等同于被迫实现损失.

由于专业保险公司不缴纳抵押品，它们将遵循如下严格的操作规范：
- **正常状态**. 部分地由于使用(基于信用评级的)资本金模型计算每日风险敞口，专业保险公司通常具有 AAA 评级. 只要要求的资本金不超过实际可获得的权益资本(意外损失)，公司就能在正常操作框架下运营.
- **受限状态**. 这通常由资本金缺口触发，并将导致投资和融资的限制. 在一段时期之后，评级机构也许会根据情况收回 AAA 评级，这又将触发缴纳抵押品的合约条款. 理论上讲，专业保险公司能够通过提高资本金或重组/冲抵现有交易重新回到正常状态并重新获得 AAA 评级.
- **决定性状态**. 这对应于一个休眠状态，专业保险公司基本处于静止状态，交易将逐渐到期，任何违约损失都在它们出现的时候进行清算(此处假设没有股权资本覆盖损失). 这个状态无法还原到其他状态，尽管这跟破产不一样，但结果是相似的.

操作规范从理论上维护了其 AAA 评级的正当性. 这些规范的基本目的是要求：专业保险公司一旦在通过资本金模型动态衡量时失去 AAA 评级，它就有可能被要求缴纳抵押品来降低增加了的交易对手风险.

上述专业保险公司异常复杂的操作结构真的能为降低交易对手风险提供神奇的方法吗？我们已经看到，对于 SPV 和 DPC，这个问题的答案是否定的. 难道专业保险公司能有所不同吗？

6.4.3 信用衍生品公司

信用衍生品公司(CDPC)本质上受到上述 DPC 和专业保险公司的启发. CDPC 将 DPC 的想法推广到信用衍生品领域. CDPC 是一个特殊目的的实体，为利用杠杆交易信用衍生品而设立，通常以个体或资产组合的形式卖出公司、主权国家的信用保护和资产支持证券等 CDS 类别的产品. CDPC 的发起人包括资产组合经理、对冲基金、保险公司和银行. 但是，尽管 DPC 就是一个简单的破产隔离子公司，CDPC 是为了通过销售信用保护衍生品谋求利润而设立的实体．像专业保险公司一样，CDPC 有上文提到的三种操作模式．

CDPC 通常为信用资产组合提供个体或更为重要的层级保护．CDPC 也许会在某种程度上拥有相互抵消的头寸，例如买入并卖出个体信用保护．但是一般来说，CDPC 违反了 DPC 的一个关键原则，即由于没有实现头寸的平衡而带来的巨大市场风险．因此，和传统的互换比起来，CDPC 的 CDS 头寸制造了风险的不对称性．CDPC 填补了 AAA 评级交易对手的空缺，却大部分站在市场的单边①，作为信用保护的卖方．

6.4.4 专业保险公司的失败

2000 年以来，由于结构化信用活动的大规模扩张（利润可观），银行创造了大量的所谓"超高级"风险敞口，其中大部分来自抵押贷款资产池．出于监管而非经济的原因②，银行需要撤销这些风险敞口，即使他们被认为是无风险的．诸如 MBIA，FGIC，AMBAC 的专业保险公司和诸如 AIG 的其他保险公司都具有 AAA 评级，从而看上去是这些交易的理想交易对手．由于可以从提供最高风险溢价的资产中获得潜在的最大收益，超高级层级是颇具吸引力的投资．银行满足于这样的风险转移．例如，下面是一家银行的信用研究部门在 2001 年公布的内容：

专业保险公司的信用资质（2001 年摘录③） "主要的专业债券保险公司具有无可挑剔的优良信用水平，为投资者提供了出色的信用保护，同时信用保护的基础发行者也具有等价于超过 AAA 水平的评级．事实上，投资者的资本损失风险实际为 0，信用降级的风险稍高．鉴于当前的风险状况，专业保险公司的 AAA 评级名副其实．四个主要的专业保险公司都显示了足够的资本金水平，声称针对风险头寸投入了资源并限制了单一的大风险敞口．"

通过支付抵押品，专业保险公司避免了盯市损失，否则这可能迫使其破产．专业保险公司本质上可以尝试在可能预示着大量损失的短期波动率和低流动性头寸上"冲浪"．但是，从和专业保险公司进行交易的交易对手角度看，这是否真正提高了其信用资质呢？如果专业保险公司被要求支付抵押品，且机构相信此举在长期内能够提高专业保险公司（信用保护卖

---

① 一些 CDPC 既有多头寸也有空头寸，但这样做的并不多．
② 例如，银行需要撤销超高级风险敞口并非由于其出于经济原因不想拥有该风险敞口，而更多是因为会导致大量资本金要求，限制了银行从结构化信用交易中获利的能力．
③ 参见 http://www.securitization.net/pdf/nabl_mono_0402.pdf．应该注意到，这份报告写于金融危机发生多年以前，那时专业保险公司还没有从事导致它衰落的那些活动．

方)的财务稳定性,那么机构永远可以保留豁免抵押担保的权利. 但是,机构这样做的同时也就是在赌专业保险公司的头寸在未来能够重新赚钱. 可是,如果专业保险公司未来赚钱,机构(信用保护的买方)必将亏损. 通过不提供抵押品获得的 AAA 评级并没有附加价值.

我们注意到,缴纳抵押品意味着专业保险公司实现其损失. 在没有抵押要求的条件下,专业保险公司总可以期待在未来的某一时刻赚回之前的盯市损失. 但是,在信用评级下调提前盯市损失的普遍情况下,未来可能还有更大的损失. 这可能导致专业保险公司因无法缴纳抵押品或重组/冲抵交易以相应地减小资本金而陷入绝境. 这制造了一个"死亡漩涡",专业保险公司无法重新获得 AAA 评级,并最终被逼向某种形式的终结(请看上一章关于终结的定义).

赋予专业保险公司 AAA 评级非常有趣,因为这是由它无须为交易缴纳抵押品而获得的. 因此,和专业保险公司进行交易的机构实际上仰仗专业保险公司的 AAA 评级来最小化交易对手风险. 读者也许会问为什么无须缴纳抵押品能够改善信用资质(一般来说,专业保险公司如果签订抵押协议,就无法获得 AAA 评级). 事实上,这一点是专业保险公司的 AAA 评级中存在本质性缺陷的第一条线索. 尽管如此,专业保险公司需要获得免于缴纳抵押品的待遇还有另一个更令人担忧的原因. 如果专业保险公司被要求支付抵押品,它就无法进入结构化金融市场,因为盯市波动率将会严重限制它的杠杆水平. 考虑如下例子:

例子 一个专业保险公司为名义本金额为 100 亿美元的结构化金融产品提供财务担保或信用包装. 因为这些标的资产具有很好的信用资质,期望损失仅为 0.3%(3000 万美元),压力场景下的损失为 0.9%(9000 万美元). 为了覆盖可能的损失并实现 AAA 评级,专业保险公司的资本金为 1 亿美元.

现在假设专业保险公司持仓的盯市损失为 2%*,即 2 亿美元. 这种情况下,它的 AAA 评级还合理么?

*假设持仓的平均久期为 8 年,那么信用溢差增加 25 个基点就会导致这种损失,也就是说,这并不是什么极端状况.

上述问题的答案既是肯定的,也是否定的. 肯定之处在于:基于其资本金和期望或压力损失的相对规模,专业保险公司仍能够合理拥有 AAA 评级,这不会变化,因为期望或压力损失是统计估计值. 否定的原因在于:如果专业保险公司被迫立即冲抵自己的仓位,它将违约,而且回收率不会高于 50%(由于冲抵大量仓位所带来的影响和成本,实际情况可能更糟). 如果专业保险公司被迫要求缴纳抵押品,那么它将破产.

2007 年 12 月,市场离即将蔓延为比大多数市场参与者所想象的更为长久而痛苦的全球金融危机的信用危机还有大约 4 个月的时间.

对专业保险公司 AAA 评级的担忧开始出现,同时市场担心其资本金不足以支撑其评级. 但是,这将信用评级机构置于一个微妙的处境,因为专业保险公司的信用降级可能引发连锁反应. 由于(这些资产)AAA 评级的丧失,投资者将被要求减记这些资产,而由于向交易对手缴纳抵押品的要求,专业保险公司也可能被迫筹集更多资金.因此,快速的评级调整可能立即触发危机,而市场是如此依赖于专业保险公司评级的可靠性.例如,ACA 金融担保公司在 2007 年 11 月声明,其 A 评级的丧失将引发缴纳抵押品的要求,而该公司难以满足.另一方面,抛开专业保险公司的评级,只要危机没有进一步恶化,许多盯市损失最终将被回补(由于过去具有高信用资质的资产的信用溢差再次缩小),而评级再次变得名副其实.

评级机构的处境实为艰难,尽管取消 AAA 评级(在 ACA 的例子中,评级为 A)是正确的选择,但将导致专业保险公司的违约(和潜在的所有专业保险公司的系统性失败).在信用危机之初,评级机构似乎选择了观望的方式,也就是默认危机不会持久.例如:

- XL 金融保险有限公司. 2007 年 12 月,标普(S&P)再次明确表示对 XL 金融保险有限公司的信用评级不乐观. 12 月下旬,惠誉(Fitch)决定审查其所给出的 AAA 评级,同时要求再筹集 20 亿美元的资本金.到 2008 年中期,XL 金融保险有限公司已被至少一个评级机构下调至投资级别以下.到了 5 月,Syncora 担保(其前身为专业保险公司"XL 资本保险")遭遇了信用事件.
- AMBAC 保险公司. 2008 年年初,在成功筹集到新资金以后,穆迪(Moody's)和标普确认了 AMBAC 的 AAA 评级. 2008 年 6 月,穆迪将 AMBAC 的评级下调 3 级至 Aa3. 自那时起,它的评级就一路下滑,直到 2010 年 11 月最终申请 Chapter 11 破产保护.
- MBIA 保险公司. 2008 年 2 月,穆迪确认了 MBIA 的 AAA 评级,但在 2008 年 6 月,它把 MBIA 下调 5 级至 A2. 到了 2008 年 11 月,MBIA 被进一步下调至 Baa1. MBIA 在 2009 年 6 月降至 Ba1,在 2010 年 3 月降至 B3.

以股票市场所衡量的专业保险公司的破产确实非常突然,见图 6.2 中 MBIA 和 AMBAC 的例子.

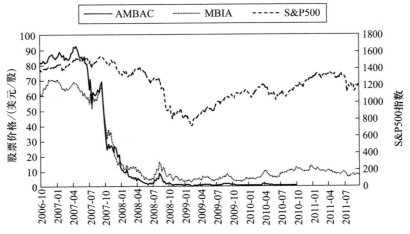

图 6.2 专业保险公司 AMBAC 和 MBIA(左边坐标轴)的股票价格(以美元计)和 S&P500 指数的比较

许多购买了大量信用保护的银行发现它们自己对专业保险公司有严重的风险敞口.例如,截至 2008 年 6 月,UBS 估计有 64 亿美元暴露于专业保险公司的交易对手风险之中,花旗银行和美林银行的数字分别为 48 亿美元和 30 亿美元(Financial Times,2008).

AIG①的情况差不多是一样的,作为评级下调和自身头寸损失的联合作用的结果,AIG 需要缴纳大量抵押品.这本质上实现了 AIG 的巨额损失,而如果它倒闭,还可能导致其交易对手的大量损失.后面的情况并没有发生,因为 AIG 得到了美国政府大约 1820 亿美元的救助.AIG 得到救助而专业保险公司却没有的原因可以归结为 AIG 的规模和它出现问题的时间(跟雷曼兄弟破产和房地美、房利美的问题发生的时间接近).

像专业保险公司一样,CDPC 也是高杠杆的且通常不用缴纳抵押品.在金融危机期间,CDPC 的处境稍好,但仅仅出于时间的原因.许多 CDPC 在 2007 年 6 月金融危机肇始之后并没有全面运营,它们也因此躲过了信用保护空头(特别是超高层级②)所遭受的第一波损失.尽管如此,CDPC 的商业模式和专业保险公司相似的事实仍是不能忽视的.例如,惠誉在 2008 年 10 月取消了它给过的 5 个评级③.

专业保险公司和 CDPC 进军结构化金融的冒险行为是在错误的时间进入错误的领域么?一个好的和坏的专业保险公司/CDPC 的区别仅仅在于时间么?

强有力的论断指出专业保险公司的商业模式从头到尾都具有致命缺陷.保险公司通常具有长期视角,追求长期收益,致力于避免短期波动的干扰.这有助于稳定市场,平衡高波动性市场中的羊群效应.但是,保险公司一定不能过多地暴露于单一形式的风险之中.从这个角度来说,"专业保险公司"这个词是一个误用,它确实意味着专业保险公司的业务没有分散到诸如寿险或财险等其他形式的保险中.既然金融市场的内在联系很紧密,专业保险公司通过不同资产支持证券和公司证券进行风险分散的方式听上去一点也不稳健.从保险买入方,也就是银行的角度看,这就相当于从一个只在临近地区卖保险的保险公司那里买入了一份财产保险.

专业保险公司内在问题的另一条线索是购买保险的动机在于对大额损失(尾部损失)的厌恶.但需要强调的是,如果你认为值得买入一份保险合约,那么你必须能够预见那些需要这份保险合约的情形.2007 年以前,从专业保险公司买入保险的银行将其所造成的"负基差交易"视为会计伎俩,而并非它们真正需要保险合约,而且无论是信用评级机构还是专业保险公司自己都不曾想到它们将面对财务困境.这种做法是危险的.例如,Thompson(2009)指出,如果一个保险公司相信某项索赔的可能性很小,该保险公司就会投资于流动性差的资产以获取更高收益.索赔的风险越小,所造成的道德风险越大,从而具有更高的交易对手风险.这个结果似乎和专业保险公司为流动性差的结构化金融交易的 AAA 评级

---

① 尽管专业保险公司的风险敞口加起来和 AIG 的风险敞口差不多,但其失败至少部分地被隔离开了.
② 超高层级溢差的相对增加比一般信用溢差的增加大得多.
③ 参见 Fitch withdraws CDPC ratings,Business Wire,2008.

提供保险直接相关.

6.4.5 为什么评级机构搞错了?

专业保险公司和 CDPC 出现的严重问题显示其商业模式具有根本性缺陷,因为大家很快就清楚地看到它们为过量的风险提供了保险,而应对真实违约的资本金却相形见绌. 那些为机构赋予最令人梦寐以求的 AAA 评级的评级机构,也遭到了严厉的批评. 专业保险公司的失败引发了连锁反应,银行因此损失了数十亿美元,它们之前签订的保险合约现在几乎一文不值.

诸如 DPC、专业保险公司和 CDPC 的破产隔离实体的一个关键元素就是 AAA 评级,因为如果没有这个令人羡慕的信用指标,它们实际上没有价值. 从投资者的角度看,AAA 评级最重要的方面在于它是在采用历史数据量化未来损失的基础上所取得的. 下面我们说明几个潜在的缺陷,以理解评级在哪里出错了.

首先,考虑一个卖出证券组合信用保护的专业保险公司(例如在第 10 章中详细介绍的 CDO 层级),它具有 AAA 评级. 评级机构通常基于期望损失的标准定义 AAA 评级①. 现在假设专业保险公司只有 1 美元的资本金(这太滑稽了). 但是,在期望损失的基础上,专业保险公司应当获得 AAA 评级②,因为它只在 CDO 层级出现损失时(AAA 概率)才会遭受损失,而即使到那时,它还有资本金(尽管只有 1 美元)以应对损失,如图 6.3 所示. 赋予专业保险公司 AAA 评级是没有意义的,因为这只是在重复标的 CDO 层级具有 AAA 评级这一事实,并没有给交易对手提供额外信息.

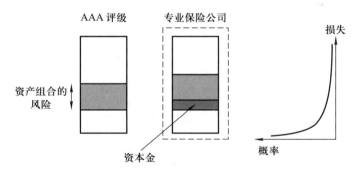

图 6.3 只要所卖保险的(所包装的)标的资产具有 AAA 评级,专业保险公司(或诸如 CDPC 的相似实体)似乎就可以拥有 AAA 评级. 专业保险公司为图中所示 AAA 评级的层级提供担保,只要它拥有额外的资本金(尽管可以很少),它的期望损失就不会比 AAA 评级的层级高

---

① 在对 CDO 进行评级时,标普总是使用基于损失的首个美元或等价违约概率基差的方法. 但在这种情况下,相同的论断依然奏效.

② 这可从一个简单的数学公式得到:$E[(L-\alpha)^+] \leqslant E(L)$. 只要 α 为正,上式就成立.

当然，评级机构不会如此幼稚，以至于使用存在如此缺陷的方法授予 AAA 评级（尽管除此之外，它们似乎也没有高明多少，例如参见 Tzani and Chen，2006 和 Remeza，2007）. 但是，这个例子确实说明了一个潜在的问题，专业保险公司或 CDPC 形式的载体具备 AAA 评级的原因很大程度上是它们卖出的是 AAA 评级资产的信用保护. 一个从这些载体买入信用保护的交易对手，需要获得针对这些载体的信用资质的更多保障. 如果标的资产遭受损失，为了履行合约，交易对手要求这些载体保持偿付能力的可能性很大.

6.4.6　一个（非常简单的）对专业保险公司的量化分析

我们可以用一个关于在无抵押基础上买入的信用保护价值的简单模型来说明专业保险公司（或 CDPC）存在的问题. 该模型假设买入的信用保护①提供一个二元收益，并需要一个参数来表示二元合约的价值与交易对手信用资质的相反数②之间的相关系数. 附录 6A 给出了这里使用的公式. 我们假设专业保险公司的违约概率（在合约存续期内）为 0.1%. 图 6.4 显示了作为相关系数的函数的二元合约价值，合约的无风险价值为 1%. 我们从图 6.4 可以看到，对于所取的相关系数，合约价值都接近无风险价值，尽管当相关系数高时，该值稍稍变小. 在这个例子中，交易对手风险似乎不是问题的主要方面.

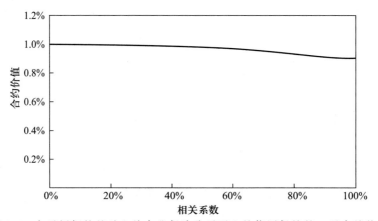

图 6.4　在无抵押的基础上从专业保险公司买入的信用保护的二元合约价值作为相关系数的函数的简单模型. 该合约的无风险价值为 1%

工作表 6.1　简单的专业保险公司的例子

---

① 在个体 CDS 的情况中，这个假设是有意义的，它仅仅是对诸如 CDO 层级的资产组合结构的近似.
② 当合约价值增加时，专业保险公司的信用资质恶化.

在图 6.5 中, 我们展示了一个相似的例子, 唯一的不同在于这里二元合约的无风险价值仅为 0.05%(这更接近专业保险公司处理的时间点的概率[①]). 现在出现了根本性的不同, 当相关系数较低时, 合约的价值接近 0.05%; 而当相关系数较高时, 合约价值显著减少, 甚至一文不值.

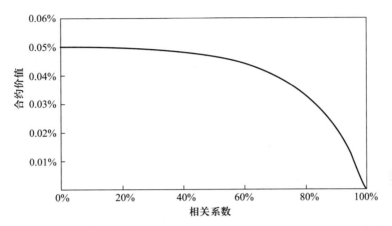

图 6.5 在无抵押的基础上从专业保险公司买入的信用保护的二元合约价值作为相关系数的函数的简单模型. 该合约的无风险价值为 0.05%

这个简单的模型说明, 从一个 AAA 评级的保险公司买入对 AAA 评级信用资产的信用保护并不一定存在问题, 但一个 AAA 评级的保险公司买入对评级高于 AAA 的信用资产的信用保护却是疯狂的行为.

这里有两个重点是我们将要在第 15 章中深入讨论的:
- 错向风险随着(专业保险公司的违约和标的资产价值之间的)相关系数而增加.
- 错向风险对于折价更高的合约(例如更高的层级)具有更加戏剧化的效果.

专业保险公司最初的行为, 包括为市政债券提供保险, 并不会与上述观点发生冲突, 而之后它们在结构化信用领域的行为却不是这样的. 这是因为, 首先它们的业务专注于非常高级(折价)的层级; 其次, 它们在这一市场的参与程度如此之深(以所提供保险的名义本金额衡量, 达到了数百亿美元), 使得这些资产和它们自身违约概率之间的相关系数极高.

读者也许会问: 银行是从哪里买到针对 AAA 评级甚至更高层级的数十亿美元的保险合约, 以支持其欣欣向荣且利润丰厚的结构化信用业务的? 答案也许是, 由于内在的交易对手风险, 几乎没有办法实现这种大规模的风险转移. 银行及其监管者认识到这一点之后,

---

① 至少专业保险公司自己是这样认为的.

将会大幅度削减按揭抵押贷款的证券化规模，以避免任何"创造性蔓延"行为以及由此引发的全球金融危机.

§6.5 中央交易对手

6.5.1 简介

在考查了 SPV、DPC、专业保险公司和 CDPC 之后，我们学到的教训似乎是依赖违约隔离实体降低交易对手风险的做法表现很差. 不论标的信用资产的信用资质如何，永远不要假设你的交易对手不会违约. 假设他们"大而不倒"也许更加合理，但至少从监管者和政策制定者的角度看，这会导致道德风险. 最新提出的交易对手风险的解决方案看上去似乎比较奇怪，因为它使用了另一个叫作中央交易对手(CCP)的违约隔离实体.

2007 年开始的金融危机引发了对交易对手风险的悲观担忧，而雷曼兄弟的破产、专业保险公司(具有 AAA 评级)的失败、冰岛银行(评级高于 AAA)的破产和一些结构化金融产品(你也许已经猜到了，它们也具有 AAA 评级)带来的损失等一系列事件更加重了这种担忧. 场外衍生品市场，特别是信用衍生品市场中的交易对手风险，被定义为金融系统中的一个主要风险. 尽管存在许多方法可以更好地控制和量化交易对手风险，在金融危机期间，万能的灵丹妙药似乎是自然的诉求. CCP 提供了这样的一个解决方案：一个交易对手通过 CCP 与另一个交易对手进行交易，CCP 实际上对所有交易提供担保. 通过 CCP 而进行的场外衍生品交易因此没有交易对手风险.

2010 年，欧洲(通过欧盟委员会对场外衍生品监管、CCP 和交易资料储存库正式法律提案)和美国(通过 Dodd-Frank 华尔街改革和消费者保护法案)均提出在 2012 年年末将所有标准化的场外衍生品通过 CCP 进行中央清算. 这样做的部分原因在于：当金融市场在 2008 年 9 月雷曼兄弟破产后陷入混乱时，CCP 差不多是唯一一个运营良好的机构. 因此，监管者似乎认为 CCP 是解决交易对手风险问题的灵丹妙药，特别对于诸如信用违约互换这些更加危险的产品来说.

尽管场外衍生品市场中的交易对手风险仍然是一个双边的问题，利率、外汇、股权衍生品和商品市场的增长却并未受到戏剧性的遏制(尽管机构需要大力加强其风险管理水平). 有理由相信，过去的几十年，是信用衍生品飞速发展和全球金融危机引发了对 CCP 的强烈兴趣.

6.5.2 交易所与清算

在交易所进行交易的衍生品是非常标准、透明的产品，没有交易对手风险. 这是因为交易所或第三方通常为合约提供担保. 这就是交易所的清算功能，几乎所有的交易所都通过相关的 CCP 提供这种服务. 交易所的劣势在于产品必须非常标准化并具有良好的流动性. 事实上, 从一个衍生品的创始到它进入交易所进行交易的过程是漫长的.

CCP 的想法可以追溯到 19 世纪(甚至更早), 那时的交易所用于期货交易. 最初, 这些交易所只是交易的场所, 并不提供任何交割功能或交易对手风险管理. 合约还是在双边的基础上进行的, 通过交易所进行交易只是交易对手向交易所提供自己会员资格的一种证明. "清算环"(clearing ring)的发展是作为为关闭头寸和提高流动性提供方便的一种标准化手段. 在这之后, 诸如保证金等降低交易对手风险的方法才得以发展起来. 最后到了 19 世纪末, 通过贡献金融资源以形成储备基金, 交易所里出现了某种形式的损失共担, 用来消化会员的违约损失. 现在几乎所有的交易所交易合约都默认进行中央清算. CCP 的功能要么由交易所履行, 要么由独立的公司向交易所提供这项服务.

由于交易所提供的流动性和交易对手风险管理功能, 交易所交易衍生品最初相对于场外交易衍生品占有优势. 但是, 在过去的 30 年中, 由于量化金融、风险管理和对冲, 场外衍生品经历了迅猛的发展, 其名义本金额规模超过了交易所交易衍生品. 场外和交易所交易衍生品通常具有截然不同的清算和交割模式: 场外衍生品采用双边结构, 而 CCP 采用交易所交易结构. 在场外市场, 诸如抵押担保等风险管理操作由交易双方处理, 而对于交易所交易衍生品, 风险管理是由相关的 CCP 来承担的.

但是, 场外衍生品并不需通过交易所交易来享受中央清算的好处. 多年以来, CCP 都是作为独立实体运作, 以会员共担的方式控制交易对手风险. 2009 年, 差不多一半的利率互换通过 LCH Clearnet 进行了中央清算(尽管几乎所有其他的场外衍生品仍然进行双边交易).

6.5.3 中央清算的基本知识

中央清算的一个关键概念是合约的更替(novation). 更替意味着交易所站在交易双方之间, 从而起到为双方的交易对手风险提供担保的作用. 清算实体为了实现这一功能, 需要强有力的交易对手风险管理, 例如每日保证金和损失共担.

在 CCP 的世界中, 交易对手的失败, 即使它像雷曼兄弟这样庞大而联系广泛, 都不应产生过于戏剧化的影响. 这是因为 CCP 能够扮演中央冲击吸收者的角色以弱化"多米诺效应". 当 CCP 的一个会员(比方说 C)违约时, CCP 将致力于在不遭受损失的情况下迅速切断该交易对手的金融联系. 从存续方的角度来说, CCP 担保了它们和 C 之间的交易. 这通常不是通过终止并交换每个合约的公允价值, 而是通过将每个合约的交易对手 C 替换为其他会员的方式来实现的. CCP 通常会将违约会员的头寸在其他会员当中进行拍卖[①].

CCP 的概念显然不是完美无瑕的. CCP 本质上代表了一种会员制, 因此需在一定程度上将清算会员的资源进行汇总. 这意味着违约清算会员的任何损失都将在一定程度上由存

---

① 由于 CCP 能够看到所有会员的持仓信息, 它也有助于提高市场的透明度.

续清算会员分担。这种风险分担制造了道德风险。在保险领域,这是一个广为人知的问题。道德风险具有抑制 CCP 清算会员进行良好的交易对手风险管理的负面作用。机构没有监控各自的信用资质并实施妥善操作的动机,因为第三方将承担所有风险。

CCP 同时容易遭遇逆向选择。逆向选择发生在诸如清算会员比 CCP 对风险有更多了解的情况下(例如错向风险)。在这种情况下,公司可能选择性地将风险更高的产品交给 CCP。显然,像专注于场外衍生品的大型银行这样的公司很可能在定价和风险方面比 CCP 掌握更多信息和知识。

如图 6.6 所示,CCP 戏剧性地改变了全球金融系统的拓扑结构。这里的一个明显的问题就是 CCP 占据了一个"轴辐式空运系统"的中央,它的失败也将因此成为一个主要的系统性和灾难性的金融事件(甚至是在最近的金融危机环境中)。尽管如此,使用 CCP 降低场外衍生品市场中的交易对手风险仍然利大于弊吗?一个通常的论断是 CCP 弱化了机构之间的内在联系,特别是那些 SIFI 之间的联系。但是,CCP 进而改变了这种联系(当然可能是一种有益的改变)。

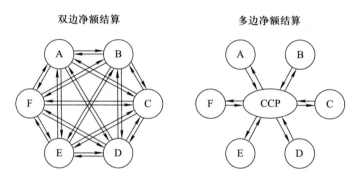

图 6.6 对交易所和 CCP 降低双边交易复杂性的说明

同样,还有论断指出 CCP 降低了系统性风险。这并不明确,因为 CCP 或许降低了系统性风险,但也有通过不同途径增加系统性风险的可能。总体来说,根据我们反复提到的一个观点,CCP 不能够削弱交易对手风险,而是将其进行分散并转化为诸如流动性风险、操作性风险和法律风险等不同的形式。CCP 将这些风险集中到一起,因此放大了其自身失败所引发的系统性风险。

有一件事是可以肯定的,政策制定者正在保证在未来几年将场外衍生品的一大部分纳入中央清算。对于所有市场参与者来说,这都是一个重要的变化。因此,我们必须详细了解 CCP 的功能和通过它进行交易的利弊。只有在准确了解了 CCP 的运作及其对交易对手风险的影响之后,我们才有可能理解大规模中央清算的好处。我们将在第 7 章中进行这种尝试。

第 7 章 中央交易对手(CCP)

把所有的鸡蛋都放在一个篮子里,并看管好这个篮子.

Mark Twain

§7.1 中央清算

在这一章中,我们主要考虑 CCP 在集中、协调和降低交易对手风险方面的作用. 在开始于 2007 年的金融危机之后,监管机构对于如何加大 CCP 在减少交易对手风险,尤其针对信用衍生品和它们潜在的错向风险方面的作用表现出浓厚兴趣. 通过 CCP 进行场外衍生品交易有两个主要目的:其一是降低交易对手信用风险;其二是增加透明度,以便监管机构量化交易头寸,进行压力测试. 我们将详细讨论 CCP 的功能,并指出其优点与弱点以及大范围实行中央清算可能造成的意外结果. 场外衍生品市场约 1/4 的份额(以名义本金额计算)已经实现中央清算,而且这部分份额在未来的几年内可能还会增加. 很明显,对中央清算的优点与弱点进行深入的研究是很有必要的.

7.1.1 系统性风险

系统性风险一直以来都是让人们对全球场外衍生品市场担忧的关键. 系统性风险没有一个明确的定义,但从本质上来说,它是指处于困境中的金融中介机构将加剧金融系统的不稳定性. 在交易对手风险的范畴内,系统性风险可由大型金融机构或中介的倒闭及其不可避免的连带效应所引发,因为这将给其他市场参与者带来财务问题,而这些机构可能因此而倒闭,形成"多米诺效应".

系统性风险通常始于"星星之火",通过一系列的链式反应,最终导致金融市场"大爆炸". 因此,为了防范系统性风险,我们既可以从源头入手,避免链式反应,也可以试图控制最终"爆炸"的破坏程度. 降低重要的大型市场参与者的违约风险可以减小"星星之火"被引燃的可能性. 资本管制和审慎监督虽然有助于此,但是降低违约风险和鼓励金融机构繁荣发展是此消彼长的关系. 我们之前讨论过的 DPC 和专业保险公司就是反映这种关系的很好例子:施加严苛的资本与运营限制,在赋予专业保险公司极好的信用资质的同时也剥夺了其作为追逐利润的企业创造相应收益的可能性. 但是,没有正确的管理与规范,那些曾经看起来坚不可摧的公司都可能最终垮台.

鉴于所有公司都将不可避免地走向灭亡,建立有效的市场机制和结构以防范核心公司的失败并消化大的市场冲击就成为问题的关键. 场外衍生品市场通过净额结算、抵押和其他一些手段最小化交易对手风险. 但此类措施也带来了更多的复杂性,并可能促使交易对手风险上升到没有此类措施时不会达到的水平. 所以,那些遏制链式反应发生的企图可能恰恰起到了相反的作用,成为市场"爆炸"的催化剂(例如在一个复杂的抵押担保网络的支持下建立的巨额风险敞口).

因此,系统性风险的最终解决方案可能就是简单地通过一些措施把周期性的市场"爆炸"限制在可控范围之内,而这正是 CCP 的功能. 如果一个市场核心参与者失败了,CCP 能够确保其与所有其他会员的合约得以执行. 这能够减少其他机构的担忧,防止它们采取使危机进一步恶化的极端措施. 一个或多个交易对手的违约所导致的意外损失[①]将由 CCP 的所有会员共同承担(正如保险损失由全体投保人共同承担一样),而不是集中于受违约事件影响最深的几家机构. "损失共担"是 CCP 的一个核心机制,它阻止了多米诺效应,从而降低了系统性风险.

7.1.2 金融危机的影响

2007 年,美国住房市场的危机引发了一场信贷危机,后者导致了大型金融机构的倒闭和严重的经济衰退. 决策者不得不做出让诸如雷曼兄弟和 AIG 等公司破产的决定,此时对这些公司的处境和这些决策的后果一知半解. 金融危机早期,交易对手风险的显著增大和没有任何机构能顶住市场压力的现实引发了诸多戏剧性的反应. 监管者对此采取了行动,而 CCP 似乎正成为解决交易对手风险的灵丹妙药.

举例来说,美国的政策制定者迅速炮制了一些改进衍生品市场的方案,特别针对信用互换合约(CDS). 2009 年 5 月,奥巴马政府(通过美国财政部)提出了一个新的框架,对场外衍生品市场进行更为有力的规范与监督[②]. 从大体上讲,这个框架强制规定所有的信用互换交易进行中央清算,对信用互换的参与者实施审慎的监管,增加交易透明度. 在 2008 年年末,美国证券交易委员会(SEC)批准了一系列临时的有条件豁免,避免了在完全监管的条件下,通过 CCP 交易指数 CDS 合约所带来的延误与阻碍. SEC 相信此举可以降低系统性风险和操作性风险,减少市场中的操纵和欺诈行为,有利于市场的总体稳定[③].

截至 2010 年年末,欧盟(通过欧盟委员会)和美国的监管机构(通过 Dodd-Frank 华尔街改革和消费者保护法案)均已发布正式的法律提案,规定所有标准化的场外衍生品应当

---

① 指超出一定限度的部分,后文还将进一步讨论.

② 参见:美国财政部. Regulatory Reform OTC Derivatives,13th May 2009 (http://ustreas.gov/press/releases/tg129.htm).

③ 参见 http://sec.gov/rules/exorders/2008/34-59164.pdf.

通过 CCP 进行清算. 首次发布于 2009 年的 Basel Ⅲ(见第 17 章)通过相对较低的资本金要求鼓励利用 CCP 进行交易清算(相对于双边清算). 虽然技术标准和实施细节还有待研究, 但在未来几年, 场外衍生品向中央清算演变的趋势已很明显.

7.1.3 透视 CCP

许多 CCP 都是期货交易所为了更有效地管理违约风险而设立的, 其设计的初衷并非拯救全球金融系统. 但它们在雷曼兄弟违约时期的混乱市场条件下表现良好, 而这似乎成为促使监管者和政策制定者决定将其作为未来场外衍生品交易结算基础的关键推动因素. 但是, 许多市场人士并不确信 CCP 能够长期使金融市场变得更加安全. 本章的目的在于对 CCP 进行客观而深入地分析, 而非试图徒劳地预测它对未来金融市场的总体影响. 下面是我们将要关注的要点:

- CCP 并不能使交易对手风险完全消失. 它只能将其汇集起来并转化为其他形式的风险, 例如操作性风险和流动性风险.
- 和大多数降低风险的手段一样, CCP 的每个优点都伴随着相应的弱点. 它只是利大于弊.
- CCP 既可以减少系统性风险(已为诸多文献佐证), 也可以增加系统性风险.
- CCP 的普及可能产生意外结果, 而这些结果事先无从预知.

CCP 必须具备一个巧妙地集成了抵押、净额结算和风险管理的结构, 并且其破产的概率必须非常小. 此外, CCP 自身的性质决定了它所隐藏的潜在危险, 比如道德风险和逆向选择. 最后, CCP 的破产必然是一个非常棘手的问题, 可能更甚于任何其他金融机构.

监管部门推动中央清算的动机很大程度上源于对 CDS 市场的监管及运作的强烈担忧. 但是, 鉴于我们正在经历的这场前所未有的金融危机, 这种担忧并非言过其实. 这场危机始于按揭债务的系统性定价错误, 而并非直接根植于信用衍生品市场的壮大. CDS 合约交易对手风险的系统性失控的出现仅仅因为受监管的金融担保机构(例如 AIG)出售了诸如按揭支持证券(MBS)的高风险保单. AIG 通过 CDS 承担过量风险头寸的事实反映出一个更为广泛的问题——从错误定价的按揭和按揭支持证券中寻求收益.

7.1.4 CCP 的功能

正如我们已经提到的, CCP 传统上是交易所为管理交易对手风险而创建的实体. 所有的衍生品交易所都采用了某种形式的 CCP 机制. 清算就是交易执行与结算过程中所发生的一切(当所有法律义务得以履行时). 在衍生品的交易中, 交易双方同意相互履行特定义务. CCP 将自己摆作作为清算会员的交易双方之间, 以承担合约规定的所有权利与责任. 因此, 交易双方无须担心彼此的信用资质, 而将全部的心思集中在 CCP 上.

将 CCP 置于买方与卖方之间的法律程序叫作债务更替. 债务更替将一份合约替换为一

份或多份合约。这个程序不能马上完成，所以短时间内双边的交易对手风险仍然存在[①]。债务更替的有效性取决于新合约的法律强制力。当然，债务更替完成后，原交易双方彼此不再负法律义务。由于债务更替的作用，原交易合约作废，原交易双方彼此不承担交易对手风险。同时，由于 CCP 介于买方与卖方之间，它没有净市场风险，这部分风险仍由原来的交易双方承担。但另一方面，CCP 需承担集中化的交易对手风险。为了降低此项风险，CCP 可以向其会员索取金融资产以补偿它们违约造成的损失。

CCP 运用抵押担保来降低其所面临的交易对手风险，这通常叫作保证金。除了标准的、与 CSA 抵押合约类似的[②]、根据交易头寸价值变动的追加保证金外，CCP 会索取初始保证金（initial margin），以超额担保（overcollateralise）其所承担的交易对手风险[③]。初始保证金贯穿交易始终，并可根据市场条件和剩余风险进行增减。CCP 的会员通常还需缴纳被称为违约基金（default fund）或储备基金（reserve fund）的金融资产。为了顺应未来场外衍生品市场向 CCP 靠拢的全球性趋势，对初始保证金和储备基金的要求日益显著，堪比金融危机之后监管条例变化带来的资本金增加。清算会员也可能拥有 CCP 的部分份额。

通过要求初始保证金和超额担保的头寸，CCP 将一部分交易对手风险转化为其他形式，其中最明显的莫过于保证金制度带来的流动性风险，同时存在的还有操作及法律方面的风险。

CCP 的各清算会员缴纳金融资产最理想的方式是所谓的"违约者支付"。这意味着每个会员要为它自身的违约风险支付所有必要的资金担保。但这是不现实的，因为初始保证金（以及储备基金）将会被设定得过高。初始保证金的数额需足以支付一个会员大多数（99% 左右，有待后文讨论）违约情形所造成的损失，余下的损失由其他会员共同承担。虽然这是降低系统性风险的必要手段，但它也造成了诸如道德风险一类的问题，因此还需认真考量。

7.1.5 多边净额结算

CCP 的主要优点在于多边净额结算。较之双边净额结算，此举可以更有效地降低风险敞口，缓解系统性风险。让我们通过一个三方风险敞口的例子比较不同的结算方式，如图 7.1 所示：

- 无净额结算。任何一方的违约都将导致其余两方损失 3 或 5。例如，A 违约带给 B 的损失为 5，带给 C 的损失为 3，而 A 仍能够要求 B 和 C 支付总额为 8 的款项。
- 双边净额结算。A 的违约给 B 带来的损失降至 2，而 C 没有任何损失（因为 C 欠 A 的钱）。
- 多边净额结算。任何一方都不受另一方违约的影响，因为任何一方都不存在净风险

[①] 目前是几天的时间，但今后可能缩短至几个小时，因为大多数 CCP 都努力在工作日结束前完成交易清算。
[②] 这就像阈值为零的双向 CSA。
[③] 初始保证金与独立金额相似。

敞口. CCP 也没有风险（在这个简化的例子中），因为所有的头寸都互相抵消了①.

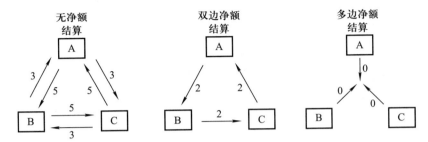

图 7.1 净额结算框架的比较. 箭头代表应收金额（风险敞口）的方向. 举个例子，在没有净额结算的情况下，A 对 B 有大小为 3 的风险敞口，而 B 对 A 的风险敞口为 5

尽管多边净额结算在所有交易均被纳入的情况下优势明显，但现实的交易清算结构是支离破碎的. 在这种情况下，我们需要衡量对所有交易的一个子集进行多边净额结算相对于彼此进行双边净额结算的好处. 关于 CCP 好处的一个简单而直观的定量分析由 Duffie 和 Zhu(2009) 给出. 他们的结论是在对同一类资产合约比较 CCP 清算和双边净额结算的效果的基础上得到的（比较基于一个称为 EPE 的指标，我们将在 8.2.6 小节中予以介绍）. 在一个简单的模型假设下②，他们计算出通过 CCP 清算同一类资产实现净风险敞口减少所需要的交易商数目. 图 7.2 给出计算结果与资产类别总数和相关性的函数关系. 例如，对于 4 类不相关的资产而言，为了使 CCP 的存在有意义，至少需要 15 个交易商结算同类资产③.

上面的例子假设风险敞口是平均分配于各资产类别之间的. Duffie 和 Zhu 还考虑了非均匀的情况，并推导出一个公式④，计算交易商在这类资产的风险敞口的集中比例，从而使用 CCP 可以有效地清算该类资产. 这个比例显示在图 7.3 中. 例如，当有 10 个交易商时，通过 CCP 清算某类衍生品合约仅在每个交易商双边净额结算后净风险敞口的四分之三集中于这类衍生合约时有效.

Duffie 和 Zhu 的结论表明，通过 CCP 实现的多边净额结算相对于双边净额结算的优势是不明确的. 只有在相对少数⑤的 CCP 清算而相对大量的交易合约的情况下，这种优势才会产生. 但是，CCP 的成功之处并不局限于降低风险敞口，它还可以控制系统性风险

---

① 在这个例子中，风险敞口的匹配可能出于偶然，也可能是由一些完美匹配的交易所造成的. 在前一种情况下，CCP 将承担一定风险，但我们这里只是想通过这个例子阐明多边净额结算可以在双边净额结算的基础上进一步降低风险敞口.
② 所用到的简化假设包括风险敞口的对称和同方差.
③ 有趣的是，资产之间的相关性使得 CCP 更为有效，因为双边净额结算在这种情况下不太奏效.
④ 他们假设不同类别的资产相互独立.
⑤ 请参见后文对协同操作的讨论.

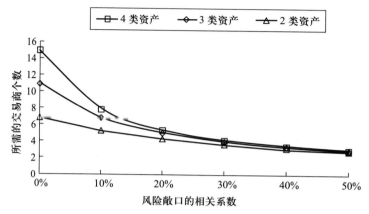

图 7.2 使用 Duffie 和 Zhu 给出的公式计算出的，使单一资产类别的 CCP 提高净额结算效率所需的交易商个数

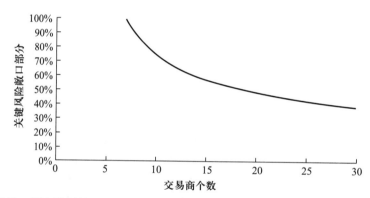

图 7.3 使单一资产类别的 CCP 有效所需的风险敞口包含该资产类别的部分(关键风险敞口部分). 作为交易商个数的函数的结果是通过 Duffie 和 Zhu 给出的公式计算得到的

(尽管两者存在一定的联系).

鉴于 CCP 并不一定能降低风险敞口，与中央清算相应的抵押担保条件可能偏高. 举例来说，Singh(2010)估计全球范围内此类抵押品的价值约 2 万亿美元. 但是，有研究指出(例如 Milne, 2012)，根据 Modigliani-Miller 式的论断(有额外抵押品的公司可以轻松地借到更多)，抵押品的私人成本低，社会成本更低.

7.1.6 CCP 的数目

Duffie 和 Zhu 的研究的进一步结论是：如果一个 CCP 的存在是合理的，那么额外的 CCP 的存在只会降低市场效率. 在现实中，全球范围内 CCP 的数目由市场竞争决定的. 支持少量CCP的观点包括多边净额结算的益处和其他规模经济效应.基于这种观点,未来CCP可能进行一定程度的整合.通常来说,一个CCP起初只是为了实现一个单一的目的而创立的,因此具有地域和资产类别的局限性.CCP的成长势必伴随着在地域、市场和产品等维度上的扩张.由于中央清算只有在合约足够多的时候才能够显现其优势,早期产品合约的缺乏自然限制了中央清算的发展.

但是,存在一些因素促使CCP的数目增加.管辖权的分散化是CCP整合过程中的第一重阻碍.各主要监管机构都明确要求在自己辖区内交易的产品和公司的交易必须在本辖区内进行结算.通过CCP清算两种或两种以上的产品也会遇到问题.流动性差的产品需要更长的时间进行清算.因此,那些主要交易高流动性产品(比如利率互换相对于信用违约互换)的清算会员就能优先收回初始保证金和储备基金.这就是为什么一些CCP选择只专注于同一种资产,甚至同一种产品.

CCP的数目也取决于它们之间彼此竞争的需要.从某种意义上说,竞争是可取的,因为市场的力量会决定CCP的地盘,也促使其提供有竞争力的交易成本(通过保证金).但是,过度竞争可能对所有CCP所承担的总体风险起到相反的作用.在风险测评领域中,评级机构提供了说明竞争的潜在危险的例子.2007年以前,由于权力寻租和彼此之间的竞争,评级机构授予大量复杂产品高信用等级.CCP之间的竞争同样可能导致危险,也许一个可取的解决方案是建立单一、垄断性的CCP,专注于强有效的风险管理,而非为会员提供有吸引力的交易成本.事实上,许多年来巴西就是这样做的[①].

上述各种力量的制衡似乎意味着市场最终会达到某种均衡,CCP的数目也许能达到两位数,但不至于太多.数目合理的CCP应当能为金融市场提供最好的服务,它们既能覆盖广泛的金融产品,又不会形成垄断格局,产生严重的系统性风险或地缘政治问题.

7.1.7 CCP的覆盖范围

历史上的CCP附属于交易所,因此承担了标准的交易所交易产品的清算.只有少量的CCP提供针对场外衍生品的中央清算(例如LCH Clearnet的SwapClear).出于多方面的原因,场外衍生品的中央清算带来了一系列问题,而在可以预见的将来,许多产品仍将通过场外市场交易.关于通过CCP交易的产品种类,有如下几个特点:

● 标准化.鉴于清算一笔交易涉及合约支付的责任和为计算保证金而进行的估值,交易的产品应当是相对标准的.例如,在2009年,信用违约互换合约转入CCP的前提条件是进行标准化[②].

[①] 巴西只有一个CCP,即BM & F Bovespa,负责一些场外衍生品的清算,同时也是一个主要证券仓库.
[②] 在10.2.1小节中定义.

- **复杂性.** 复杂的衍生产品对 CCP 来说意味着更多的问题, 因为它们的合约特征和估值都不甚明确. 一个复杂而奇异的衍生品也许可以标准化, 但仍然比较棘手.
- **流动性.** 流动性较差的产品具有较为含糊的定价信息和较少的用于校准风险模型的历史数据(以计算初始保证金为目的). 当 CCP 违约时, 流动性差的交易也更难于重置. 请注意, 一个交易的流动性并非是一成不变的, 也就是说, 在起初交易的时候其流动性可能不错, 但之后就变差了. 这可能是合约条款或者市场因素造成的.
- **错向风险.** 对于 CCP 来说, 错向风险的危害更为严重, 因为一个清算会员违约时的风险敞口通常较大. 这就是为何信用互换合约的清算比利率互换的清算更复杂的原因(即使我们已经照顾到 CDS 溢差的额外波动).

鉴于以上所述, 只有一小部分的场外衍生品适合进行中央清算. 但是, 考虑到利率互换市场的规模, 单单清算此类产品就会产生显著的影响. CDS 指数目前也通过中央方式清算. 虽然它们已经标准化, 但仍然相对复杂, 流动性差, 具有错向风险. 由于内生的突然违约风险(jump-to-default risk), 个体 CDS 的问题更多. 最后, 我们难以想象 CCP 会接纳那些在金融危机中兴风作浪的场外衍生品, 尤其是多层次信用资产组合.

基于以上的考量, 关于实行中央清算的产品, 有两种观点: 一种观点认为, 通过 CCP 清算相对简单的产品, 例如利率互换和简单的(指数)CDS, 那样将囊括场外衍生品市场的很大一部分名义本金, 余下的部分将永远在场外交易. 另一种观点认为, 那些难于清算的产品恰恰最容易引发危机, 因此出于长期考虑应当将尽可能多的场外衍生品通过 CCP 进行清算. 但是, 近期内我们很难想象将那些奇异的、流动性差或高度结构化的场外衍生品纳入中央清算的范畴, 这也许永远不会发生.

一个体现两种观点争锋的例子是外汇产品. 市场人士抵制通过 CCP 清算外汇产品的举措, 因为其风险敞口一般很小且结算风险复杂. 但是, Duffie(2011)反对这一论断. 他指出, 尽管许多合约是短期的, 但是部分外汇交易仍存在显著的风险敞口, 因为汇率的波动性较高, 有厚尾分布并可能与主权信用风险紧密相关.

我们上面提到, 有些经过标准化的合约依然很复杂, 信用衍生品尤其如此. 个体 CDS 是标准化产品, 有一个看似非常简单的收益: 它是一个互换合约, 一方支付保费以便在预定的信用事件发生时收到保障支付. 但另一方面, 我们也可以把这个产品看作一个美式折价障碍期权[①], 从而一个 CDS 指数就是一个由溢价障碍期权组成的资产组合. 此外, CDS 的流动性相对较差(较之于利率互换), 危机期间尤甚. 产品的标准化并不能使其简化或增加其流动性.

Pirrong(2009)指出, 信息不对称的成本在中央清算的条件下比在双边结算的条件下

---

① 之所以折价, 是因为信用事件发生的概率不大; 之所以是障碍期权, 是因为违约就好比穿越一个障碍; 之所以是美式期权, 是因为违约可以在任何时候发生.

高. 这种差别对于由复杂而模糊的中介所交易的奇异产品尤其明显. 作者同时指出, 产生这种差别的原因在于: 相对于 CCP, 交易商在奇异衍生品定价方面更专业, 同时也能更高效、更主动地监视和量化交易对手风险. 与 CCP 进行交易的市场参与者可能有动机建立其原来不愿或无法建立的大型头寸. 换一种说法, CCP 可能遭受某种形式的赢者诅咒. 这种现象在保险市场非常普遍[1].

§7.2 中央清算的流程

7.2.1 清算会员

通过 CCP 进行交易清算的市场参与者分为三类:
- 一般清算会员(GCM)——能够通过 CCP 清算第三方和自己的交易.
- 独立清算会员(ICM)——只通过 CCP 清算自己的交易.
- 非清算会员(NCM)——和 CCP 没有直接交易, 但可以通过一般清算会员与 CCP 交易.

以上关系可总结于图 7.4 中.

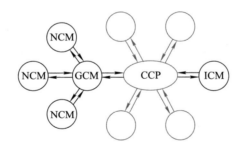

图 7.4 CCP 和清算会员的关系

GCM 和 NCM 一般是拥有众多交易对手的大型银行或交易商. NCM 一般是场外衍生品的最终用户, 通过一个固定的交易对手获得大部分产品. 如果这个固定的交易对手是 GCM, 那么最终用户就可以享受到中央清算的好处, 即使其自身并不是清算会员. 虽然这些是清算会员最明显的角色, 但并非其全部特征. 例如, 一个 GCM 可能是一个 CCP, 而一个 NCM 可能是一个小型银行.

---

[1] 举例来说, 为摩托司机提供保险的公司也许收取较高保费, 但由于市场竞争, 最终成功卖出此类保险的公司, 其所承保的投保人也恰恰具有较高的风险.

7.2.2 追加保证金

追加保证金是一个简单的概念,它是对相关头寸估值变化所做的周期性调整,调整频率至少为每天一次. 如果价格变动达到足以压干会员的保证金账户,CCP 可能发起日内追加保证金要求. 得益于技术进步,这种举措日益普遍. 估值通常很明确,因为中央清算的前提条件是产品要进行标准化. 因此,保证金金额的主观性很小[①]. 作为所有交易的交易对手,CCP 是估值代理人,为所有交易定价,收集并管理相关的保证金.

7.2.3 清算会员违约的影响

当清算会员违约的事件发生时,CCP 的责任包括:
- 拍卖违约清算会员的头寸;
- 将客户的头寸转移给未违约的清算会员(即"移植",见后文);
- 在未违约的清算会员之间分配超额损失.

CCP 的生存能力取决于其清算会员的违约承受能力. 正如在双边市场中,CCP 的第一道防线就是将出现问题的清算会员的所有头寸平仓并进行净额结算. 但是,我们上面曾提到,CCP 可能会向未违约的清算会员拍卖违约清算会员的头寸,而不是完全终结它们[②]. 理想情况下,违约清算会员的保证金账户应当恰能支持对其头寸的终结. 现实中,虽然追加保证金理论上能够抵消违约发生前的任何相关损失,但 CCP 实际暴露于违约头寸的时间比这更长. 因此,CCP 需要额外的金融资源以应对额外损失. CCP 通常会构建多道防线来吸收违约损失,图 7.5 代表了一个典型的"损失瀑布".

在大多数情况下,初始保证金的目的是抵消清算会员违约造成的损失. 如果初始保证金不足,那么余下的损失将由违约清算会员在储备基金中缴纳的份额支付. 在初始保证金和储备基金能够承担的损失范围内,违约清算会员对违约损失负责.

在极端情形中,用作违约的支付可能耗尽初始保证金和储备基金,尚未被抵消的损失将侵蚀 CCP 的 first-loss 股权(例如当年的利润). 如果这还不够,其他清算会员通过储备基金向 CCP 贡献的金融资源将被调用. 道德风险就是在这一步产生的,因为大家被迫承担违约清算会员带来的损失. 事实上,一个清算会员可能动用其储备基金的一部分,为另一个自己不愿与之交易的违约清算会员买单.

能够耗尽 CCP 整个储备基金的巨额损失的发生概率理应是非常小的[③]. 但是,这种情况确实发生过. 当它发生的时候,幸存的清算会员有必要缴纳额外的资本金以支持 CCP.

---

① 由于 OIS 贴现和融资成本等因素的引入,即使标准的利率互换其定价也变得非常复杂.
② 如果在这种情况下交易被终结,清算会员可能试图执行替换交易,而这也许会通过 CCP 进行中央清算. 拍卖是实现这一目的更快、更有效的办法.
③ 事实上,储备基金额度的设定是基于两个最大的违约假设的.

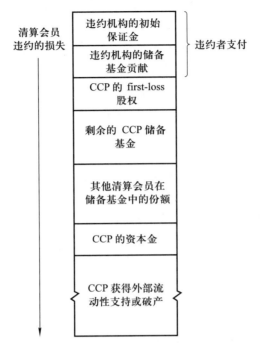

图 7.5 典型的"损失瀑布",其中一个或多个 CCP 清算会员的违约损失被吸收

这一要求不是无条件的,出于减少道德风险的考虑,它有一个上限(通常与清算会员的初始储备贡献有关). 当达到这个上限时,CCP 的剩余资本将会用于赔偿损失.

假设 CCP 的剩余资本还不够赔偿所有损失,那么它将破产,除非它能从外部获得流动性支持(譬如通过中央银行的破产保护). 我们应当注意到,只有当多层金融支持都被耗尽时,CCP 才会到达"损失瀑布"的边缘. 因此,这种情况发生的概率虽然无法准确衡量,但是它确实极其罕见[①].

我们现在将讨论"损失瀑布"的关键要素,即初始保证金和储备基金.

7.2.4 初始保证金

相对于追加保证金来说,初始保证金要复杂得多,额度也相当主观. 初始保证金是在最不利的情况下,保障 CCP 无损失出清所有仓位的一种缓冲手段. 初始保证金需要谨慎设定,它依赖于当前交易、已有交易和 CCP 所需要的置信水平(通常为 99%). 一个最终的重要因素是 CCP 在某清算会员违约的情况下,受该会员头寸影响的时间(通常为 5 天).

初始保证金主要依赖于中央清算交易的市场风险,与清算会员的信用资质关系不大,

---

① 但是,永远不会有我们想象的那么低.

甚至完全无关.由于缴纳现金或高质量资产给清算会员带来更高的成本,初始保证金的要求不能过于保守,否则会减少通过 CCP 的交易量.另一方面,它又应当大到足以将风险控制在合理的水平.一个 CCP 必须在提高自身竞争力(用低初始保证金鼓励中央清算)和最大化自身信用水平(高初始保证金,清算会员的违约损失将在多大程度上被稀释)之间权衡.

以下是在确定初始保证金过程中的重要考量:

- 波动率.交易价值的波动率是最显然的一个因素,它由基本的市场变量的波动率和交易的到期日所驱动.
- 尾部风险.波动率所衡量的是价格的连续波动.某些产品,例如 CDS,可能受到市场变量的不连续波动(例如跳跃和缺口)的影响.
- 依存关系.由于清算会员通常与 CCP 进行一系列不同的交易,弄清这些交易之间的抵消关系就显得非常重要.如果不同交易的价格变化的相关性较小,那么整个交易组合的风险较低,从而初始保证金的要求也偏低.Gemmill(1994)说明了 CCP 同时在彼此不高度相关的若干市场进行清算时,能够实现风险分散.事实上,清算会员很希望看到由这种有利的依存关系带来的初始保证金的减少.CCP 在未来可能提供此类优惠,它目前所提供的优惠,大多数针对相同资产类别的交易.

应当注意到,在理想情况下,上面的计算应当在清算会员违约的假设下进行.举例来说,如果我们预计一个清算会员的违约将给 CDS 市场造成特定的波动,那么这个波动率应当用于设定初始保证金[1].本质上说,我们考虑的是错向风险,这将在第 15 章中详述.

以前人们将诸如 SPAN[2] 的系统用于初始保证金的计算,这类系统模拟风险因子在变动方向和置信水平上的各种可能组合(这类似于当前用于压力测试的一些方法)中最不利的情形将用于确定初始保证金.尽管这些方法能够有效处理包含期货和期权的简单交易组合,它们仍存在一些严重的缺陷,其中最突出的是它们不能很好地拓展到高维风险因子的情形(因为随着风险因子个数 n 的增加,其可能组合的数目将以指数 2^n 增长).同时,此类方法并没有给用于确定初始保证金的情形赋以明确的概率.

计算初始保证金的更高级的方法是采用风险价值(value-at-risk,见第 2 章)的方式.在应用风险价值多年之后,人们意识到,它可以成功量化一些"合理的"损失,但更为严重的损失是量化方法无法捕捉的,而这导致初始保证金被低估.举例来说,Figlewski(1984)指出,在股票市场上,量化方法在 95% 置信水平上比较有效,但在 99% 置信水平上,实际的初始保证金要求比通过正态分布[3]预测出来的高得多.Bates 和 Craine(1999)显示,在

---

[1] 另一方面,这可以成为储备基金的一个组成部分,尽管初始保证金的置信水平被隐性地降低了.

[2] 标准交易组合风险分析.历史上,美国期货清算所和伦敦清算中心曾使用过.

[3] 更为复杂的使用极值理论(EVT)的方法试图能够捕捉极端价格变动.EVT 的一个弱点在于需要大量的历史数据,而许多 CCP 喜欢基于最近的小样本设定初始保证金.EVT 也许可以捕捉潜在的极端变化,并因此导致更高的初始保证金.

1987 年股市崩盘之后,在接到追加保证金通知的条件下的期望损失比过去增加了一个量级. 显然,在初始保证金的计算中,有必要考虑厚尾效应("fat tail" effect). 除单变量假设之外,我们还应考虑不同头寸的多变量联合分布(比如不同货币账户的头寸),以理解净额结算将如何减少总保证金.

初始保证金的风险价值方法致力于将所有相关性考虑在内,计算一组具有任意维度的交易所能产生的最大损失. 这通常需要采用特定范围的历史数据对诸如波动率、相关系数等模型参数进行校准. 这种方法可以拓展到任意数目的产品和风险因子,且能够计算大型、多类别资产组合的初始保证金. 事实上,对于某些情况,CCP 正试图通过整合不同类别产品[1]的初始保证金来提供净额结算优惠. 但是,尽管对多维风险因子的联合建模可以通过初始保证金相抵带来一定好处,它同时增加了模型风险. 金融变量之间的相关性是很难把握的,尤其是在涉及信用溢差的情形.

最后,我们注意到,除了多维建模的挑战之外,计算初始保证金还面临顺周期性的问题. 在良性市场条件下,波动率和相关性都偏低,计算出来的初始保证金也小. 但这意味着,当市场波动增加时,初始保证金将不足以维持之前的置信水平和时间. 鉴于波动率可能增大,而相关性又瞬息万变,所以在动荡时期增加初始保证金是必要的. 事实上,这种顺周期性使得"初始保证金"一词听上去有些矛盾,毕竟它的字面意义蕴涵其金额在交易生命期内是固定的,而现实中却可能根据市场条件有所增加. 解决这个问题的方法是选择保守,尤其是在市场波动率较低时,这有点像 Basel Ⅲ 中计算压力风险价值(stressed VAR)和期望正风险敞口(EPE)的要求,用于模型校准的数据必须包含一段压力时期.

初始保证金的水平应当足以应对除极端情形外的所有价格变动,但也不应高到损害市场流动性和 CCP 竞争力的程度. 经验数据表明,高额初始保证金对交易量有不良影响(例如 Hartzmark,1986 和 Hardouvelis and Kim,1995).

虽然 CCP 在动荡时期提高初始保证金的要求是合理的,但这样做制造了系统性风险. 粗略地讲,这样做相当于在紧要关头抽干市场流动性. Brady(1988)讨论了 1987 年的股灾及其对一些清算所造成的影响. 虽然初始保证金在市场波动时期的适度增加是合理的,但在金融危机期间初始保证金的显著增加着实对资产价格的稳定有着强烈的破坏性,并会造成连锁反应. 设立 CCP 的初衷是降低系统风险,而初始保证金的增加可能导致事与愿违. 类似地,用压力市场数据计算风险价值使得 CCP 前期收取的初始保证金包含了未来可能的市场动荡时期的因素,从而减小了今后追加保证金的需求.

初始保证金通常是现金或其他流动性很强的证券. 非现金形式的初始保证金通常不能再抵押,因为这将造成对更高流动性资产的需求,从而紧缩市场流动性.

---

[1] 参见 Clearinghouses seek to merge margin accounts for CDS clients,Dow Jones Newswires,7th October 2011.

需要特别强调的一点是，CCP并不会根据清算会员的信用资质大幅调整初始保证金额度[①]. 因此，中央清算所对其清算会员一视同仁. 这显然要求所有清算会员都具有相似的信用资质. 即使如此，信息不对称的问题依然存在，因为相对弱小的清算会员可能占相对强大的清算会员的便宜. 事实上，Pirrong(2000)认为，某些交易所之所以推迟实施中央清算的原因恰在于那些信用度高的清算会员不希望被迫补贴信用相对较差的清算会员.

7.2.5 储备基金、出资请求和损失共担

尽管把初始保证金额度设定为单日价格变化的高置信水平(比如99%)是有效的，保证金账户仍有可能出现不足. CCP不仅着眼于设定初始保证金要求以应对所有非极端条件下的损失，它还需确保在耗尽初始保证金的价格变化出现时，损失能被充分补偿. 这项能力对于CCP至关重要.

中央清算机制的另一个重要方面是储备基金，这来自于清算会员初始和后续的贡献以及CCP自身的利润. 相比于我们前面讲过的初始保证金，确定储备基金的正确规模要难得多. 顾名思义，能够耗竭储备基金的损失并不常见，通常只有1%的概率，而且至少得有一个清算会员违约. 在这类情形下计算条件风险敞口将涉及厚尾事件、复杂的相关关系和错向风险. 出于这个原因，CCP更倾向于采用定性方法，通过估计自己所能承受的违约清算会员数目(比如两个大清算会员的违约)的压力测试来确定储备基金的规模. 但是，储备基金被耗尽的概率非常难于精确量化，因为它跟涉及多个清算会员一起违约的事件有关.

当一个清算会员违约造成的损失超过它自己的储备基金规模时，其他清算会员就会受到影响. 这种损失共担很关键，因为它把极端损失从单一清算会员的违约平摊到其他清算会员头上. 此举有可能避免系统性问题的发生，就像在双边市场中那样. 损失共担(连同初始保证金要求)为在所有清算会员之间协同交易对手风险的过程画上了句号.

当储备基金耗尽时，清算会员需作出额外的贡献，或者向其余清算会员提出"出资请求"(capital calls). 为了制约道德风险，这种额外的贡献是有上限的. 但这意味着CCP可能丧失清偿能力，此时如果没有外部资金注入，它就会破产.

7.2.6 协作性

上面提到，司法管辖权问题(jurisdictional issues)和产品分化(product segregation)将会导致相对多数的CCP的产生. 多个CCP清算同种产品所造成的分裂会降低中央清算的优势，尤其是在多边情形下. 地方监管机构要求CCP在当地执行清算的要求也产生了对协

[①] 一些CCP确实部分地基于信用评级设定初始保证金，比如当一个清算会员的评级下降到特定水平以下时，初始保证金会提高. 但是，这显然是有问题的，因为信用评级是信用资质的一个不准确而且粗糙的度量，更高初始保证金的触发可能产生不稳定性和系统性风险.

作性的需求. 提高协作性显然可以通过联合各 CCP 来实现. 这种协同操作将会扩大多边净额结算的范围, 增加其优势, 降低初始保证金要求.

协同操作首先要求各 CCP 在初始保证金要求方面开展合作. 举例来说, 一家银行通过 CCP1 交易 CDS, 而通过 CCP2 交易利率互换. CCP2 必须考虑这两类交易总的初始保证金要求, 并且明白这两类交易不是完全相关的. 征收的初始保证金是通过 CCP1 还是通过 CCP2 的手放在这家银行呢? 当该银行违约时, 初始保证金在 CCP1 和 CCP2 之间如何分配呢? 即使从纯理论的角度, 这些问题的答案也并不显然(见 9.6.1 小节关于边际风险敞口的讨论). 联合处于不同司法和监管范围的 CCP 肯定有难度, 这需要协调不同监管条例和跨境破产规则.

协同操作可以减小多个 CCP 同时存在带来的问题, 增加中央清算的优势, 但也把每个 CCP 置于其他 CCP 破产的风险之下. 它创造了一个与图 6.6 左半部分类似的、彼此相关联的 CCP 布局.

7.2.7 非清算会员和最终用户

将场外衍生品业务向 CCP 转移的一个重要挑战在于说服诸如对冲基金、资产管理者、保险公司、企业和国家等"最终用户"和交易商一起转移其头寸. 首先, 最终用户通常只承担有限的抵押义务, 他们可能不需要提供抵押品, 或者只提供少量抵押品, 还可能用流动性差的资产(例如公司债券、黄金甚至飞机)作为抵押品. 为了通过 CCP 进行交易, 非清算会员要么频繁地向 CCP 交纳流动性强的资产作为抵押品, 要么依赖于一般清算会员 (GCM)所提供的"抵押升级". 举例来说, 一个非清算会员(NCM)可能向一个一般清算会员 (GCM)交纳流动性稍差的资产作为保证金, 而 GCM 会向 CCP 交纳流动性更好的资产作为保证金. 银行已正式通过其融资融券部门向清算用户提供此类担保转换服务. 显然, GCM 会从这种服务中收取费用, 比如通过对流动性好的资产进行折减(haircut).

上述问题的极端情况是所谓的保证金出借(margin lending), 即 GCM 或第三方为 NCM 需要缴纳的保证金融资. 事实上, Albanese 等人(2011)建议将此作为中央清算所需的初始保证金融资的解决方案. 但是, 我们注意到, 这种流动性供给可能带来严重的问题, 因为保证金出借的费用会随着借款人信用资质的增加而增加. 另外, 金融危机时期 Conduit 和结构化投资载体①(structured investment vehicle, SIV)等实体的破产表明, 在极端市场条件下, 保证金出借机制将完全冻结. 在第 14 章 14.5.2 小节中, 我们将深入讨论如何通过信用支持附件(CSA), CCP 和保证金融资机制将交易对手风险转换为融资流动性.

有些观点认为最终用户应被允许不通过 CCP 进行清算, 因为那样将使他们对冲自身真实风险的行为变得困难而昂贵. 比如, 美国的监管政策给非交易者和非主要互换市场参

---

① 本质上说, 这些载体利用短期融资来做长期投资. 它们失败是因为无法"滚动"延续短期融资.

与者的对冲者提供豁免. 在本书写作之际, 这项政策的受惠机构还不完全明确.

需要考虑的另一个问题是保证金的分离. 当客户提供的担保混杂在一个"综合"账户中时, 该客户可能承担清算会员违约所带来的风险. 另外, 清算会员可以动用未违约客户的保证金账户中的资金来填补违约客户的债务. 这引发了另一种形式的道德风险. 保证金账户的分离减少了此类风险. 但天下没有免费的午餐, 保证金账户的高度分离将提高操作成本和储备基金要求(用来填补损失, 但在保证金账户相对集中的情况下, 这本来可以通过从幸存机构的保证金账户中转入资金来实现). 跨区域的保证金账户的分离还牵涉执法问题.

最后一个问题是, 当清算会员违约发生时, 客户不仅希望不损失保证金, 还要求把他们的头寸"移交"给没有违约的清算会员(图 7.6). 通过终止所有仓位或以拍卖形式向清算会员分配仓位(将导致更高的保证金要求, 因为丧失了净额结算的好处)显然是一种非常可取的做法. 尽管把所有头寸都转移到一个清算会员的名下是有用的, 但这里有一个问题: 在有清算会员违约的动荡市场条件下, 负责接收的清算会员可能收取高额保证金, 或干脆拒绝接收部分或全部头寸.

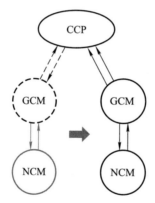

图 7.6 将违约的一般清算会员的非清算会员的头寸"移交"给一个尚未违约的一般清算会员

请注意, 保证金分离的加剧和头寸转移造成了更多的道德风险, 因为客户可能不再关注他们的清算会员的财务健康状况.

§7.3 对 CCP 的影响和益处的分析

通过 CCP 进行交易有利有弊. 我们说过, 它可能产生道德风险和逆向选择. 这并非不能克服的弊端(毕竟, 这些问题并未影响保险市场的运作), 却可能导致意想不到的结果. 我们现在进一步研究 CCP 的优势与不足.

7.3.1 中央清算的优势

中央清算的优势包括：

- 多边净额结算. 在不同交易对手之间但通过 CCP 清算的交易可以进行净额结算. 这增加了进行新交易和终止已有交易的灵活性，降低了保证金成本. 借助 CCP，一方可以轻松撤出某笔交易，因为这可以通过与任何参与净额结算的其他交易对手进行交易完成，不像在双边结算的情形中，必须通过同一交易对手实现. 另外，减小违约发生时需要重置的仓位也有助于降低对价格的影响.

- 损失共担. 即使违约造成的损失超过了违约会员的偿还能力，余下的损失也将通过 CCP 在其清算会员之间分配，这避免了损失集中影响单一清算会员的情况. 因此，一个交易对手的损失部分地被市场消化，这削弱了违约造成的影响，降低了系统性问题产生的可能性.

- 法律和操作效率. 通过 CCP 管理保证金、净额结算和交易执行可能提高操作效率，降低成本. CCP 还可能通过统一的规则和机制减小法律风险. 相对于让市场参与者共同承担责任，CCP 与监管机构的通力合作可能带来更高的效率.

- 流动性. CCP 通过简化市场参与者的交易流程和提供多边净额结算改善了市场流动性. 因为匿名交易的实现和交易对手风险的减小，市场准入门槛得以降低. 通过 CCP 交易的衍生品需要每日估值以计算保证金调整和现金流支付，这使得产品定价更为透明.

- 透明度. CCP 需要理解所有市场参与者所持有的头寸，从而可通过清算会员的整体风险敞口非公开地获得相对敏感的交易信息. 但由于 CCP 不承担市场风险，它没有利用此类信息的动机. 这消除了双边市场中存在的因机构风险敞口信息不明确所引发的恐慌. 另一方面，如果一个清算会员有极端程度的风险敞口，CCP 有权限制它的交易行为.

- 违约管理. 相对于金融危机时期缺乏协作的仓位重置，一个妥善管理的中央拍卖可能有助于降低违约事件对价格的干扰.

Basel Ⅲ 已经认识到双边和中央清算情况下衍生品交易的区别，进而为与 CCP 交易的风险敞口赋予一个相对低的 2% 的权重[①].

7.3.2 CCP 破产案例

尽管 CCP 破产相当罕见，过去曾发生过若干 CCP 破产的案例. 比较有代表性的例子包括：

- 法国 Caisse de 停业清算. 这是由于糖价大跌，一个大型交易公司无力缴纳保证金.

---

① 交易风险敞口指初始和追加保证金. 还有更为复杂的要求，对储备基金风险敞口设立资本金. 实现这一要求的方法将在第 17 章 (§17.5) 中进行描述.

- 吉隆坡商品清算所. 棕榈油期货市场崩盘, 多个经济商因此违约, 无法缴纳保证金.
- 香港期货交易所清算公司. Hills et al. (1999) 对此有详细记载. 这个 CCP 得到了政府的破产保护. 由于全球股市崩盘, 保证金出现了问题.

事实上, 1987 年的股灾给许多 CCP 带来了严重的问题. 期权交易员损失惨重, 但由于在每天结束的时候才进行交易对账, 他们中的许多人持有杠杆率很高的头寸, 遭受的损失远远超过自身的资本. 许多交易员直奔机场, 此即"机场游戏"(airport play)一词的出处, 这将美国的 CCP 逼到了违约的边缘, 因为它们的会员要么违约了, 要么面临严峻的融资限制. 在 1987 年股灾初起之时, CME 和 OCC 在收取保证金上都遇到了问题, 濒临破产. 如果不是美联储的流动性注资和银行的支持, 大型 CCP 的违约简直就是板上钉钉的事.

从 CCP 的 (濒临) 破产中, 我们得到了几个教训:
- 应当最大限度地限制操作性风险 (比如, 1987 年股灾之后, 电子报价被引入交易系统, 避免之前的情况再次发生).
- 保证金的追加额度需要频繁重新计算并即时收取 (如果可能, 每日数次)
- 初始保证金和储备基金应当能够经受资产价格和市场变量的不利冲击和跳空 (gap) 以及极端相关性 (例如相关性在金融危机时期的急剧增加).

7.3.3 同质化的影响

如果一个主要的衍生品交易者违约, 我们可能无法确定与之相关的交易对手风险有多大, 或者哪个机构将受到冲击. 这种不确定性由于 CCP 的产生而减小了, 因为 CCP 将把极端损失分配给所有会员. CCP 所起到的这种中和和分散损失的作用削弱了双边市场中由信息不对称所造成的压力事件传播.

中央清算的一个优点是: 通过交易对手互换, 增强了合约的可替代性, 并通过损失共担, 降低了系统风险. 但这以伤害低风险公司为代价, 减小了高风险公司所面临的成本, 使后者借此扩大交易规模. 信用资质趋同分流了清算会员, 导致它们不太可能忠于同一个 CCP. 这可以同欧元自 2010 年出现的问题进行类比, 而后者是由部分成员国严重的信用危机导致的.

交易对手风险的同质化和损失共担降低了信息不对称, 实现了匿名交易和结算 (虽然这样做的成本可能较高). 在一个通过 CCP 实现中央清算的市场上, 所有参与者本质上是相同的, CCP 作为担保人, 保障所有义务得以履行. 一个机构不必衡量其交易对手的信用资质, 也就节省下了原本需要用于这种目的的资源, 它只要对 CCP 有信心就行了. 一个风险管理高于平均水准 (信用资质测评、抵押品管理、对冲) 的机构通过 CCP 交易可能会吃亏.

在双边市场中, 对交易对手风险的定价可能增加信用状况正在恶化的机构的成本, 从而鼓励这些机构提高信用资质. 但是, 当通过 CCP 交易时, 只要一个会员能够交纳相关保证金,其信用水平的下滑就会被忽视(直到一定程度). 这就默许那些信用资质差的机构以很低的成本建立起较大的仓位. 所以 CCP 可能更受风控水平低、信用资质差的机构的欢迎, 这些机构在双边市场中仅能进行较为有限的交易. 清算会员倾向于把不良资产拿到中央清算中心结算, 因为他们在双边市场中很难管理这些资产的风险.

7.3.4 CCP 在未来是否会被允许破产?

将所有的市场活动集中到一个金融机构将造成风险积聚(concentration of risk). 监管者的当务之急是防止 CCP 之间的恶性竞争, 以避免在市场波动性增大或市场崩溃时, CCP 破产的可能性增加. 但是, 无论监管机构和 CCP 及其会员尽多大努力, CCP 还是有可能破产.

CCP 的破产必然导致市场至少暂时性的瘫痪, 因为通过其建立并维护的所有头寸都将被扰乱. 由于场外衍生品市场的性质, 这种瘫痪还可能跨越国界. 鉴于 CCP 的使命包括在未来执行更多场外交易产品的结算, 上述瘫痪的影响比大银行破产的影响严重得多. 虽然 CCP 破产的概率比任何单一机构破产的概率要小(这归功于严格的监管和损失共担), 但它代表着一个极端的系统性时间.

靠银行和其他市场参与者为危难之中的 CCP 提供流动性资本的想法也许是幼稚的, 因为导致 CCP 处于险境的市场条件可能也正使这些机构举步维艰. 这意味着只有中央银行的流动性注资才能避免 CCP 破产的灾难. 监管机构在是否应当给予 CCP 流动性支持的问题上存在分歧. 明显的问题是向 CCP 提供的流动性支持最终将由纳税人负担, 而这并不比向其他金融机构提供支持好多少. 另外, 如果清算会员认为 CCP 大而不倒(甚至 CCP 自己也可能这样认为), 他们也许将不再谨慎作为.

上述困境并没有明显的解决方案. 其中关键的一点正如 Pirrong(2011)所注意到的, 由于金融市场中存在的大量流动性问题, 诸如 CCP 之类的金融机构可能是有债务清偿能力的, 但流动性很差. 在这种情况下, CCP 应当获得流动性支持, 也许可通过中央银行获得. 但是, 这种流动性支持理应有所限制, 避免成为无底洞.

7.3.5 若没有 CCP, 场外衍生品还能存在吗?

金融危机时期, 纳税人不得不通过政府为倒闭的金融机构提供援助, 挽狂澜于既倒. 政府任凭雷曼兄弟垮台, 成为保障公平和规避道德风险的唯一一次尝试, 但这个事件本身是一个十足的灾难. 显然, 金融市场和场外衍生品需要从内部加以改进. 所以, 简单地认为中央清算的大趋势是错的并不合适.

一个更为合理的问题是: 在场外衍生品市场中, 是否存在减少系统性风险和其他问题的更好方式? 为了实现这一点, 我们来回顾一下 CCP 的一般职能:

- 定价与结算. CCP 提供相关衍生品的定价预结算功能.

- 净额结算/交易压缩. CCP 负责识别逆向交易. 这相当于双边市场中的净额结算与交易压缩.
- 抵押品管理. CCP 通过追加保证金通知履行抵押品管理职能.
- 披露. CCP 可以增加交易透明度, 向监管者提供信息, 维护交易记录, 履行汇报职能.
- 损失共担. 通过损失共担机制, CCP 提供了一项保险, 由一个会员违约导致的任何超额损失将由其他会员共同负担.
- 拍卖过程. 当会员违约发生时, CCP 将拍卖其头寸, 其他会员通常会被要求参加竞标.

双边市场通过现有的定价/交割方法, 净额结算/交易压缩, CSA 和交易资料储存库 (trade repositories)①, 可以在没有 CCP 介入的情况下, 实现以上六项职能中的前四项, 但 CCP 可能做得更好, 尽管这取决于 CCP 的最终布局 (比如 CCP 的数量和它们管辖的产品种类). 以上述第二项为例, CCP 可以实现多边净额结算, 而双边市场仅能实现双边净额结算. 只有当 CCP 足够大时, 它才能够在双边市场所能提供的方法之外, 进一步降低风险敞口. 另外, 如果较之于双边市场, CCP 能在前四项上做得更好, 双边市场也就没有了存在的价值, 因为市场参与者都会寻求中央清算.

损失共担显然不是双边市场所具备的特征. 但就像我们上面提到的, 损失共担的总体影响并不明确, 因为同质化会带来道德风险等问题.

所以只有最后一项——拍卖过程, 才称得上 CCP 的主要优势, 而且能够做得比双边市场好很多 (比如在雷曼兄弟破产的例子中). 任何对中央清算的指责都需要提供当大型金融机构破产时, 用于解除和重置其头寸的拍卖过程的替代方案. 当重大违约发生时, 绕开 CCP 来拟定场外衍生品拍卖的协议草案和司法结构是不现实的. CDS 市场已经通过"大变革协议"(big bang protocol)部分实现了这一点. 当 CDS 市场的信用事件发生时, 这为所有 CDS 交易甚至那些在大变革协议颁布前所遗留的交易的拍卖铺平了道路.

7.3.6 CCP 市场发展的障碍与挑战

场外市场产品通常是个性化的, 流动性相对较差, 这些都限制了它们通过 CCP 进行清算. 为了能够通过 CCP 进行清算, 一定程度的标准化 (比如对合约期限和估值) 是必需的. 对合约进行标准化以协助中央清算是一个主要障碍, 也是一个必要的步骤, 因为这样可以扩大 CCP 的产品覆盖范围. 但是, 这其中蕴藏的一个危险是那些通过 CCP 进行交易的最重要的产品, 也对 CCP 的稳定性构成最大的威胁, 反之亦然. 近来对通过 CCP 计算指数和个体 CDS 合约的兴趣剧增. 交易产品的复杂性可能加剧逆向选择问题, 因为交易商

---

① 例如, US Depository Trust & Clearing Corporation (DTCC) 维护 CDS 数据, 并和相关权威机构分享.

对其拿去清算的产品的内在风险更为了解.

另一个障碍是成本. 把场外衍生品转移到 CCP 会带来成本, 包括初始保证金额度和流动性的增加, 以及再抵押的减少. 此举还可能导致净额结算收益的损失, 尽管这种损失在 CCP 的市场规模达到一个特定水平后将会得到弥补.

CCP 集中了法律风险和操作性风险. 与其他市场参与者一样, CCP 也会承担操作性风险, 例如系统瘫痪和欺诈行为. CCP 的基础设施的任何形式的崩溃都是灾难性的, 因为这将影响到同一市场上的大批交易对手. 在诸如隔离和保证金及头寸的转移方面, CCP 有权在自己的管辖区域内实施强制执行, 但在其他辖区可能承担一定的法律风险.

最后, 推行中央清算的一个潜在危险是这会以意想不到的方式影响市场参与者的行为. 从这个角度讲, 我们应当为这些意料之外的结果做好思想准备, 详细分析它们的副作用(例如 Pirrong, 2011). 这并非对中央清算机制的否定, 而是尽可能了解它的潜在弱点, 做到有备无患.

§7.4 小 结

过去 15 年来, 双边场外市场都是极其成功的, 它的发展超过了交易所交易产品. 尽管双边市场明显更易遭受系统性风险的影响, 这并不是导致 CCP 出现的根本原因. CCP 对交易对手风险进行再分配, 而并非完全消除它们. 这也许是有益的. 举例来说, 一个对冲资产负债表的公司可能因为一个主要交易商的违约而受到致命打击. 在 CCP 存在的情况下, 这种风险可以被分配给其他力所能及的市场参与者(对它们来说, 这当然是一种负担).

CCP 既能降低(例如缓和清算会员破产的影响)也能增加(例如, 在压力时期提高保证金水平, 迫使公司变卖财产以满足追加保证金要求, 而这种行为可能进一步加剧价格波动)系统性风险. 因此, CCP 其实是改变系统性风险, 而并非从总体上减少它.

CCP 到底能否降低交易对手风险和系统性风险? 这个问题需要仔细考虑. 在双边市场中, 交易商为争取业务而展开竞争, 这必然会考验他们管理交易对手风险的能力. CCP 的出现, 使交易商不再有妥善计量和管理交易对手风险的动机. 市场监管有可能有利于某个 CCP, 而这将导致次优结果和市场的不稳定. 为了最大限度地避免破产, CCP 当然可以发展其自身的风险管理手段, 接受严格的监管和资本要求. 但这些措施恰恰是各大银行在 2007 年金融危机爆发前所采用的. 应当吸取 2007—2009 年间具有 AAA 评级的债务保险公司带给我们的教训.

鉴于场外衍生品市场的全球化和 CCP 业务的国际化, 我们需要积极有效的跨境合作与监管, 以避免监管套利, 降低系统性风险. 操作规程, 特别是对保证金的监控, 应当得以切实贯彻.

CCP 必须拿出成熟的技术与模型, 以便在不同市场之间进行清算的过程中提供对所有未结头寸的总体风险的统一评估. 它们还应当进行违约模拟, 为未来可能发生的违约做准备.

CCP 不应仅对那些引发上一次金融危机的交易产品进行清算, 还应当包括那些可能导致下一次危机的产品. 下一次危机可能不会牵涉信用衍生产品, 它可能涉及一些即将被创造出来的新工具. 与其他金融机构一样, CCP 也会有财务压力. 它们是否应得到中央银行的流动性支持是一个有争议的问题. 但是, 没有流动性支持, CCP 就会破产. 无限制的流动性支持可能导致政府保护和道德风险. 另外, 对 CCP 提供政府保护并不会比对其他金融机构提供保护取得更好的效果①.

---

① 事实上, 有作者已经写到了中央清算: "监管者和立法者正重申对金融猛兽的控制. 现实中, 这份提案也许不会奏效或实质性地降低它所针对的风险." 参见 Tranquillizer solutions, Part I: A CCP idea, Wilmott Magazine, May 2010.

第 8 章 信用风险敞口

> 这个地球上没有安全，只有机会.
>
> General Douglas MacArthur(1880—1964)

本章将会更加详细地讨论信用风险敞口(以下简称风险敞口)的定义并介绍一些关键的特征. 我们会解释量化风险敞口的一些重要指标，各种金融产品风险敞口的性质，净额结算和抵押担保对于风险敞口的影响. 以下是我们需要很好地理解风险敞口的原因：

- 只有在风险敞口低于信用额度时，才能获得交易授权；
- 定价(和对冲)交易对手风险(CVA)；
- 计算经济和监管资本金.

§8.1 信用风险敞口

8.1.1 定义

交易对手风险源自与标的交易价值[①]相关的潜在损失的不对称性. 在一个交易对手的违约事件中，一个机构可能会首先清算所有的相关合约，并停止任何未来合约付款. 在此之后，机构将会确定彼此之间的支付净额，并考虑可能已缴纳的所有抵押品. 需要注意的是，抵押品可以用来减少风险敞口，但是已经支付的抵押品也会增加风险.

一旦开始执行上述步骤，一个随之而来的问题就是净额价值是正的还是负的. 信用风险敞口的主要特征就是合约价值(包括抵押品)从机构自身的角度衡量是正值还是负值，如图 8.1 所示.

- **负值**. 在这种情况下，机构需要偿还其交易对手一定的债务，并且从法律上讲必须偿还规定数额(除了在一些如 4.3.3 小节所述的特定情况下，机构不能单方面终止与交易对手的各种交易). 因此，从估值角度看，该机构的头寸本质上没有任何改变. 该机构不会从其交易对手的违约行为中获利或者损失.
- **正值**. 当交易对手违约时，机构将无法承担未来的义务. 因此，在面临交易对手违约

[①] 将在后文对价值进行更清晰的定义.

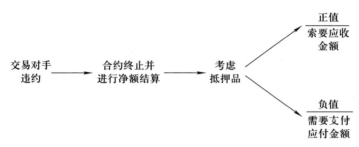

图 8.1 在交易对手的违约事件中,正的或负的合约价值的影响

的时候,机构对正价值的合约的权利要求与无抵押债权人类似. 然后, 它将期待收回合约的部分价值, 就如同债券持有人收到的部分的回收面值. 然而, 按照惯例, 这种未知的回收值不会包括在风险敞口的定义中.

上述特征即机构在合约价值为正的时候将会承担损失并且在合约价值为负的时候不盈利, 定义了交易对手风险的特点. 我们可以简单地定义风险敞口为

$$\text{风险敞口} = \max(\text{合约价值}, 0). \tag{8.1}$$

这将意味着我们可以非常容易地在给定的时间定义风险敞口. 通过评估相关合约价值, 然后计算相关净额, 最后根据对冲头寸而持有的抵押品进行相应的调整, 机构就可以对风险敞口进行估计. 这个风险敞口的计算方法看起来简单、合理, 因而被广泛地应用于定价与风险管理的计算.

8.1.2 双边风险敞口

交易对手风险的一个重要特点就是它的双边性. 交易双方都可能违约, 也就都可能承担由对方违约带来的损失. 因此整体上必须考虑双方违约而引起的损失. 从一个机构的角度来看, 它自身违约将会导致它的任何净债务交易对手损失. 这可以被对称地定义为负风险敞口:

$$\text{负风险敞口} = \min(\text{合约价值}, 0). \tag{8.2}$$

负风险敞口会导致盈利, 因为相关的交易对手正在亏损[①].

最后也是很重要的一点, 就是在正负风险敞口的不同情况下的回收价值是相关的. 在前者的情况下, 一个机构将在交易对手违约的时候得到其风险敞口的一部分 (Rec_C). 这为该机构带来了损失. 在后者的情况下, 交易对手将在该机构违约的时候收到相对于负风险敞口的一个回收价值. 这对于该机构是一个收益. 由双边回报定义的交易对手风险如表 8.1

---

① 这是一个对称的效应, 一方的收益是另一方的损失. 有正当的理由担心机构能够从自身的违约事件中获取收益. 这将在第 13 章中详细讨论.

所示.

表 8.1 任何一方出现违约情况下的支付情况说明. Rec_C 和 Rec_I 表示分别表示交易对手和机构本身的回收价值

		影响	支付
交易对手违约	风险敞口	损失	$\text{Rec}_C \times \max(\text{value}, 0)$
机构自身违约	负风险敞口	盈利	$-\text{Rec}_I \times \min(\text{value}, 0)$

8.1.3 清算金额

表 8.1 中 "value" 表示的金额代表了相关合约在任何一方违约时的价值, 并纳入了净额结算和抵押品的影响. 因此, 机构本身会尽量通过各种相关文件和法律条款从自身的角度来调整合约以及抵押品的价值. 在实际中, 这一步并不简单, 因为它需要同对方(或管理者)就相关的估值达成一致. 在这样的协议不能达成的情况下, 估值必须按照文件中的相关程序进行计算.

ISDA 文件使用术语 "清算金额" (closeout amount) 来定义上述 "value". 然而, "清算" 的精确定义也许是模糊的[①], 并可能引起一些问题. 根据 ISDA(2009), 在决定清算金额的时候, 一个机构应该 "以诚信为原则并使用合理的商业程序计算出一个合乎情理的商业结果". 虽然人们努力寻求用最恰当的方式去定义清算金额, 并从历史上的数次破产中汲取教训, 但很明显, 关于清算金额的纠纷不会因此而停止.

虽然关于清算金额精确定义的主观性和分歧可能会导致不确定性, 但是清算金额还是应该与公式(8.1)中经过校正交易的相关成本所对应的无风险价值非常接近. 尽管由定义清算金额的困难可产生一些不确定性, 清算金额本身还是合理地表示了上述简单定义的风险敞口. 然而, 还有一个潜在的重要系统性效应. ISDA(2009)详细描述了清算金额可能包括交易存续方的信用信息. 这意味着, 一个机构可以根据自身的交易对手风险, 减少违约交易对手的所欠金额或在自身违约时增加对交易对手的追欠要求, 这与合约重置有关(此部分称为 DVA, 是第 13 章的主题). 一旦违约事件发生, 交易对手也可以如此作为. 这样的一个事实就产生了一个递归的交易对手风险的定义, 机构的交易对手风险取决于它自己未来的交易对手风险. 我们将在第 13 章中讨论 DVA 时给出更多关于此问题的细节. 在此之

[①] 历史上有两种计算清算金额的方法: 第一种是"市场报价"方法, 它需要相关市场的交易商对经济上能够替换所终止交易的所谓替换交易的报价(需要规定最少的报价个数). 但是, 在波动率很大甚至市场崩溃等极端情况下, 报价的获取可能非常困难, 以至于无法通过报价获得清算金额. 另一种是"损失"方法, 机构确定终止合约并建立等价头寸所造成的损失(包括成本).

前，我们的讨论主要基于标准的无风险估值的风险敞口.

在确定清算金额的问题中，最后一个需要注意的就是时间延迟. 机构只能在达成协议后才能确定其作为无抵押债权人需要支付或者偿还的金额. 正如在第 18 章中讨论的那样，这会在管理交易对手风险时引发一个特殊的问题. 在一个涉及诸多合约的违约事件中（如大量场外衍生品和雷曼兄弟破产），单纯的操作数量就会使就这种估值达成一致所需的时间变得很长，以至于不能忽视.

8.1.4 风险敞口作为期权空头头寸

如公式(8.1)所示，交易对手风险具有非对称特性. 当对手方违约时，如果风险敞口是正的，则会对机构造成损失；但如果风险敞口是负的，机构却不能获益. 这种特性类似于一个期权空头头寸[①]. 了解基本期权理论的读者可以得到关于量化风险敞口的两个显而易见的结论：

- 由于风险敞口类似于一个期权的回报，一个关键的因素是相关合约和抵押品价值的波动率.
- 期权定价都相对复杂（至少和标的产品相比）. 因此，即使是量化简单产品的信用风险都非常复杂.

根据对称性，机构都拥有自身违约的多头期权. 我们注意到，从风险管理或者监管的角度来说，这并没有什么实质性的意义，但是却和定价有着密切关系（通过 DVA，这将在第 13 章中讨论）.

8.1.5 未来风险敞口

所有相关的头寸和抵押品的估值会帮助我们计算当前的风险敞口（诚然有一些关于实际终止金额的不确定性）. 然而，刻画在未来某个时候的风险敞口则更加重要. 图 8.2 形象地给出了这个概念. 无论是单一的还是多个结算的具有抵押协议的交易，未来的风险敞口都是该估值分布的正值部分. 虽然当前的（和过去的）风险敞口已经确知，但是未来的风险敞口却是通过可能发生的市场变化和合约的交易特征的概率分布来进行定义的，而这两者都不确定. 因此，只有定义了风险敞口的水平和标的的各种不确定性，我们才能更好地理解未来风险敞口.

由于涉及的周期较长且牵扯众多可能影响风险敞口的市场变量和诸如净额结算和抵押等降低信用风险的方法，未来风险敞口的定量计算极其复杂. 这将是下一章的主题，而本章的重点是如何定义风险敞口以及直观地讨论诸如净额结算及抵押的影响.

[①] 空头头寸是因为风险敞口变成了损失.

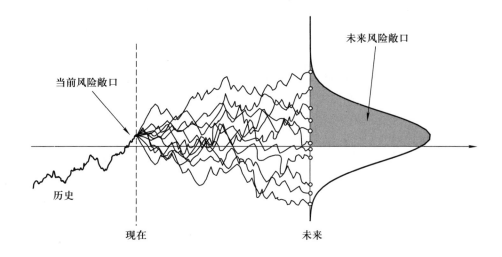

图 8.2 灰色区域表示未来风险敞口(正值部分)，白色区域表示负的风险敞口

8.1.6 与 VAR 方法的比较

VAR 是金融风险管理领域近 20 年来最流行的量化市场风险的方法. 任何熟悉 VAR 的读者可以一眼就看出图 8.2 所刻画的未来风险敞口和 VAR 的概念非常类似. 事实也的确如此, 只是我们在刻画风险敞口时将会面对更多的复杂性. 最值得注意的是如下几个方面:

● 时间展望期. 不同于 VAR, 风险敞口需要定义在多个时间展望期内(通常在很远的将来), 以了解时间和标的合约特异性的影响. 这其中有两层重要的含义: 首先必须考虑交易的"衰老". 这指的是从未来所有的合约支付款项和诸如现金流、合约到期决定、取消(如赎回条款)的变化以及诸如障碍触发等更为复杂的方面来理解一笔交易. 这种效应也可能会使计算产生路径依赖性, 即在同一日期风险敞口取决于发生在过去某个时间的事件. 在 VAR 模型中, 由于使用了 10 天的时间展望期[①], 这些方面都可以被忽略. 第二层重要含义就是当观察更长的时间展望期时, 市场变量(除了它们潜在的波动性和共同的依赖结构)的趋势(也称为漂移)也就变得非常重要了(图 8.2). 在 VAR 的计算中, 也是由于较短的周期, 市场的长期漂移可以忽略不计.

● 风险缓释. 风险敞口通常会被各种降低风险的方法缓解, 如净额结算和抵押. 这些缓释方法的影响必须被考量, 以适当地估算未来的风险敞口. 在某些情况下, 如应用正确结算规则, 需要了解相关的法律协议. 然而, 在确定未来抵押品数量的时候, 抵押品类型和

---

① 在很多情况下, 时间展望期为 1 天, 然后按比例放大至 10 天.

精确支付时间的不确定性将会增加计算的另外一个维度. 其他交易合约特征, 如协议的终止, 也会增加问题的维度. 所有这些维度的对象都必须用可靠的数学模型加以计算, 从而引入了另外一层复杂性和不确定性.

- 应用. VAR 是一个风险管理方法. 风险敞口则必须被定义为两种用途: 风险管理和定价(即 CVA). 这就会在量化风险敞口的时候制造额外的复杂性, 并可能直接导致两种完全不同的计算体系, 一种是出于风险管理目的的风险敞口定义(见第 0 章), 另一种是出于定价目的的风险敞口定义(见第 12 章).

换句话说, 风险敞口的计算, 远比 VAR 复杂(这本身是一个复杂的概念). 此外, 风险敞口仅仅是交易对手风险的一个组成部分. 但是, 没有人告诉你, 这是一件容易的事, 难道不是吗?

§8.2 信用风险敞口的度量

在本节中, 我们将定义常用的量化风险敞口的度量. 每种不同的度量都有各自不同的应用. 目前没有广泛应用的标准术语, 一些名词也可能会在其他场合下使用. Basel(2005) 所给出的定义可能是最常用的术语体系, 但不幸的是它们并不那么直观.

我们首先对一个给定的时间展望期定义风险敞口度量. 需要注意的是, 在下面关于风险敞口的讨论中, 我们的研究对象包括所有相关交易. 经过适当的净额结算和抵押处理, 我们称之为净额结算集.

8.2.1 期望未来价值

这一部分表示净额结算集在未来某一时刻的未来价值或期望价值. 如前所述, 由于相对长的时间展望期介入了交易对手风险的计算, 期望价值就成为一个非常重要的部分, 尽管它在市场评估的 VAR 方法(仅仅 10 天的时间展望期)中并不重要. 未来价值的期望(EFV)可能由于以下几个原因而和当前的价值非常不同:

- 现金流的不同. 现金流在衍生品交易中可能非常不对称. 例如, 在利率互换的初期, 固定利率的现金流通常会超过浮动利率的现金流(如果假设是最常见的情形, 收益率曲线是向上倾斜的). 另一个例子是一个跨币种互换: 由于相关利率之间的差别会导致相关付款每年有多达百分之几的不同. 不对称的现金流的结果就是机构可能期望一笔交易在将来的价值显著高于或低于当前价值. 注意, 这也可以用于最终支付到期的交易.

- 远期利率. 远期利率可以和当前利率有很大不同. 这种差异反映了问题中标的变量随时间增加而产生的隐含漂移(假设人们相信这个漂移的使用是正确的, 更多的细节详见 8.6.2 小节). 即使不考虑市场波动的影响, 市场变量的漂移也会导致给定净额结算集更高或更低的未来价值. 注意, 这可能只是用另一种方式来说明现金流差异的观点, 因为在很多交易(如互换交易)中,现金流差别基本上源于远期利率和即期汇率的不同.

● 不对称抵押协议. 如果抵押协议是不对称的(如单向 CSA),那么未来的期望价值可能更高或更低,以分别反映不利或有利的抵押条款(见第 9 章 9.7.5 小节).

8.2.2 未来潜在风险敞口

在风险管理中,有一个非常自然的问题需要考虑:在未来某一特定的时间,我们相对不利的风险敞口水平是多少? 未来潜在风险敞口(PFE)可以参照一定的置信水平回答这个问题. 例如,99% 置信水平的 PFE 定义了不超过 1%(1 减去置信水平)的概率的风险敞口. 因此,PFE 和 VAR 是完全一样的度量,除了 PFE 需要定义在更多的未来的时间点上以及表示收益[①](风险敞口)而非损失部分. PFE 如图 8.3 所示. 我们还注意到[②]图 8.3 中分布的中心远大于或小于零(这代表了交易的未来价值具有显著的正或负的期望值).

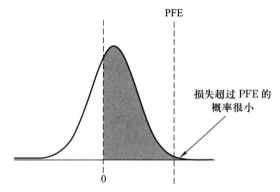

图 8.3 PFE 的图示. 表示正值的灰色区域代表了风险敞口

该置信水平和亏损超过 PFE 的概率是一致的. 例如,99% 置信水平意味着损失比图 8.3 中所示的 PFE 更大的小概率为 1%.

8.2.3 期望风险敞口

除了 PFE,交易对手风险的定价将涉及期望风险敞口(EE),如图 8.4 所示. 这是风险敞口分布的平均值. 需要注意的是,只有正值(灰色区域)会导致风险敞口,而其他值的贡献为零(尽管它们也是概率分布的一部分). 这意味着风险敞口的期望将高于未来价值的期望(这类似于期权的概念,期权比同等条件的远期合约更有价值).

---

① 这种收益可能不是真实收益,因为可能存在和另一个交易对手进行的对冲交易.
② 请注意,我们并不需要正态分布假设,而且 PFE 经常通过 99% 以外的其他置信水平定义.

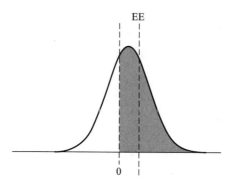

图 8.4 EE 的图示. 表示正值的灰色区域代表了风险敞口

8.2.4 正态分布下的 EE 和 PFE

在附录 8A 中,我们给出了正态分布下的 EE 和 PFE 的简单计算公式. 这些公式相当简单,但是在计算一些贯穿本书的例子中非常有用.

工作表 8.1 正态分布下的 EE 和 PFE

例子 假设未来价值服从一个均值为 2.0 和标准差为 2.0 的正态分布. 附录 8A 中的公式给出了 99% 置信水平的 EE 和 PFE:

$$EE = 2.17, \quad PFE = 6.65.$$

如果标准差增大到 4.0,我们将得到

$$EE = 2.79, \quad PEF = 11.31.$$

需要注意的是,EE 和 PFE 一样,都对标准差(波动)很敏感.

8.2.5 PFE 的最大值

PFE 的最大值或峰值表示在给定时间间隔内 PFE 的最高值,因此代表在整个时间间隔内风险敞口的最坏情况,如图 8.5 所示.

8.2.6 期望正风险敞口

由于 EE 已经是所有风险敞口的平均值,一个自然的想法就是继续对这一平均值按时间取平均. 期望正风险敞口(EPE)是整个时间宽度上各点风险敞口的平均值. 因此,它可以表示为期望风险敞口 EE 在时间展望期上的加权平均,如图 8.6 所示.

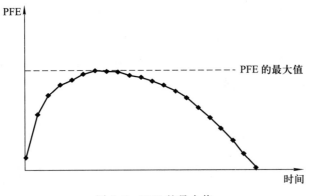

图 8.5 PFE 的最大值

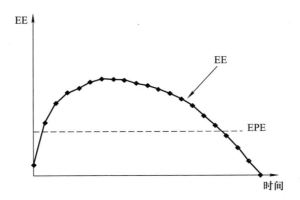

图 8.6 EPE 为 EE 的加权平均（权重为在 EE 的时间间隔）

工作表 8.2　EPE 的计算

  这个 EPE 数值通常称为"贷款当量"，作为平均风险敞口相当于向交易对手借出（通过风险敞口实现）的均值. 用一个单一的数字或者"贷款当量"来表示具有高度不确定性的风险敞口显然是非常粗糙的，因为这种近似的平均完全忽略了市场变量随机性和时间的影响. 但是，我们将在后面看到，EPE 具有较强的定价（见第 12 章）和评估资产组合的交易对手风险的理论应用（见第 11 章）.

8.2.7 负风险敞口

风险敞口代表正的未来价值. 相反, 我们可以定义负风险敞口来表示负的未来价值. 显然, 这是从交易对手的角度观察风险敞口. 因此, 我们可以定义负期望风险敞口(NEE)和期望负风险敞口(ENE), 这也就是 EE 和 EPE 的反向定义. 这些度量将用来计算 DVA(在第 13 章中讨论).

8.2.8 有效期望风险敞口

诸如 EE 和 EPE 的度量可能会低估短期交易的风险敞口并且不能适当地捕捉到"延展风险". 这是由于短期交易将会在其到期后延展为新的交易. 正是由于这些原因, Basel 银行监督委员会于 2005 年引入了有效 EE 和有效 EPE(EEPE)的概念. 有效 EE 是一个简单的非递减的 EE. 有效 EPE 是有效 EE 的平均. 在图 8.7 中, 将这些概念与 EE 和 EPE 进行了对比. 这些度量大致假定任何到期的交易都将被替换①. 对于 EEPE 的作用, 将在第 10 章中进行更详细地讨论.

工作表 8.3　EPE 和有效 EPE 的例子

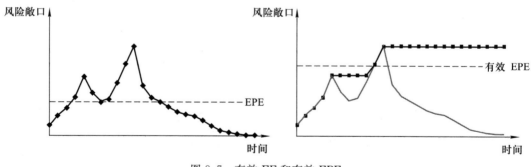

图 8.7　有效 EE 和有效 EPE

需要指出的是, 如上定义的一些风险敞口度量, 虽然是很普通的定义, 但是并不常用. 而 Basel(2005)所使用的上述定义, 将贯穿本书.

---

① 这本质上是假设风险敞口的任何减少都是合约到期的结果. 事实并不一定如此.

§8.3 信用风险敞口的驱动因素

现在我们通过一些实例来解释到期日、支付频率、期权的执行、到期解约(roll-off)和违约等风险敞口的重要驱动因素. 本节的目标是描述一些必须理解的关键属性, 下一章将会给出来自真实交易的范例. 在下面的所有例子中, 我们将 PFE 定义为问题中名义本金额的百分比.

8.3.1 贷款和债券

债务工具, 如贷款和债券的风险敞口通常可以认为是基本确定的并且大约等于名义值. 债券通常会支付一个固定比率, 因此会有一些额外的不确定性. 如果利率下降, 风险敞口可能会增加, 反之亦然. 在贷款的情况下, 通常是浮动利率, 但由于预付款的可能性, 风险敞口可能会随着时间的推移而减少.

8.3.2 未来的不确定性

首先最明显的风险敞口的驱动因素是诸多未来的不确定性. 远期合约, 如远期利率协议和外汇远期通常被刻画为在某一特定日期交换两个现金流或标的(通常被结算为一个单一的支付), 该日期就是合约的到期日. 这意味着, 风险敞口是一个非常简单的递增函数, 从而反映了随着时间的推移, 最终交换价值越来越大的不确定性. 基于正态分布的假设, 如果这种不确定性遵循"时间平方根"的规则, 就意味着它将正比于时间(t)的平方根:

$$风险敞口 \propto \sqrt{t}. \tag{8.3}$$

更多详细的数学计算见附录 8B. 图 8.8 给出了这样的风险敞口的形状. 从上述公式可以看

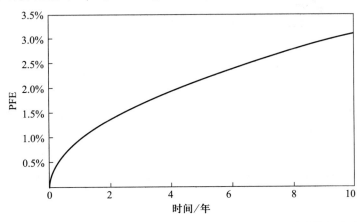

图 8.8 时间平方根形式的风险敞口, 例如远期合约和欧式期权头寸

出，该合约的到期日并不影响风险敞口的形状(当然，在到期之后风险敞口为零).

出于同样的原因，具有预付溢价的欧式期权的风险敞口也有类似的形状. 更复杂的期权会有更复杂的风险敞口曲线.

8.3.3 周期性现金流

许多场外衍生工具都包括了可以用来对冲未来不确定性的定期支付的现金流. 这里最明显和常见的例子就是利率互换合约，它的正风险敞口是如图 8.9 所示的峰顶形状. 这个形状源于即时支付和未来不确定性之间的平衡，以及支付次数随着时间推移的减少. 这可以粗略地表示为

$$\text{风险敞口} \propto (T-t)\sqrt{t}, \tag{8.4}$$

其中 T 表示交易的到期日. 更多的数学细节参见附录 8C. 上述函数最初随 t 的增加而在 $\sqrt{t}$ 部分的作用下增加，但长期在 $T-t$ 的作用下降至零. $T-t$ 是一笔交易在未来剩余期限的近似表示. 可以证明，上述函数的最大值出现在 $T/3$ 处，即最大风险发生在交易周期的前 $1/3$ 的时候.

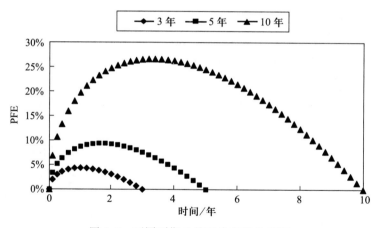

图 8.9　不同到期日的互换交易的 PFE

具有较长成熟期限的互换自然有更多的风险. 这有两个原因：更长的交易周期和更多需要进行交换的支付，如图 8.10 所示.

风险敞口的形状可以被交易中更多的特定属性大幅改变. 一个支付频率比接收频率更高的基准互换将比支付和接收频率相同的互换承担更多的风险. 这种效果如图 8.11 和图 8.12 所示.

§8.3 信用风险敞口的驱动因素 121

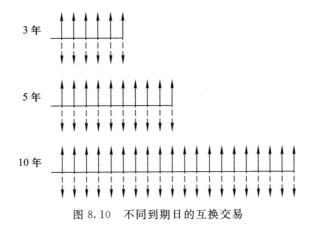

图 8.10 不同到期日的互换交易

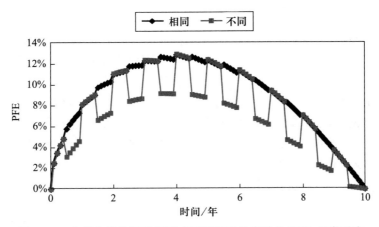

图 8.11 支付和接收频率相同或不同的互换交易的 PFE. 后者对应到现金流，每季度收到，但每半年只支付一次

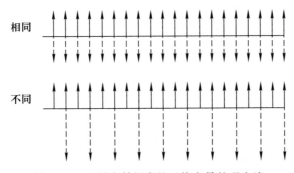

图 8.12 不同支付频率的互换交易的现金流

现金流对风险敞口的另一个影响是造成了相反交易的不对称性. 以利率互换为例, 这是因为交换双方不同的现金流属性引起的. 对于支付者利率互换来说, 周期性地支付固定现金流(互换利率)并收取浮动现金流, 虽然浮动现金流的未来价值在某个未来时刻之前无法知道, 但是其无风险价值应该和固定现金流的无风险价值相等. 浮动现金流期望价值①取决于底层收益率曲线的形状. 在一个典型的向上倾斜的收益率曲线的情况下, 初始浮动现金流的期望将会比固定现金流小, 在互换的后期趋势将被扭转, 如图 8.13 所示.

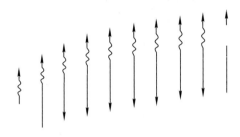

图 8.13 当收益率曲线向上倾斜时, 利率互换中浮动和固定的现金流的交换. 虽然浮动和固定的现金流的风险中性期望值相等, 但是浮动现金流的预计价值在开始时较小并在互换的末期较大

这种效应的最终结果是支付者互换的风险敞口较高. 主要原因是期望在互换初期支付现金流(固定利率对比较低的浮动利率)而在互换后半期收取现金流, 如图 8.14 所示. 如果用另外一种方式来陈述这个问题, 就是互换的远期价值(由期望的总现金流决定)为正值. 相反, 接收者互换具有相应较低的远期风险.

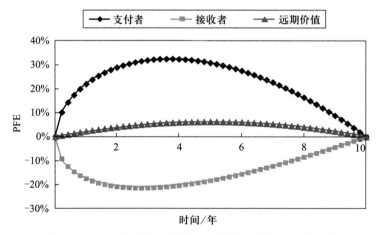

图 8.14 支付者和接收者互换的 PFE 与相关的远期价值

---

① 预计价值是指风险中性测度下每笔现金流的期望值.

上述效果在一方是较高利率货币而另一方是较低利率货币的跨币种互换中表现得尤其明显（例如在 2008 年 9 月美元利率大幅下滑之前被广泛交易的美元对日元的跨币种互换），如图 8.15 所示. 一方在总体上支付的较高利率期待被合约到期日进行的本金交换所带来的收益抵消[1]，而这个期望的由交换本金所带来的收益也为高利率的支付方带来了巨大的风险敞口. 在反向的利率互换中，支付较低利率一方的合约价值越来越可能变成负的. 这会形成一个"负漂移"，使风险敞口降低很多.

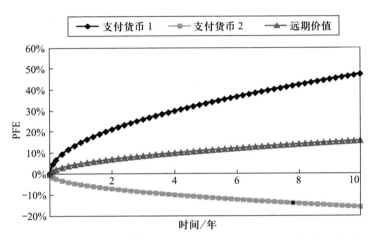

图 8.15 跨币种互换的 PFE 和远期价值. 货币 1 的利率高于货币 2 的利率. 图中后一种情形的作用是展示负风险敞口

8.3.4 综合效应

一些产品的风险敞口通常由两个或两个以上风险因子的组合所驱动. 一个明显的例子就是跨币种互换. 本质上说，跨币种互换就是利率互换和外汇远期交易的一个组合[2]. 因此，它的风险敞口可以通过图 8.8 和图 8.9 所示的组合来表示. 更多详细的数学推导请见附录 8D. 图 8.16 给出了两个这样的组合所产生风险敞口的形状.

外汇部分的风险敞口可能由于汇率的高波动性、长期限和最终的本金交换而变得相当可观. 相比较而言，利率互换部分的贡献通常较小. 我们还注意到，这两个利率和汇率之间的相关性是一个重要的风险驱动因子（图 8.16 中假设了相关系数为 20%，这增加了跨币种风险[3].

---

[1] 从风险中性的角度看.
[2] 由于在合约结束时交换名义资本金.
[3] 相关性的影响可在工作表 8.4 中看到. 我们注意到这里的相关性并非实际中需要的两个利率和汇率之间的直接相关系数.

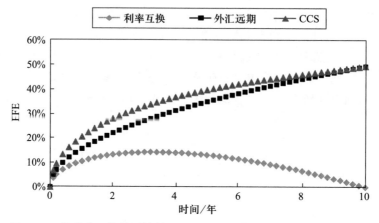

图 8.16 跨币种互换的风险敞口可以看作利率互换和外汇远期的组合

工作表 8.4 跨币种互换风险敞口形状的一个简单例子

在图 8.17 中,我们给出了不同到期日的跨币种互换的风险敞口形状. 到期日较长的互换会由于需要更多支付次数而具有稍微高一些的边际风险.

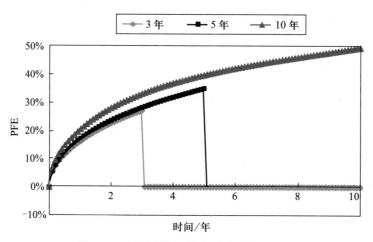

图 8.17 不同到期日的跨币种互换的 PFE

8.3.5 期权性风险

执行决策的影响增加了风险敞口的复杂性. 在图 8.18 中,我们展示了实物交割而非现金结算的欧式利率互换期权的风险敞口[1]. 标的互换也有不同的付款频率. 我们将它和等价的远期互换相比较. 在执行期权之前, 利率互换期权的风险敞口始终高于远期互换的风险敞口[2]. 但此后, 这一趋势将被扭转, 因为远期互换有可能具有正的价值而利率互换期权不会被执行. 图 8.19 显示了一种可能导致远期互换而非利率互换期权风险敞口的情形.

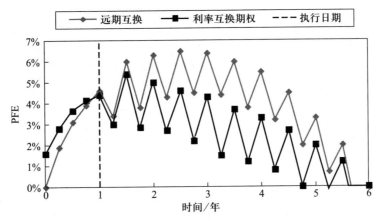

图 8.18 实物结算的利率互换期权和等效远期互换的 PFE. 利率互换期权的到期日为 1 年, 远期互换的到期日为 5 年

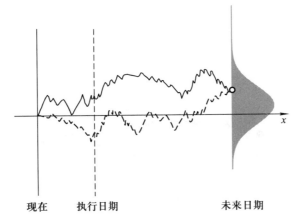

图 8.19 实物结算的利率互换期权执行时标的互换未来价值的两种可能. 实线对应于行使利率互换而在将来某个日期产生的风险敞口, 虚线表示了利率互换不会被行使但将产生相同的风险的可能. 期权执行边界(在该点互换期权被执行)被假定为 x 轴

---

[1] 现金结算的互换期权直到行权日之前都有相等的风险敞口, 之后风险敞口变为 0. 实物交割的互换期权是某些利率市场的标准.

[2] 进入这份合约的期权合约价值不可能低于进入等价合约的远期合约价值.

我们可以对利率互换期权的例子做一个最后的评论：几乎可以肯定的是交易对手风险应该在执行合约时被考量. 换句话说，CVA 应该是决定是否执行合约的一个因素. 然而，我们还没有计算 CVA. 我们将在第 12 章中再次讨论这个递归问题.

8.3.6 信用衍生品

信用衍生品代表了由错向风险导致的交易对于风险评估的一个大问题，这将在第 15 章中深入讨论. 即使没有这样的考量，由于产品离散的支付模式，信用衍生品的风险敞口依旧很难刻画. 一个个体 CDS 的风险敞口如图 8.20 所示(长期 CDS 保护). 风险敞口在早期阶段递增，对应的是 CDS 溢价(信用溢差)扩大的情况. 然而，上述 CDS 的最大风险敞口对应于参考实体经历了一次信用事件，并且该事件触发立即支付本金减去回收价值(如果假设 40% 的回收价值，本例中需要支付 60% 的本金). 这是一个相当不自然的效果①(见 Hille et al.，2005)，因为它意味着 PFE 并不一定代表实际信用事件的发生，而且对所使用的置信水平敏感. 在这个例子中，3 年处 95% 置信水平的 PFE 是由一个不断扩大的信用溢差定义的，而 96% 置信水平的 PFE 是由实际发生的信用事件定义的(3 倍于前者). 使用期望亏空②的方法可以部分地解决这个问题.

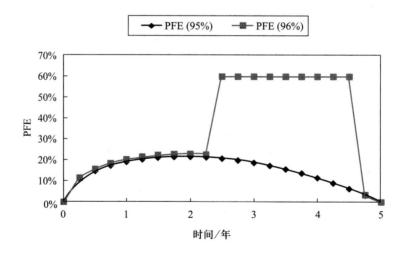

图 8.20　长期保护的个体 CDS 在 95% 和 96% 置信水平下的 PFE. 本例中假定回收率为 40%

---

① 需要指出，上述影响很大程度上是通常的模型假设的一个方面，即假设违约是一个未预料到的突发事件，具有已知的回收率(40%). 使用更现实的模型假设和未知回收率可得到更连续的结果.

② 期望亏空在某些情况下是比 VAR 更受欢迎的一个测度，它不同于 VAR，具有更方便的数学性质，是"一致的风险测度". 在这种情况下，它对应于大于 PFE 的那部分风险敞口的条件期望值.

> **工作表 8.5　CDS 风险敞口的简单计算**

§8.4　理解净额结算对风险敞口的影响

我们现在更加深入地考虑净额结算对风险敞口的影响. 由于净额结算允许使用一个交易抵消另外一个交易的未来价值, 我们就必须考虑它对所有交易的聚合效应. 正如我们将要看到的, 在全面理解净额结算对某个特定交易对手的风险敞口的影响之前, 有几个不同的方面需要认真思考. 在下一节中, 我们会考虑抵押品对风险敞口的影响. 对于这两种情况, 我们在本章中倾向于阐述定性的观点, 下一章中将进行更为详细和定量的分析.

8.4.1　净额结算对未来风险敞口的影响

我们在图 8.21 中用两个反向的交易说明了净额结算对风险敞口的影响. 如果没有法律协议允许风险敞口的净额结算, 所有的风险敞口都会被累加在一起. 这就意味着头寸之间不能互相抵消. 如果准许结算风险敞口(并被强制执行), 那么在计算风险敞口之前, 机构就可以在结算层面累加相应价值. 如图 8.21 所示, 利用净额结算的方法计算的两个反向交易在未来任何时刻的风险敞口都为零.

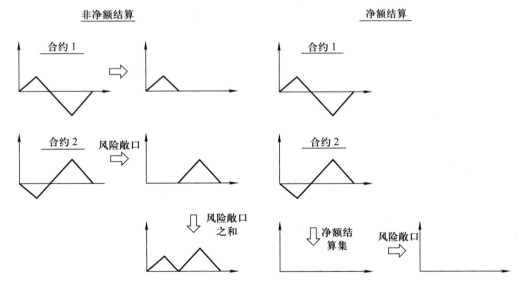

图 8.21　结算法对风险敞口的影响

8.4.2 净额结算和相关性的影响

当考虑两个或更多交易的净额结算的好处时，最明显的影响因素就是未来价值（也就是风险敞口）之间的相关性。两个交易具有正相关性意味着它们的未来价值有很大可能性同号。换言之，这种情况下净额结算的好处可能很小甚至为零。如表 8.2 所示，列出的两组未来价值只体现了净额结算很小的好处。净额结算只在交易价值具有相反符号时发挥作用（如表 8.2 所示的情形 3）。EE（假设平均风险敞口）仅仅减少了很小的一部分。

表 8.2 盯市价值之间正相关下净额结算的影响。给出 EE 时假定各情形具有同等权重

	未来价值		总风险敞口		
	交易 1	交易 2	无净额结算	净额结算	净额结算收益
情形 1	25	15	40	40	0
情形 2	15	5	20	20	0
情形 3	5	−5	5	0	5
情形 4	−5	−15	0	0	0
情形 5	−15	−25	0	0	0
EE			13	12	1

高度相关的风险敞口[①]（表 8.2）将会提供最少的净额结算收益。一个极端的例子就是当所有的风险敞口都是同分布的时候，我们把交易 2 的每种可能情形都增加 10 其实等同于给该组合的风险敞口增加 10。换言之，净额结算没有带来任何收益。负相关性的风险敞口的净额分析会更有帮助，因为未来价值更有可能具有相反的符号并因此使得净额结算的收益更加明显，如表 8.3 所示的五种情形中的四种都可以从净额结算中收益。净额结算的 EE 几乎是无净额结算价值的一半。

完全负相关的极端情况则给出了净额结算收益的最大值。在同分布的情况下（把表 8.3 中交易 2 的每一种情形都减少 10 就可以得到和交易 1 完全负相关的同分布），那么所有的交易都被完美地抵消，从而没有任何的风险，也就是净额结算收益为 100%。

大多数净额结算都发生在不同的具有较小相关性的资产类别的产品之间。我们注意到这仍然会产生一定的收益。事实上，在附录 8E 的一个简单例子中，我们阐述了零均值和等方差的正态分布情况下净额结算带来的风险降低。假设未来价值服从多元正态分布，我们

---

① 表 8.2 中未来价值的相关系数为 100%，而风险敞口的相关系数却不是 100%。

§8.4 理解净额结算对风险敞口的影响

表 8.3 盯市价值之间负相关下净额结算的影响. 给出 EE 时假定各情形具有同等权重

	未来价值		总风险敞口		
	交易 1	交易 2	无净额结算	净额结算	净额结算收益
情形 1	25	−15	25	10	15
情形 2	15	−5	15	10	5
情形 3	5	5	10	10	0
情形 4	−5	15	15	10	5
情形 5	−15	25	25	10	15
EE			18	10	8

还推导了下面的所谓"净额结算因子"的公式：

$$\text{净额结算因子} = \frac{\sqrt{n + n(n-1)\bar{\rho}}}{n}, \tag{8.5}$$

其中 n 表示风险敞口的数量，$\bar{\rho}$ 表示平均相关系数. 净额结算因子表示净额风险敞口占总风险敞口比率. 如果没有净额收益，那么净额结算因子为 $1(\bar{\rho}=1)$. 如果净额收益达到最大值，即 $\bar{\rho}=-(n-1)^{-1}$，那么净额结算因子为零①.

我们在图 8.22 中画出了上述表达式的图形. 可以看到，正如期望的一样，净额结算收益随着风险敞口数量的增加和相关性的减少而增加. 原因是这些条件最大化了分散性收益.

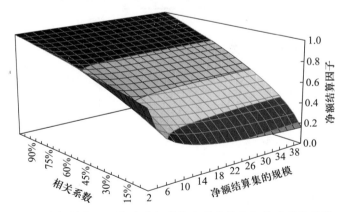

图 8.22 净额结算因子作为净额结算交易数量和相关系数的函数（详见附录 8E 中的推导）. 本例假定正相关

---

① 请注意，这里有一个限制以保证根号里面的数值不为负，附录 8E 对此有阐述.

我们注意到,这是一个很程式化的例子,但它显示了相关性和净额结算集大小对净额结算收益的一般影响.

如果没有相关性,上述简单的公式就可以告诉我们 n 个风险敞口的净额结算因子为 $\frac{1}{\sqrt{n}}$. 这就意味着,对于两个独立、零均值和等方差且正态分布的风险敞口,净额风险敞口为非净额风险敞口的71%. 如果有 5 个满足这样条件的风险敞口,那么净额结算因子就减少为 45%.

8.4.3 净额结算和绝对值

在表 8.2 中,未来价值之间的相关系数是 100%,但风险敞口之间的相关系数只有 96%. 因此,净额结算的结果不仅取决于未来价值之间的结构性相关系数,还依赖于这些值之间如何相互抵消(在表 8.2 中,交易 1 和交易 2 中同正和同负的未来期望价值分别降低了净额结算收益).

考虑表 8.4 中所示的结果. 交易 1 在所有的未来可能情形中都具有很大的负值,并因此抵消了交易 2 在情形 1~3 中所具有的正的未来价值. EE 也因此从 9 减少到 1. 这是交易 1 具有整体为负的未来价值的结果,而不仅仅是由交易之间的相关性所决定的(实际上,我们是按照相关系数为零来构造这些未来价值的可能性的). 例如,如果交易 1 的未来价值增加 10,那么即使未来价值之间的相关性不变,EE 也仅减少 3.

表 8.4 负的未来价值对净额收益的影响. 给出 EE 时假定各情形具有同等权重

	未来价值		总风险敞口		净额结算收益
	交易 1	交易 2	无净额结算	净额结算	
情形 1	−20	25	25	5	20
情形 2	−25	15	15	0	15
情形 3	−15	5	5	0	5
情形 4	−15	−5	0	0	0
情形 5	−25	−15	0	0	0
EE			9	1	

图 8.23 解释了一个净额结算集的负风险敞口的影响. 负的未来价值将会产生与交易间相关性无关的净额收益.

一个正的未来价值也可以被看作净额收益，如表 8.5 中所示的结果. 交易 1 在所有的未来情形中都是正的价值. 当这些正的情形与交易 2 中第 4 和第 5 种负的情形一起结算时，仍然会贡献新的净额结算收益，尽管交易 1 和交易 2 的未来价值的相关系数是 100%.

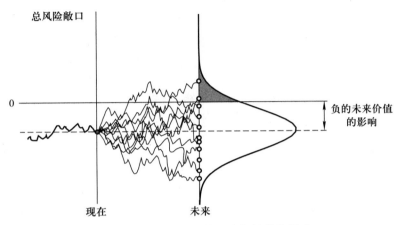

图 8.23 负的未来价值对净额结算的影响

表 8.5 正的未来价值对净额收益的影响. 给出 EE 时假定各情形具有同等权重

	未来价值		总风险敞口		净额结算收益
	交易 1	交易 2	无净额结算	净额结算	
情形 1	−20	25	25	5	20
情形 2	−25	15	15	0	15
情形 3	−15	5	5	0	5
情形 4	−15	−5	0	0	0
情形 5	−25	−15	0	0	0
EE			9	1	

图 8.24 解释了一个净额结算集中正的未来价值的影响. 尤其值得强调的是，即使是高度相关的交易也会产生净额结算收益. 这是因为高度相关的交易并不等同于高度相关的风险敞口 (表 8.2). 一个实例就是对两个除了互换利率以外其他都相同的利率互换进行净额结算.

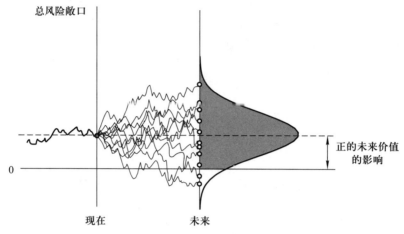

图 8.24　正的未来价值对净额结算的影响

§8.5　信用风险敞口和抵押品

我们现在描述、理解抵押品对于信用风险敞口影响的关键因素. 抵押品通常会降低风险, 但也必须考虑许多(有时是很微妙的)因素以正确评估任何风险降低的真实程度. 为了适当地计算抵押品影响, 诸如阈值、最低转账金额等在内的参数就必须被正确理解和精确表达. 此外, 必须仔细分析"保证金风险期"以决定与抵押品转让相关的真实的风险期长度.

除了减少风险敞口的作用以外, 抵押品也会将交易对手风险转换为其他风险. 我们必须深刻地理解这一观点. 最值得注意的是, 抵押品会导致操作性风险、法律风险和流动性风险. 如果这些风险没有被很好地计算和妥善地管理, 那么所谓有效抵押品管理就会适得其反. 我们将在本节中着重讲解这些风险, 读者也将在第 14 章中看到更加全面的关于流动性风险的介绍.

信贷风险的抵押品可以大大降低交易对手风险, 但量化风险减少的程度就不是那么简单了, 需要很多, 有时甚至是主观的假设. 出于如图 8.25 所示的三方面考虑, 抵押品在某种程度上并不是减轻风险的完美形式. 首先, 由于诸如阈值和最低转账金额等抵押品参数的存在, 并不总是可以拿到所需抵押品. 我们称之为间隔效应. 需要注意的是, 这种间隔效应也有可能造成过度抵押的收益(图 8.25), 使得抵押金额在短时期内大于相应的风险敞口. 当然这也必须综合考虑机构本身必须支付的抵押品. 其次, 诸如从要求和接收抵押品的操作部分到可能出现的抵押品价值的争议等多方面原因会导致接收抵押品的延迟. 最后, 我们必须考虑抵押品本身价值的变化(如果它不是现金). 我们还强调抵押品的处理方式是路径依赖的, 因为在一个给定时间点要求的抵押品金额取决于已经获得的(或已支付的)抵押品的数量. 这在双向抵押协议的情况下尤其重要.

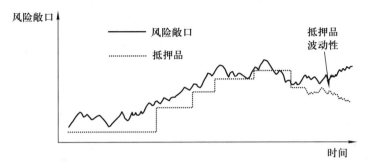

图 8.25 抵押品对风险敞口的影响：延迟接受、间隔效应和抵押品支付的不连续性. 也给出了抵押品自身波动性的影响（为了便于说明，只在最后一个时期展示这种影响）

8.5.1 要求多少抵押品？

首先要问的一个问题就是：在给定的时间点应该要求多少抵押品？一个典型的信用支持附件（CSA）的参数并不是为了连续地支付抵押品. 这是因为运营成本和支付抵押品的流动性需求也是非常重要的，交易的某一方或双方可能会愿意把这两方面的需求降低到一个合理的范围之内以从中受益. 阈值和最低转账金额就是为了这样的需求而设计的. 当风险敞口低于阈值时，不会要求缴纳抵押品. 而最低转账金额是只在某一个特定的时间可以转账的最小额度. 注意，在一个双向的 CSA 合约中，双方都会受到阈值和最低转账金额的影响.

给定时间所需的抵押品金额的计算步骤如下：

(1) 从交易的市场价值中添加或减少所有特定的独立金额.

(2) 根据阈值计算所需的抵押品金额的公式：

$$\max(V - \text{threshold}_I, 0) - \max(-V - \text{threshold}_C, 0) = C, \tag{8.6}$$

其中 V 表示相关交易的当前市场价值①，threshold_I 和 threshold_C 分别表示机构及其交易对手的阈值，C 代表已经持有的抵押品金额. 如果上述计算结果为正值，则机构被要求支付抵押品；如果是负值，则会要求交易对手支付抵押品（有以下两点）.

(3) 确定上述计算结果的绝对值是否高于最低转账金额. 如果没有，那么就不可以要求支付.

(4) 如果该结果高于最低转账金额，则根据 CSA 定义的舍入法计算相应的数值.

---

① 和之前比较，可以认为这是盯市价值.

> **工作表 8.6　与独立金额、阈值、所持有抵押品、最低转账金额和舍入法相关的支付和返回抵押品的范例**

下面我们考虑一个阈值、最低转账金额和舍入金额分别为 1 000 000 美元，100 000 美元及 25 000 美元的双向 CSA 合约相关的抵押品计算。我们首先在表 8.6 中给出一个风险敞口导致要求对方支付 775 000 美元抵押品的例子。虽然标的交易价值或"资产组合的价值"是 1 754 858 美元，但是前 100 万美元的风险敞口由于阈值的缘故不会得到抵押。所需抵押品被假定为向上舍入到 775 000 美元。当然，如果对方同意所有的计算，也就是其计算结果为负的 775 000 美元，那么他们将支付这一金额。

在表 8.7 中，抵押品已收到并且该机构风险敞口已经下降，所以局面也就随之改变。机构进而被要求退还抵押品。需要注意的是，虽然机构仍然有无抵押风险敞口，但是仍然由于合约的阈值而被要求这样做。也就是说，由于净额风险敞口 848 920 美元[①]已经低于合约阈值，机构必须退回抵押品。

表 8.6　抵押品计算范例

	抵押品计算
资产组合价值	1 754 858 美元
已持有抵押品价值	—
所需抵押品（公式(8.6)）	754 858 美元
是否高于最小转账金额	是
舍入法金额	775 000 美元

表 8.7　当已经持有抵押品时，抵押品计算范例

	抵押品计算
资产组合价值	1 623 920 美元
已持有抵押品价值	775 000 美元
所需抵押品（公式(8.6)）	151 080 美元
是否高于最低转账金额	是
舍入法金额	150 000 美元

---

① 这是资产组合价值 1 623 920 美元减去持有的抵押品价值 775 000 美元的结果。

8.5.2 保证金风险期

现在我们来考虑需要多久才能收到抵押品. 这就涉及如何估算"保证金风险期". 这里所说的保证金风险期可能会远大于合约所规定的保证金支付周期. 这样一个时期是非常关键的, 因为它是可以不支付抵押品的时间长度, 而在该时间范围内, 任何增加的风险敞口将会处在无抵押状态. 因此, 模拟风险敞口在保证金风险期之内演化进而正确地了解抵押品的影响就显得非常重要. 如果抵押品是不同的货币或证券, 那么汇率和抵押品自身的波动就应该被计算为额外的风险. 在第 9 章(9.7.6 小节)中, 我们将讨论一个以债券作为抵押品的例子.

为了评估保证金风险期, 我们需要考虑以下所有可能会减缓收取抵押品的重要因素:

● 估价/要求追加保证金. 这主要是给出计算当前风险敞口和抵押品的当前市场价值所用的时间, 决定是否要求保证金补仓以及最后发出追加要求. 这应包括由合约规定追加保证金周期而引起的时间延迟(通常合约的追加周期是每天, 但有时也会用更长的时间周期).

● 接收抵押品. 从交易对手收到追加要求到其支付抵押品之间的延迟以及双方可能出现的要求追加金额的争议都应该考虑在内.

● 结算. 由于不同的抵押品类型都有不同的结算期限, 因此机构不太可能在交易对手支付抵押品的同时就收到该抵押品. 现金抵押品基本上可以当天收到, 而其他抵押品则需要更长的时间. 例如, 政府和公司债券可能有 1 天和 3 天的结算期.

● 宽限期. 如果在一个有效的追加要求之后没有收到相关的抵押品, 可能在将交易对手视为违约之前存在一个相应的宽限期. 这有时也称之为治疗期.

● 清偿/清算和重新对冲. 最后, 有必要重新清算抵押品和对冲头寸.

我们应注意到, 上述所有评估都是在交易对手正在违约的情况下应该考虑的. 而正如第 3 章所讨论的一样, 这种最坏情况的评估是有效的, 因为所有的计算都是基于交易对手将会违约这一假设而进行的. 在正常的情况和正常的市场条件下(这可能性是小的), 机构并不关心收到抵押品所花费的时间, 因为在正常的条件下, 抵押品并不具备任何减轻交易对手风险的功能(至少从降低交易对手风险的角度看[①]). 然而, 机构必须考虑交易对手违约和市场条件已经远离正常状态的情况. 在这样的环境下, 在一次有效的追加抵押品的要求(或者这样的要求导致对手违约)提出后到多久能够收到抵押品就非常重要了.

根据 Basel II, 在假定每天都可以追加抵押品的情况下, 场外衍生品的保证金风险期是 10 天(工作日)[②]. 场外衍生品和回购交易被分开考虑, 因为它们被不同的条文规定. 回

[①] 例如, 在这类情况下, 抵押品可能提供融资收益. 这将在第 14 章中详细讨论.
[②] 如果情况并非如此, 那么所使用的时间区间必须加入额外的合约日期.

购市场的抵押普遍收紧,也因此假定最小周期比具有更复杂特性和估值的场外衍生品的相应期限更小.与此假设等同的一个情形如表 8.8 所示.

表 8.8 假定每天都可以追加保证金,交易对手违约的情况下,保证金风险期的时间表.此例并不考虑由纠纷引起的附加延时.表中也给出了 Basel Ⅱ 最低期限(更多细节参见第 11 章)

	场外衍生品(CSA)	回购产品(GMRA*)
估价/要求追加保证金	2 天	—
收到抵押品	1 天	1 天
结算	2 天	1 天
宽限期	3 天	—
清偿/清算和重新对冲	2 天	1 天
全部	10 天	3 天
Basel Ⅱ 最低期限	10 天	5 天

* GMRA:全球回购主协议.

显而易见,上面描述的这些期限完全取决于不同的假设与法律解释.实际中,一个合适的保证金风险期是根据抵押协议、交易对手以及法律方面的考量甚至该机构的管理结构(机构可能会对某些交易对手放松保证金风险期以保持良好的商业关系)来决定的.特别是,表 8.8 没有评估因争议或更长的宽限期而导致的潜在延迟,而这在实际中经常发生.根据 Basel Ⅲ,只有在某些特定情况下(见 17.4.8 小节)才会允许 20 天的保证金风险期.机构必须综合考虑这些因素,进而仔细决定保证金风险期.

在下一章的例子中,我们将使用 10 天(或 10 天的倍数)作为保证金风险期.显然,保证金风险期是一个相当粗糙的"包罗万象"的参数.根据定义,有关这个参数的历史数据非常少[1],而正确地建立追加抵押品要求的模型则非常复杂.例如,在发生争议的情况下,应遵从该协议将无争议部分金额转账,然后有关各方就争议金额部分进行谈判.正如金融危机期间的许多机构所经历的一样,后者的过程可能需要相对较长的时间.图 8.26 描述了这一过程.在理论上,接收抵押品应分为两步:接受无可争议部分和接受有争议部分及相关期限.但在实践中可能就是另外一回事了.

表 8.9 中给出了一个简单的例子来说明在双向 CSA 合约的情况下抵押品对风险敞口的影响.如 8.9 表所示,由于持有抵押品,风险敞口在情形 1~3 下都大幅减少.由于实际中各种诸如阈值和最低转账金额的限制,风险敞口并没有完全被抵押品抵消.在情形 4 下,

---

[1] 尽管当雷曼兄弟破产时,市场参与者同城需要 5 到 10 个工作日出清交易组合的经验和这个价值是基本一致的.

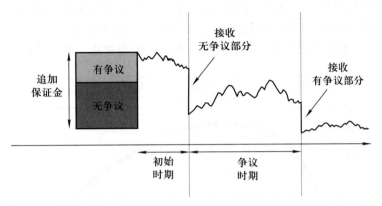

图 8.26 在假设该机构最终收到包括争议部分在内全部抵押品的情况下,抵押品争议对保证金风险期的影响.我们注意到,一个固定保证金风险期可以简单地表示为本图中的两个时期:最初时期和争议时期

资产组合的价值为负的,这时抵押品必须被支付,但由于同样的原因并不增加风险.最后,在情形5下,抵押品的支付则会造成新的风险敞口[①].与其他可以获益的情况相比,这不会产生特别显著的效果,但重要的是我们需要理解抵押品既可以减少风险敞口也可以增加风险敞口.这些可能性将在下一章§9.5的实例中展示.

表 8.9 抵押品对风险敞口的影响

	未来价值		风险敞口		
	资产组合	有抵押品	无抵押品	有抵押品	抵押品收益
情形 1	25	23	25	2	23
情形 2	15	12	15	3	12
情形 3	5	3	5	2	3
情形 4	−5	−2	0	0	0
情形 5	−15	−18	0	3	−3

8.5.3 抵押品对风险敞口的影响

图 8.27 给出了抵押品对风险敞口的影响的一个例子.有两个主要的效果需要注意:第

---

① 现实中当之前缴纳的抵押品还没有按规定退回时会出现这种情况.

一个效果是阈值的作用是有效地控制风险敞口的最大值,使其在阈值附近.抵押品在交易开始和结束时的风险敞口较小,从而阈值也只会产生很小的作用.第二个效果是延迟接收抵押品,支付抵押品要求以及诸如最低转让金额等参数会造成一些风险在阈值之上.

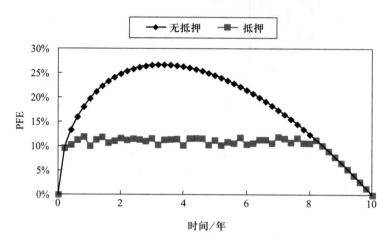

图 8.27　抵押品对风险敞口的影响.假设抵押品的阈值为 10%

8.5.4　回购和过度抵押

正如 3.1.5 小节所讨论的一样,回购合约代表有抵押贷款.当一个机构借入现金并以一些证券作为抵押品时,表示正在进入一个回购(回购协议),而对方则进入一个反向回购.反向回购也是一个有效的抵押贷款,它承载了交易对手风险.反向回购交易的风险敞口是

$$\text{风险敞口} = \max(\text{现金金额} - \text{债券价值}, 0).$$

为了避免交易对手风险,会对抵押品价值打一定的折扣.这意味着在交易开始时债券价值将超过借来的现金金额.在某些回购交易中,可变动的保证金(抵押品)可以把债券价格改变的影响降到最低.由于反向回购的内置抵押折扣而产生过度抵押,因此交易对手风险普遍较小.但是,在可变动的追加保证金要求时间之间的债券价格下滑仍然有可能造成一定程度的交易对手风险.图 8.28 给出了在可变保证金的假设下,由于不同的抵押折扣而产生的风险敞口.我们可以看到,如果抵押折扣很大,那么风险敞口(以债券面值 100 为计算单位)是相当小的,几乎可以忽略不计.

上面的实例假定了 1 年期的回购交易.虽然这是可能的,但实际中回购的期限通常要短得多(如隔夜或 1 周).这一个特点和过度抵押放在一起就意味着,反向回购中的交易对手风险与其他案件中的交易对手风险相比通常很小.

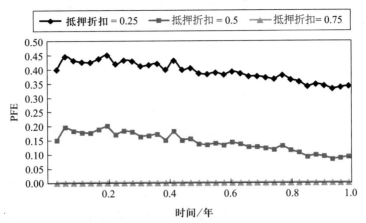

图 8.28　反向回购交易风险作为相关抵押品为一个面值 100 的 5 年期债券的 1 年期抵押折扣的函数图像. 假设保证金风险期为 5 天

§8.6　是采用风险中性测度还是真实世界测度?

关于如何定义信用风险,最后考虑就是它应该使用风险中性测度还是真实世界测度. 简而言之,CVA 定价应该用前者,而风险管理(PFE)则用后者. 然而,实际情况更为复杂.

8.6.1　测度的重要性

以风险管理为目的的未来可能性模拟与套利定价理论使用的是不同测度. 套利定价理论采用了所谓的风险中性测度,这主要是从对冲的角度考虑问题. 诸如漂移率和波动率等参数(进而产生的概率分布)是市场隐含的,不需要对应于实际分布(甚至不需要是符合常理的分布). 然而,在风险管理的实际中,人们是不需要使用风险中性测度的,而应该使用由历史数据或其他方式估算的真实世界测度. 风险中性参数通常应用于 CVA 定价,而真实世界参数通常是风险管理模型(PFE)的基础. 这是一般的区别,但也有一些例外,我们将在下文讨论.

要考虑的参数的类型包括:
- 漂移参数——市场变量的趋势;
- 波动性参数——市场未来的不确定性;
- 相关性参数——市场变量之间的联动.

除了上述一般定义外,也应该考虑均值回归效应. 许多市场变量(如大宗商品和利率)往往意味着,随着回收时间的推移,具有回归均值的趋势. 这种趋势将长期利率拉回到一定意义上的平均水平.均值回归将会影响未来价格与波动性.风险中性测度下的均值回归参数通常比历史数据估算的小,而且往往难以准确模拟.

8.6.2 漂移

VAR 市场风险和以计算 CVA 为目的的风险敞口的量化之间的主要差异是考量的时间范围.在相对较短的市场风险时间范围内(例如 10 天的 VAR 方法),标的资产的价格漂移与其波动性相比是次要的并且经常被忽略.但是,在评估信贷风险和 CVA 所需要的较长的时间展望期内,漂移和波动性都是非常重要的考虑因素.换言之,标的变量的趋势和它的不确定性是同等重要的.

即使是用于风险管理领域的模拟的风险中性参数,其一个应用领域也是去确定标的风险因子的漂移,而最经典的方法是通过远期利率进行参数校准.漂移的考量是非常重要的,因为波动性大概和时间的平方根成正比,而漂移则是时间本身的线性函数,所以最终漂移将占据主导地位.期货(或等价的远期合约)价格长期以来都是金融市场中发现合理价格的一个重要手段,因为它们代表了在一些未来时间点上的供需平衡.远期利率有时候会偏离当前利率很多,从而理解它是不是真正的"市场观点"非常重要.

一些重要的技术因素是:

● 大宗商品的价格.除了商品市场参与者对于商品价格走向的观点外,仓储成本(或缺乏存储)、库存和季节的影响都可以造成商品期货价格的漂移,从而远离即期价格.高库存的期货价格高于现货价格(顺价).当库存降低是,商品的现货价格可能会比期货价格更高(逆价).

● 利率.由于对短期、中期和长期利率不同的风险偏好以及对于利率增加或减少的不同观点,会导致收益率曲线可能向上倾斜或向下倾斜(以及其他各种形状).

● 信用溢差.信用曲线可能会由于对一定期限内信用风险需求或者认为违约概率将随时间变化而上升或下降.

● 汇率(FX).远期汇率是根据套利理论从相关货币对应的利率曲线计算出的.汇率的未来期望可能会对相关货币的当前利率曲线产生影响.例如,外汇远期利率是由标的利率的差异产生的.长期以来,学者们也一直质疑长期的远期利率是否可以正确地预测将来的即期汇率,例如 Meese and Rogoff(1983)和 Sarno and Taylor(2002).

人们已经通过不同市场进行了很多即期价格和期货价格之间关系的经验测试.一个普遍持有的观点就是,期货价格是有偏颇的未来现货价格预测.这是和有效市场假设相矛盾的.如果我们的看法是远期利率是未来即期利率的最佳期望,那么这可能导致一个很强的漂移的假设.如果这个假设是错误的,那么它会带来很大的高估或低估的风险.

尽管有如上所述的各种漂移,大多数 PFE 和 CVA 计算还是针对市场上的远期利率进行校准的.从 CVA 的观点来看,这将通过对冲进行调节.更多的讨论详见 16.3.1 小节.而将此用于以量化 PFE 为目的的计算，则往往是为了方便起见，因为这意味着简单的产品可以根据结构给出适当的定价，并绕过努力去估算风险因素的真实世界测度的漂移.

这里读者需要深刻理解的关键点是：市场是不完美的，所以我们不能总是指望目前的期货价格是未来即期价格的最佳估算. 我们应在评估和定价交易对手风险时牢记这点，尤其是在较长期限的情况. 推崇对真实世界测度漂移的估计并不是本节的目的. 然而，读者需要明白在 PFE 的量化和以对冲为目的 CVA 计算中使用风险中性测度漂移的假设并不是完美的.

例子 假定一个交易的未来价值 1 年的波动率为 10%，漂移率为 5%. 基于通常公式的期望风险敞口为

$$5\% \times \Phi\left(\frac{5\%}{10\%}\right) + 10\% \times \varphi\left(\frac{5\%}{10\%}\right) = 6.98\%.$$

另一方面，考虑反向交易. 期望漂移率为 -5%，并且期望风险敞口是

$$-5\% \times \Phi\left(-\frac{5\%}{10\%}\right) + 10\% \times \varphi\left(-\frac{5\%}{10\%}\right) = 1.98\%.$$

我们看到第一笔交易的 CVA 大概是第二笔交易的 CVA 的 3.5 倍，这样的结果对吗？

8.6.3 波动性

在量化风险敞口的时候，人们可能会使用历史数据估算的波动性. 然而，隐含波动性和 CVA 的计算更加相关. 当然，我们需要说明 CVA 的哪一部分波动需要被对冲掉. 同时，我们也注意到正的均值回归会减少长期的波动性，因此也是一个非常重要的需要估算的参数.

如果使用历史数据估算波动性，那么隐含的假设是过去是未来的一个很好的预示. 而且，非常有必要决定使用什么样的历史数据：太短的历史数据会给出很少的统计信息，而太长的历史数据则容易包含很多毫无意义的部分. 在平静的市场中，缺乏波动性的历史时间序列数据可能会给出很低的风险估计，产生所谓的顺周期性估算，从而造成误导（Basel 资本规则的最新变动要求始终使用压力期的数据以克服这一点，详见 17.4.2 小节）. 当市场突然变得更加不稳定时，历史估计只会随着观测数据窗口的移动逐步做出反应.

在大多数市场中都很可能隐含了波动率的信息，它通常可以看作履约价格和期权到期日的函数. 隐含波动率会在市场变得更加不确定时迅速做出反应，并且可以根据"市场永远正确"的原则进行调整（或者说当前市场信息至少比历史数据更好）. 然而，嵌入市场隐含波动中的风险溢价将导致系统性地高估整体风险. 有人认为，相比较时间序列方法的历史估计，隐含波动率是未来波动性的一个上界估计（如 Jorion，2007 的第 9 章）. 波动风险溢价的稳定性和未来波动性被高估的事实总是给出更保守[①]的风险敞口计算，因此机构更加信

---

① 可以期望，使用隐含波动率将产生上行偏差，因为风险溢价的缘故，导致更高（更保守）的风险数值.

任这个思路.

8.6.4 相关性

虽然假定高波动率至少是保守的做法，但是对其他的参数就不一定了. 当为模拟风险敞口而进行相关性估算时，一个相对高或低（正或负）的相关性会更加保守就不是那么显而易见了. 事实上，在一个复杂的产品组合中，风险敞口甚至并不是相关性的一个单调函数[1]. 因此，使用一些市场隐含参数所产生的风险数据并不一定更加保守.

隐含相关性有时是可以在市场上找到的. 例如，一个汇率联动期权需要用另外一种不同的货币进行支付，因此给出了有关外汇汇率与标的资产之间的隐含相关性. 相关性的一个关键作用就是判断错向风险. 例如，一个汇率联动的 CDS（支付风险溢价方和违约支付方采用不同货币的信用违约互换）可能会给出外汇汇率和 CDS 的参考实体信用资质的相关性信息（见 15.4.2 小节）[2].

虽然隐含相关性在某些时候可以计算，但是大多数时候并没有实际的市场价格可用. 这也意味着，会用历史数据来计算相关性参数，并且 CVA 对相关性参数的敏感性一般不能被对冲. 相关性参数的敏感度分析对理解某些特性的相关系数是非常重要的.

8.6.5 结论

综上所述，风险管理（PFE）的风险敞口量化一般应着眼于使用真实世界参数，并在有很好的理由时使用市场隐含参数（例如上例中所使用的漂移和隐含波动率）. 为计算 CVA 而进行的风险敞口量化一般都应该使用市场隐含参数. 一个明显的例外就是历史相关性参数的使用，原因是市场的隐含相关性往往无法观测. 我们将在 12.2.2 小节中讨论真实世界测度与风险中性测度之间的潜在差异，并且在第 16 章中讨论更多关于对冲的细节.

§8.7 小 结

在本章中，我们已经讨论了风险敞口以及一些关于潜在未来风险敞口的关键定义，阐述了期望风险敞口、期望正风险敞口；解释了影响未来风险敞口的诸多因素，继而讨论了净额结算和抵押品的影响. 在下一章中，我们将讨论如何具体量化风险敞口，包括实际中如何计算诸如净额结算和抵押品价值等在本章中已讨论的部分.

---

[1] 这意味着最差的相关系数不一定是 100% 或 −100%，而是两者之间的一个值.
[2] 假设我们能够观测到欧式或单货币 CDS 的费率.

第 9 章 量化信用风险敞口

> 我们这个时代的问题是未来和过去不一样了.
>
> Paul Valery(1871—1945)

§9.1 导　　言

在这一章中，我们将概括地介绍量化风险敞口的各种方法，这其中既有一些简单粗糙的方法，也有更为复杂和通用的 Monte Carlo 模拟. 后者将是我们讨论的重点，因为它全面而根本. 我们将给出通过 Monte Carlo 模拟来量化风险敞口的方法与步骤，包括对不同资产类别的风险因子及其相关性建模的讨论.

为了说明本章和之前章节所介绍的许多概念，我们将展示许多实例，关注净额结算和抵押所起到的作用.

量化风险敞口这个问题的核心在于以下两种效应的平衡：

- 我们展望未来时，市场变量将愈发变幻莫测. 因此风险随着时间而增大.
- 许多金融工具的现金流都是随时间派发的，这种随时间的"摊还"倾向于降低风险.

尽管如此，实际中计算风险敞口必须权衡考虑复杂性和可操作性.

§9.2 量化信用风险敞口的方法

9.2.1 附加金额

估计未来风险敞口的最简单的方法就是在当前正风险敞口的基础上加一个代表未来 PFE 不确定性的度量. 这类简单的方法是 Basel I 的基础(将在 17.3.1 小节中讨论)，通常称其为当前风险敞口法(current exposure method, CEM). 在单个交易产品的水平上，附加金额应当反映以下两点：

- 所考查的时间展望期；
- 标的资产的波动率.

举例来说，较长的时间展望期应当对应较大的附加金额，诸如外汇和大宗商品等波动性较大的资产类别同样应当赋予较高的附加金额. 附加金额方法快速简单, 可以预先计算风险敞口并通过简单的坐标格表示其分布. 这种坐标格可以对新加入的交易的 PFE 进行快速查找.

但是附加金额方法无法捕捉一些更为细微的效应, 这包括:
- 交易细节(货币、现金流细节);
- 交易的盯市价格是否严重偏离零值;
- 净额结算;
- 抵押.

除非采用非常粗糙的法则(比如 Basel I 允许将当前净额结算收益的 60% 应用到未来的风险敞口), 附加金额方法很难包含以上因素. 一些更为复杂的附加金额方法已经出现(例如 Rowe, 1995 和 Rowe and Mulholland, 1999), 但与一般化方法(比如 Monte Carlo 模拟)的效果相比, 这种复杂性的增加也许没有必要.

9.2.2 半解析方法

半解析方法一般都比简单的附加金额方法复杂, 但仍然需要做一些近似. 它的优势在于能够节省做 Monte Carlo 模拟所花费的时间. 半解析方法通常基于:
- 对驱动风险敞口的风险因子做一些简单的假设;
- 基于以上风险因子, 计算风险敞口的分布;
- 通过半解析的逼近方法, 计算对应于上述风险敞口分布的风险测度.

上一章介绍了一些简单、通用的解析表达式, 更为具体的公式请见附录.

一些文献提供了针对特定产品的解析公式①. 例如, Sorensen and Bollier(1994)指出, 利率互换的风险敞口可以通过一系列利率互换期权来定义; Arvanitis and Gregory(2011)将这种想法加以推广, 以考查实物交割的利率互换期权(将行权决策纳入考虑范围); Brigo and Masetti(2005b)考查净额结算的影响, 并在某种限定条件下推导出包含利率互换的资产组合的风险敞口计算公式. 显然, 半解析方法的缺陷在于:
- 半解析方法基于一些关于风险因子的简单假设. 因此, 它不能处理复杂的分布假设.
- 这类方法难以捕捉路径依赖性, 比如行权决策. Arvanitis and Gregory(2011)算是一个例外.
- 在有抵押的情况下, 解析公式需要做相应的调整(尽管我们在本章后续部分将会看到, 抵押有时可使风险敞口更易于逼近).
- 即使是最一般化的半解析方法, 其计算过程也通常忽略净额结算(Brigo and Maset-

---

① 这些公式通常用于计算风险中性测度下的风险敞口. 通过简单的数据置换, 这些方法同样可用于真实世界测度.

ti, 2005b 是一个例外).

上述最后一个问题最重要. 尽管存在一些有效的解析公式, 它们的使用范围仅限于风险因子个数很少的情况, 比如单一交易. 但是, 净额结算意味着问题的维数可能很高, 因此需要更加灵活的模拟方法.

在结束本节之前, 我们还需要指出两点: 首先, 许多净额结算集(尤其对于无抵押担保的交易对手)实际非常简单, 因为场外衍生品最终用户的需求非常有限. 例如, 一个交易对手可能只交易单一货币的利率互换. 其次, 抵押的本质在于将一个长期的风险敞口转化为短期的(比如 10 天). 这预示着一些基于风险价值的相对简单的方法可能是有效的. 我们将在本章结束时讨论有抵押情况下, 风险敞口的近似计算.

虽然简单或有抵押的净额结算集或许可以通过解析方式计算, 并且速度远远高于 Monte Carlo 方法, 但是在操作性上确实不尽如人意. 一个交易单一货币互换的交易对手如果想交易一个外汇远期, 就需要创建一个净额结算集, 而这个集合是不能用解析方法来处理的. 另外, 净额结算集中交易的盯市价值的急剧下跌可能导致风险敞口低于信用支持附件(CSA)的临界值, 从而使得对抵押品的近似欠准确(后文将详细阐述为什么一个带临界值的信用支持附件不容易近似). 因此, 虽然 Monte Carlo 方法有时候未免复杂, 它的普适性还是值得称道的.

9.2.3 Monte Carlo 模拟

Monte Carlo 模拟虽然是最复杂、最耗时的测算风险敞口的方法, 却也是最通用的, 而且能够处理诸如交易细节、路径依赖、净额结算和抵押等许多简单方法无能为力的复杂情况. 对于高维净额结算集, Monte Carlo 模拟是唯一一种能够同时处理大量风险因子及其相关性的方法. 虽然已经有附加金额方法和解析方法的存在, Monte Carlo 模拟依然在一段时期被认为代表了技术发展的最前沿.

§9.3 Monte Carlo 方法

9.3.1 模拟模型

第一项任务是定义相关的风险因子, 并选取风险因子的发展所应遵循的模型. 在模型的现实性和简约性(parsimoinous)之间, 我们必须做一个权衡取舍. 举例来说, 决定利率曲线的风险因子可多达 50~60 个, 而最简单的利率模型只有一个风险因子, 所以一个包含二三个因子的模型也许就代表一种恰当的对现实的妥协. 相对于单因子模型, 这个模型可以捕捉利率曲线变化的更多侧面, 但还不至于产生一些与现实不符的曲线形状或存在套利机会的模型价格.

选择相对简单的模型的另一个原因在于:我们需要包含相关性,以正确反映所要模拟的净额结算集的多维分布[1]。对标的风险因子及其相关性的完备描述需要用到很多模型参数。当我们需要在一组给定的风险因子(例如利率曲线)之外考虑另一组风险因子(比如另一种货币的利率曲线)时,就要进行权衡取舍。将复杂的一维模型与原始的多维模型相结合是没有意义的。一个金融机构可能对利率、外汇、通胀、商品、股票和信用产品各有一套比较好的建模方法,但却可能通过简单的相关性把这些模型组合到一起。我们将在§9.4中给出具体的模型。

为标的市场变量选取合适的模型是至关重要的,对这些模型的校准同样不可忽视,因为未来的场景将会依赖于此。用历史数据校准的模型会以过去的数据所呈现的模式预测未来的可能情况,即假设历史不断重复。这种方法有时不能对市场的变化迅速做出反应。校准到当前市场数据的模型更具前瞻性(forward-looking),但因为包含诸如风险溢价和存储成本等信息而带有一定偏差。另外,这种模型产生的风险敞口可能带有强烈的跳跃性,特别是在市场波动大的时候。

一般来说,是否采用历史数据视具体应用而定。如果是出于风险管理的目的,模型必须能够提供相关交易风险的合理分布,涵盖大部分未来可能的情景。这种模型多用历史数据校准。如果是出于定价的目的,那么模型最重要的一点就是要与当前市场数据相吻合,并提供稳定的对冲比率。PFE 与 CVA 的应用目的是如此不同,以至于基于一个标的模拟框架,通常需要选择不同的参数值(甚至是不同的模型)。这种法则也有例外。比如,风险管理模型一般会根据当前远期利率校准,但这并非最合适的方法,它更多出于方便考虑(我们在 8.6.2 小节中讨论过这一点)。同样,当定价模型被校准到市场数据时,仍会有一些模型参数不能完全确定,它们只能用历史数据进行估计(最显然的例子是风险因子之间的相关性)。

模型的选择还需要考虑到诸如均值回归一些因素。对于较长的时间展望期,均值回归的缺失将导致不符合实际情况的大风险敞口。但是,这些参数的校准并不容易(对均值回归速率的校准,无论使用历史数据还是当前市场数据都不算简单)。其他需要考虑的因素还包括季节性、跳跃性、信用迁移(credit migration)和违约。

利用所选模型模拟风险因子分布的样本必须是可能而且可行的。一般来说,我们需要在许多时点模拟上千个情景,因此模拟方法必须高效。

需要强调的是,用于随机模拟的模型应当具有普适性,以支持为复杂净额结算集定价时所需的多风险因子联合模拟。这种建模对于前台很有挑战性,因为前台的许多模型都是独立校准的,它们所给出的模型定价与交易对手风险系统给出的可能不尽相同(尽管我们

---

[1] 相关性是表示相关关系的一种常用方式。我们从现在起开始使用相关性。请读者注意,对于模拟相关关系,还有其他方法。我们将在 15.2.4 小节中介绍这些内容。

希望差别很小).

9.3.2 情景生成

选择了风险因子和相关模型之后,我们需要根据模型对风险因子的可能情景进行模拟. 每一种情景都是全体风险因子在不同时点的联合实现. 情景应当具有一致性, 因为在同一个净额结算集中, 不同的风险可能相互抵消①. 在净额结算集之外, 风险是可加的, 此时只要产生足够多的情景, 它们之间的一致性就不太重要.

如图 9.1 所示, 我们需要为模拟设定坐标时点. 为了捕捉风险敞口的主要细节, 坐标时点的数目必须足够多, 但也不能多到破坏计算可行性的程度, 通常的取值范围是 50~200. 情景模拟的时间展望期必须大于我们所考查的交易产品的最长期限. 出于滚降 (roll-off)(将在后文介绍) 识别交割风险等原因, 坐标时点之间的间隔并不一致. 另外, 由于坐标时点之间的间隔通常大于保证金风险期的长度, 为了模拟抵押的影响, 我们有必要加入一些回望时点(图 9.2). 同时, 由于最长期限、抵押条款和标的产品类型的不同, 为不同的交易对手设置不同坐标时点是有必要的.

图 9.1　风险敞口模拟的时点

图 9.2　风险敞口模拟的时点,加入了额外的格点进行抵押品计算

因为风险敞口的计算只在离散时点上进行, 所以我们可能会遗漏一些关键的风险热点 (hotspot) 时期. 产品到期、期权执行、现金支付和摊还会导致风险敞口随时间跳跃性地变化. 由这些因素所导致的风险敞口的跳跃叫作"滚降风险"(roll-off risk). 这些风险持续的时间可能很短, 但规模很大. 每日的跳跃是价格风险造成的. 滚降风险的影响如图 9.3 所示.

滚降风险可以通过非均匀坐标时点来部分地控制(图 9.1). 但是, 这不均匀的坐标时点可能意味着 PFE 不规则的剧烈变化. 一个更好的办法是先设定一个均匀的时间坐标, 然后在此基础上加入一些关键的时点(如到期日、交割日期、现金支付日期). 我们需要为每个净额结算集重复此过程. 根据净额结算集的特点采用不同的坐标时点是很重要的.

另一个需要思考的问题是: 我们是按顺序模拟(后一个点基于前一个点)一条连续路径, 还是每次从零点出发, 直接模拟路径中的每一点?(图 9.4)Pykhtin and Zhu(2007) 解

---

① 所以一个给定的情景对所有的交易都是一样的.

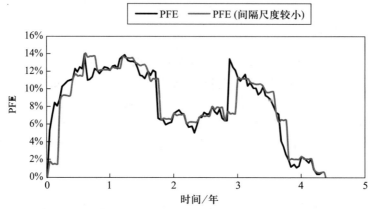

图 9.3 不同间隔尺度下计算出的同一个交易对手的 PFE. 在正常情形中，时间间隔为 10 个工作日；在间隔稍大的情形中，时间间隔为正常情形的 5 倍

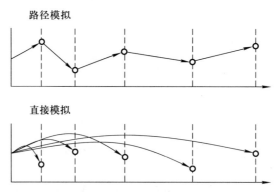

图 9.4 路径模拟和直接模拟的差别. 直接模拟可能更耗时，在捕捉路径依赖性方面可能出问题，因为它并不使用前一个时点作为起点

释了两种方法的不同之处，但两种方法的效果应该是一样的. 对于路径依赖的衍生品，路径模拟方法更为合适.

9.3.3 再估值

当情景产生之后，我们需要在未来的每个坐标时点重新为各个头寸估值. 举例来说，为了对利率互换进行再估值，我们必须计算相应的风险因子（利率），然后通过标准的定价方法将利率互换的价值表示为利率的函数（比如，利用公式重新构建始于该时点的收益率曲线）.

再估值的过程肯定需要高效的定价模型与算法的支持. 设想我们要计算如下的交易组合风险敞口:
- 250 个交易对手;
- 与每个交易对手平均进行 40 笔交易;
- 100 个模拟时间点;
- 10 000 个情景.

在这种情况下, 需要进行再估值的交易的个数为
$$250 \times 40 \times 100 \times 10\,000 = 10\,000\,000\,000 = 100 \text{ 亿}.$$
这一过程最花时间, 通常是整个 PFE 和 CVA 计算流程的瓶颈.

普通交易产品的定价流程应高度优化, 其中任何共同的计算步骤(比如计算周期性固定现金流的现值)都值得单独拿出来进行最大限度的优化. 在交易量十分庞大的情形中, 这种优化至关重要.

复杂交易产品会带来更多的问题, 虽然它们的数目可能不多, 但其定价通常涉及基于网格的方法或 Monte Carlo 方法, 而这些方法的计算速度过慢. 克服这一困难有以下三种方式:

- 逼近法. 在某些情况下, 一些粗糙的逼近方法也许能达到足够的精确度, 例如用欧式互换期权作为 Bermudan 互换期权的近似.
- 网格法(Grid). 只要维度不算太大, 用网格法计算交易价格是可以接受的. 用于计算的网格可以使用前台的系统来构建, 从而和交易部门的定价模型相一致. 计算 PFE 时, 我们只需找到网格上对应的节点(有时需要插值), 不必每一次都进行定价.
- 美式 Monte Carlo 方法. 这是一种用途广泛的方法, 它利用未来的 Monte Carlo 模拟样本对当前时点的风险敞口进行有效估计[①]. Longstaff and Schwartz(2001), Glasserman and Yu(2002) 和 Cesari et al. (2009) 介绍了这种方法的一些应用. 对于计算 CVA 来说, 这可能是最好的方法, 但对于计算 PFE 和实施风险管理可能不太奏效(见 9.4.1 小节).

除此之外, Gordy and Juneja(2008) 所描述的方法可以更高效地计算期望风险敞口(EE). 这种方法用到这样一个事实: 风险敞口的计算的核心是对交易产品价值分布的估计.

尽管有许多方法可以提高再估值的效率, 硬件投入(上千个 CPU) 所带来的效率提升是最显著的. 这不难理解, 因为一个大型金融机构通常需要在上百个时点产生数千条模拟路径, 以计算数以百万计的交易产品的风险敞口.

9.3.4 整合

对交易完成再估值后, 我们将会得到大量的三维数据, 分别对应于交易(k)、模拟路

[①] 这种方法既可用于计算 EE(出于计算 CVA 的目的), 也可用于 PFE(出于风险管理的目的). 但是后者的精确度稍差. 另外, 作为一种一般化的方法, 它无法完全匹配前台给出的估值.

径(s)和时间(t). 交易的价值可以表示为这三个分量的函数：$V(k,s,t)$. 这些信息需要在净额结算集的水平上进行整合. 这就需要相关交易对手的净额结算条件. 如果我们假设交易 $k=1,\cdots,K$ 都属于同一个净额结算集(简记为 NS), 那么这个净额结算集的未来价值将由如下分量组成的矩阵决定：

$$V_{\mathrm{NS}}(s,t) = \sum_{k=1}^{K} V(k,s,t), \tag{9.1}$$

其中 $V_{\mathrm{NS}}(s,t)$ 代表了该 NS 在模拟路径为 s 和时间为 t 时的价值. 后续的分析将主要围绕这个值展开, 所以应予储存. 单个交易的未来价值 $V(k,s,t)$ 并不一定需要储存, 尽管它对于某些量的计算是必要的(例如在 9.6.3 小节中介绍的边际风险敞口).

9.3.5 后期处理

上面的步骤提供了所有时点和路径上的交易价值，并在适当的水平加以整合. 后期处理(post-processing)的目的在于将特定的降低风险的手段(最明显的莫过于抵押品)应用于这些数据. 为了得到抵押条件下的风险敞口, 我们需要在后期处理时分析每一条模拟路径, 以确定各条路径上的每个时点所对应的抵押品金额. 一般来说, 只要抵押条件只依赖于总风险敞口, 不依赖于标的市场变量, 那么后期处理实际上和前面的步骤是独立的(但顺序不变).

后期处理还能够应用于额外终止事件(termination events)(中断条款)等其他合约特性, 一般针对单个交易产品. 我们将在§9.7 中继续讨论后期处理.

9.3.6 提取

上述所有步骤完成后, 我们就可以从中提取(extraction)任何所需要的风险测度(出于风险管理、定价或监管目的). 虽然在计算出 EE 和 CVA 等风险测度后, 我们可以丢弃之前生成的模拟情景, 但为了今后的交易, 所有 $V_{\mathrm{NS}}(s,t)$ 都应保留(例如为计算增量风险敞口提供方便, 这将在 9.6.2 小节中讨论).

§9.4 信用风险敞口的模型

我们将在这部分提供用于模拟风险敞口的模型细节以及对不同资产类别建模的要素(更多数学细节请参见附录 9A). 我们考查模型校准, 复杂和简单模型的权衡取舍, 并对各种资产类别给出具体的例子. 这里只是泛泛而谈, 更多有关风险敞口建模的数学细节请参见 Cesari et al. (2009).

请记住, 一个包含少量参数的简约模型完全有理由击败那些更为复杂的模型. 为了定义一条曲线的演变而对大量风险因子建模是没有必要的, 而且可能导致过高的复杂性和不切实际的未来情景. 在一个存在复杂相关关系和错向风险(错向风险是第 15 章的主题)的世界中, 这种情况尤其严重. 虽然可能有上百个风险因子需要建模(取决于所需覆盖的资产类别), 但是我们仍然应当试图尽量减少所需风险因子的数目.

尽管存在许多计算风险敞口的高级模型, 它们所谓的"精确"可能带有误导性. 如果 CVA 计算的某个环节具有极高的不确定性, 那么用一个复杂的模型对风险敞口建模反而是徒劳的. 这种情况的一个显然例子就是交易对手的信用溢差, 这是一个非常主观的数据, 很可能不准确.

9.4.1 风险中性和真实世界

在上一章中, 我们讨论了风险中性测度和真实世界测度两种方法的差别. 一般来说, 用于交易对手风险管理的风险指标, 例如 PFE, 是在真实世界测度下计算的, 而定价指标 (CVA) 应在风险中性测度下计算. PFE 方法和 CVA 方法有根本区别, 如表 9.1 所示. 用于风险管理目的的 PFE 方法倾向于使用历史数据, 比较保守, 与信用限额等方法一脉相承. 而 CVA 方法基于市场数据, 应当反映正确的价格和对冲机制. 风险敞口的模拟必须能够同时支持上述两种方法.

表 9.1 PFE 方法和 CVA 方法的不同要求

	PFE 方法	CVA 方法
方法	真实世界测度	风险中性测度
校准	历史数据	市场数据
精确度	保守	精确
降低手段	限制	对冲

有关风险中性测度和真实世界测度的一个更为细微的区别正如图 9.5 所示. 交易在未

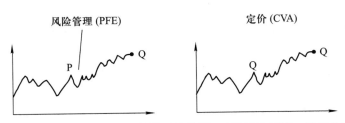

图 9.5 交易对手风险管理和定价的情景模型的差别. 对于风险管理, 模拟是在真实世界测度下进行的, 而再估值必须在风险中性测度下进行; 对于定价, 所有的模拟和再估值都在风险中性测度下进行

来的再估值应当在风险中性测度下进行，实际操作中也是这么做的．也就是说，交易对手风险管理要求在真实世界测度（记为 P 测度）下进行模拟，而在风险中性测度（记为 Q 测度）下进行定价．这种内在的不一致可能会带来麻烦，9.3.3 小节提到的美式 Monte Carlo 方法就是一个例子．另一方面，CVA 的计算完全在 Q 测度下进行，所以不存在这种问题．

鉴于 PFE 的计算所带来的上述问题，某些市场人士建议将用于风险管理的随机模拟放到风险中性测度下进行．但是，这并不见得是更好的方案，因为与真实世界测度相比，风险中性测度下的模型参数是带有偏差的（见 §8.6）．在风险管理操作中使用风险中性测度下的模型参数可能会带来较大的波动性，从而导致信用限额（credit limit control）等方法变得异常复杂．同时，这也使回测（backtesting）等标准工序失去其合理性．

最后，我们再次强调，定价的关键基础是对冲，而 CVA 的对冲又谈何容易（第 16 章将会讨论这个问题）．虽然从理论上说，CVA 的计算应当完全在风险中性测度下进行，实际中可能还会依赖于真实世界测度下的参数．

9.4.2 利率

用于估计风险敞口的最简单的利率模型是单因子 Hull-White 模型（Hull and White, 1990）．在这个模型中，短期利率（short rate）服从带均值回归的布朗运动．均值回归意味着，当利率超过某个平均水平时，它将以一定速率回归到这一水平．均值回归的平均水平可随时间变化，这使模型拟合当前的收益率曲线成为可能．

工作表 9.1　单因子 Vasicek 模型模拟利率互换的风险敞口

实际中一般使用多因子模型模拟收益率曲线的变动．从历史数据来看，收益率曲线的变动相当程度上可通过三个主要的因子来解释（参见 Rebonato, 1998）．这些因子分别对应于平移、扭转和蝶形移动．Jamshidian and Zhu(1997) 和 Reimers and Zerbs (1999) 认为这些方法在利率风险的建模中更符合现实情况．为了说明多因子模型的必要性，我们在图 9.6 中分别展示了用单因子模型和多因子模型计算的利率封顶期权的 PFE，两个模型都是用同一组历史数据校准的．单因子模型通常只能捕捉收益率曲线的平移变动和有限的斜率增减．另一方面，三因子模型可以产生更为复杂的收益率曲线的形状变化．这将导致利率封顶期权的 PFE 显著增大，因为利率封顶期权对收益率曲线的形状非常敏感．为了拟合市场价格，CVA 的计算同样需要多因子模型．

在多因子建模中，我们通常选用两类模型，即短期利率模型和 LIBOR 市场模型（LMM，详见 Brace et al., 1997）．短期利率模型的优势在于数值计算方面，其校准和模拟相对简单，而且便于与用于其他资产类别的模型结合．但是，非高斯的短期利率模型（这种

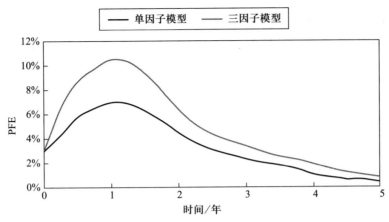

图 9.6 单因子模型和三因子模型计算的利率封顶期权的 PFE

模型主要用于避免负利率)的可塑性相对于高斯模型有所降低. LMM 模型在数值计算方面更为复杂,其状态依赖(state-dependent)的漂移项将会降低模拟速度,但这种模型更易于校准到利率封顶期权单元和利率互换期权等其他类型的交易产品. 出于这个原因,LMM 模型更适于 CVA 的计算.

正如我们将在第 14 章中看到的,融资的重要性意味着融资曲线(funding curve)应当作为一个单独的利率过程进行建模,而且这条曲线和 CDS 溢差有关.

9.4.3 外汇和通货膨胀

传统的汇率模型是一个标准的几何布朗运动,这保证了汇率永远为正的. 该几何布朗运动的漂移项通常校准到远期汇率(尽管这在 PFE 的计算中会产生问题,参见 8.6.2 小节).

在 PFE 的计算中,我们可以使用历史波动率,但为了避免汇率过大或过小,我们需要引入均值回归,期限较长时尤需如此. 长期的回归均值可以设定为当前现值、风险经理主观判定的水平、历史平均、远期利率或者一个保守的估计.

在 CVA 的计算中,我们通常用外汇期权的价格来校准汇率模型的即时波动率(尽管这对于期限很长的期权会产生问题). 但是,通过这种方法校准的模型无法拟合交换汇率货币期权(currency cross-rate option)的价格,而复杂的汇率模型又过于臃肿,尤其在与用于其他资产类别的模型相互结合时.

在某些情况下,我们可能有必要使用带跳跃性的汇率模型. 汇率跳跃可能源自对一种货币经济的冲击,甚至某个国家违约造成的货币急剧贬值. 跳-扩散过程(jump-diffusion process)经常用于刻画新兴市场或挂钩货币(pegged currency). 时间展望期越短，捕捉汇率跳跃就愈显重要（参见 Das and Sundaram，1999）. 我们将在 15.4.2 小节中讨论这种问题.

通胀产品可以用与汇率相似的方法建模，因为实际利率和名义利率可以看成本币利率和外币利率. 标准的收益率曲线可用于本币，而与通胀相连接的债券（inflation-linked bond）可以用于校准外币. 波动率可以用与通胀相连接的期权（inflation-linked option）校准.

9.4.4 商品

商品价格倾向于围绕某个水平均值回归，该水平代表生产的边际成本（参见 Geman and Nguyen，2005 和 Pindyck，2001）. 另外，由于一年中的收割周期和消费变化，许多商品价格呈现季节性. 对于商品来说，由于某些标的资产强烈的倒价（backwardation）和顺价（contango），采用风险中性测度下的漂移趋势是特别危险的（见§6.2）. 但是，无法贮藏（因而无法持有）的商品（例如电）的现货价格和期货价格之间不存在无套利价格关系，因此期货的价格可能反映了预期的未来水平.

9.4.5 信用溢差

信用产品带有显著的错向风险，因而那些忽略交易对手风险的原始的建模方法并不适用. 我们将在第 15 章中讨论这一问题. 与上述资产类别一样，信用溢差需要一个能够避免产生负值的模型，但这类模型的可塑性通常不强. 与上述资产类别不一样的是，信用溢差的波动性极大，且由于信用资质突然而且离散的变化（例如利润通告和信用升降级）而带有跳跃性.

9.4.6 权益

标准的权益模型是几何布朗运动，该模型假设收益率服从正态分布. 标的资产的波动率可以使用市场隐含的，也可使用从历史数据估计得到的. 出于现实目的，我们通常不应当试图模拟个股，因为这不但非常耗时，而且将会引入大规模不良形式的相关矩阵[1]. 通常的方法是模拟几个主要的指数，然后用个股的 beta 值[2]估计其价格变化.

9.4.7 相关性

一个对风险敞口的典型模拟需要对成百上千的风险因子建模. 这就需要一个大规模的相关矩阵，以刻画多维相关性. 即使对单一交易，这种相关关系都是重要的：一个跨币种互换包含汇率和两种利率的风险，因此至少需要三个风险因子和三个相关系数. 但是，不

---

[1] 这个问题可以解决. 已经存在一些方法通过规范相关性而得到条件最优（半正定）的相关矩阵. 但是，此类方法比较耗时而且相对复杂，特别当权益类产品仅占资产组合的一小部分时.

[2] beta 值在 CAPM 模型中定义，它等于个股收益率和指数收益率的协方差除以指数收益率的方差.

同的相关系数对未来风险敞口的影响有显著的不同. 对于涉及两种货币的利率互换, 两种货币利率之间的相关系数是一个非常重要的参数. 相对而言, 石油价格和汇率之间的相关性就显得不那么重要了, 甚至是完全无关的. 因此, 我们有必要将资产类别内和资产类别间的相关性加以区分.

对于许多机构来说, 它们和不同的交易对手交易不同类别的资产, 例如和一个交易对手进行利率互换, 和另一个交易对手交易商品期货. 同一资产类别内部的相关性是一个重要的因素. 例如, 为了确定两种货币的利率互换的未来风险敞口, 两种利率之间的相关性就比较重要. 事实上, 它可能比单个货币收益率曲线的变动还重要, 而这正是采用相对简约(使用较少因子)的利率模型的原因. 相关系数可以直接从时间序列中估计, 或者通过差价期权(spread option), baskets 或 quanto 等交易产品的价格来推断.

在某些情形中, 对一个交易对手的资产组合中的产品可能跨越多个资产类别, 或者包括一些跨资产类别的产品, 例如跨币种互换. 此时, 我们必须认真虑资产类别之间的相关性. 由于随时间的不稳定性, 此类相关性通常难于从历史数据中准确估计. 另外, 它们也不大可能从市场数据中推断出来. 资产类别之间的相关性, 特别是对于无抵押的交易对手, 通常不是很重要的, 因为交易通常限于同一种资产. 话虽这样说, 但即使是相对简单的衍生品用户, 例如航空公司, 都可能需要同时交易跨资产类别商品、外汇和利率产品, 这就使得它们的未来风险敞口涉及众多资产类别之内和之间的相关系数.

确定一个典型的风险敞口所需的数以百计[①]的风险因子将产生数以千计的相关系数, 它们中的许多都不会显著影响未来风险敞口. 但是, 它们中有一些是非常重要的, 因此我们必须进行相关的敏感性测试以理解这种区别.

9.4.8 随机波动率

另一个需要考虑的因素是随机波动率, 这是一种在标的资产的分布中引入非正态假设的方法. 随机波动率模型引入了进一步的复杂度, 因为它可以用来拟合波动率微笑(或偏倚). 波动率的这种形态可能传达重要的信息, 尤其对于那些不太活跃的交易, 它们价格的变化已经不再主要受平价(at-the-money)波动率的影响了. 另外, 我们在第 15 章中(见 15.4.1 小节)将要证明, 在某些情况下, 随机波动率模型对于错向风险的合理建模是必备的.

引入随机波动率的另一个原因在于对波动敏感产品的未来隐含波动率建模. 这种方法的设计极具挑战, 因为仅有有限的市场信息可供校准远期波动率. 即使最前沿的 CVA 方法, 在波动率的表示方面也显得非常初级.

---

① 具体的数字是 $N(N-1)/2$, 其中 N 是风险因子的个数.

§9.5 净额结算实例

9.5.1 实例

我们现在通过几个例子来考查净额结算的益处[①]. 考虑如下几个交易:
- 基础情形: 支付者利率互换, 英镑(GBP), 期限为 5 年;
- 交易 1: 支付者利率互换, 英镑, 期限为 6 年;
- 交易 2: 支付者利率互换, 欧元(EUR), 期限为 5 年;
- 交易 3: 接收者利率互换, 欧元, 期限为 5 年;
- 交易 4: 跨币种互换(CCS), 支付英镑, 接收美元.

除了 CCS 外, 以上所有交易的名义本金额都为 1 亿货币单位(名义本金额都用交易本身的货币计算). CCS 的名义本金额是 2500 万货币单位[②]. 除非特别说明, 模拟风险敞口所用的时间间隔为 10 天, 所用的路径条数为 10 000. 图 9.7 显示了单个交易的 EE 和 PFE(包括正与负).

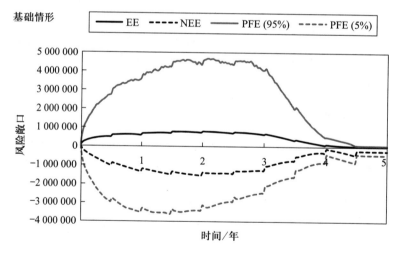

图 9.7 例子中的交易的 EE 和 PFE. 从交易对手的角度看到的风险敞口用 NEE 和 5%PFE 代表. 注意接收者利率互换(没有显示)就是等价的支付者利率互换的逆. 所有数值都以基础货币单位表示

---

① 感谢 Algorithmics 为这些例子提供模拟数据.
② 由于 CCS 的风险较高, 我们给它相对少的名义本金, 以免由这一项交易统辖整个组合的风险.

§9.5 净额结算实例 157

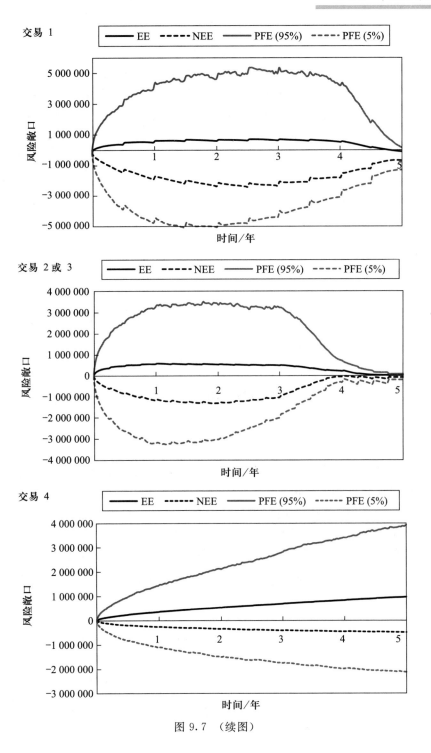

图 9.7 （续图）

读者可能已经注意到，对于利率互换来说，其最不利情形下正风险敞口（95%PFE）大于相应的负风险敞口（5%PFE），而 EE 通常小于 NEE. 当我们在第 12 章中考查风险中性风险敞口时，将进一步刻画这种区别. 现在我们首先来解释为什么 EE 比 NEE 小. 这可以通过关于利率变化趋势的假设来理解. 由于我们在计算中假设利率是递减的，利用历史数据所校准的利率模型就产生了一个负的漂移项，而这将导致支付者利率互换的未来价值为负的，因为当利率下降时，该互换的 theta 为负的[1]，即价值随时间递减. 对于接收者利率互换，情况正好相反. 下面我们解释为什么 95%PFE 大于 5%PFE. 原因在于标的利率分布的不对称性. 对于支付者利率互换来说，95%PFE（5%PFE）是由利率的显著增加（降低）所造成的. 众所周知，利率可以上升到很高的水平，却不能为负的. 这种上升和下降的不对称性导致支付者利率互换的 95%PFE 大于其 5%PFE. 这种效应足够强，逆转了 theta 为负的趋势，导致 EE 小于 NEE.

9.5.2 风险敞口概况

现在我们考查以上各种情况对应的风险敞口. 在所有的例子中，我们都从基础情形出发，考查将这笔交易与上述其他 4 笔交易进行净额结算所产生的效果. 我们将看到，由于交易间彼此的关系不同，净额结算的效果不尽相同.

工作表 9.2　净额结算对例子中所涉及的交易的影响

情形 1　支付者利率互换，英镑，期限为 6 年.

这笔交易和基础交易高度相关，只是期限不同. 图 9.8 显示了它们各自的未来价值.

这种高度的结构性相关意味着价值的高度相关，与表 8.2 类似. 我们注意到，这两个互换的价值巧妙地依赖于收益率曲线的形状，而后者对于模型非常敏感. 相关关系的解除在后期比较明显，因为剩余期限的相对区别变大. 事实上，我们可以在 4.5 年这个时间点看到一些净额结算的好处. 但是，这种好处并不总是可以看到. 在这个例子中，净额结算的总体效果非常有限. 图 9.9 显示了期望风险敞口. 两笔交易的期望风险敞口几乎是可加的，平均净额结算因子仅为 98.6%[2].

情形 2　支付者利率互换，欧元，期限为 5 年.

这种情形涉及两种货币. 两个利率互换都支付固定利率，而且期限相同. 另外，两种货

---

[1] 在收益率曲线向上倾斜的条件下，支付者利率互换的互换率将会高于短期利率. 这意味着所支付的固定利率大于所接收的浮动利率. 如果不假定利率递增，那么利率互换的 theta 就是负的，从而利率互换的未来价值为负的.

[2] 在 8.4.1 小节中，我们把净额结算因子定义为净风险敞口和总风险敞口之比. 这里我们定义平均净额结算因子为净额结算之后与之前的期望风险敞口之比的平均值.

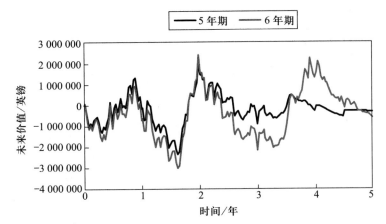

图 9.8　5 年期利率互换和 6 年期利率互换的未来价值的例子

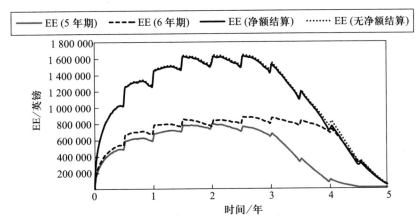

图 9.9　5 年期支付固定利率互换和 6 年期支付固定利率互换的 EE. 图中还显示了有/无净额结算时总的 EE. 由于相关性高，EE 的各组成成分是可加的

币利率的变化是正相关的. 但是，两种货币并非完全相关，因此我们期待净额结算能够带来一定程度的风险敞口降低. 这反映在图 9.10 中，平均净额结算因子为 82.9%.

情形 3　接收者利率互换，欧元，期限为 5 年.

这种情形中，两个利率互换的交易方向相反，尽管它们所对应的货币不同. 这里，我们特意创造出两种利率结构性负相关，因此净额结算的优势将更为明显. 不出所料，净额结算的总 EE 比单笔交易的 EE 小得多，如 9.11 所示，平均净额结算因子为 43.7%.

情形 4　跨币种互换，支付英镑，接收美元.

最后，我们考查在基础情形中引入期限相同的跨币种互换（CCS）的影响. 从上一章我

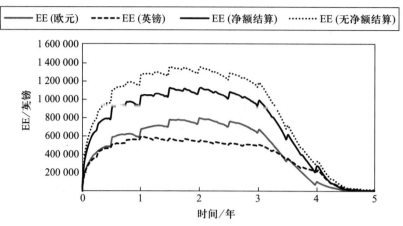

图 9.10 5 年期支付固定英镑的利率互换和 5 年期支付固定欧元的利率互换的 EE. 图中还显示了有/无净额结算时总的 EE

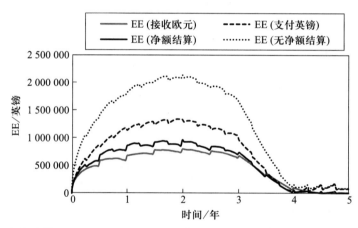

图 9.11 5 年期支付固定英镑的利率互换和 5 年期接收固定欧元的利率互换的 EE. 图中还显示了有/无净额结算时总的 EE. 由于两个互换之间的负相关性,净额结算的效果很明显

们知道,汇率风险在 CCS 中具有决定性作用,而汇率和利率之间的相关性并不大①,所以我们只期待一定程度的净额结算收益. 图 9.12 显示了这种情形下的期望风险敞口,净额结算因子为 66.7%. 这和我们在 8.4.2 小节中所得到的简单逼近 $1/\sqrt{2} \approx 70.7\%$ 非常接近.

---

① 利率和汇率之间的相关性小.

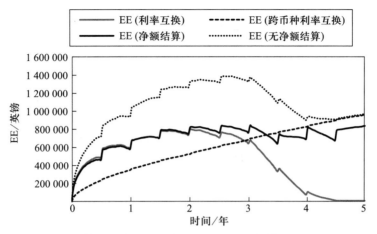

图 9.12 5 年期支付固定英镑的利率互换和 5 年期支付固定英镑、接收固定欧元的跨币种利率互换的 EE. 图中还显示了有/无净额结算时总的 EE

§9.6 风险敞口的分配

从上面的例子我们可以清楚地看出，净额结算的收益可能是非常显著的. 但如何在交易之间分配这种收益却不甚明了. 单独考查交易的 EE(或 PFE)将会高估实际风险. 在各笔交易之间分配净额结算后的风险敞口存在多种方法.

9.6.1 两笔交易、单期的简单实例

假设我们有两个风险敞口，都服从正态分布，只是均值和标准差不同，如图 9.13 所示.

第一个分布的均值为正值，标准差较小；第二个分布的均值为负值，标准差较大. 因而交易 1 和交易 2 的期望风险敞口相似，分别为 7.69 和 7.63[①]. 假设相关性为 0，则这两笔交易的总风险敞口为 10.72[②]. 现在的问题是如何在这两笔交易之间分配风险敞口. 最简单的方法就是看它们交易的次序. 如果先进行交易 1，那么根据定义，在进行交易的时刻，它对 EE 的贡献为 7.69. 通过简单的相减，我们得到交易 2 对 EE 的贡献只有 10.72−7.69

---

① EE 是通过附录 9B 中的公式计算得到的. 这里的情况类似于一个折价期权和一个溢价期权有相同的价格，因为溢价期权的标的资产的波动率更高.

② 因为两个分布是独立的，所以我们可以计算其和的均值和方差，分别为 $6-10=-4$，$10^2+30^2=1000$，然后利用附录 9B 中的公式.

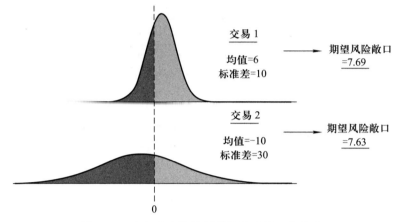

图 9.13　定义这个简单例子的风险敞口的分布

=3.03. 如果次序反过来，那么这些数值也会基本对调. 我们把按这种方法计算的结果称为增量风险敞口(incremental exposure)，因为它依赖于增量效应，而这又依赖于交易的次序. 增量分配法通常是最适用的，因为交易总是按时间顺序进行的，不同的交易之间相隔数年.

但是，增量分配法也许是不公平的. 在上面的例子中，交易 1 总是被收取较高的价值调整，而交易 2 享受了净额结算的所有收益. 这看上去实在有失公允，但生活就是不公平的，而且由于我们无法预测未来的交易活动，增量分配法是最合理的方式. 它和现有的收费模式搭配得当：对一项交易的收费必须在开始时完成，后续不应再收取任何费用[①].

假设我们不愿按照交易的执行顺序考查交易的风险敞口，而试图找到一种与交易的执行顺序无关的、公平的分配方式. 当两笔交易同时进行缔结(与同一交易对手在同一天达成两笔交易)，或分析哪笔交易对风险敞口的贡献最大时，就会出现这个问题. 我们可以简单地将交易按其个体风险敞口占总期望风险敞口的比例进行排序. 这看上去似乎是合理的，但从理论上并不严密. 一个更为稳健的做法是通过边际风险敞口(marginal exposure)实现这一目的.

由于需要在个体交易之间分配风险，所以人们对边际风险敞口进行了充分的研究. 举例来说，Arvanitis and Gregory (2001)对这种方法在信用资产组合中的应用进行了描述，Jorion (2007)讨论了边际风险价值(marginal VAR). 在大多数情况下，边际贡献可通过风险度量对其权重的导数进行计算. 因此，为了计算边际风险敞口，我们需要使用数值方法

---

① 这导致 CVA 在交易开始时被收取，之后无须再收取任何费用.

计算总风险敞口对其各项成分的导数.下面我们将对此给出一个直观的描述.在大多数情况下,边际风险敞口之和等于总风险敞口.更多数学细节参见附录9B.

在表9.2中,我们在两个风险敞口分布相互独立的假设下计算边际风险敞口[①],并将结果与增量分配法和比例分配法进行对照.从结果我们可以看到,交易2的边际风险敞口远大于交易1的边际风险敞口,即使前者的期望风险敞口略小.一个期望值小而波动率大的风险敞口比一个期望值大而波动率小的风险敞口更危险.

工作表 9.3　边际风险敞口计算的例子

表 9.2　假设风险敞口相互独立,图 9.13 中的交易的风险敞口的不同分解

	增量分配法 (交易1在先)	增量分配法 (交易2在先)	比例法	边际法
交易1	7.69	3.09	5.38	3.95
交易2	3.03	7.63	5.34	6.77
总和	10.72	10.72	10.72	10.72

现在我们来总结一下.增量分配法适用于风险敞口顺序累加的情形,实际中这是最常见的.这种方法或许有失公允,因为它不仅依赖于交易本身的特性,还受交易执行先后顺序的影响.按边际贡献分配风险敞口的方法能够保证公平,但每当一笔新交易被加入时,边际风险敞口就会发生变化,这与当前的收费模式(信用额度或CVA)不符.为了说明这一点,考虑在表9.2中引入第三个服从正态分布的风险敞口,均值和标准差都为7(个体风险敞口也与前两笔交易相似,为7.58).在表9.3中,我们重新计算了边际风险敞口.当第三笔交易被加入后,前两笔交易的边际风险敞口发生了变化(交易1增加,交易2减少).这种情况在增量分配法中是不会发生的.

下面我们将通过一些实例来说明增量风险敞口和边际风险敞口在实际中是如何使用的,然后给出一些具体的计算细节.

[①] 由于我们选择正态分布假设,边际风险敞口具有解析表达式,因此我们并不需要使用随机模拟,具体请见工作表9.3.

表 9.3　在表 9.2 中加入第三笔交易

	增量分配法 （交易 1 在先）	增量分配法 （交易 2 在先）	比例法	边际法
交易 1	7.69	3.09	4.86	4.45
交易 2	3.03	7.63	4.82	5.67
交易 3	3.76	3.76	4.79	4.36
总和	14.48	14.48	14.48	14.48

9.6.2　增量风险敞口

我们仍用 9.5.2 小节中的例子. 增量风险敞口定义如下：

$$\text{EE}_i^{\text{incremental}}(u) = \text{EE}_{\text{NS}+i}(u) - \text{EE}_{\text{NS}}(u), \tag{9.2}$$

即交易 i 的增量风险敞口等于交易 i 加入后新净额结算集的期望风险敞口减去原净额结算集（NS）的期望风险敞口. 增量 PFE 可以类似定义. 在图 9.14 中，我们展示对四笔不同交易加入交易 i 所产生的增量风险敞口. 也就是说，原净额结算集只包含四笔交易之一，而我们将 5 年期英镑支付者利率互换加入其中. 个体风险敞口是不变的，但增量风险敞口取决于净额结算集中原有的交易.

工作表 9.4　增量风险敞口的计算

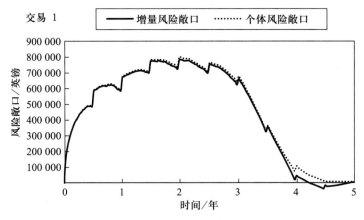

图 9.14　在基础情形（支付者利率互换，英镑，6 年期）上加入例子中的四笔不同交易之一后产生的增量风险敞口

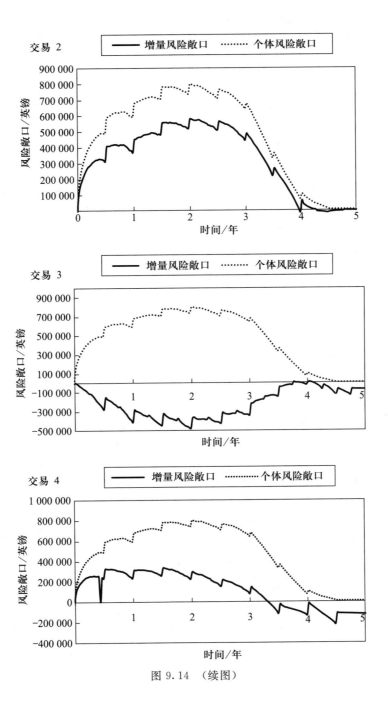

图 9.14 （续图）

对于这些结果,我们可做如下解释:6年期互换几乎没有影响,增量风险敞口和交易i的个体风险敞口基本相同.由于不同货币利率彼此不完全相关(但仍然是正相关),向欧元互换交易中加入英镑互换将会减少一部分风险敞口.在第三种情形中,增量风险敞口为负.由于利率之间的正相关性,欧元接收者互换和英镑支付者互换之间存在负相关性,这造成了较大的净额结算收益,进而导致负的增量风险敞口.最后,在跨币种互换的情形中,首先存在一个英镑现金流的相互抵消,其次美元/英镑的汇率和英镑利率之间存在一个有利的弱相关性(大约30%).这两个因素作用的结果就是一个随时间增大的、强烈的净额结算效应,从而增量风险敞口显著减少,在期限将尽时甚至降为负值.

从上面的例子我们可以看出,增量风险敞口可以根据净额结算集中原有交易的不同而产生显著的变化,甚至产生负值.因此,我们有必要弄清这种效应,以理解所增加的风险的规模.同时,由于不同机构原有的净额结算集合各不相同,所以即使对于同一笔新交易,它们所计算出的增量风险敞口也会有差别.事实上,一个交易者应当选择那些持有很多有利的现有交易的交易对手.这种情形的一个极端就是和一个交易对手进行一笔交易,而这笔交易恰好和该交易对手的某笔现有交易方向相反[①].

9.6.3 边际风险敞口

风险管理的一个常见问题是确定风险产生的根源.一个风险经理有必要对一个代表交易对手风险敞口的数值进行细分,以确定哪笔交易对总体风险的贡献最大.当考虑解除某些交易或引入新交易时,这种信息将变得非常重要.边际风险敞口可用于这种目的,因为尽管各笔交易的个体风险敞口相似,它们对总体的风险贡献却可能不尽相同.

我们首先使用一系列不同的相关系数重复9.6.1小节中的计算,结果见图9.15(这些计算请见工作表9.3).

总风险敞口的最小值出现在完全负相关(相关系数为-100%)的情形,并且随着相关系数的增大而增大,因为净额结算的收益不断减小.从总风险敞口到边际成分的分解严重依赖于相关系数.正如我们已经看到的,当相关系数为0时,交易2对总风险敞口的贡献较大;当相关系数为负时,风险较高的交易2的正边际风险敞口被交易1的负边际风险敞口部分抵消;当相关系数较大时,两笔交易的风险敞口均为正的,而且数量相当(因为这种情况下净额结算的收益微乎其微).

我们在这里想强调的是,对于那些存在负相关关系的交易来说,理解边际风险敞口的重要性是有必要的.一笔交易的边际风险敞口依赖于它和同一个净额结算集中的其他交易之间的关系.一个净额结算集中的能够降低风险的交易(具有负相关关系),并不一定能在另一个净额结算集中发挥相同的效应.

---

① 这并不一定是对的,因为还取决于交易对手资产组合中的其他交易.

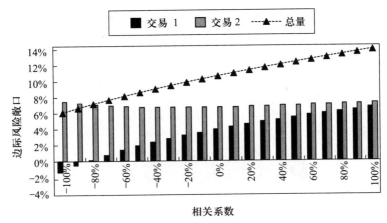

图 9.15 图 9.13 所示的两笔简单交易的边际风险敞口作为正态分布间相关性的函数

边际风险敞口作为一个有意义的风险度量,有两个明显的理由:其一,当有两笔以上的交易同时达成时(或短时间内相继达成),增量分配法就显得不太合适(而且不公平);其二,我们有时确实需要将总风险敞口恰当地分解到各个单笔交易,比如当我们需要决定终止哪笔交易的时候.

我们先来看边际风险敞口的第一个用途——多笔交易同时发生. 我们考查一般化的例子,涉及利率互换(基础情形)和跨币种互换(9.5.1 小节中的交易 4). 图 9.16 分别显示了增量分配法和边际法下的风险敞口分解.

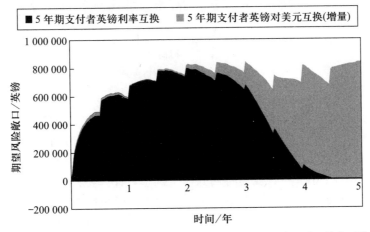

图 9.16 通过增量分配法(跨币种互换在先)、增量分配法(利率互换在先)和边际法对利率互换和跨币种互换的期望风险敞口的分解

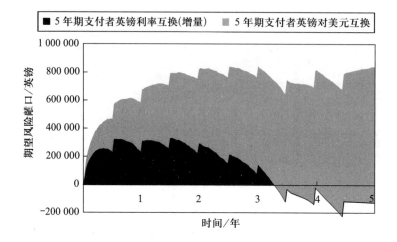

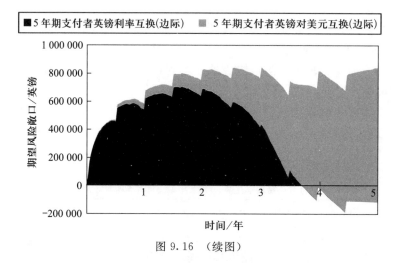

图 9.16 （续图）

无论采用何种方式，图 9.16 中最上面的那条线是不变的，因为它代表总风险敞口. 可以看到，在增量分配法下，交易 2 有较小的风险敞口，这当然是以牺牲交易 1 为代价得到的. 边际法显得更为合理，尤其在两笔交易同时发生时，这一方案更为合适[①].

在第 12 章 12.4.1 小节中，我们将回到这个例子，计算相关的 CVA.

边际风险敞口的第二个用途是分解一个交易对手的总风险敞口，以确定不同时期主导

---

① 这里还有一些问题没有解决. 当两笔交易同时发生时，我们应该通过编辑方式分配风险敞口，但这两笔交易相对于原净额结算集的总体影响应该通过增量方式确定. 解决这个问题的一个显然办法就是按比例调整两笔交易的边际风险敞口，使其总和等于两笔交易的总增量风险敞口.

风险的交易. 让我们来看一下之前提到的四笔交易除接收者互换之外(交易 3, 该交易会抵消支付者互换的影响)的总风险敞口. 图 9.17 显示了总风险敞口的边际分解, 图 9.18 显示了各交易的独立风险敞口[①].

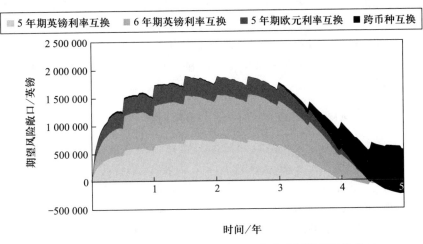

图 9.17 三个利率互换和一个跨币种互换的边际期望风险敞口

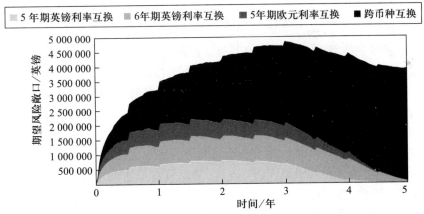

图 9.18 三个利率互换和一个跨币种互换的独立风险敞口. 可将此图与图 9.17 作比较

工作表 9.5 边际风险敞口的计算

---

① 这些信息已在图 9.14 中显示过.

假设我们需要降低这些交易的总风险敞口,比如由于信用额度的限制[①]或者对某个交易对手的 CVA 过高(而且不能轻易地对冲掉). 在其他因素保持不变的前提下,具有较高边际风险敞口的交易是我们最应该关注的. 有两点需要特别注意:第一,边际风险敞口会随时间变化,因此在我们所感兴趣的时间展望期内,边际贡献最大的交易将随时间而不同. 第二,事先预测边际贡献最大的交易并不总是一件容易的事. 从每笔交易各自的风险敞口来看,好像跨币种互换应该具有较高的边际贡献. 但事实上它的边际贡献很小,在前 4 年几乎为 0,即使到了第 5 年末交换名义本金的时候,该互换的风险仍在很大程度上被其他三个利率互换所抵消[②].

9.6.4 增量风险敞口和边际风险敞口的计算

现在我们来考查计算增量风险敞口和边际风险敞口最有效的方式. 净额结算协议允许交易双方在一方违约时计算交易组合内的不同交易集合(集合所包含的交易在净额结算协议中定义)的净头寸. 这是控制风险敞口的关键手段,但可能只限于通过 Monte Carlo 的框架进行量化. 净额结算的收益体现在净额结算集中的两笔交易方向相反时. 因此,为了量化净额结算的影响,我们必须通过下面的(9.3)式对交易进行整合(见 9.3.4 小节).

为了计算增量风险敞口,我们只需将交易 i 的价值加到原有净额结算集上. 根据(9.1)式,我们可以得到

$$V_{\text{NS}+i}(s,t) = \sum_{k=1}^{K} V(k,s,t) + V(i,s,t) = V_{\text{NS}}(s,t) + V(i,s,t). \tag{9.3}$$

(9.3)式给出了新净额结算集在每条模拟路径 s 和每个未来时间点 t 的价值. 根据这些模拟数据,我们很容易计算出新净额结算集的期望风险敞口,并且可以把这个值跟原来的值相比较. 这种方法的方便之处在于,我们只需要知道净额结算集的未来价值,而不必知道其交易构成. 从系统的角度来看,这将存储要求从一个维度为 $K \times S \times T$ 的立方体(可能很大)降为 $S \times T$ 的矩阵.

通常来说,增量风险敞口的计算系统会计算并存储 $V_{\text{NS}}(s,t)$(通常是隔夜间隔),然后在需要的时候生成对新交易的模拟 $V(i,s,t)$,从而可以简单而快速地完成(9.3)式所代表的风险测度的"再整合"与再计算.

边际风险敞口的计算比增量风险敞口的计算要困难. 正如我们上面提到过的,边际风险敞口可以通过导数定义,而导数的计算需要对标的资产价格做一个小的扰动. 这并不需要额外的随机模拟,只需要把一笔交易的未来价值设为原来的 $1+\varepsilon$ 倍,然后重新计算净

[①] 在这种情形中,PFE 是更为合适的测度,而不是 EE. 我们已经看到,尽管 PFE 系统性地大于 EE,其定性行为却没有变化.

[②] 这主要是由于在上述漂移假设下,三个利率互换在合约结束时有可预期的负的净支付,而这将抵消跨币种互换的任何正的支付(风险敞口).

额结算集的风险敞口，交易的边际风险敞口等于期望风险敞口的变化除以 ε[①]. 边际风险敞口之和等于总风险敞口[②].

Rosen and Pykhtin (2009) 提供了另一种计算边际风险敞口的方法，这种方法利用条件期望，更为简单直观. 具体来说，

$$\mathrm{EE}_i^{\mathrm{marginal}}(t) = \sum_{s=1}^{S} V(i,s,t) I(V_{\mathrm{NS}}(s,t) > 0) \big/ S, \tag{9.4}$$

其中 $I(\cdot)$ 为示性函数，其值在条件成立时为 1，否则为 0. 对这个公式的直观解释是：一笔交易的未来价值只在净额结算集的价值为正值时才予计入. 因此，如果一笔交易和净额结算集之间存在有利的关联性，那么它的边际风险敞口为负，因为当净额结算集的未来价值为正值时，该交易的未来价值很可能为负的.

虽然边际风险敞口可通过上面的公式简单计算得到，我们仍需要存储每笔交易的未来价值. 从一个系统的角度来说，我们可用较小的成本对边际风险敞口进行隔夜计算，进而丢弃个体交易的未来价值. 但是，为了观察新交易的引入所导致的边际风险敞口的变化，我们仍需保存个体交易的未来价值.

§9.7 风险敞口和抵押

在无抵押的情况下，我们应当在整个交易的生命期内，考虑其风险敞口. 均值回归、未来趋势等长期的分布假设，以及现金支付日期、执行时间等交易细节也必须考虑. 抵押改变了这一切，因为它把我们需要在未来许多年持续关注的一项长期风险转变为短期风险（保证金风险期）. 图 9.19 说明了这一点. 在未来的某个时间点，风险头寸得到充分的抵押

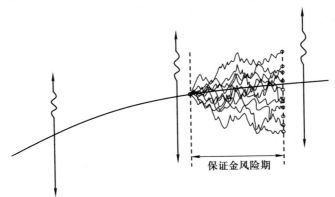

图 9.19 保证金风险期对潜在未来风险敞口的影响

[①] ε 是一个小量，比如 0.01.
[②] 至少在没有抵押的情况下如此，详见 Rosen and Pykhtin (2009).

担保（CSA 的阈值为 0），从而只有少量风险存留于相对较短的保证金风险期（例如，由于保证金风险期很短，图 9.19 中显示的现金流其实不太重要）．因此，只要交易对手提供了充足的抵押担保，我们便可以忽略之前讨论过的那些估计未来风险敞口的复杂手段．现在的问题变成了短期市场风险，而这可以通过类似于市场风险价值（market risk VAR）的方式来解决．

尽管上文的论断也许有道理，我们将会看到，抵押的总体效果并不明确，也不一定如我们所愿地降低风险．

9.7.1 抵押假设

我们首先介绍一些抵押建模的步骤和结论．我们曾经提到，如果假设抵押协议只依赖于交易的未来净值，而非其他市场变量，那么我们可以在风险敞口的模拟完成之后再考虑抵押[①]．在 8.5.1 小节中，我们介绍了抵押品金额的确定，考查了阈值、最低转账金额等抵押条件的作用．我们还讨论了保证金风险期的选择，知道了 10 或 20 个工作日是一个标准的长度．

下列假设将会用于抵押的模拟：

- 交易双方所要求的抵押品金额由 8.5.1 小节提供的方法计算．
- 交易对手缴纳的保证金将在 30 天[②]后到账（这接近于 Basel Ⅲ 中 20 个工作日的假设）．向交易对手缴纳的保证金将会即时出账．除了为期 30 天的保证金风险期，没有关于抵押争议问题的其他假设．
- 在交易对手违约发生时，无法收回之前向其缴纳的抵押品．此即假设抵押品并未存放于一个独立的账户中（或者在非现金抵押品的情况中，抵押品被用于再抵押）．
- 所有的抵押品都是流动性好的现金货币（非现金抵押品将在后文讨论），从而方便利用外汇市场进行对冲．

表 9.4 列出了基础情形的各项参数．我们仍将采用 9.5.2 小节中的例子．

工作表 9.6　量化抵押对风险敞口的影响

[①] 在某些情况下，该假设并不合适．例如，抵押条款的定义中可能涉及不同的货币，而这意味着在模拟的过程中可能需要通过即时汇率进行货币转换．但是，在大多数情况下，上述假设是合理的，并且可以极大地简化我们对风险敞口的分析．

[②] 由于随机模拟所采用的是日历日，每 10 天一个间隔，我们这里也采用日历日．

表 9.4　抵押例子中基础情形的参数（双向 CSA）

	A 方（机构）	B 方（交易对手）
独立金额	—	—
阈值	—	—
最低转账金额	100 000	100 000
舍入	20 000	20 000

9.7.2　基础情形

我们首先分析完全抵押的头寸的风险. 所谓完全抵押，指的是初始抵押金额没有阈值限制. 为了理解抵押的影响，考虑如图 9.20 所示的一条模拟路径.

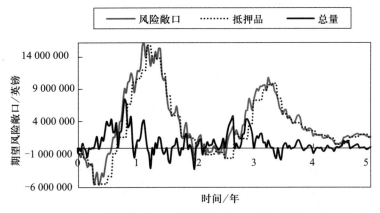

图 9.20　在上述假设下，一条模拟路径和抵押对该路径的影响

我们看到，抵押对风险敞口的影响并非我们想象的那么强烈. 原因如下：首先，由于保证金风险期和最低转账金额的存在，抵押品金额并不能完全覆盖风险敞口；其次，抵押可能增加风险敞口，例如在未来价值首次为负的时期，我们需要缴纳抵押品，而一旦未来价值重新变为正值而且交易对手违约，我们将无法取回已经缴纳的抵押品①.

图 9.21 显示了抵押对 EE 的总体影响. 虽然抵押确实起到了一定作用，但仍存在相当规模的风险敞口②，且由于现金流交换，风险敞口在保证金风险期表现出明显的起伏. 通过 EPE 衡量的总风险敞口约降低了 66.7%. 考虑到对这一 5 年期交易提供的抵押担保没有

---

① 这是我们之前所做的"非独立抵押品账户"和"允许再抵押"这两个假设的结果.
② 在我们的例子中，所有四笔交易的现金支付都发生在相同的日期.

阈值，且到账时间仅为 30 天(这约是交易的期限的 1.6%)，上述风险敞口减少的比例真是低得惊人.

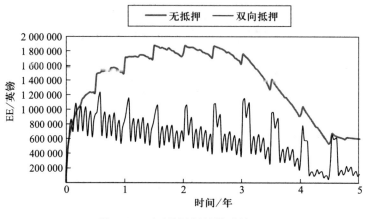

图 9.21　有/无抵押假设时的 EE

在图 9.22 中，我们在相同的假设下计算出等价的 PFE(95% 置信度)，结果显示抵押效果显著. 这是因为并非所有的模拟情景都对 PFE 有相同的贡献，而那些贡献最大的(即风险敞口最大的)情景也恰恰是得到最多的(PFE 平均降低的幅度约为 71.6%，而 EE 平均均降低的幅度约为 66.7%).

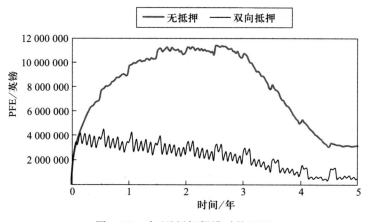

图 9.22　有/无抵押假设时的 PFE

9.7.3　保证金风险期的影响

研究有抵押的风险敞口时所要考虑的首要问题就是风险敞口在保证金风险期内的不确

定性. 我们在附录 9C 中给出了正态分布假设下 PFE 和 EE 的近似计算公式. EE 的近似计算公式为

$$EE(u) \approx 0.4 \times \sigma_E \times \sqrt{\Delta t}\,(T-u), \tag{9.5}$$

其中 σ_E 代表交易头寸的年化波动率，Δt 为保证金风险期的长度，T 代表交易的最终期限. $T-u$ 是一个基于线性衰减假设的摊还项①. 交易头寸的波动率可以通过方差/协方差分析进行估计，这在市场风险价值的计算中很常见.

作为上述近似公式的例证②，图 9.23 显示了缩短保证金风险期的长度（10 天）对风险敞口造成的影响. 除去现金流交换造成的风险敞口的波动，随机模拟的结果与上述公式吻合良好. 缩短保证金风险期的长度显著降低了期望风险敞口，平均减少的幅度约为 80.9%（30 天时约为 66.7%）.

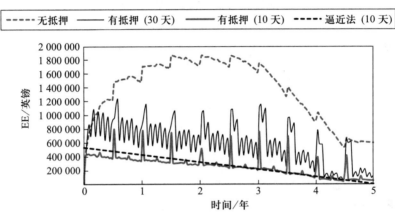

图 9.23　在不同长度的保证金风险期（日历日）假设下计算出的 EE，并和简单逼近法的结果进行比较

诸如(9.4)式的近似计算公式在分析抵押对风险敞口的影响方面是有用的. 举例来说，Gibson(2005)推导出一个简单的半解析公式对带阈值的有抵押风险敞口进行估计，其结果与随机模拟吻合良好. 但是，为了包含如图 9.23 所展示的所有特征，随机模拟方法还是必需的.

9.7.4　阈值和独立金额的影响

我们在图 9.24 中考查阈值的影响. 不出所料，阈值的增加将会削弱抵押对风险敞口

---

① 在这种情形下，这是一个非常粗糙的假设. 它对于利率互换是合理的，而出于名义本金置换的缘故，对于跨币种互换则不合理.

② 近似值只是用来说明 10 天保证金风险期的情形，但也较好地符合 30 天的情况.

的降低作用(在阈值为 1000 万的条件下，EPE 只减少了约 13％，而在没有阈值的条件下，这一数字约为 66.7％). 阈值的一个主要作用在于减少交换抵押品所带来的操作成本的增加，而这将以扩大风险敞口为代价①. 在抵押品管理中，需要权衡考虑风险的降低和操作成本的增加. 一个较低的阈值可以有效降低风险敞口，但提高了抵押品管理的难度. 另一方面，除非交易双方能够接受较大的风险敞口，否则就不应降低提出抵押要求的频率.

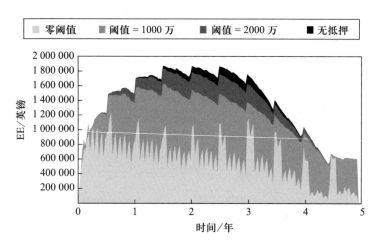

图 9.24　不同阈值假设下计算出的 EE

尽管上述措施可以有效限制信用风险，但对于减小 CVA 并没有太大作用. 我们将在第 12 章中进一步探讨这个问题. 到目前为止，我们对 CSA 的一个关键认识是它可以缩小但无法完全消除风险敞口. 对于中央交易对手，需要进一步降低其风险敞口，而这也许只能通过独立金额来实现.

现在我们回到零阈值的情形，并假设独立金额为 200 万欧元. 图 9.25 比较了这种情况下的期望风险敞口与无独立金额时的风险敞口，保证金风险期分别为 10 天和 30 天. 当保证金风险期较短时，风险敞口几乎被完全消除了(EPE 比无独立金额时约减少了 99.2％). 但当保证金风险期较长时，期望风险敞口增加了一个量级(只比无独立金额时约减少了 92.6％). 因此，虽然独立金额是有用的，但其作用不易量化.

理解独立金额的一种角度是认为它把交易对手风险转化为缺口风险(gap risk). 这里的缺口风险定义为在保证金风险期内风险敞口的增加超过独立金额的可能性. 围绕缺口风险的分析虽然更有帮助，但是缺口风险的量化更具挑战性. 由于仅在极端情形下风险敞口的

---

①　如果 CSA 可能造成操作成本的升高，那么交易双方可能无法承诺履行所有抵押义务.

增加才有可能超过独立金额，因此缺口风险严重依赖于相关的抵押条件. 首先，它对保证金风险期的长度非常敏感（在图 9.23 中，保证金风险期由 30 天减少为 10 天后，EPE 约缩小了 57.1%；而在图 9.25 中，这个数字约为 89%）；其次，分析缺口风险时，我们必须更为谨慎地选择分布假设，例如厚尾性、跳跃性和极端相关性. 所有这些都未出现在风险敞口建模中，因为在无独立金额的条件下，它们的影响相对较小.

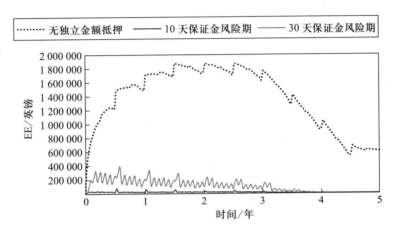

图 9.25 在独立金额为 200 万欧元和不同的保证金风险期（日历日）假设下计算出的 EE，并和基础情形（CSA，但没有独立金额，保证金风险期为 30 天）作比较

独立金额（或者叫作初始保证金）是中央交易对手管理风险的第一道防线，其金额的设定由于缺口风险的复杂性而变得相对困难.

9.7.5 双向 CSA 一定是有益的么？

在某些情况下，双向抵押管理可能增加风险敞口. 以一个个体 CDS 为例，正如我们在上一章讨论过的，这种产品的风险敞口极不对称. 卖出 CDS 保护所承受的正风险敞口相对于极端信用事件发生所对应的负风险敞口来说要小得多，这种差异带来的结果就是 CDS 的卖方更有可能交纳而不是接收抵押品，如图 9.26 所示. 这将增加总体风险敞口（抵押品无法收回的风险），如图 9.27 所示.

交纳抵押品所带来的风险增加超过了接收抵押品所能带来的风险降低. 对于买入 CDS（图 9.28）的一方来说，情况正好相反，CSA 给其带来的是收益.

在某些其他情况下，风险敞口分布的不对称性也会影响抵押的收益，例如期权的长头寸、严重脱离市场（off-market）的净额结算集以及错向风险敞口（第 15 章将会详进行细讨论）.

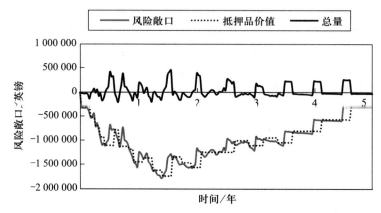

图 9.26 有/无双向抵押协议条件(如表 9.4 中的定义)下,个体 CDS 保护(卖出保护)的一条模拟路径和抵押对该路径的影响

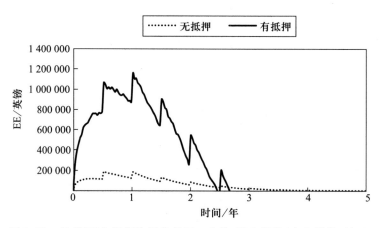

图 9.27 有/无双向抵押协议条件下,个体 CDS 保护(卖出保护)的 EE

9.7.6 非现金抵押品

非现金抵押品的价值带有波动性,这一点值得我们考虑,因为如果抵押品价值的降低会扩大无抵押风险敞口. 有鉴于此,非现金抵押品需要进行折减. 折减的比例通常取决于非现金抵押品市场价值的波动率和汇率的波动率(如果抵押品是用外币计价的证券). 另外,折减比例也视证券的种类、信用级别和久期而定. 一个确定折减比例的简单方法是考查抵押品价值在给定时期内可能的最大跌幅,如图 9.29 所示. 时间的选择依赖于抵押品的流动性.

在正态分布假设下,折减比例(Haircut)的公式如下:

$$\text{Haircut} = \Phi^{-1}(\alpha) \times \sigma_C \times \sqrt{\Delta t}, \tag{9.6}$$

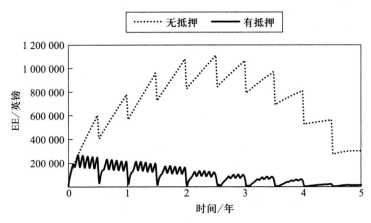

图 9.28　有/无双向抵押协议条件下，个体 CDS 保护（买入保护）的 EE

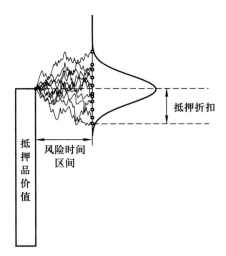

图 9.29　估计折减比例的方法

其中 α 是置信水平，$\Phi^{-1}(\alpha)$ 是正态分布的 α 分位数[①]，σ_C 是抵押品价格的波动率，$\sqrt{\Delta t}$ 代表给定时期的长度（这与保证金风险期类似）. 为了检验正态分布假设的可靠性，我们在表 9.5 中列出了 Basel Ⅱ 中定义的标准折减比例. 假设置信水平为 99%，保证金风险期为 10 天（Basel Ⅱ 规定最少为 5 天，见第 17 章）. 为了对一个 5 年期 AAA 政府债券得出 2% 的折减比例，抵押品的波动率应为 4.3%[②]. 鉴于久期近似为 4.5 年，这个波动率对应于 1% 的

---

① 例如 Excel 中的 NORMSINV() 函数.

② 假设一年中有 250 个交易日，那么 $4.3\% = 2\%/(\Phi^{-1}(99\%) \times \sqrt{10/250})$.

利率波动水平，该水平是比较正常的[①].

表 9.5 Basel Ⅱ 中的折减比例

		小于 1 年	1 至 5 年	大于 5 年
主权债务	AAA/AA	0.5%	2%	4%
	A/BBB	1%	3%	6%
	BB	15%		
公司和金融类	AAA/AA	1%	4%	8%
	A/BBB	2%	6%	12%
	BB	15%		
其他资产	Cash	0%		
	Equity	15%~25%		
	Gold	15%		
	FX	8%		

资料来源：BCBS(2006).

折减的存在不仅能够在一定程度上克服抵押品价值波动带来的不利影响，还可以从总体上降低风险敞口，因为它使风险敞口在绝大多数情况下(99%)获得超额抵押，而仅在极端情况(1%)才会出现抵押不足. 尽管如此，折减却忽视了一个重要因素，即抵押品价值和风险敞口之间的相关性.

为了说明这个问题，我们来考虑一个支付者利率互换，抵押证券是 AAA 评级债券. 抵押债券几乎没有违约风险，而且其价格进行了折减. 我们似乎可以断定，这笔交易没有风险. 但是，如果利率上升，那么利率互换的价值增加（从而我们的风险敞口增加），但抵押债券的价值下跌. 抵押证券和风险敞口之间的负相关性是我们所不希望的. 在接收者利率互换的情形中，抵押证券和风险敞口之间具有有利的正相关性.

分析抵押证券和风险敞口之间相关性的一个简单方法是利用下面的公式：

$$\sigma_{CE} = \sqrt{\sigma_E^2 + \sigma_C^2 - 2\rho_{E,C}\sigma_E\sigma_C}, \tag{9.7}$$

其中 σ_E、σ_C、$\rho_{E,C}$ 分别是风险敞口的标准差、抵押证券价值的标准差、风险敞口与抵押证券价值的相关系数. 从该公式我们可以清楚地看出，$\rho_{E,C} < 0$ 显然是不利的.

为了利用模拟的方法研究这种相关性的影响，我们选取了之前已多次使用的交易(5

[①] 表 9.5 并不一定使用了我们这里所做的假设.

年期英镑支付者利率互换),并假设抵押证券为 5 年期固定利率英国国债. 模拟结果见图 9.30. 在这个例子中, 相关性影响甚微. 事实上, 我们可以看到, 2% 的折减比例是不够的, 因为风险敞口之比(用现金作抵押品的期望风险敞口除以用国债做抵押品的期望风险敞口)在许多地方都大于 1.02[①].

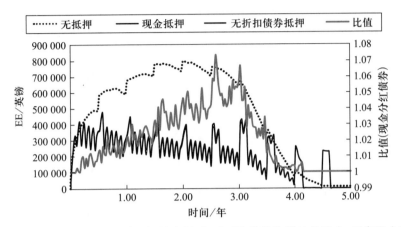

图 9.30 现金和非现金抵押品(没有折减)对互换的风险敞口的影响. 观察现金和非现金情况的区别非常困难, 所以我们还列出了它们之间的比值

上述影响如此之小是因为互换和债券的面值差异悬殊. 债券的标准差相对来说要小得多, 因为它的面值太小. 举例来说, 互换的本金可以达到 1 亿欧元, 而抵押债券的面值通常很难超过 1000 万欧元. 但是, 这恰恰说明如果风险敞口和抵押债券之间的相关性很大, 那么抵押证券的波动性将会对总体风险敞口产生很大的影响, 此时简单的方法就不太奏效了. 在这种有错向风险的情况中, 即使非现金抵押品的折减比例很高, 也可能不及现金抵押品可靠.

§9.8 小　　结

在本章中, 我们介绍了量化风险敞口的各种方法, 从简单的近似公式到更为通用的随机模拟. 我们罗列了模拟不同类别资产的风险敞口的方法. 我们通过实例说明了净额结算对风险敞口的影响, 并引入了风险敞口的增量和边际分配方式. 我们还讨论了抵押条件下风险敞口的量化标准. 尽管抵押可以对风险敞口造成显著影响, 却并不一定会像我们所想象的那样降低它.

---

① 这源于风险敞口和抵押品价值之间的相关性.

到目前为止，本书所关注的主要还是信用风险敞口．尽管这是构成交易对手风险的一个核心部分，却不是唯一的．确定未来风险敞口的规模固然重要，但如果不将其与交易对手的违约概率相联系，这种努力就没有意义．因此，我们将在第 10 章中对交易对手的违约概率进行全面的研究．

第 10 章 违约概率、信用溢差和信用衍生品

> 放贷的人比借贷的人记性更好.
>
> Benjamin Franklin(1706—1790)

到目前为止，本书已经深入地研究了信用风险和交易对手风险中的市场风险部分. 现在我们将集中考虑由交易对手违约带来的信用风险和最终的损失. 我们也将讨论回收率, 此概念定义了在交易对手违约情况下的回收金额.

违约概率在交易对手风险评估和定价(CVA)中扮演着很重要的角色. 我们将阐述定义违约概率的不同方法, 并指出使用真实世界测度(历史数据)和风险中性测度(市场数据)之间的重要区别. 在后一种情况下, 映射的方法将用于估算交易对手的信用溢差, 因为这样的溢差是无法直接计算的. 我们也将考虑违约概率的期限结构(即违约概率随时间如何变化), 并进一步证明这是一个重要的考量因素. 随后我们就真实世界测度和风险中性测度之间的经验关系(这是定义 CVA 的一个关键点)进行讨论.

最后, 我们将研究个体和资产组合的信用衍生品, 这些产品是对冲(见第 16 章)和错向风险计算(见第 15 章)的重要因素.

§10.1 违约概率和回收率

图 10.1 中给出了投资和投机性资产的历史违约概率, 说明了违约概率在整个经济周期中持续变化.

10.1.1 定义违约概率

在附录 10A 中, 我们给出了违约概率的数学定义. 我们实际上指的是累积违约概率 $F(t)$, 它给出了从现在开始到时刻 t 的违约可能性(假设对方当前尚未违约的条件下), 如图 10.2 所示. 该函数从零开始逐渐趋向 100%(每个交易对手最终都会违约). 边际违约概率, 定义了在未来两个特定的日期之间的违约概率, 如下式所示:

$$q(t_1, t_2) = F(t_2) - F(t_1). \tag{10.1}$$

我们可以看到 $F(t)$ 必然单调增加, 以避免边际违约概率为负值.

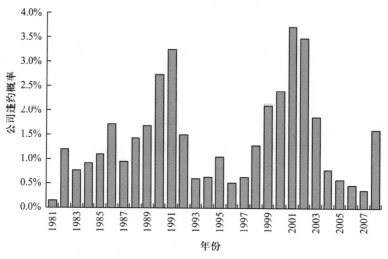

图 10.1 公司的违约概率(投资和投机性资产的平均)

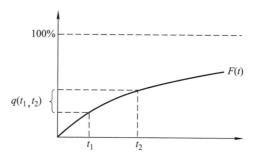

图 10.2 累积违约概率 $F(t)$ 和边际违约概率 $q(t_1, t_2)$

10.1.2 实际违约概率和风险中性违约概率

众所周知,在金融领域,真实世界参数(例如资产的历史波动率)和风险中性参数(例如从期权价格中得到的隐含波动率)是存在差异的. 真实世界(也称为物理)参数是为了反映金融标的的真实价格,而风险中性参数则是从当前市场价格中推算出来的. 真实世界参数和风险中性参数之间的区别是非常重要的.

实际违约概率是出于风险管理或其他分析目的而对未来违约概率的评估. 风险中性违约概率不能够估计真正的违约概率,而只反映了市场价格中违约风险的部分.

我们有理由预期实际违约概率和风险中性违约概率有较大差别. 下面我们通过图 10.3 所示的一个简单例子来理解这一点. 图中显示了一种形式的赌博,其中有两种可能的结果:

99%的概率可以赢得100美元或者1%的概率什么都得不到. 本例等同于一个零利率环境下零回收率的零息债券. 我们可以快速计算得债券的价格为99美元, 即100美元×99%+0美元×1%.

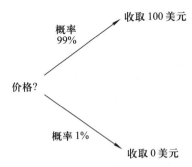

图10.3 实际违约概率和风险中性违约概率的不同

但是, 没有理性的投资者会进入这样一个赌注, 因为99美元的成本并没有带来更大的预期收益(99美元), 却需要承担失去全部资产的风险.

理性的投资者是风险厌恶型的, 他们绝不会在没有正的预期回报的情况下接受风险. 假设某投资者只愿意为上面例子中所述的"债券"支付97美元. 这表示该投资者(非常理性)预计为赔偿返回的不确定性而减少2美元. 我们可以称之为违约风险溢价, 即溢价, 亦即投资者为承担违约风险而需要的补偿. 而97美元的价格意味着图中的概率分别为97%和3%. 此外, 投资者可能需要或希望在将来的某个时候将该债券卖掉, 因此他们会担心债券的流动性问题. 进而他们可能只愿意支付94美元来购买债券. 这3美元可以理解为流动性溢价. 94美元的债券价格则意味着图中所示的概率必须为94%和6%. 上述两组概率(97%和3%, 94%和6%)都不是真正的概率, 而是在假定投资者是风险厌恶的情况下, 为了价格达到某种程度的均衡而定义的风险中性概率, 并且投资者将会接受图10.3所代表的公平赌注. 如果94美元是债券的市场价格, 那么风险中性违约概率为6%. 我们强调这是从市场价格反推出来的一个概率, 和债券本身的违约概率(1%)并没有真正的关联, 如图10.4所示.

重要的是要了解实际违约概率和风险中性违约概率之间的差异并不是相互矛盾的, 只是因为它们代表了不同的对象. 事实上, Altman(1989)跟踪记录了某个给定评级的公司债券资产组合的表现, 发现回报要优于无风险基准(该基准是由国债构成的资产组合), 这也佐证了上述结论. 这种更佳表现的原因是公司债券的收益足够支付所经历的违约损失. 这明确地证明了债券投资者已经被高于预期违约损失的部分所补偿, 而这些用于补偿的部分是很显著的. 风险中性违约概率比实际违约概率要高很多.

实际违约概率和风险中性违约概率之间并没有对立. 实际违约概率是对交易对手违约

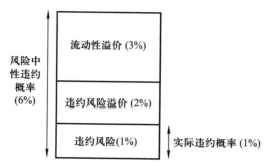

图 10.4 实例说明债券价格的不同部分和实际违约概率与风险中性违约概率的不同

的一个真正的评估，也因此和量化收益或者风险管理的方法相关. 风险中性违约概率反映了真实的市场价格，也因此和对冲的用途相关. 我们先讨论估算二者的方法，再回到如何定义这样的不同性，详见 10.1.6 小节.

我们注意到，上述讨论应用了由债券价格诱导的风险中性违约概率，但类似的做法也可以用到信用风险互换隐含的违约概率. 这将在下文中（见 10.1.6 小节）进行更加详细地讨论.

10.1.3 估算实际违约概率——历史数据

最明显的实际违约概率估算来自于研究历史数据并利用过去违约的经验来预测未来违约的可能性. 例如，在表 10.1 中，我们给出了基于 Tennant et al. (2008) 中多年数据的一个转移矩阵. 此矩阵提供了 1 年后从一个给定评级（最左边一列）到另外一个评级（最上面一行）的历史概率. 同时，它也在最右一列定义了违约概率，如在 1 年后从 A 评级降为 BBB 评级的概率为 5.14%，并且该机构的违约概率为 0.03%.

表 10.1 穆迪评级的 1 年期转移矩阵

	AAA	AA	A	BBB	BB	B	CCC	违约概率
AAA	91.61%	7.70%	0.66%	0.00%	0.02%	0.00%	0.00%	0.01%
AA	1.13%	91.29%	7.21%	0.27%	0.06%	0.02%	0.00%	0.02%
A	0.07%	2.84%	91.30%	5.14%	0.51%	0.09%	0.02%	0.03%
BBB	0.05%	0.20%	5.15%	88.83%	4.54%	0.81%	0.24%	0.18%
BB	0.01%	0.06%	0.42%	6.25%	82.95%	8.48%	0.63%	1.20%
B	0.01%	0.05%	0.18%	0.39%	6.21%	81.93%	6.23%	5.00%
CCC	0.00%	0.03%	0.03%	0.19%	0.73%	11.22%	68.57%	19.23%

资料来源：Tennant et al. (2008).

表 10.1 不仅提供了违约概率的信息,还提供了一个定义违约发生的结构. 例如,我们看到, AAA 评级的机构在 1 年内违约的概率只有 0.01%,但是却有 7.7% 的概率降级为 AA;CCC 评级违约的概率为 19.23%,但以 12.2%[①]的概率在 1 年后改善信用评级.

通过几个假设,我们可以得出表 10.1 中每一个信用评级的累积违约概率 $F(t)$. 而此算法需要的主要假设[②]是转移矩阵不随时间变化. 这显然是一个非常简单的假设,因为违约概率和转移概率都将随着经济周期而改变,但同时它在估算长时期的违约概率时也是合理的. 在这样的假设下,我们可以简单将该矩阵连乘 $n-1$ 次以推导出 n 年的转移矩阵,所得到的累积违约概率如表 10.2 和图 10.5 所示.

表 10.2　表 10.1 中 1 年期转移矩阵隐含的累积违约概率

时间/年	AAA	AA	A	BBB	BB	B	CCC
1	0.01%	0.02%	0.03%	0.18%	1.20%	5.00%	19.23%
2	0.02%	0.04%	0.08%	0.48%	2.75%	10.37%	32.99%
3	0.03%	0.07%	0.16%	0.90%	4.60%	15.72%	43.03%
4	0.05%	0.10%	0.27%	1.43%	6.68%	20.85%	50.54%
5	0.07%	0.15%	0.42%	2.06%	8.92%	25.65%	56.27%
6	0.09%	0.20%	0.60%	2.78%	11.26%	30.09%	60.77%
7	0.11%	0.27%	0.82%	3.58%	13.65%	34.15%	64.36%
8	0.14%	0.35%	1.09%	4.45%	16.05%	37.85%	67.30%
9	0.18%	0.45%	1.39%	5.39%	18.43%	41.22%	69.75%
10	0.22%	0.57%	1.73%	6.38%	20.76%	44.28%	71.83%

工作表 10.1　分析历史违约概率

综观上述结果,除了显而易见的结论,即具有良好信用评级的公司违约的可能性要比具有相对较差信用评级的公司违约的可能性低很多,我们还注意到以下几点:

---

① 表 10.1 中最后一行的 6 个数值之和代表信用升级的概率.
② 其他假设包括在这组数据中,一年之内最多只有一次信用评级的变化,而且信用评级具有无记忆性. 也就是说,最近信用评级的上升或下调跟过去或未来同样的变化没有区别.

- 投资级信用. 这些将导致违约概率随时间的增加而增加. 例如, 5 年期 A 评级的违约概率为 0.42%, 但 10 年期 A 评级的违约概率比前者的 4 倍还多, 为 1.73%.
- 非投资级信用. 这些信用往往表现出相反的效果, 即违约概率随时间增加趋势并不强. 例如, 2 年期 CCC 评级的违约概率比 1 年期 CCC 评级违约概率的 2 倍要小(前者为 19.23%, 而后者为 32.99%[①]).

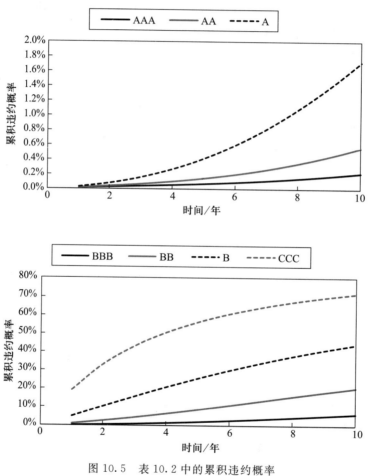

图 10.5　表 10.2 中的累积违约概率

---

① 需要考虑的一个关键点是信用资质差的公司的违约概率集中在短期, 这并不一定是因为它们的信用资质将会预期随时间而改善, 而是它们若想在未来违约, 必须挺过当前这段时期. 但是, 在其他条件相同的情况下, 我们预计 2 年的违约概率等于 19.23% + 19.23% × (1 − 19.23%) = 34.76%. 2 年的实际违约概率比这个数值小, 意味着还有我们没有考虑到的因素.

上述结果可以通过信用评级均值回归来解释,其中高于平均水平的交易对手有降级的倾向,反之亦然. 因此,在假定事先没有违约的情况下,具有良好信用资质的交易对手更有可能降级而不是升级,同时相反的结论对于低信用评级的交易对手也成立. 这些趋势可以很容易从表 10.1 中的转移矩阵观察到. 例如,从 A 评级升级和降级的概率分别为 2.91% 和 5.76%,而 CCC 评级相应的概率变成 12.2% 和 0.

在计算 CVA 的时候,不仅累积违约概率大小很重要,而且它的分布方式也非常关键. 在图 10.6 中,我们给出了评级为 A 和 CCC 的年违约概率,前者增加,后者减少. 如果具有 A 评级信用,那么它很可能在考虑的 10 年范围之内都不会违约,但是具有 CCC 评级信用时可能在很早就已经违约了.

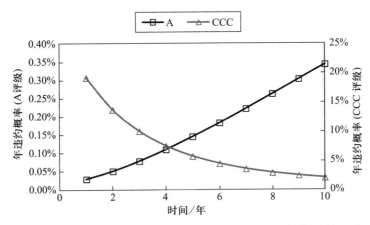

图 10.6　由表 10.2 中的数据计算的穆迪评级为 A 的年历史违约概率. 例如,在 3 年处的数值表示 2 年至 3 年内违约的概率,也就是 0.16% − 0.08% = 0.08%

10.1.4　估计实际违约概率——基于股权的方法

基于股权的方法是利用股市信息来估算违约概率. 在经典的 Merton(1974) 的框架中,一个公司的价值(资产价值)被认为是随机的,并且将违约模拟为公司无力在债务到期日偿还债务. 最初的 Merton 模型假设一个公司发行了零息债券,并因此不会在债务到期前违约. 然后 Merton 通过期权定价参数,并根据公司资产价值及其波动率(类似于期权定价公式中的现货价格和波动率),给出了企业债务和股票价格之间的联系. 模拟违约的问题就转化成评估公司价值的未来分布和违约发生的临界值. 这些数值都可以从股票数据和资本结构信息中估算出来. Merton 方法的一个非常重要的贡献就是一个低频的零和事件可以通过一个连续过程来模拟,并可以通过高频数据来校对.

KMV(现在穆迪的 KMV)开发的 Merton 方法(例如见 Kealhofer and Kurbat,2002 和

Kealhofer，2003)就是通过评估期望违约频率(EDF)来预测违约概率的. KMV 方法放宽了许多 Merton 程式化的假设. 概括起来，该方法可以大致分为三个步骤：
- 估计公司资产的市场价值和波动性；
- 计算违约距离(DD)，这是违约风险的标准化度量；
- 使用历史违约数据库对违约距离进行比例缩放以匹配实际违约概率.

DD 是用来描述一个公司离违约的距离的标准化度量. KMV 方法中的一个关键要素是识别这个方法本身固有的模型风险，并进一步根据多年的历史违约数据来估算违约概率(计算 DD). 例如，对于一个 DD 为 4.0 的公司来说，KMV 试图给出具有相同 DD 的公司的历史违约频率是多少. 答案可能比 0.003％的理论结果要高得多[1]. 这种将 DD 对应到实际违约概率的映射可以被认为是一种对于模型误差的经验修正. 需要注意的是，虽然 KMV 方法依赖于历史数据，该 EDF 度量仍然由于不断变化的股票数据而保持动态.

最近的、相对简单的相关估计方法是信用评分法. 信用评分法非常接近 KMV 方法，所不同的是模型的框架更加简单明了(见 Finger et al.，2002). 特别地，它没有为了映射到最终的违约概率而使用经验数据. 在信用评分法中，违约概率是由几个模型参数定义的简单公式.

以股权为基础的违约概率估算模型之所以在市场占有一席之地，是由于它可以动态地定义违约概率. 在历史违约概率被认为是过于静态的情况下，这是一个优点，然而直接从信用市场(接下来讨论)定义的概率又由于内置的违约风险和流动性溢价而被认为是极其不稳定和保守的.

10.1.5 估算风险中性违约概率

风险中性违约概率是由那些市场上观察到的信用溢差反推出来的. 信用溢差的定义方式不止一种，并且对于不同的利率有略不相同的定义. 常用的定义信用溢差的方式：
- 根据个体 CDS 溢价；
- 根据资产互换的溢差[2]；
- 根据债券价格，通常和一些基准产品(如国债和 LIBOR 曲线)作比较；
- 使用一些代理或映射方法.

所有上述的溢差从广义上说定义了相同的数量，但在实践中确实存在小的差异. CDS 互换和债券之间的溢差将在 10.2.4 小节中讨论，相应于 LIBOR 曲线的信用溢差定义将在第 14 章中详细讨论. 现在我们将专注于从反映市场信用风险价格而定义的信用溢差去计算风险中性违约概率.

---

[1] 这是因为 $\Phi^{-1}(-4.0)=0.003\%$.
[2] 资产互换本质上就是合成债券，通常带有浮动息票.

假设交易对手每年的违约概率为一常数 10%. 当然，这肯定是有条件的违约概率（即假定没有违约发生的情况下的违约概率），否则，10 年后的总违约概率将大于 100%. 如图 10.7 所示，第二年的违约概率等于在第一年存活的情况下第二年违约的概率，即 90%×10%＝9%，进而前两年的违约概率为 10%＋9%＝19%. 类似的方法，第三年的违约概率为 90%×90%×10%＝8.1%，依此类推.

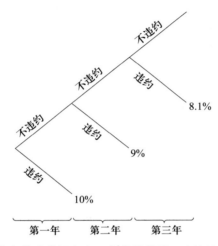

图 10.7　假定每年的违约概率为 10% 的情况下，违约过程随时间的变化

上述违约过程的一个比较正式的数学描述（见附录 10B）是认为违约是由泊松过程驱动的，并且在未来任何一个时刻的违约概率是

$$F(u)=1-\exp(-hu), \tag{10.2}$$

其中 h 定义为违约的风险率，这是一个在无穷小时期内的条件违约概率. 通过将风险率设定为 10.54%[①]，我们可以重构和每年 10% 的违约概率等价的违约过程. 例如，1－exp(－10.54%×2)＝19% 就是前两年的违约概率.

在附录 10B 中，我们证明了一个风险率和信用溢差之间的近似[②]估算：

$$h \approx \frac{\text{spread}}{1-\text{recovery}}, \tag{10.3}$$

其中 spread 为信用溢差，recovery 为回收率，假定回收率为百分比. 上述两个公式给出了到给定时刻 u 的风险中性违约概率的估算：

[①] 这可以通过求方程 (10.2) 在 1 年时的解得到：－log(1－10%)，log 是自然对数.
[②] 正如附录 10B 中所描述的，我们假设信用溢差的期限结构是平的（所有到期日的信用溢差都相同），CDS 连续缴费.

$$F(u) = 1 - \exp\left(-\frac{\text{spread}}{1-\text{recovery}}u\right). \tag{10.4}$$

风险中性违约概率取决于回收率的原因可以解释如下：假设债券的违约概率为 2%，但回收值是 50%，那么预期损失为 1%，这和 1% 的违约概率、零回收率的债券是一样的。我们只能在市场上看到一个单一的参数（信用溢差），并且必须从它派生出两个值。通常的做法是固定回收率，然后计算出违约概率。较高的回收率（对债券持有人有利）必须通过假定更大的违约概率（对债券持有人不利）来平衡。

上述公式通常情况下都是一个很好的近似。虽然这可以较准确地计算隐含违约概率，但是对于假定的基础公式，我们必须通过数值计算的方法解出正确的风险率。更详细的讨论，读者可以参考附录 10B 和 O'Kane(2008)。这种方法还需要考虑信用溢差的期限结构以及其他方面，如信用互换市场中使用前期溢价（见 10.2.1 小节）的常用约定。

工作表 10.2　计算市场隐含违约概率

就计算日期 T_1 和 T_2 之间的边际违约概率而言，一个显而易见的估算就是计算 (10.4) 式中的相关累积违约概率之差：

$$q(t_{i-1}, t_i) \approx \exp\left(-\frac{\text{spread}_{t_{i-1}}}{1-\text{recovery}}t_{i-1}\right) - \exp\left(-\frac{\text{spread}_{t_i}}{1-\text{recovery}}t_i\right). \tag{10.5}$$

这种方法被用来计算 Basel Ⅲ（见第 17 章）中的信用风险调整(CVA)。这只是一个近似，因为它没有考虑在时刻 t_{i-1} 之前的信用曲线形状（曲线越倾斜，估算越差）。在表 10.3 的例子中，我们将这个简单公式的结果与更加精确的计算结果[①]相比。

表 10.3　基于一条给定信用曲线，对比简单和精确的计算结果

到期日	息差	违约概率	累积违约概率	年违约概率((10.5)式)	年违约概率（精确值）
1 年	300 个基点	5.00%	4.88%	4.88%	4.82%
2 年	350 个基点	5.83%	11.01%	6.13%	6.14%
3 年	400 个基点	6.67%	18.92%	7.12%	7.28%
4 年	450 个基点	7.50%	25.92%	7.79%	8.22%
5 年	500 个基点	8.33%	25.92%	8.16%	8.93%

[①] 更加精确的计算假设连续复利为常量 5%，风险率为分段常量。

我们注意到年违约概率随时间而增加,原因是信用曲线随时间单调上升(向上倾斜),这与图 10.5 中所示的历史违约概率(以 A 评级为例)的增加是类似的效果.事实上,信用曲线的形状在确定风险中性违约概率的分布中起着非常重要的作用.我们将在下面的例子中看到这一点.

假设我们采取三种不同的信用曲线:表 10.3 相应的向上倾斜的曲线,500 个基点的水平线以及将向上倾斜的曲线倒置而得的曲线,相应的息差分别为 800 个基点,700 个基点,600 个基点,550 个基点和 500 个基点.累积违约概率曲线如图 10.8 所示.请注意,所有这些结果都是假定 5 年 500 个基点的息差,回收率为 40%.唯一不同的就是信用曲线的形状.虽然所有信用曲线的 5 年累计违约概率结果一致,大约都是 33%,但是信用曲线到达该点的精确形状却非常不同.这可以在图 10.9 中看到,该图给出了各种情况下的年化违约概率.对于向上倾斜的信用曲线,在最初几年违约的概率较小,更有可能在后期违约,而倒置信用曲线的情况则会给出相反的结果.为了适当计算风险中性违约概率,除了定义信用曲线的水平之外,知道曲线本身精确的形状也是非常重要的.

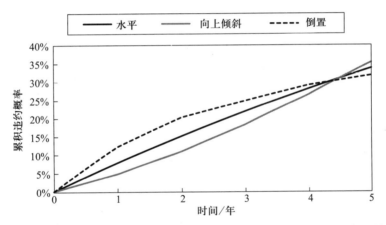

图 10.8 水平线、向上倾斜的信用曲线及其倒置得到的信用曲线所对应的累积违约概率.在所有情形中,5 年期信用溢差为 500 个基点,回收率为 40%

10.1.6 比较实际违约概率和风险中性违约概率

10.1.2 小节概述了实际违约概率和风险中性违约概率之间的差异,并且通过一些实证研究对这些差异进行了描述.例如,Giesecke et al.(2010)通过研究 1866—2008 年几乎跨越了 150 年的债券收益率数据集,发现平均信用溢差大约是由违约产生的实际损失的 2 倍.一些更为具体的研究包括 Fons(1987)以及前面提到的 Altman(1989)和 Hull et al.(2005a)的工作.例如,Fons 发现 1 年期的风险中性违约概率超过实际违约概率约 5%(对应于图10.4中所示的数字）。如表10.4所示，Hull et al. (2005a)将这两种概率之间的差异表示为信用评级的功能. 我们看到这种差别其实很大，尤其是对更好的信用评级.

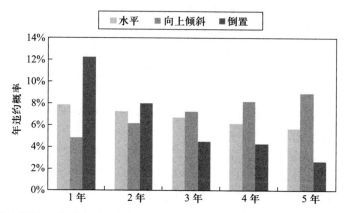

图10.9 如文中所述，基于水平、向上倾斜及其倒置的信用曲线的年违约概率. 对所有的结果都假定5年期信用溢差为500个基点，并且回收率为40%

表10.4 对比实际违约概率和风险中性违约概率（以基点为单位）

	实际违约概率	风险中性违约概率	比率
Aaa	4	67	16.8
Aa	6	78	13.0
A	13	128	9.8
Baa	47	238	5.1
Ba	240	507	2.1
B	749	902	1.2
Caa	1690	2130	1.3

人们在理解信用溢差的组成及其与实际违约概率和回收率的关系方面已经做了很多的工作，例如Collin-Dufresne et al. (2001)和Downing et al. (2005). 这些研究发现信用溢差和实际违约损失之间的差异是由于：

- 公司债券相对较低的流动性需要流动性风险溢价；
- 持有债券资产组合的优先上涨空间，或者债券收益中的负偏态[①]；

[①] 这说明持有债券的正收益有限，而违约损失相对较大。

- 公司债券的非分散性风险需要系统性风险溢价.

我们不需要在这里详细了解信用溢差和历史违约损失之间的关系,但重要的是要得到这种关系对于量化和管理交易对手风险的影响. 如果机构不寻求对冲交易对手违约风险部分,那么信用溢差与通过历史数据[①]进行经验估算的实际违约概率就更加相关了. 另一方面,如果人们想要对冲交易对手违约风险,那么考虑市场的信用溢差和相关的风险中性违约概率就非常重要. 显然,对冲交易对手风险比不对冲(表10.4)更昂贵. 我们将在第16章中继续讨论这个问题.

大部分的实证都比较了从债券息差得到的风险中性违约概率和历史违约概率. Longstaff et al. (2005)认为,CDS市场具有更好的流动性,因此不会产生如图10.4所示的流动性溢价. 这意味着CDS中隐含的风险中性违约概率和历史违约概率之间的相应比例会被降低. 然而,这种假设并不支持负的CDS债券(见10.2.4小节). 因此,当使用由CDS市场所得到的风险中性违约概率时,上述讨论的关系在广义上是一致的.

10.1.7 回收率

为了估计风险中性违约概率,我们必须知道相关的回收率. 回收率是指在交易对手违约的情况下可以收回的金额比率. 常见的回收率假定为交易价值(风险敞口)的百分比. 这是支持所有债权人拿回其被拖欠金额一定比例的合法权益. 回收率有时用违约损失率(也就是用1减去回收率,以百分比计)来表示. 例如,一个20%的低回收率意味着80%的高违约损失率.

理想情况下,回收率是由市场价格推演出来的. 回收率互换是一个互换合同,让交易双方可以交换回收率(当由相关信用事件发生时)和使得合同当前价值为零的固定回收率. 由于互换以零价格发行,如果互换中参考机构没有违约,那么互换在到期时不会发生任何现金流动. 如果违约真的发生并且实际回收率低于固定回收率,那么固定回收率的支付者将会赔偿对方,反之亦然. 因为回收率互换一般并不交易(除了偶尔太差的信用评级),我们通常必须放眼回收率的历史分析.

回收率和违约概率一样,往往会表现出随着时间的推移产生显著的波动,如图10.10所示. 我们可以在表10.5中看到回收率由于不同商业领域的进一步变化. 回收率和违约概率也会趋向于负相关(见 Hamilton et al., 2001). 这种负相关性意味着高违约概率会导致较低的回收价值. 因此,违约概率的随机性和回收率随着时间的推移负相关的耦合造成了违约损失很强的波动性.

---

① 我们注意到,无论是否出于对冲的目的,实际违约概率的使用都和 Basel III 不一致.

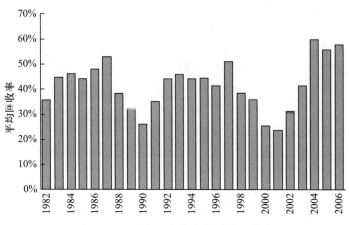

图 10.10　所有历史债务的平均回收率

表 10.5　各行业的回收率

行业	平均回收率
公共事业	70.5%
化工、石油、橡胶和塑料制品	62.7%
机械设备，仪器仪表及相关产品	48.7%
服务（企业和个人）	46.2%
食品和相关产品	45.3%
批发和零售贸易	44.0%
制造业	42.3%
赌场、酒店和娱乐	40.2%
建筑材料、金属及金属制品	38.8%
运输及运输设备	38.4%
通信、广播、影视制作、印刷出版	37.1%
金融机构	35.7%
建筑和房地产	35.3%
日杂店	33.2%
矿业和石油钻探	33.0%
纺织服装产品	31.7%
木材、纸张和皮革制品	29.8%
宾馆、旅店，医院和护理设施	26.5%
总计	41.0%

回收率也取决于索赔的年限(表 10.6). 通常, 场外衍生工具将会按高级无抵押债券的相同比例来评级, 而这些债券又大多数都是 CDS 合约的参考. 当交易对手风险的回收索赔不同的时候, 这就必须被定量计算.

表 10.6 债务等级的回收率

债务等级	平均回收率	
	投资级	次投资级
高级有抵押	54.8%	56.4%
高级无抵押	48.2%	48.7%
高级次级	32.7%	39.9%
次级	31.9%	31.7%
贴现与零息	24.1%	24.7%
总计	41%	

资料来源：Altman and Kishore(1996).

关于回收率的最后一个知识点和时机相关. CDS 结算是紧跟违约事件的, 债券持有人可以在同一个进程(CDS 的拍卖将在 10.2.3 小节中讨论)中结算其债券. 然而, 场外衍生品是不能及时结算的. 这部分是由于其本身个性化的性质, 部分是由于净额结算(和抵押), 其中意味着许多交易应当聚集成单一的权利要求, 不能单独处理. 资产组合的索赔净额(扣除任何抵押品)往往相当难定义. 这就会造成两个不同的回收价值：

● 结算回收率. 这是在一个信用事件发生后可以实现的回收率, 例如通过出售债券违约.
● 实际回收率. 这是在破产或类似过程后产生债务的实际回收率.

从理论上讲, 结算回收率和实际回收率应该是非常相似的, 但在现实中, 由于破产的过程可能需要很多年, 所以它们可能会大不相同, 如图 10.11 所示. 尽管这种过程可能需要数月, 机构还是有可能就实际索赔的回收率与破产管理达成一致. 这将允许机构卖掉

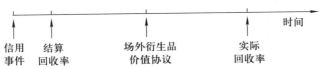

图 10.11 信用事件发生后的回收结算. 结算回收率在信用事件发生后可以很快实现(例如通过参加拍卖 CDS). 当公司已经被完全清算后, 机构就可以实现最终的回收率. 实际衍生赔偿的回收率会介于结算回收率和最终回收率之间

索赔合同并尽早将纸面的回收价值兑现. 在雷曼兄弟破产的案例中, 结算回收率为 9% 左右, 而一些实际回收率交易至今已经大幅上涨(在 30%~40%).

§10.2 CDS

近年来信用衍生品市场快速成长, 这得益于转移信用风险和为投资者开发越来越精密产品的需要. 信用衍生工具是一种旨在转移双方之间的信用风险的协议, 它的价值是从企业、主权实体或证券的信用表现中派生出来的. 信用衍生品可以以个体为基础进行交易(单一参考实体, 如某企业), 也可以以组合为基础(引用很多参考实体, 例如多达 125 个公司).

信用衍生工具是很重要的, 因为它们代表了交易、对冲和分散交易对手风险的机会. 然而, 信用衍生品作为一类产品也会显著地引起交易对手风险. 事实上, 信用衍生工具市场的持续发展也取决于如何控制这种交易对手风险. 正如第 7 章中讨论的, 这在交易对手风险领域中起着关键作用.

10.2.1 CDS 基础

许多信贷衍生品都采取 CDS 的形式, 将一个或更多企业或主权实体的违约风险从一方转移到另一方. 在个体 CDS 中, 保险的买家会为某个特定参考实体的一定金额债务而向保险的卖家支付预付款或定期费用(保费). 如果涉及的参考实体经历了一个信用事件, 那么卖家必须按照预先规定的程序和相应的损失对买家支付赔偿(通常买方也必须在这点支付应计溢价作为补偿, 这是因为保费都是延迟支付的事实). 溢价需要在交易执行期和信用事件发生时期中最早发生的日期支付. 参考实体并不是合同当事人, 因此买家和卖家也没有必要在订立 CDS 合约的时候获得参考实体的同意. 一个个体 CDS 合约的机制如图 10.12 所示(指数合约将在 10.4.1 小节中讨论).

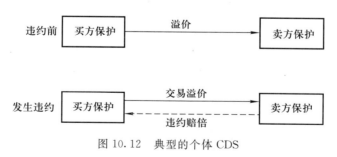

图 10.12 典型的个体 CDS

CDS 合约既交易固定的溢价也交易预付款项. 这将减少 CDS 的对冲和平仓费用. 虽然这不是强制性的, 但是常用的标准是对基于投资级参考实体的 CDS 收取 100 个基点的固定溢价,而高收益的参考实体交易溢价为 500 个基点[①]. CDS 的计划终止日期是 3 月 20 日,6 月 20 日,9 月 20 日或 12 月 20 日.

CDS 文档是指参考义务和参考实体. 参考实体可以是任何已发生债务的企业、主权或其他任何形式的法律实体[②]. 参考债务定义了可以支付的债务资历. 通常,相同或更好资历的所有义务可以交付(在没有参考义务的情况下,资历级别就是高级无抵押).

10.2.2 信用事件

通常,我们使用术语"违约"(例如在违约概率中),而不是更准确的通用术语"信用事件". 其实,有很多种类的信用事件可以对债权人造成损失. 一些信用事件是被严格定义的,如第 11 章中所述的破产过程,而其他一些技术性信用事件则可能没有那么严谨的定义,例如涉及违反某些合同条款.

三种最重要的信用事件包括:
- 破产. 这将被各种破产或相关活动程序触发,如在英国和纽约的法律中规定的清盘、管理、接管,或者其他破产法中的类似事件.
- 未能支付. 这类信用事件涵盖了未能支付本金或利息. 在此类信用事件被触发之前,必须已经支付了最低阈值金额(默认价值 100 万美元). 正如在第 5 章中讨论的,未能在宽限期后按时支付抵押品就属于这一类事件.
- 重组. 这包括了由信誉方面的重大不利变化而导致的债务重组.

用 CDS 合约对冲所存在的一个显著的风险是发生了经济损失,但合同中的信用事件未被触发[③]. 此类明显的例子可以包括重组型信用事件,如债务转股权,债务折价清偿(distressed exchange)或其他形式的重组. 2012 年,希腊债权人的自愿折减不足以触发信用事件,而行使"集体希腊行动条款"迫使所有债权人参与并最终引发调整信用事件. 这说明了违约损失和信用事件的触发实质上具有不利的等价关系. CDS 可能出现有利于对冲的交易对手风险,但当信用事件实际发生时可以完全或部分失效.

10.2.3 CDS 结算

CDS 的主要目的是补偿保险买家在诸如债券等违约证券的面值损失. 然而,通常情况下债券在一个信用事件发生时并不是一文不值,而有一定的回收价值可以被交易. 因此,保险买家需要得到面值减去这个回收价值. CDS 有两种基本的收益方式:

[①] 固定费率为 25,100,500 和 1000(以及 300 和 700)个基点的合约也可能交易. 历史上,CDS 没有前端收费,这导致了多种形式的连续费率.

[②] CDS 偶尔也以有少量或没有外债的实体为交易标的,这通常涉及主权国家.

[③] 2008 年,房地美和房利美被接管是一个反例,它触发了破产条款,而没有申请破产. 但是,由于交割逼仓和美国政府的隐形担保,证券已接近平价交易. 在这种情况下,CDS 信用保护面临交割损失,即使并没有经济损失.

- **实物交割**. 在这种情况下, 保险买方将把与违约互换面值相同的参考实体违约证券交付给保险卖方. 作为回报, 保险卖方必须支付等值的现金. 例如, 投资者购买一个债券的同时持有一份等面值的违约互换保险, 该保险可以通过支付违约债券而收到等值现金. 这种机制显然非常有吸引力, 因为没有其他任何一方参与并且只有有限的支付争端.
- **现金结算**. 保险卖方将赔偿买方面值减去回收价值的现金. 但是, 这种方法的一个明显的问题就是, 回收价值必须通过交易违约实体债务的一些市场共识来计算(如经销商投票或最近发生的如下描述的拍卖过程).

在一个现货交割的 CDS 合约中, 因为信用事件不是针对某一特定证券的, 因此没有个体债务需要交付. 也正因如此, 保险的买方可以选择交付哪一种证券, 并且会很自然地选择市场上最廉价的可交付证券(最廉价交付期权). 显然, 最廉价的可交付债券就是那些低息(包括可转化债券)和流动性差的债券. 重组信用事件在这方面表现得特别显著, 因为债券更有可能在不同的水平交易. 市场上已经开发了不同的违约互换重组方案, 以尽量减少最低交付风险. 当前美国和欧洲的标准分别是修改重组(MR)和再次修改重组方案. 这两个方案都包含了 CDS 合约中信用事件的重组, 但限制了在这样的信用事件中可以交付的证券.

很大比例的保险买家并未持有债券形式原有的风险. 这种"裸露"的 CDS 头寸可能来源于纯粹的投机目的, 也可能是为了对冲交易对手风险、一直以来都有机构在努力和呼吁禁止这种无实体的违约互换, 即只有在买方持有相关债务的证券(就如同在保险合同中一样, 合同的所有者需要在索赔时承受被保的风险), 才允许购买相应的违约互换. 事实上, 这除了会降低违约互换市场的效率以外, 也会限制针对对冲交易对手风险、抵消风险敞口而持有的 CDS 保护. 由于未来信用风险的不确定性, 目前尚不清楚如何适当地持有 CDS 保护以满足对冲需求①. 可以认为一个机构购买比当前风险敞口高的 CDS 保护, 是为了减少未来可能的风险敞口的增加.

CDS 市场的另一个问题是, 相比较未偿债务而言, 需要支付的金额(参考实体的全部未偿 CDS 保护)很大时, 支付紧缩(delivery squeeze)就会应运而生. 在交付紧缩中, 债券价格将会由于供应不足而增加, 而这反过来将压缩违约互换的价值(由于收益函数是面值减去回收价值). 这是在对冲交易对手风险时需要考虑的另一个重要问题, 因为证券本身的回收价值和 CDS 中定义的回收价值存在显著的差异.

最廉价交付期权和交付紧缩的问题已经在解决信用事件的拍卖协议修改条款中进行了限制. 在 2009 年, 有若干关于 CDS 和交易行为的改变, 目的就是减少一些上面所述的风险并完善合同的标准化进程. 其中一个是拍卖结算条款作为信用衍生品交易的标准结算方

---

① 例如, 即使某个交易对手当前的风险敞口为 0, 机构也可能希望买入 CDS 保护以对冲未来交易对手信用溢差增加的可能性.

法. 所谓的"宇宙大爆炸协议"允许对遗留的 CDS 进行拍卖结算(只要两个交易对手签署了"宇宙大爆炸协议"). 在清算参考信用时,通过预先计划的违约债券拍卖,确定问题中所有违约互换参考信用的公平现金结算价格,大部分主要信用事件应该都可以解决. 虽然这消除了最基本的风险,但是对冲交易对手风险时结算和最终回收价值的问题依然存在.

在表 10.7 中,我们给出了 2008 年的一些信用事件之后发生的 CDS 拍卖结算回收率. 从房利美和房地美接近 100% 的回收率,我们看到回收率的区间非常宽泛,这主要归功于美国政府的保证,使之成为一个更趋技术性的信用事件,而不是像雷曼兄弟和冰岛银行一样只能拿到少得可怜的回收价值.

表 10.7 因为 2008 年的一些信用事件而拍卖的信用违约互换的回收率. 交付挤压的影响可以通过房利美和房地美的高于有限债务的次级债交易水平观察到

参考实体	资历	回收率
房利美	高级	91.5%
	次级	99.9%
房地美	高级	94.0%
	次级	98.0%
华盛顿互惠		57.0%
雷曼兄弟		8.6%
Kaupthing 银行	高级	6.6%
	次级	2.4%
冰岛银行	高级	1.3%
	次级	0.1%
Glitnir	高级	3.0%
	次级	0.1%
平均		38.5%

10.2.4 CDS-债券基差

理论上可以证明(Duffie(1999)),在一定的假设条件下,一个短期的 CDS 等同于一个固定利率的债券和一个支付者利率互换的组合头寸[1]. 这种债券和利率互换的组合就是所

---

[1] 特别地,该利率互换是非标准的,它必须在 CDS 标的发生信用事件时终止.

谓的置产互换. 这意味着在信用违约互换和债券市场计算的信用溢差应该是相似的. 然而, 各种技术和基本因素意味着这种关系并不完善. CDS 利率和债券利率之间的差别称为 CDS-债券基差. 正(负)的基差被刻画为违约互换溢差和等价债券溢差的高(低)差别①.

驱动 CDS-债券基差的因素有：

- 交易对手风险. CDS 有明显的错向交易风险(见第 15 章), 这可能会使偏差为负.
- 融资. 债券和 CDS 之间的理论联系是假定了 LIBOR 融资的可能性. 由于 CDS 不需要融资, 因此超过 LIBOR 的融资水平会使基差趋向于正值. 做空现金债券会趋于困难这一事实将进一步加强这种效果, 这是因为债券需要从相当缺乏流动性的短期回购市场购买, 而债券在回购市场中还可能需要特殊交易才可以获得, 进而使得借入债券更加昂贵.
- 信用事件的定义. 从理论上来说, CDS 的信用事件定义应该和债券持有人的相关信用损失完美契合. 然而, 信用事件的定义往往由于债券文件的分歧而非常容易受到攻击, 尽管 ISDA 已经做了很多关于 CDS 法律文件标准化的改进, 以尽量减少可能的潜在争议. 技术信用事件可能会让 CDS 的保护方为一些债券持有人的非信用违约事件做出赔付. 或者即使债券持有人已经承担了损失, 但是信用事件可能并没有被触发(见 10.2.3 小节中关于希腊债务的评论). 前者的作用会趋向于将基差推向正值, 而后者将其变为负值.
- 最廉价交付期权. CDS 中的交付选项(见 10.2.3 小节)可能在某些情况下会有一些额外的价值, 如重构信用事件. 这将使基差更趋向于正值.
- 交付紧缩. 交付紧缩(见 10.2.3 小节)涉及可交付的 CDS 的债务短缺, 并将趋向于使基差为负值.
- 溢价或折价交易债券. 由于利率的变化, 固定利率债券的交易价格可以明显高于或低于面值. CDS 保护基本上是按照面值进行估算的, 那么高(低)于面值的债券交易会使基差趋向于负(正)值. 使用固定息的 CDS(见 10.2.1 小节)可减少这种影响.
- 应计利息. 在违约事件中, 债券通常不支付拖欠的应计利息, 而 CDS 确实需要保险买方支付直到信用事件发生时的应计溢价. 这将导致基差为负值.
- 其他的技术因素. 在历史上, 其他技术因素, 如合成债务抵押证券的发行, 也对基差产生过影响.

在全球金融危机之前, 此基差由于诸如融资和廉价交付选项等作用而通常趋向于正值. 最近, 由于对 CDS 交易对手风险的担忧, 该基差一直为负值.

10.2.5 CCDS

在一个标准的个体 CDS 中, 保险买方得到了对于合同名义金额的保护. 这样的合同是

---

① 我们注意到, 这里债券溢差的定义是主观的, 因为它必须相对于某个无风险的基准. 这个问题将在第 14 章中深入讨论.

针对诸如贷款和债券等产品的风险敞口而合理定制的. 例如, 1000 万美元的违约互换会对持有的 1000 万美元面值债券提供保护[1]. 然而, 交易对手风险的一个关键的方面即由信用事件的风险敞口产生的损失通常都是未知的.

CCDS 和个体 CDS 基本是一样的[2], 除了一点非常关键的不同, 即保险的名义金额是参考另外一个交易而决定的. 这种标的交易可能是任何跨资产类别产品. 因此, 一个 CCDS 可以为衍生品的交易对手风险提供完美的保护, 因为受保护的金额可以直接与衍生品的风险敞口联系在一起. 通常 CDS 有很多应用, 而 CCDS 则是为了对冲交易对手风险而量身定做的. 正因为如此, CCDS 实际上提供了一种将交易对手风险同其他金融风险完全分离的可能性.

CCDS 代表了一份量身定制的合同, 它将一个机构的交易对手风险转移到另外一个机构. 然而, 除了在某些特定的情况下, CCDS 并不是特别受欢迎的. 一些原因如下:

- 合同文件非常复杂. CCDS 必须包含"嵌套的意向书", 因为它必须指明需要转移的交易对手风险的交易. 保密性也可能会是一个问题, 因为 CCDS 的交易对手了解所有被对冲掉信用风险的交易信息.
- 不承认净额值或抵押品. 一个典型 CCDS 通常是引用单一交易, 而不是一个更相关的净额结算集. 一个引用整个净额结算集的 CCDS 是非常复杂的, 并且不会涵盖净额结算集的后续交易. 另外, CCDS 并不计算风险敞口的潜在抵押品.
- 双重违约. 只有在一个 CDS 提供者具有很高的信用资质并且(或者)和原交易对手没有任何关联时, CCDS 才会有效. 这些方面的条件都很难达到, 尤其是后者. 更多细节将在 16.2.2 小节中讨论.
- 缺乏保险卖家. 与个体 CDS 市场一样, 缺乏个体 CDS 的保险卖家.

到目前为止, 已经有了很多全面启动 CCDS 市场的尝试. 诺瓦热姆公司[3]在 2009 年开发了一个专有的工具来出售被全部抵押担保的 CCDS 保护, 然而对这一举措目前还没有看到很大的成功, 主要原因可能就是上述的双重违约问题. 例如, 对场外衍生品交易商而言, 必须确信其用来对冲大部分信用价格调整(CVA)的机构可以在承受较高违约频率的环境下生存, 只有这样对冲才是有效的. 监管机构将需要有同样信心以允许资本释放并且为保险卖家提供强有力的信用等级.

§10.3 曲 线 映 射

在 10.1.5 小节中, 我们讨论了如何从交易对手的信用溢差中量化风险中性违约概率.

---

[1] 这近似正确, 因为信用事件的触发和债券损失并不总是相伴而生的, 而且回收价值也可能不同.
[2] 这里指的是个体 CCDS, 指数 CCDS 将在 15.4.5 小节中讨论.
[3] 参见 http://www.novarumgroup.com

这样的信用溢差可以通过债券、资产互换和个体信用违约互换的市场价格等各种方式导出．然而，量化 CVA 的一个关键因素是获取不可观察的机构（即那些交易对手）的信用溢差，因为市场上并没有定义它们的息差交易．

虽然采用主观映射方法来确定信用溢差似乎有失科学性，但是它通常是银行评估流动性相对较差的资产的一个必要过程，如其交易账户中持有的债券和贷款．此外，Basel Ⅲ 中的资本规定针对 CVA 的资金配置提出了类似的要求（BCBS，2011）："当这种信用违约互换息差不可用时，银行必须使用一个基于交易对手评级、行业和地区的合适的替代息差."银行和本书作者（如 Gregory，2010）都针对这一要求进行了争辩，认为对银行不应该尝试太多实时的非流动性信用风险（包括 CVA）．

10.3.1 映射的基础

信用曲线映射的根本目的是根据观察到的市场数据，利用一些相关的点来构造信用曲线，如图 10.13 所示．这给出了一个使用各种到期日的市场观测案例（如二级债券市场的情况）．一个对这些溢差（也许可对流动性较高的交易报价赋以更高权重）最好的拟合给出了整条曲线．曲线的分类可以相当广泛（例如一个个体 A 评级曲线），在这种情况下，大量的数据点会被用来做拟合，但不同的交易对手之间差别很小．另一方面，一个更精细的分类（如等级、领域和地域），例如一个个体 A 评级美国公用事业公司，可以更好地区分不同的交易对手，但可以用于每条曲线的校对数据就相对较少．

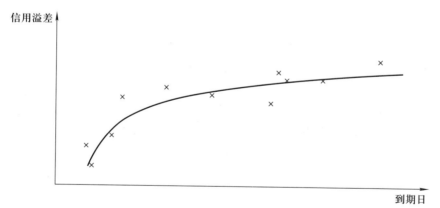

图 10.13 映射的过程．叉形点表示可观测的作为到期日函数的信用溢差

我们注意到，这种表示方法从对冲风险角度来看非常麻烦，因为所有点都代表了对冲工具．还有就是重新校对的问题（或者是周期性的校对，或者是除去某个流动性差的数据点），都会导致整条曲线的平移以及受相关（非对冲的）盈亏影响的信用价值调整的变动．

10.3.2 指数和分类

虽然债券利差提供了一些映射信息，但是映射方法的关键组成部分是如何与对冲相应信用价值调整联系在一起（见第16章）. 因此，信用指数是表示信用映射曲线的更好选择. 图 10.14 给出了根据信用指数对欧洲的交易对手进行分类的一个例子[①]. 从底部读起，首选显然是映射到一个个体 CDS 或相关代理，如母公司. 如果这些信息是不可用的，将会根据交易对手是否为一个公司、金融机构或主权实体而映射到相关指数. 公司可以根据信贷质量进一步细分.

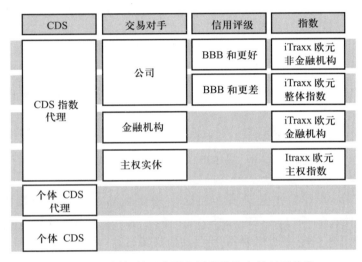

图 10.14 图解基于欧洲信用指数的交易对手分类

需要进一步注意的是，更详细的分类并未在图 10.14 中显示. 例如，西欧主权指数可以细分成西欧（WE）、中欧与东欧、中东和非洲；公司债券也可以进一步细分为工业领域指数（除了金融领域和非金融领域），如科技传媒和电信行业、工业、能源、消费者和汽车. 虽然这些子领域给出了更为精细的表示，它们同时又被可用的信用违约互换市场的流动性所限制.

10.3.3 曲线的形状

相关的最后一个考虑是单到期信用溢差（一般为 5 年）可以被定义（直接或通过映射），但曲线的其余部分则不能. 在这种情况下，显而易见的解决方案是使用最恰当的指数来定义曲线的形状，如图 10.15 所示. 例如，如果 5 年处定义的点为相同成熟期指数的 130%

---

① 参见 http://www.markit.com/en/products/data/indices/credit-and-loan-indices/itraxx/itraxx.page

倍,那么所有的点都会被映射到该指数曲线的 130%.

映射的主题将在第 16 章涉及的 beta 对冲中再次讨论.

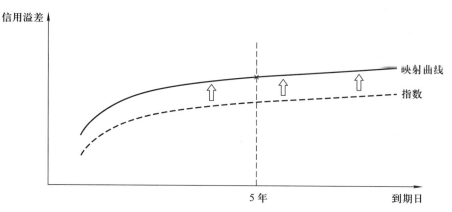

图 10.15 基于相关指数的形状来定义曲线的形状. 叉形点表示已知的曲线上的 5 年点

§10.4 资产组合信用衍生品

在最后一节中,我们给出关于资产组合信用衍生品,如批量指数和债务抵押债券(CDO)的一个简要概述. 对于这些结构性产品的一个基本了解在第 15 章中讨论错向交易对手风险时会非常有用. 关于资产组合信用衍生品及其用途(和滥用)的更深入研究由 Tavakoli(2008)给出.

10.4.1 CDS 指数产品

直至 2004 年,多数 CDS 都是个体的,但此后一个推动信用衍生品市场增长和市场流动性的主要动力就是基于指数的 CDS. 信用指数通常被认为是一个等权重的个体 CDS 的加权组合,因此该指数的公允溢价将会非常接近该指数内所有 CDS 的平均溢价[1]. 两个最常见的信用指标是:

- DJ iTraxx Europe 指数. 这包含了 125 个相同权重的欧洲企业投资级参考实体.
- DJ CDX NA IG 指数. 这包含了 125 个相同权重的北美企业投资级参考实体.

也有其他不同标的参考实体和地域的指数,但它们的流动性相对较差. 指数可以在

---

[1] 出于两个原因,这并非完全正确:首先,必须对平均 CDS 溢差进行理论调整以反映其成分之间的差异;其次,指数通常在离平均 CDS 溢差一个基点的水平进行交易(买卖成本将防止套利).

CDS(无资助)或信用关联债券[1](有资助)的形式中交易. 购买 1.25 亿美元的 DJ CDX NA IG 指数的 CDS 保护, 几乎相当于在指数中每个标的参考实体上买了 100 万美元的 CDS 保护[2].

信用指数的一个重要特点是, 每 6 个月都会"刷新"一次. 每一次刷新都会包括:
● 交易到期日的调整. 典型的交易到期日是 5 年, 7 年和 10 年. 固定交易到期日[3]将被使用, 使得初始到期日是 5.25 年, 7.25 年和 10.25 年. 6 个月后, 到期日将成为 4.75 年, 6.75 年和 9.75 年, 并且这些将被重新设置为它们的初始值.
● 资产组合的调整. 指数的参考实体会根据预先定义与信用事件, 评级下调和个体 CDS 溢价的增加以至于超过某个阈值等有关的标准而被删除. 总体目标是, 取代违约的实体名目, 从而保持均匀的信贷质量. 从指数中删除的实体将被符合规定标准的其他实体所代替.
● 溢价. 在刷新的前 6 个月内, 该指数溢价是固定在一个给定的水平 100 或 500 个基点上的, 并且该指数的交易将会涉及从一方到另一方的预付款以补偿公允溢价和交易溢价之间的差异. 这会大大方便头寸平仓和货币化盯市收益(或损失), 这和 10.2.1 小节中讨论的美国 CDS 的固定溢价的使用类似. 在翻新中, 指数溢价可能会根据当时基于个体信用违约互换的公允理论水平而被重置(100 或 500 个基点).

我们注意到, 刷新只在影响新的交易, 而不是现有的交易(这仍引用旧的指数和其他条款).

10.4.2 指数分档

信贷指标的标准化过程就是信用分档的发展历程. 虽然信贷指标引用了标的参考实体的所有损失, 但是一个分档只会部分地引用这些损失. 例如, 一个 $[X\%, Y\%]$ 分档参考标的指数在 $X\% \sim Y\%$ 之间的损失. 分档的"次级点位"为 $X\%$, 而 $Y\%$ 称为"分离点". 该档的大小为 $(Y-X)\%$. DJ iTraxx Europe 指数和 DJ CDX NA 指数的标准分档如图 10.16 所示. 承受最初损失的指数档 $[0\% \sim 3\%]$ 称为股权档, 非常高的层级称为高级层级或超高级层级, 而中间的层级称为夹层.

不论交易如何约定, 指数分档的重要性在于它只涵盖资产组合中一定范围内的损失. 不同的指数层级所承担的风险差异很大: 股权层级承担了大量的风险, 并支付非常有吸引力的回报, 而更高层级的风险远远低于股权层级, 但只支付适度的回报. 在远端, 超高级层级可能被认为不具有任何风险(不会亏损). 对于这一点, 在第 8 章中做了深入分析. 分档

---

[1] 信用关联债券通过 CDS 融资以合成债券.
[2] 除了溢差不匹配所造成的理论调整和指数信用保护可能涉及前端收费之外.
[3] 使用的是国际货币市场(IMM)日期.

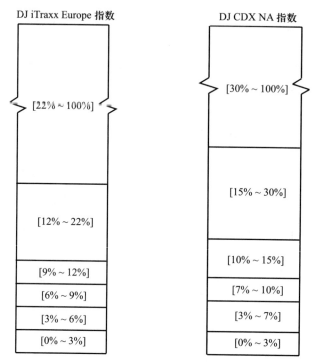

图 10.16　对应于 DJ iTraxx Europe 指数和 DJ CDX NA 指数的指数层级. 除 [22%～100%] 和 [30%～100%] 以外的层级都给出了相应级别

引起了一个杠杆效应, 因为较为初级的层级比指数本身承担了更多的风险, 而最高级的层级[①]则风险较小.

10.4.3　超高级风险

我们将在第 15 章中看到, 越高级的层级会制造越多的交易对手风险. 毫不奇怪, 超高级层级在信用市场的交易对手风险方面已经制造了令人头疼的麻烦. 我们可以思考这样的一个问题: 有多少违约才会造成 DJ iTraxx Europe 指数和 DJ CDX NA 指数超高级层级的损失? 我们将某一给定层级可以承受的违约数目表示为

$$\text{违约数目} = n \frac{X}{1 - \text{recovery}}, \quad (10.6)$$

其中 X 代表层级的分离点 (单位: %), n 表示指数的参考实体的数目, recovery 表示违约

---

① 由于其规模, 通常只有超高级层级才有小于 1 的杠杆, 其他层级的杠杆可能高于指数本身.

发生时回收率的加权[①]平均.

例子 给定 DJ iTraxx Europe 指数和 DJ CDX NA 指数的平均回收率为 40% 或 20%，那么这两个指数的超高级层级可以承受多少违约？

根据前面的公式，对于 DJ iTraxx Europe 指数，我们有违约数目

$$125 \times 22\%/(1-40\%) = 45.8 \quad (\text{recovery} = 40\%),$$
$$125 \times 22\%/(1-20\%) = 34.4 \quad (\text{recovery} = 20\%);$$

对于 DJ CDX NA 指数，我们有违约数目

$$125 \times 30\%/(1-40\%) = 62.5 \quad (\text{recovery} = 40\%),$$
$$125 \times 30\%/(1-20\%) = 46.9 \quad (\text{recovery} = 20\%).$$

显然超高级层级具有很少的违约风险. 让我们考虑一个最长期限(10 年)的超高级层级. 根据表 10.2，最差投资级别 BBB 的 10 年期穆迪累积违约概率为 6.38%. 即使假设较低的 20% 的回收率，历史平均水平 4.3 倍和 5.9 倍的违约概率，也将需要从 DJ iTraxx Europe 指数和 DJ CDX NA 指数的超高级层级中清除次级点位[②]. 与违约的遥远距离导致了诸如"超 AAA"或"AAAA"的定义以用来描述上面超高级层级的风险. 从交易对手风险的角度来看，重要的问题是：从哪个机构可以买到超 AAA 保护？

10.4.4 CDO

有许多种不同类型的债务抵押债券(CDO)，它们包含不同的资产类别并具有不同的结构特征. 然而，上节中所定义的风险近似分类（股权、夹层、高级），将始终遵循. 例如，任何 CDO 结构都将会有一个相关的超高级层级，该层级被认为永远不可能有任何的信用损失.

CDO 广义上可分为两类：

● 合成 CDO. 除了标的资产组合，这些都是非常类似于指数的不同层级，并且次级点位和分离点位、交易期限和其他特征都将为某个或某些交易订制或量身定做. 最常见的是，某一层级将从其余资本机构中孤立出来进行交易. 银行传统上都有很大的"相关性交易组"以交易基于各种不同资产组合的合成 CDO 的不同层级.

● 结构性融资证券. 这是非常大的一类证券化结构产品，包括了现金 CDO，抵押贷款债务(CLO)、抵押贷款支持证券(MBS)和资产担保证券(ABS)的 CDO. 这些结构化产品和合成 CDO 之间的主要区别是，结构和层级损失是通过一个更复杂的机制产生的. 这意味着，这些交易的层级不能单独交易[③]，并且所有的层级都必须或多或少地作为一个所谓的

[①] 因为达到该层级的违约损失可能只有一部分，如前面的例子所示.

[②] 例如，对于 DJ iTraxxEurope 指数，有 $\dfrac{34.4}{125 \times 6.38\%} = 4.3$，其中因子 34.4 在上例中已计算得到.

[③] 除非有些可被回收并放到下一个结构中，从投资者的角度看，这种做法远非理想.

"全资结构"的交易同时卖出.

从交易对手风险来看,关键的方面是 CDO 的发行人需要处理(购买保护)整个资本结构中的所有分档.在一个完整的资本结构或结构性金融型结构中,这很显然是处理所有风险的需求.这在一个合成 CDO 中并不明显,但是提出这一点,是因为一个交易账户不可能进行有效的风险管理,除非构建了股权、夹层和高级层级之间的合理平衡.因此,CDO 的发行人是超高级的保护购买者,并不一定是因为他们认为超高级层级具有价值,而是因为:

● 需要购买保护或放置超高级风险以有效地分布风险.如果不这样做,就意味着可能持有一个巨大的超高级部分,并且有可能无法识别一个交易的收益与损失.

● 为了对冲其他层级的头寸而购买超高级保护.这里不再赘述更多细节,我们注意到,结构性产品交易员购买一个期权或层级,并非因为他们认为该产品被低估,而是把该产品作为对冲工具.如果使用期权术语的话,他们的交易相当于支付"gamma"(价格相对于市场走势的凸性).在这种情况下,一个 CDO 相关性交易员会购买超高级保护,不是因为他认为这将有回报(触动了层级还会造成亏损),而是因为该交易可以提供正的 gamma.

我们在第 15 章中讨论 CDO 如何失效的时候,重新讨论这一问题.

§10.5 小　　结

本章简要概述了违约概率、信用溢差和信用衍生品.我们给出了违约概率、估算方法以及实际违约概率和风险中性违约概率之间的差异,对回收率的影响进行了讨论,描述了在计算信用价格调整(CVA)时所需的风险中性违约概率.我们还介绍了重要的信用衍生品工具,这是在讨论错向风险(见第 15 章)和对冲(见第 16 章)时必不可少的.最后,我们讨论信用曲线映射的步骤,这是信用价值调整的量化中非常重要的部分.

在第 11 章中,我们将考虑资产组合的交易对手风险,并专注于众多交易对手同时违约的联合违约概率.

第 11 章 资产组合的交易对手风险

过分的谨慎将导致最大的风险.

Jawaharlal Nehru(1889—1964)

§11.1 导　　言

在上一章中,我们考查了单一交易对手的违约概率. 在这一章中,我们将在资产组合的层面考查两个或多个交易对手的违约问题. 我们首先研究两个交易对手的双违约风险(double default risk),这对于衡量信用衍生品的对冲收益非常重要. 过去的 20 年,用于信用资产组合的经济资本金(economic capital)概念得到了充分的研究. 我们将初步考查风险敞口的不确定性对经济资本金产生的影响. 对于这部分内容,在第 17 章中还将结合 Basel II 中对交易对手风险的要求进行更细致地介绍.

§11.2 双　违　约

11.2.1 联合违约事件

假设一个金融机构有交易对手 A 的风险敞口,该风险敞口由交易对手 X 提供担保(就像 10.2.5 小节讨论过的 CCDS 一样). 金融机构此时仍承担着风险,因为交易对手 A 和 X 可能同时违约. 考虑图 11.1 中的四种可能情形. 我们需要考虑交易对手 A 和 X 的如下关系:

- 互斥. 互斥事件不能同时发生. 如果违约事件是互斥的,那它们之间的相关性必定为负的. 但这不太现实,除非个别情况,一方破产将增加另一方的市场份额[①].
- 独立. 独立事件的发生彼此独立,就像同时抛掷两枚硬币一样,结果是独立的. 独立事件可以同时发生,尽管这种情况的概率较小.
- 正相关. 正相关意味着如果一件事情发生了,那么另一件也可能发生. 这是资产组合

---

① 即使如此,还是可能存在能够导致双方同时违约的系统性问题.

违约的关键要素,因为组合中一笔交易的违约很可能导致其他交易的违约(比如这些交易都是与同一交易对手进行的).相对于独立情形,正相关情形下两个交易对手同时违约的可能性更大.

● 最大相关.两个具有最大相关性的事件同时发生的概率将达到最大值.请注意,图 11.1 中的两个圆圈不能完全重合(因为各自的违约概率不同).因此,事件同时发生的最大概率是各自发生概率的最小值.

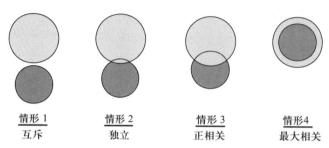

图 11.1 两个实体违约之间的关系.每个圆圈的面积代表了违约概率(大圆圈对应的实体具有更多风险).圆圈重叠的部分意味着联合违约

例子 假设一个金融机构有交易对手 A 的风险敞口,A 违约的概率是 2%.该机构从交易对手 X 处购买对此风险敞口的保护,X 的违约概率较小,为 1%.该机构因此而承担了双违约风险(A 与 X 同时违约).这个概率是多少呢?

解 我们试图给出一个范围.假设 A 与 X 的违约不是彼此互斥的,那么最好的情形即两者相互独立,此时双违约概率为 0.02%(即 1%×2%),如图 11.1 中的情形 2.最差的情形对应最大相关,此时双违约概率为 1%(各自违约概率的最小值),如图 11.1 中的情形 4.所以,双违约概率在 0.02% 和 1% 之间.购入违约保护的收益在于将违约概率最少降为原来的 1/2,最多降为原来的 1/100.

11.2.2 Merton 方法

从概念上来说,联合违约事件的建模比较困难,因为违约的二元性[①]和违约数据(特别是同时违约)的稀缺性.我们需要在违约和经济基本结构之间建立一种直观的联系.解决这个问题的经典方法出自 Merton.在第 10 章中,我们简要介绍了单一违约过程的 Merton 模型,现在我们将把它推广至多重违约的情形.在 Merton 模型中,我们把违约简单地定义为资产价格跌破违约阈值的情况,如图 11.2 所示.通常假设公司的价值服从正态分布.

Merton 模型的核心在于假设公司的价值服从正态分布.但由于我们已经事先知道一个

[①] 二元性是说,违约要么发生,要么不发生,只有两种可能.这种分类数据的统计分析不如连续性数据直接.

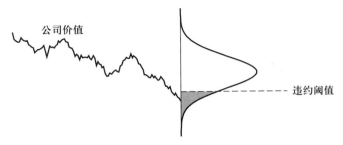

图 11.2 违约建模的 Merton 方法. 如果标的公司的价值跌破特定的违约阈值，将发生违约

公司的违约概率(通过第 10 章所介绍的其他方法)，该正态分布的具体细节就不那么重要了. 违约临界值需要与违约概率相吻合，这涉及分布函数求逆，通常写为 $k=\Phi^{-1}(p)$，其中 $\Phi^{-1}(\cdot)$ 是标准正态分布函数的逆函数，p 为已知的违约概率，k 为违约临界值.

11.2.3 相关性的影响

上述模型框架[①]乍看上去不过是一个简单的映射. 这个框架的真正威力在于可以简洁而直观地引入另一个违约事件，即联合违约概率服从二元正态分布. 因此，在我们所关心的双违约模型中，交易对手 A 和 X 的联合违约概率由下式给出：

$$p_{AX} = \Phi_{2d}(k_A, k_X; \rho_{AX}), \tag{11.1}$$

其中 Φ_{2d} 是二元正态分布函数，ρ_{AX} 是 A 和 X 的相关系数，通常称为资产相关性，k_A, k_X 是违约临界值. 从图 11.3 我们可以看出，相关性增加将增大联合违约概率.

工作表 11.1 计算二元正态分布的联合违约概率

通过(11.1)式，我们可以把联合违约概率表示为相关系数的函数，如图 11.4 所示. 图 11.4 用到我们之前的例子，两个交易对手的违约概率分别为 1% 和 2%. 当两者之间相关性为负值时，联合违约概率非常小，在最大负相关的情形中趋向于 0 (相斥)；当相关系数为 0 时(独立)，联合违约概率为 0.02% (即 1%×2%)；在最大正相关的情形中，联合违约概率增至 1%. 相关系数对联合违约的决定作用是不言而喻的.

为了进一步说明这一点，我们考虑一个个体 CDS 的对冲. 我们将比较有对冲和无对冲

[①] 尽管这个简单的方法和 Merton 模型有明显的联系，我们还是忽略了公司价值变化的整个过程，仅将违约与一个变量相联系. 处理这个问题的更为严格的方法看上去和我们的方式区别并不大，但实现起来复杂得多，详见 Hull et al. (2004).

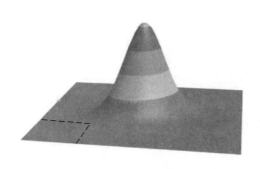

图 11.3　在具有正相关关系的二元正态分布下，两个交易对手相关性的方法. 图中点划线规定的区域对应联合违约

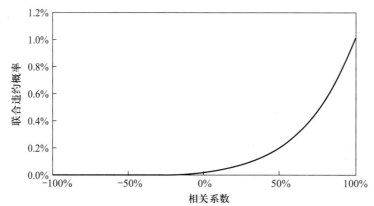

图 11.4　联合违约概率作为资产相关系数的函数，两个交易对手单独的违约概率分别为 2% 和 1%

两种情况下的联合违约概率，以确定对冲对减少违约风险所起的作用. 考虑下面的比值：

$$\text{对冲效果} = \frac{\text{违约概率(无对冲)}}{\text{联合违约概率(对冲)}} = \frac{p_A}{p_{AX}} \geqslant 1. \tag{11.2}$$

这个比值越大，说明对冲的效果越明显. 图 11.5 对之前的例子进行了计算并显示了该比值. 从图 11.5 我们可以看到，为了让对冲起作用，CDS 交易对手的违约概率要小（相对于原合约的交易对手而言），而且两个交易对手的违约相关性也应很低. 当 CDS 交易对手的违约概率和它与原合约的交易对手的违约相关性增加时，上述比值趋于 1，此时没有任何对冲收果.

相关系数对于对冲效果具有十分显著的影响. 在我们的例子中，当相关系数为 0 时，

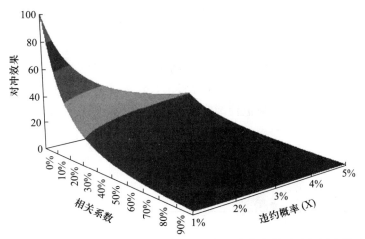

图 11.5 个体 CDS 对冲效果作为交易对手违约概率和当前交易对手与原交易对手的违约相关系数的函数. 对冲效果定义为原交易对手的违约概率除以联合违约概率

对冲效果为 100,当相关系数大于 30% 时,对冲效果降到 20 以下,而当相关系数达到 50% 时,对冲效果还不足 10. 这个例子说明,极端错向风险在特定情况下,将由于双违约的出现而导致 CDS 完全失效. 第 15 章将就这一课题做更为深入的讨论.

§11.3 信用资产组合的损失

信用资产组合的损失对信用风险的量化具有基础性的意义. 为了考查信用资产组合的信用风险,我们必须对一段时间内(比方说 1 年)由多个交易对手违约而导致的违约损失进行统计估计.

量化信用资产组合的交易对手风险需要如下信息:
- 交易对手个体的违约概率;
- 交易对手违约的相关性;
- 交易对手的风险敞口;
- 交易对手风险敞口之间的相关性.

上述前两点为所有信用资产组合模型所共有,而后两点仅出现在信用资产组合的交易对手风险模型中,它们的引入显著地增加了信用资产组合风险分析框架的复杂度. 虽然风险敞口的随机性和相关性可以根据交易的具体信息进行准确测定,但是为了避免复杂的计算,这些步骤应当尽量简化.

11.3.1 一个简单的、包含两个交易对手的例子

我们考虑一个简单的例子. 假设损失来自两个交易对手 A 和 B[①] 的违约, 两个交易对手的风险敞口均为 100, 违约概率均为 10%. 图 11.6 显示了用 (11.1) 式计算的相关系数为 0 和 75% 时的损失分布. 从图 11.6 我们可以看出, 相关性的增加会提高极端损失发生的可能性 (在这个例子中, 损失的最大值为 200). 这是相关性的一个关键影响.

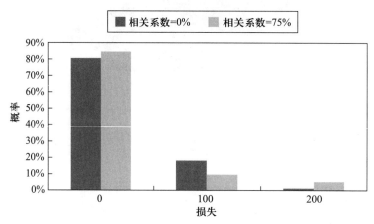

图 11.6 两个交易对手情形中不同相关性假设下的损失分布. 个体违约概率为 10%

举一个非常简单的例子, 假设风险敞口等于 0 和 200 的概率均为 0.5, 这可视为对一个典型的双边衍生品头寸的近似. 我们进一步假设两个交易对手的风险敞口相同, 但它们完全负相关 (当用与一个交易对手的交易对冲与另一个交易对手的交易时, 就会发生这种情况). 表 11.1 总结了我们这里所做的假设. 请注意, 损失不可能达到 400, 因为即使两个交易对手都违约, 两者的风险敞口也不能同时为 200.

表 11.1 简单的两个交易对手的例子. 假设每种情形发生的概率为 0.5

	完全负相关		完全正相关	
	情形 1	情形 2	情形 1	情形 2
交易对手 1	200	0	200	0
交易对手 2	0	200	200	0

[①] 此处我们使用 A 和 B 指代两个平行的交易对手, 而不是之前所使用的代表原交易对手的 A 和代表 CDS 的交易对手的 X.

如果我们用期望风险敞口 100 来对这个简单的例子[①]做近似,误差是多少?图 11.7 显示了这种误差,其中仍假设两个风险敞口的相关系数为 75%.尽管期望风险敞口未变,在风险敞口为随机的情况下,出现较大损失(200)的机会更大.也就是说,风险敞口的随机性增加了极端损失发生的可能性.

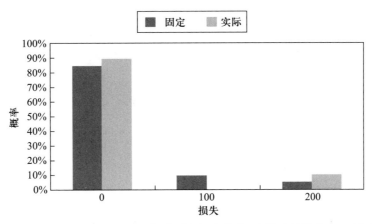

图 11.7 两个交易对手情形中不同相关性假设下的损失分布.个体违约概率为 10%.固定风险敞口的情形对应每个交易对手的风险敞口固定为 100,而随机风险敞口的情形包括了期望值为 100 的具有完全负相关性的风险敞口,如表 11.1 所示

除了违约相关性,决定信用资产组合损失的另一个重要因素是风险敞口之间的相关性.在上面的例子中,我们假设风险敞口完全负相关.现在我们考虑完全正相关的情形.在这个假设下,两个交易对手同时违约可能导致高达 400 的违约损失.图 11.8 说明了风险敞口的正相关性可以进一步增加极端损失出现的可能性.

11.3.2 损失分布和意外损失

损失分布有助于理解信用资产组合损失的本质.图 11.9 显示了处理信用损失的厚尾分布的一般方法.与意外损失(这通常定义为损失分布的高分位数,例如 99.9%分位数)相比,信用资产组合的期望损失(即 CVA[②])并不算大.CVA 代表的是期望损失,意外损失代表的是极端情况.

---

① 这个例子中,EPE 和 EE 是相同的.我们的讨论将全部使用 EPE,原因后文说明.
② 我们还没有定义 CVA,但现在可以把它理解为信用资产组合的期望损失.这里计算 CVA 时使用的是真实世界参数,而第 12 章使用的是风险中性参数.

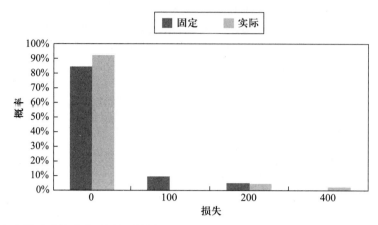

图 11.8　两个交易对手情形中不同相关性假设下的损失分布. 个体违约概率为 10%. 固定风险敞口的情形对应每个交易对手的风险敞口固定为 100, 而随机风险敞口的情形包括了期望值为 100 的具有完全正相关性的风险敞口, 如表 11.1 所示

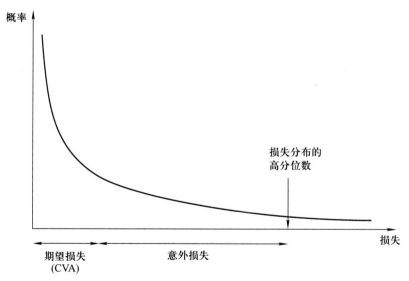

图 11.9　信用资产组合的损失和定义为分布的高分位数的意外损失. 意外损失代表了在给定置信水平下超过期望损失的不确定性

期望损失的一个重要性质是它不依赖于信用资产组合内部的相关性, 而意外损失则不然 (图 11.10). 期望损失的线性性质意味着信用资产组合的总体 CVA 是各交易对手的 CVA 之和. 但是, 意外损失不具有这个性质, 它依赖于信用资产组合内在的特点, 比如违

约相关性. 显然, 我们既要关注期望损失, 也当留心意外损失. 与 CVA 相关的期望损失应当合理分配给各个交易对手(这是下一章的主题). 但是, 一个金融机构还会受到意外损失的冲击, 如果事先没有防范, 就可能酿成恶果. 意外损失与经济资本金和监管资本金有关, 它们的目的在于填补那些远高于平均值的极端损失. 这可以作为额外的绩效指标.

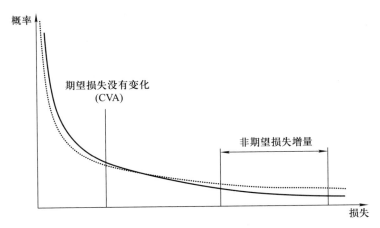

图 11.10 相关性对信用资产组合损失的影响. 点划线代表高违约相关性的情形, 因此在最坏的情形下, 具有更高的损失和经济资本金价值

意外损失可能非常显著, 且依赖于多种因素, 比如交易对手的数量、它们的违约概率和相关性. 相关性是决定信用资产组合损失的关键. 但是, 违约事件之间的正相关性会提高大额损失出现的可能性, 因此在期望损失不变的条件下增加了损失分布的不确定性, 而这又导致意外损失及与其相关的各项资本金的增加. 另外, 每个交易对手的风险敞口也很重要(图 11.7 和图 11.8).

请注意, 如果我们能够完全对冲交易对手风险, 那么意外损失就不再重要. 但是, 由于对冲可能是不完全的, 意外损失仍有可能出现. 我们将在第 16 章中详细讨论对冲.

11.3.3 例子

我们现在来考查影响监管资本金和经济资本金要求的各项因素, 这两种资本金的目的在于防范交易对手风险. 信用风险模型的具体细节请参见附录 11A 以及 Gupton et al. (1997), Bluhm et al. (2003), Duffie and Singleton (2003) 或 De Prisco and Rosen (2005).

为了计算损失分布, 我们必须为风险敞口和违约事件建立模型. 我们仍采用 11.2.3 小节中两个交易对手的例子, 其中违约服从多元正态分布.

我们还做如下假设:
- 回收率是一个已知的定值.

- 个体的违约概率已知.
- 交易对手风险敞口的分布已知. 风险敞口模型包含未来风险敞口的随机性和不同交易对手风险敞口之间的相关性.
- 风险敞口和违约相互独立.

以上前三个假设比较常见,将用于本章所有的分析;最后一点相当于不考虑错向风险,后文将会放松这个假设.

大多数信用资产模型所关注的是固定风险敞口,常见于债券和贷款等传统的债权资产. 交易对手风险造成的随机风险敞口尚未引起人们足够的重视. Arvanitis and Gregory (2001)对此进行了描述,其他一些文章(比如 Pykhtin,2003)讨论了相关的随机回收率的问题①.

> **工作表 11.2** 计算带有随机风险敞口的信用资产组合的意外损失和 α 因子

考虑一个包含 100 个交易对手的信用资产组合,平均违约概率是 1.5%,所有交易对手之间的相关系数相同,均为 20%. 我们还假设每个交易对手的交易未来价值都服从均值为 0,标准差为 10 的正态分布. 在这种情况下,期望风险敞口为 3.99②,如图 11.11 所示. 由于回收率只出现在一个乘积因子中,我们把它设为 0. 我们计算下列两种情况下的损失分布:

- 随机风险敞口. 风险敞口是不确定的,如图 11.11 所示. 不同交易对手的风险敞口独立.

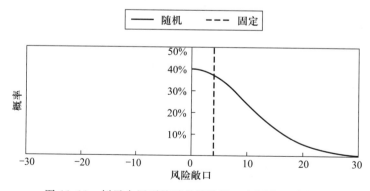

图 11.11 例子中用到的随机风险敞口和固定风险敞口

---

① 随机风险敞口和随机回收率的区别很简单,随机回收率在 0 和 1 之间取值,而随机风险敞口是无界的.
② 这个值是通过附录 8A 中的公式计算得到的. 由于计算仅涉及一个时期,EPE 和 EE 相同.

- 固定风险敞口. 每个交易对手的风险敞口都为 3.99.

时间长度的选取是任意的, 因为这只与违约概率有关, 我们通常设为 1 年.

将固定风险敞口设为 3.99 可以保证我们在两种情况下得到的期望风险敞口相同. 但是, 两种情况下的意外损失却不尽相同. 为了计算下面所示的结果, 我们模拟了 50 万个情景. 对于小概率事件的计算来说, 这个数目应当可以满足精确度要求.

图 11.12 显示了超额损失出现的概率(这是损失超过某个水平的概率). 从图 11.12 我们可以清楚地看到, 随机风险敞口充分地改变了损失分布的形态, 特别是提高了大额损失出现的可能性. 事实上, 99%水平上的意外损失[①]为 55.6, 而固定风险敞口情况下只有 43.9.

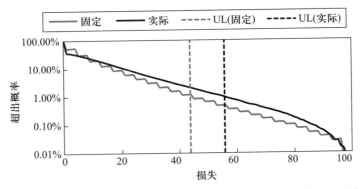

图 11.12 有 100 个交易对手的信用资产组合的损失概率, 平均违约概率为 1.5%, 相关系数为 20%. 随机风险敞口的情形假设交易未来价值服从均值为 0, 标准差为 10 的正态分布. 固定风险敞口的情形假定每个交易对手的风险敞口(即 EPE)固定为 3.99.

随机风险敞口额外的不确定性会相应地反映在信用资产组合的损失中. 在固定风险敞口的情形, 固定数目的违约导致固定数量的损失. 但当风险敞口是随机的时候, 固定数目的违约所对应的损失是不确定的, 它取决于每一个违约交易对手的风险敞口. 风险敞口的这种额外的随机性增加了意外损失.

11.3.4 α 因子

金融工作者长期以来都使用"贷款当量"(loan equivalent)的概念来简单地表示随机风险敞口. 金融监管是促成此举的关键因素, 我们将在第 17 章中详细讨论这一内容. 贷款当量所代表的是用于模拟随机风险敞口的固定风险敞口. 贷款当量需根据信用资产组合损失分布的一个给定特征来定义. 值得强调的是, 贷款当量可能是针对标的信用资产组合基本

---

① 经济资本金定义为 99%置信水平的风险价值. 我们曾提到, 它有时也定义为这个值减去期望损失. 期望损失相对来说非常小, 因此这两种定义区别不大.

特征的任意的修正值或人为拟定的因子.

使用贷款当量,我们可以把监管资本金(或经济资本金)的计算分为两个阶段,如下所示:

$$\text{衍生品头寸} \rightarrow \text{贷款当量} \rightarrow \text{资本金}. \tag{11.3}$$

从资本金计算的角度看,上述分解意味着衍生品头寸可当作诸如贷款的一类简单头寸来处理.问题的关键是确定合适的贷款当量金额.

Wilde(2001)提出了为包含衍生品交易的信用资产组合的随机风险敞口计算贷款当量的基本框架.他的结论基于如下假设:

- 信用资产组合包含无限多个交易对手,而每个交易对手的风险敞口很小;
- 风险敞口互不相关;
- 不存在正向或错向风险.

当这些假设成立时,EPE 是贷款当量的真实(准确)度量.这个理论结果至少说明 EPE 是一个不错的出发点.我们进而可以根据实际信用资产组合偏离假设的程度定义它的修正因子.该修正因子记为 α,最终的贷款当量具有 $\alpha \times$ EPE 的形式. α 可以通过下式计算:

$$\alpha = \frac{\text{UL(实际)}}{\text{UL(固定)}}, \tag{11.4}$$

其中 UL(实际)是实际的意外损失(包括随机风险敞口),UL(固定)是所有交易对手的固定风险敞口等于 EPE 时的意外损失.对于前面的例子(图 11.12),我们计算得到 $\alpha = \frac{55.6}{43.9} = 1.27$,因此贷款当量等于 $\alpha \times$ EPE $= 1.27 \times 3.99 = 5.05$,结果如图 11.13 所示.请注意,尽管它们的 99% 分位数相当接近,两个分布并不完全重合.除了计算 α 时的相对一致,两个分布可能相差甚远①.同时,信用资产组合和市场变量的共同变化也将改变 α 的真实测度.

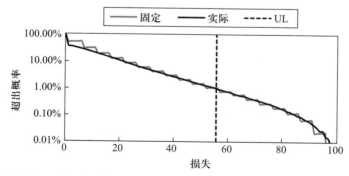

图 11.13 利用在 99% 置信水平上值为 1.266 的 α 因子调整的具有固定风险敞口的信用资产组合的损失概率.点划线显示了 99% 置信水平的意外损失,这对每个分布都相同

---

① 由于图示在对数比例下,图 11.13 中的两个分布显得很相似,但它们实际上存在着相当的差距.

既然 α 的估计要求我们已知正确的结果，这种估计的意义何在？α 修正值的目的在于通过固定风险敞口模拟衍生品交易的随机风险敞口的效果. 设想某机构每天都要计算信用交易的损失. 为了在计算中包含衍生品交易头寸，该机构通过基于随机模拟的手段为其总体信用资产组合计算了一个合理的 α 值. 此后的每日计算可以对所有衍生品交易对手使用等于 $\alpha \times$ EPE 的固定风险敞口. α 的值应当定期重新计算，因为信用资产组合的特征在短期内相对稳定，在长期内逐渐变化. 对于定义监管资本金，α 也是有用的（见第 17 章）. 在这种情况下，机构可以使用复杂的手段计算自身信用资产组合的 α 值，该值应趋向于监管当局的估计（通常较为保守）.

上述定义的 α 因子将会大于 1[①]，它反映了标的信用资产组合在多大程度上偏离理论假设. 定义贷款当量的好处在于 α 的作用比较直观，它对信用资产组合的粒度（granularity）进行修正. 鉴于 α 可以通过信用资产组合的特定特征进行检测（我们下面会做这件事），使用贷款当量作为随机风险敞口对整个交易损失贡献的简单替代也许是合理的[②].

我们将会看到，下述因素对 α 的确定起着重要的作用：
- 信用资产组合的粒度；
- 不同交易对手的风险敞口之间的相关性；
- 风险敞口和违约概率的相关性（错向风险）.

下面我们通过 11.3.3 小节中的例子对 α 的取值进行敏感性分析. Canabarro et al.（2003）报告过相似的结果. 在表 11.2 中，我们把 α 表示为关于信用资产组合各项特征的函数.

表 11.2 显示，以下特征将导致 α 值减小[③]：
- 大型信用资产组合；
- 平均违约概率高；
- 高相关性；
- 高置信水平.

以上诸项可以通过一个要点加以理解. 假设意外损失定义为大量交易对手违约时的损失. 这种情况的发生可能源于信用资产组合规模较大、平均违约概率较高、违约相关性较高或者置信水平较高. 大数定律预示总损失接近于 EPE 之和. 因此，EPE 将成为贷款当量的更佳近似，α 的取值接近于 1.

---

① 除了在诸如正向风险的特殊情况下，10.5.3 小节对此进行了讨论.
② 实际使用的测度是 EEPE，而非 EPE，这将在第 17 章中详细讨论.
③ 正如 Canabarro et al.（2003）所指明的，我们还注意到信用资产组合中风险敞口的离散程度的增加会使 α 变大. 这并不意外，因为这和减小信用资产组合的规模有异曲同工之处.

表 11.2 针对不同信用资产组合特征所计算的 α 值. 基础情形用粗体表示

信用资产组合规模	α	违约概率	α	相关系数	α	置信水平	α
50	1.45	0.5%	1.45	0%	1.80	90%	1.27
75	1.39	1.0%	1.35	10%	1.39	95%	1.26
100	**1.25**	**1.5%**	**1.25**	**20%**	**1.25**	**99%**	**1.25**
200	1.09	2.0%	1.16	30%	1.12	99.9%	1.22
400	1.04	2.5%	1.15	40%	1.05	99.97%	1.21

11.3.5 α 因子和错向风险

表 11.2 中的敏感性分析表明 α 的取值依赖于一系列变量, 其变化范围通常从大型信用资产组合的略高于 1 到小型信用资产组合的约 1.4 或 1.5. 这些结果与以往的研究相吻合 (例如 Canabarro et al., 2003 和 Wilde, 2005), 而且 α 的取值范围也相对合理. 在第 17 章中, 我们将看到出于监管目的, α 被设定为 1.4. 但是, 某些情况下 α 可能会很高, 比如：

- 非对称或具有厚尾分布的风险敞口；
- 风险敞口之间存在相关性；
- 存在错向风险.

Wilde (2005) 和 Canabarro et al. (2003) 考虑了错向风险的因素, 其结论是错向风险仅会导致适度的增加 (例如, 在 Canabarro et al. (2003) 中, 市场风险和信用风险的相关系数在 45% 左右, 这种情况下 α 的取值从 1.09 增加到 1.21). 上述研究所考查的均为相对分散化的大型信用资产组合, 我们这里考查错向风险在更为极端的情形中的影响.

考虑一个包含 CDS 的信用资产组合在 1 年后的风险敞口, CDS 的头寸同 9.7.5 小节, 机构是保护买入方. 对于机构来说, 信用资产组合的未来价值具有严重偏倚, 期望风险敞口为 122 201, 但存在着比均值高一个量级的风险敞口的可能值. 图 11.14 显示了这个损失分布, 其 α 值高达 2.09. 如果我们进一步假设风险敞口之间具有相关性[1], 那么 α 将增加为 2.71. 此外, 如果还考虑错向风险, α 将超过 5.0[2].

尽管充分分散的信用资产组合具有与监管标准相当的 α 值, 高度集中化或具有强烈错

---

[1] 假设风险敞口之间的相关系数为 50%.
[2] 在这个情形中, 我们假设风险敞口和违约概率之间的相关系数为 20%. 计算方法详见第 15 章.

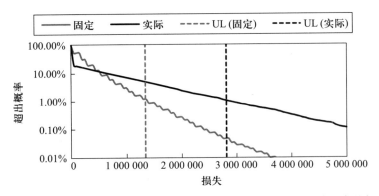

图 11.14　包含 100 个交易对手和个体 CDS 信用保护的长头寸的交易组合的损失概率. 平均违约概率为 1.5%，相关系数为 20%. 固定风险敞口的情形将风险敞口固定为 EE

向风险的信用资产组合的 α 值却可以因为潜在大得多的损失风险而显著提高. 虽然 α 的真实值难以确定，近期交易对手风险所表现出的深度和复杂性却似乎告诉我们，α 在某些情况下的取值比我们想象的高得多.

显然，对于包含场外衍生品的大型信用资产组合来说，α 是一个有效度量，这已由其值接近 1 所佐证. 但是，由特定金融产品所导致的非对称风险敞口和错向风险等极端情形更为微妙. 在此类情形中，α 的使用可能造成错误的安全感，因为真实的 α 也许比 1 大得多，难于估计且随时间变化. 即使对于具有弱错向风险的相对大型的信用资产组合，α 也有可能较大. 因此，舍弃贷款当量而采用更为复杂的框架处理信用衍生品等金融工具也许是必要的.

§11.4　小　　结

我们在这一章中介绍了模拟信用资产组合风险的基本方法，为此我们定义了两个或多个交易对手违约的问题. 我们从两个交易对手违约的情况开始，考查了 CDS 在对冲交易对手风险方面的效能. 接着我们考查了多个交易对手的情况，其中包括随机风险敞口对损失分布的影响. 我们介绍了基于 EPE 的贷款当量的量化基础. 我们指出，尽管在多数情况下 EPE 是信用资产组合风险的良好近似，它对于某些信用衍生品并不适用. 在第 17 章中，我们将讨论信用资产组合的交易对手风险的监管. 我们还将更加细致地解释贷款当量和 α 因子的概念是如何体现在 Basel II 之中的.

第 12 章 信用价值调整(CVA)

> 不要担心你在数学中遇到的困难,我保证我遇到的更多.
>
> Albert Einstein(1879—1955)

在上一章中,我们分别研究了风险敞口和违约概率.现在我们开始把这两部分结合在一起,以通过信用价值调整(CVA)[1]解决交易对手风险的定价问题.我们将看到,在某些常用假设下,CVA 可以通过简单地结合违约概率和风险敞口而得到.

交易对手风险的准确定价涉及在给定交易对手的全部现有风险上附加一个价值.这对于盈利信息的准确报告和鼓励交易部门与业务部门进行适当交易是非常重要的.如果交易对手风险的定价与新交易的系统收费相结合,那么它将被对冲,而由此产生的资金将抵消交易对手违约所造成的损失.针对交易对手风险的费用与对冲成本之间的联系正越来越紧密.

在本章中,我们将做三个关键的假设.这些假设将大大简化 CVA 的阐述和计算,后面的三章将处理这些方面的更多细节.这些关键的假设是:

- 机构本身不会违约.这个假设相当于忽视债务价值调整(DVA),这将在第 13 章中讨论.
- 无风险估值明确而直接.我们需要假设可以进行无风险估值.然而,由于缺乏明确的贴现率(在过去的伦敦银行,同业拆借利率被认为是可以接受的)和融资重要性的不断增加,现实情况远非如此简单.这些方面将在第 14 章中讨论.
- 风险敞口和违约概率[2]是相互独立的.该假设忽略了错向风险,这将在第 15 章中讨论.

上面的假设使我们更容易解释 CVA 的相关重要特征.

CVA 的相关参考文献包括 Sorensen and Bollier (1994),Jarrow and Turnbull (1992, 1995, 1997),Duffie and Huang (1996)以及 Brigo and Masetti (2005a).

---

[1] 有时也叫作交易对手价值调整.
[2] 还有回收率.

§12.1 CVA 的定义

12.1.1 为什么CVA不容易定价?

诸如债券等单向支付产品的信用风险的定价相对直接,只需在违约纳入现金流贴现的同时加入任何可能的违约赔付.然而,许多衍生品工具都具有固定、浮动或视具体情况而定的现金流,或者双向的支付.风险敞口的这种自然的双边性质使量化交易对手风险的难度大幅增加.虽然这将会在技术性的定价计算中得以明确,图 12.1 还是通过比较债券和相似的互换交易给出了一个简单的解释.在债券的情况下,给定的现金流完全处于违约风险之下(在违约的情况下,其价值可以全部损失);而在互换的情况下,只有部分现金流存在违约风险,因为余下的部分被反向的现金流所抵消了.因此互换的风险显然较小.[1] 然而,存在违约风险的互换现金流的比例却非常难于计算,因为它取决于很多因素,例如收益率曲线的形状、远期利率和波动率.

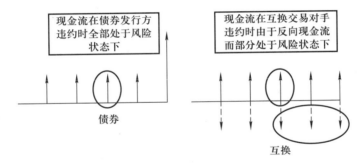

图 12.1 衍生品(如互换)和普通产品(如债券)的信用风险复杂性比较.在债券交易中,圆圈中的现金流在债券发行方违约时,全部处于风险状态下;但在互换交易中,当交易对手违约时,被违约方应收现金流并未完全处于危险之中,这是因为被违约方可以拒付当前和未来的部分应付现金流(圆圈中的三个虚线表示的现金流)

12.1.2 CVA 公式

我们首先定义 CVA 的计算公式,然后讨论引入 CVA 的动机和在机构内部如何使用 CVA.诸如场外衍生品或回购等金融交易的估值必须包含交易对手风险.下面这个公式对各个成分进行了分离:

---

[1] 另一小部分原因在于没有本金支付,但这是另外的一点了.

$$\text{风险价值} = \text{无风险价值} - \text{CVA}. \tag{12.1}$$

上述分离在理论上是严谨的,我们在附录12A中给出了相应的推导. 这种分离显然非常有用,因为它使得产品估值独立于交易对手风险的计算. 这样做的第一个目的在于集中处理 CVA 的所有组成部分,并且从交易或业务的发起者那里"转移价格". 这是至关重要的,因为它实现了金融机构的内部分工:一个交易部门负责无风险估值,而另一个交易部门则负责处理交易对手风险. 对于交易和相关的交易对手风险,可以把定价和风险管理分开处理. 例如,银行的一个互换交易员不必理解如何定价和对冲各种 CVA[①],因为银行的"CVA 交易部门"负责向交易部门适当地收取该交易的 CVA. 对此,第18章将进行更详细地讨论.

尽管这听上去美妙得有些不真实,在看似简单的等式(12.1)中有一个隐藏的复杂性:它不是线性的. 由于净额结算和抵押等风险降低手段,CVA 并不具有针对单独交易的可加性. 这意味着,个体交易的风险价值并不能单独计算,因为它是和同一净额结算集中的其他交易一起定义的. 因此,我们将不得不考虑 CVA 的分配问题,就如同我们在第8章中考虑风险敞口的分配一样.

在上述假设下,CVA 的标准公式(详见附录12B)是

$$\text{CVA} \approx (1 - \text{Rec}) \sum_{i=1}^{m} \text{DF}(t_i) \text{EE}(t_i) \text{PD}(t_{i-1}, t_i). \tag{12.2}$$

CVA 取决于以下因子:

● 违约损失率$(1-\text{Rec})$. 在交易对手违约的情况下,一定比例的索赔金额将被收回. 这是在交易对手违约时,风险敞口的期望损失所占的百分比. 请注意 $\text{LGD} = 1 - \text{Rec}$.

● 贴现因子(DF). 这是相关的无风险贴现因子. 贴现必要性在于任何未来的损失都必须折现到当前的时间.

● 期望风险敞口(EE). 期望风险敞口是指在未来的相关日期 $t_i (i=0,\cdots,n)$ 的风险敞口的期望值. 虽然计算 EE 是第9章的主题,但是我们将在下文中讨论是否需要使用风险中性敞口.

● 违约概率(PD). 该表达式需要计算在时间区间$[t_{i-1}, t_i]$内的边际违约概率. 违约概率的估算已在第10章中介绍.

CVA 的计算涉及违约概率(交易对手有多大的可能性违约),EE(在交易对手违约的情况下损失的期望)和回收率(违约时的回收价值). 这都是很自然的因素,并无意外. 当然,该公式所涉及的时间维度也再合理不过了,因为正如第9章和第10章所述,EE 和 PD 随时间的变化是非常不均匀的. 计算公式中也因此考虑时间维度,以计算 EE 和 PD 的精确分布(而不仅仅是它们的平均值). 图12.2给出了上述 CVA 公式的直观解释.

---

① 事实上,虽然交易员可以完全不懂 CVA,但是由于 CVA 将记入他们的损益,他们可能至少想知道 CVA 是什么以及它是如何计算的.

图 12.2 CVA 公式. 图中所示部分是在给定区间上的 CVA 的计算. 公式只是简单地把所有区间的对应部分相加并乘以违约损失

因此，CVA 依赖于潜在的不同来源部分的组合. 例如，一个金融机构的风险敞口团队可以计算属于市场风险的 EE，信用部门或信用衍生品交易部门可以提供违约损失和违约概率的信息. 重要的是，没有一个部门需要知道其他部门在做什么，因为我们假定所有的部分相互独立.

通过公式(12.2)计算 CVA 的另一个重要优势是，违约事件只是通过违约概率来反映. 这意味着，尽管可能需要一个模拟框架来计算 CVA，却没有必要模拟违约事件，只需模拟 EE. 这避免了模拟相对罕见的违约事件，从而节省大量的计算时间.

工作表 12.1　简单的 CVA 计算

我们以第 8 章中一个远期合约的风险敞口[①]的简单表达式和公式(10.5)定义的违约概率为例，对上述 CVA 公式进行说明. 我们假设信用溢差恒为 500 个基点，回收率恒为 40%，连续复利率[②]恒为 5%. 我们假定等式(12.2)中的区间长度为 0.25 年，那么就需要在 20 个时刻计算 EE. 有了这些假设，期望风险敞口和边际违约概率如图 12.3 所示. CVA 的计算结果是 0.262%，这是以名义本金额的百分比来表示的(因为 EE 是用百分比表示的).

通过积分得到准确的结果为 0.254%. 我们可以通过选择 20 个以上的点来提高效率. 但是最好通过取每个时间区间的起点和终点的平均值来估算风险敞口和贴现，即 $EE(t_j) \to [EE(t_{j-1})+EE(t_j)]/2$ 和 $DF(t_j) \to [DF(t_{j-1})+DF(t_j)]/2$. 这样 20 个点就可以给出更加精确的结果 0.253%.

我们想强调的是，在没有错向风险的假设下，等式(12.2)为金融机构通过已经计算出的部分(风险敞口、违约概率、贴现因子和违约损失)来计算 CVA 提供了非常有效的手段. 历史上，许多机构都将这种方法作为一种现实可行的定价交易对手风险的途径.

---

① 作为名义本金额的一个百分比，期望风险敞口为 $EE(t)=\sqrt{t}\times 1\%$.
② 这意味着贴现因子为 $DF(t)=e^{-5\%\times t}$.

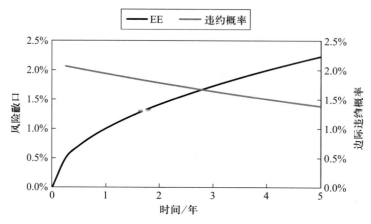

图 12.3　CVA 计算案例中的期望风险敞口和边际违约概率

12.1.3　CVA 作为溢差

假设我们想用一种溢差（每年收费）来表示 CVA，而不是将它作为一个独立的数值进行计算. 我们在附录 12C 中推导了 CVA 的近似公式，这不仅具有直观价值，还可以帮助我们将 CVA 表示成一种运行溢差. 该公式假定 EE 为常数，即不随时间变化，并等于其平均值（EPE）. 这导致了下述基于 EPE 的近似估算：

$$CVA = \text{credit spread} \times EPE, \qquad (12.3)$$

其中 CVA 和信用溢差 credit spread 具有相同单位，对应于产品的到期日，EPE 则如第 8 章所述[①]. 上面例子中的 EPE 是 1.54%，因此 CVA 近似是 $1.54\% \times 500 = 7.71$ 个基点.

一个简单的计算将涉及将 CVA 除以与相应产品同到期日的风险年金价值[②]. 对于前面的计算，由附录 10B 描述的简单公式将得到风险年金价值为 3.65（使用区间长度 0.25 得到的准确结果为 3.59）. 根据以上的结果，我们将得到作为溢差的 CVA 为 $0.253\%/3.65 \times 10\ 000 = 6.92$ 个基点（每年）.

在本例中，近似计算能够给出合理的结果. 这个简单公式高估了结果，因为 EE 当然不是恒定的，但是恒定的边际违约概率在一定程度上是合理的. 该近似公式对于诸如互换等具有对称风险敞口的交易更为准确，但是对于上例中单调增加的风险敞口则不太准确.

近似公式（12.2）通常不用于实际的计算，但对于直观理解 CVA 的各种驱动因子非常有用. 由于从 20 世纪 90 年代末起，交易对手风险就成为衍生品交易中一个非常常见的组

---

①　在我们的例子中，这是 EE 的简单平均，但是对于不等长的时间区间，它将是加权平均. 在推导近似公式的过程中没有进行贴现.

②　风险年金表示只要交易对手没有违约，就每年接收 1 美元的年金价值.

成部分，上述 CVA 的计算方法非常普遍. 例如，一家银行可能会告诉它的企业客户，互换必须加收 X 个基点的额外费用，以支付"信用费用"或 CVA. 这个简单的公式使得我们可以把收费分解成信用部分(问题中交易对手的信用溢差)和市场风险部分(问题中的风险敞口或 EPE).

§12.2 CVA 和信用风险敞口

在第 9 章中，我们已经详细讨论了如何量化风险敞口，它涵盖了公式(12.2)中 EE 的计算. 机构通常可以从风险管理系统中获得 EE 的值，即使该系统可能是为了监控信贷额度，而不是为了计算 CVA 而建立的. 然而，有一点需要注意，正如在 9.4.1 小节中讨论的，以风险管理为目的风险敞口量化，应该使用真实概率测度(real probability measure)，而以定价为目的则应使用相应的风险中性测度. 使用风险中性测度还是真实概率测度是非常重要的一点，因此我们将会在第 16 章中进行更详细地讨论. 本节将讨论第 9 章没有讲到的风险敞口的某些方面，这会涉及计算 CVA 所需的风险中性风险敞口.

12.2.1 风险敞口与贴现

在上文中，我们考虑了用一个单独的贴现因子来对未来的损失贴现，进而得到一个价格(即 CVA). 如果计算风险敞口的方式是正确的，那么这样做就是合理的. 但可能会产生一个问题. 例如，在一个利率产品中，当利率较高时，应该使用更大的贴现因子，反之亦然. 这种凸性效应意味着，我们会高估支付者互换的 CVA 并低估接收者互换的 CVA[①]. 在技术上解决这个问题就意味着使用"T 远期测度"来量化标的风险敞口(见 Jamshidian, 1997). 通过这个方法，贴现因子就只取决于未来利率的期望值，而不是它们的分布. 因此，将贴现因子从期望风险敞口算子中移出在理论上是正确的.

使用单独的贴现因子有时会很方便. 例如，公式(12.2)的估算只有在单独计算折现[②]时才成立，附录 12B 描述了具体的推导. 然而，以计算 CVA 为目的的风险敞口往往在模拟过程中进行贴现.

12.2.2 风险中性风险敞口

对于 CVA，我们需要计算风险中性风险敞口，而非第 8 章所讲的真实世界测度下的风险敞口. 这需要根据当前市场进行校准，而不是通过历史数据. 例如，利率波动和均值回归参数可以从利率互换期权、利率上限(interest rate cap)和利率下限(interest rate floor)

[①] 因为支付者互换在利率高时具有最大风险敞口，而未来的可能性会通过较低的贴现率进行贴现.
[②] 换句话说，公式(12.2)中的 EPE 并不包含任何贴现影响.

的市场价格进行校准,而不是通过历史时间序列. 此外,标的变量的漂移率(如利率和汇率)将需要以远期利率进行校准,而不是根据一些历史的或其他真实世界数据的分析①. 因此,就风险中性风险敞口而言,需要考虑由不同的波动率和漂移率假设的影响产生的两种实际效果.

我们首先考虑漂移率对于风险敞口的影响. 考虑第 9 章提到的利率互换的基础案例(5 年期支付者利率互换②),我们使用风险中性漂移率来计算 EE(即从市场上观察到的收益率曲线形状所隐含的漂移率)并与最初使用历史漂移率的情况(图 9.6)进行比较,其结果如图 12.4 所示. 需要注意的是,为了单独考虑漂移率的影响,这两种情况都使用历史波动率.

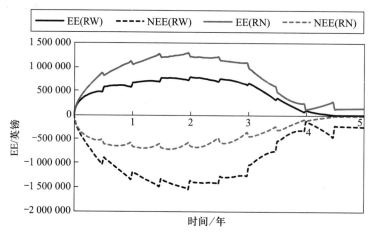

图 12.4 分别使用真实世界测度和风险中性测度模拟计算的 5 年期英镑支付者利率互换的 EE

在第 9 章 9.5.1 小节中我们曾提到,在这个例子中,由于从历史数据估计出的利率的漂移率为负值,真实世界测度下的 EE 会比 NEE 小. 由于收益率曲线是向上倾斜的(长期利率高于短期利率),风险中性漂移率为正值,导致 EE 比 NEE 高(我们在 8.3.3 小节中解释了这种效果). 因此,使用风险中性漂移率和真实世界漂移率之间的差别在于"扭转"了风险敞口的分布,使得风险中性测度的 EE 较真实世界测度的 EE 大,而 NEE 则相对较小.

现在我们来说明波动率的作用. 在图 12.5 中,我们给出了第 8 章所描述的跨币种互换分别在真实世界测度(第 8 章讨论的历史波动率和漂移率)和风险中性测度(市场隐含波动率和远期利率隐含漂移率)下的 EE. 这里的主要影响很简单,就是风险中性波动率往往比历史波动率更高,因此 PFE 和 EE 较大.

---

① 如 9.4.1 小节所示,风险中性漂移率通常用来计算用于风险管理目的的风险敞口.
② 名义本金额为 1 亿英镑的 5 年期支付者利率互换.

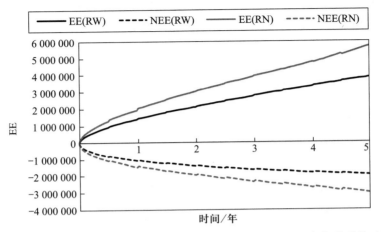

图 12.5　支付英镑(名义本金额 2500 万英镑)和接收美元的 5 年期跨币种互换分别在真实世界测度和风险中性测度下的 EE

在这种情况下，较高的风险中性风险敞口可能表明市场对波动性定价高于真实世界测度(历史的)下的估计值．这是非常重要的．在这种情况下，风险中性敞口可以看作一种相对于所述真实世界测度的超前的度量，因为它面向未来，而不是鉴于以往．另一方面，风险中性敞口可能只是简单地被系统性高估，因为众所周知，市场参数存在风险溢价．

12.2.3　CVA 半解析方法

在一些特定产品类型的情况下，推导计算 CVA 的解析公式是可能的．这种公式的用途有限，因为它们无法进行净额结算和抵押计算，其价值在于快速计算和直观理解 CVA．

第一个简单的例子就是只具有正头寸的产品的 CVA，如作为具有前端溢价的期权的多头头寸．在这种情况下，CVA 可表示为(证明见附录 12C)

$$\mathrm{CVA} \approx \mathrm{LGD} \times F(T) \times V, \tag{12.4}$$

其中 T 是交易的到期日，V 是它的(无风险)估值，$F(T)$ 表示交易对手在交易的生命期内违约的概率．这种以标准的无风险价格乘以违约概率后再通过回收价值调整而得到 CVA 的方法非常直观．

继续讨论价值有正、有负的产品．Sorensen 和 Bollier (1994) 给出了利率互换的 CVA 计算．他们证明了，在这种情况下，CVA 可以表示为不同到期日的(反向)互换期权的函数(见附录 12D)．这个方法的直观理解就是，交易对手可在未来的任何时间违约，因此有效地抵消掉互换的不可回收价值在经济层面相当于行使反向互换期权．

互换的风险敞口和互换期权的风险敞口的类比如图 12.6 所示．互换的期望风险敞口通过两个因子之间的互动来定义：互换期权的收益和标的互换的久期（公式(8.4)给出的简单方法中有两个组成部分）。这两个部分的值分别随时间单调增加和单调减少。因此，互换期权价值的峰值出现在某个中间点。

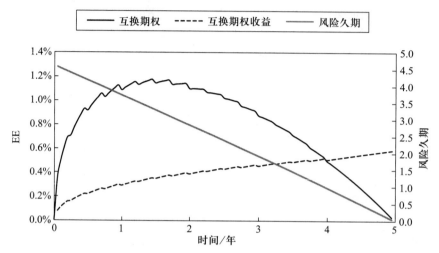

图 12.6　由互换期权收益和风险久期值（第二个 y 坐标轴）的乘积给出的互换期权价值所定义的互换的 EE

工作表 12.2　互换 CVA 的半解析方法

Sorensen 和 Bollier 的公式提供了关于 CVA 计算的一个非常有用的见解，具体来说就是 CVA 的计算至少和它的标的产品本身的定价一样复杂。为了定价互换的 CVA，我们需要知道互换期权的波动率（跨越所有的到期日和执行价格），这远远超出了定价互换本身所需。互换的价格并不显著依赖于波动率，但 CVA 则刚好相反。

这种方法很自然就捕捉到了支付者互换和接收者互换之间的不对称性（图 12.7）和基准互换中不相同支付频率的效果（图 12.8）。在前一种情况中，对应于支付者（接收者）互换是折价（溢价）的接收者（支付者）互换期权。在后一种情况下，当机构收到某季度款项，但还没有（不需要）支付半年期款项时，期权的执行价格会显著移向溢价价格。

上述分析可以推广到任何可表示为一系列欧式期权的交易。这种方法将是计算单一交易 CVA 的首选。在某些情况下，它也可以推广到诸如 Brigo and Masetti (2005b) 所讨论的由单一货币互换组成的资产组合的情况。这一点通常是非常有用的，因为客户所交易的标的产品的种类可能相当有限，使得它的风险敞口可以解析建模。但是，高维的净额结算集通常需要在一个更通用的 Monte Carlo 框架内进行处理。

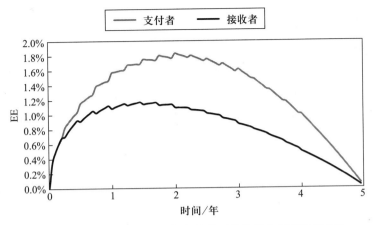

图 12.7　由互换期权定义的支付者互换和接收者互换的 EE

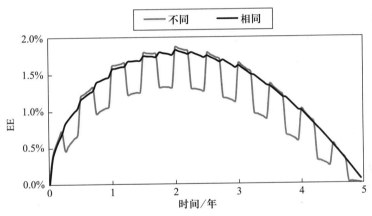

图 12.8　由互换期权定义的不同支付频率(每半年支付,每季度接收)互换的 EE

§12.3　违约概率和回收率的影响

我们现在考虑违约概率和回收率对于 CVA 的影响. 有如下几个方面需要考虑: 信用溢差的水平、信用曲线的整体形状、回收率的影响, 以及由回收率的假设而产生的基准风险. 在下面的所有例子中, 我们都以 12.2.2 小节中所述的 5 年期英镑支付者利率互换的 CVA 为例, 期望风险敞口与第 9 章中所使用的相同[1]. 基础案例假设信用曲线恒为 500 个基点, 回收率为 40%. 基础案例的 CVA 计算为 91 389 英镑.

---

[1]　我们注意到这些不是风险中性的, 但却可以和之前的结果直接比较.

12.3.1 信用溢差的影响

首先让我们看一下表 12.1 中所示的交易对手信用溢差的增加所产生的影响. 信用溢差的增加明显地增加了 CVA, 但这种影响并不是线性的, 因为违约概率的上界为 100%. 另一种理解方式就是该互换"跳至违约"[1]的风险是零, 因为它的当前值为零, 即使交易对手马上违约也不会造成任何损失. 交易对手信用资质恶化, CVA 会明显增加, 但当交易对手非常接近违约的某个时间点时, CVA 将再次下降. 我们将在第 16 章再次讨论这个知识点, 因为它是对冲需要考虑的一个重要因素.

接下来, 我们看看由信用曲线的形状变化产生的影响. 在第 10 章(图 10.8)中, 我们考查了 5 年期信用溢差为 500 个基点的情况下的三种不同形状信用曲线: 向上倾斜及其倒置、水平; 进而讨论了为何三种曲线给出了大致相同的累积违约概率, 但是边际违约概率却有很大差别. 对于一条水平的信用曲线而言, 违约概率大约是等距分布的; 而对于向上(向下)倾斜的信用曲线, 违约概率增量则越来越大(小). 我们在表 12.2 中给出了信用曲线形状对于 CVA 的影响. 尽管在互换的到期日(5 年), 信用溢差在所有情况下都是相同的, 但是结果却由于信用曲线的形状不同而大不相同. 事实上, 从一条向上倾斜的信用曲线到一条向下倾斜的信用曲线, CVA 增加了 11%. 我们注意到, 诸如远期合约和跨币种互换, 其 EE 形状是单调的, 这种影响通常更强(例如, 在图 12.3 所示的情况下, 相应增加是 40%[2]). 这也说明了为什么我们强调信用曲线的形状是映射过程的一个重要组成部分(见 10.1.5 小节).

表 12.1 利率互换基础案例的 CVA, 表示为交易对手信用溢差的函数

溢差/基点	CVA/英镑
100	20 915
250	49 929
500	92 593
750	129 004
1000	160 033
10000	289 190
25000	224 440
50000	180 455
违约	0

---

[1] 这个术语通常用于描述交易对手的突发性违约, 而其他因子保持不变.

[2] 这是因为对于这些交易来说, 风险敞口的最大值出现在合约结束的时候. 对于向上足够倾斜的曲线来说, 这也是违约概率达到最大的时刻. 两者的结合导致了较高的 CVA.

表 12.2 不同信用曲线形状下，利率互换基础案例的 CVA. 所有情况下，5 年时溢差为 500 个基点

	CVA/英镑
向上倾斜	84 752
水平	92 593
向下倾斜	94 358

12.3.2 回收率的影响

表 12.3 给出了改变设定回收率和实际回收率所带来的影响. 如前所述（图 10.11），设定回收率就是在违约时（例如 CDS 拍卖的设定）的回收率，而实际回收率则是在实际的索赔中收到的金额比例（公式中使用，即公式 (12.2)）. 更改这两个回收率假设只对 CVA 在合理范围内产生适度的影响，这是因为有一个抵消效应：增加回收率，会增加隐含违约概率，但是降低由此造成的损失. 实际上，在公式 (12.3) 所示的简单估算中并没有回收率的参数. 净影响也就只是在增加回收率时的一个负二阶效果，因为隐含违约概率随着回收率的增长而次线性增长，但是损失的金额变化是线性的. 不同的设定回收率和实际回收率的假设显然会更明显地改变 CVA. 例如，假设 10% 的回收率用于计算隐含违约概率和一个较高的 40% 的实际回收率（类似于 10.1.7 小节中讨论的雷曼兄弟的违约回收率），给出低得多的 CVA.

表 12.3 不同回收率假设下利率互换基础案例的 CVA. 同时改变设定回收率和实际回收率：10% 的设定回收率和 40% 的实际回收率. 所有情况下，5 年时溢差为 500 个基点

回收率	CVA/英镑
两个都是 20%	96 136
两个都是 40%	92 595
两个都是 60%	86 003
10%/40%	64 904

§12.4 使用 CVA 定价新的交易

定价一个给定交易的单独的 CVA 是有用的，但是对于 CVA 的实际应用，把诸如净额结算和抵押等降低风险的手段都考虑在内是非常重要的.

12.4.1 净额结算和增量 CVA

净额结算协议很可能是降低而不是增加 CVA(这源于 §8.4 中描述的净额结算的属性)。因此,对于一组净额结算交易来说,我们有

$$\text{CVA}_{\text{NS}} \leqslant \sum_{i=1}^{n} \text{CVA}_{i}^{\text{stand-alone}}, \qquad (12.5)$$

其中 CVA_{NS} 表示净额结算协议下所有交易的总体 CVA,$\text{CVA}_{i}^{\text{stand-alone}}$ 表示第 i 笔交易的个体 CVA. 上述 CVA 的降低可能很大,那么问题就变成如何将净额结算的收益配置到每笔单独的交易. 做到这一点最显而易见的方式就是使用增量 CVA 的概念,类似于 9.6.2 小节中讨论的 EE 增量[1]. 这里第 i 笔交易的 CVA 基于这一交易在净额结算集上的增量效果:

$$\text{CVA}_{i}^{\text{incremental}} \leqslant \text{CVA}_{\text{NS}+i} - \text{CVA}_{\text{NS}}. \qquad (12.6)$$

上式确保了一笔给定交易的 CVA 由其对于总体 CVA 的贡献给出. 因此,这在要求对某一笔交易或者业务收取 CVA 费用时就非常有意义. 该 CVA 取决于已经执行的交易顺序,但不会因为随后的交易而发生改变. 一个负责收取 CVA 费用的交易部门(见第 18 章)将从新交易产生的 CVA 变化来直接抵消其损益.

正如附录 12E 所示,我们可以推导如下的增量 CVA 公式:

$$\text{CVA}_{i}^{\text{incremental}} \leqslant (1 - \text{Rec}) \sum_{j=1}^{m} \text{DF}(t_j) \text{EE}_{i}^{\text{incremental}}(t_{j-1}, t_j) \text{PD}(t_{j-1}, t_j). \qquad (12.7)$$

这和(12.2)式基本相同,只是用增量 EE 取代了之前单独的 EE. 这并不奇怪,因为 CVA 本身就是 EE 的线性组合,并且净额结算只改变风险敞口而并不影响回收价值、贴现因子或违约概率. 增量 EE 的量化已经在第 9 章详细阐述[2]. 增量 EE 可能由于净额结算的效应而取负值,这将导致 CVA 为负值,并且在这样的情况下,有可能会因为 CVA 的整体增加而导致交易的损失.

值得强调的是,在上面定义的关系中,由于 EE 的属性与净额结算,当前净额结算的增量 CVA 决不会比单独的无净额结算的 CVA 高(除非在下一章讨论的双边 CVA 的案例中,也可参见 Duffie and Huang, 1996). 这样做的实际结果是,一个在净额结算协议下已经存在交易的机构将可能针对新的交易提供更多的有利于交易对手的条件. Cooper and Mello (1991)第一个量化了这种影响,并详细证明了已经和交易对手达成某笔交易的银行可以提供一个更具竞争力的远期合约利率.

净额结算的处理方式使得 CVA 的计算变得更加复杂并且通常都是一个多维的问题. 尽管人们已经做了一些尝试去解析地处理净额结算(例如 12.2.3 小节中所提到的 Brigo and Masetti, 2005b),净额结算的 CVA 通常需要一个广泛的 Monte Carlo 框架来量化风险敞

---

[1] 读者也许希望回顾第 9 章关于增量 CVA 的讨论,因为这里的许多内容都可以应用于增量 CVA.

[2] 我们再次注意到,出于计算 CVA 的目的,风险中性测度的使用也许是合理的.

口. 但是请注意，根据公式(12.7)，我们不一定要模拟前面提到的违约事件.

现在，我们将根据§9.5 中所示的风险敞口增量的结果来看一个关于增量 CVA 的例子. 和之前一样，我们考虑了 5 年期英镑支付者利率互换，并在表 12.4 中考虑了和交易对手的现有交易在四种不同假设下的 CVA[①].

表 12.4　针对四种不同的已有交易，计算一个 5 年期英镑支付者利率互换的增量 CVA. 假定采用 500 个基点的水平信用曲线，40% 的回收率，并且使用的连续复利率为 5%　　　　　　（单位：英镑）

已有交易	增量 CVA/英镑
无（单独计算）	92 593
6 年期英镑支付者利率互换	90 076
5 年期欧元支付者利率互换	63 832
5 年期欧元接收者利率互换	−42 446
5 年期英镑对美元互换	−35 801

我们可以观察到如下事实：
- 增量 CVA 决不会比单独的 CVA 高（假定没有因现有交易产生净额收益）. 这并不奇怪，因为在第 9 章中我们看到净额结算不可能增加风险敞口.
- 一个和现有交易非常类似的交易（6 年期英镑支付者利率互换）的增量 CVA 只会略微降低一点. 这是由于两笔交易之间的高度正相关性.
- 不同币种的相似互换的增量 CVA 会适度降低. 这仍然是因为交易呈正相关.
- 在后两种情况下，增量 CVA 为负值，这是由于结构上的负相关性（我们将在 9.5.2 小节中对这种影响进行详细讨论）. 由于问题中交易对手的整体风险被减少了，交易者在这种情况下可能会期望正的损益，并因此可能会在进行该交易时同意某些其他不利的条款. 我们将在 18.3.4 小节中讨论这些机制.

12.4.2　边际 CVA

根据 9.6.3 小节中的讨论，我们只需要在上述公式中简单地加入边际 EE 就可以用同样的方式定义边际 CVA. 对所在的任意大小的净额结算集，边际 CVA 对于将一个 CVA 数值分解至交易水平使得其总和等于总体 CVA 是非常有用的. 虽然它可能不被用于定价新的交易（这是因为当进行新的交易时，边际 CVA 的变化就意味着整个交易账户盈亏表现的

[①]　这些交易在 9.5.1 小节中描述过.

调整），但是它可以用来计算给定交易对手在同一时间的所有交易的定价[①]（因为这本身就是交易的一部分）．或者，边际 CVA 是用来计算单独交易 CVA 在给定时间的贡献的适当方式．当 CVA 交易部门担心某个特定交易对手的违约风险敞口时，边际 CVA 就会被用到．

我们计算对应于利率互换（5 年期英镑支付者利率互换）和跨币种互换（5 年期英镑对美元互换）的 EE（图 9.16）的边际 CVA．我们分别使用两条不同的信用曲线来计算，一条是 500 个基点的水平曲线，另外一条信用曲线在到期日 1，2，3，4，5 年对应的曲线值分别为 300，350，400，450，500 个基点．结果如表 12.5 所示．

表 12.5 说明通过增量 CVA（从跨币种互换开始），增量 CVA（从利率互换开始）和边际 CVA 来分解利率互换和跨币种互换的 CVA．信用曲线假定为水平或向上倾斜信用曲线，回收率为 40%，连续复利率为 5%

	水平信用曲线			向上倾斜信用曲线		
	从利率互换开始的增量	从跨币种互换开始的增量	边际	从利率互换开始的增量	从跨币种互换开始的增量	边际
利率互换	92 593	27 133	71 178	84 752	18 995	59 580
跨币种互换	34 098	99 558	55 513	48 902	114 660	74 075
总和	126 691	126 691	126 691	133 655	133 655	133 655

我们看到，从第一笔交易上收取了 CVA 的主要部分，而边际 CVA 的收费则比较均衡．还要注意的是，虽然对于不同形状的信用曲线总体 CVA 变化不大，但是 CVA 分解却发生了显著变化．例如，使用水平信用曲线的跨币种互换的边际贡献明显偏低，而使用向上倾斜信用曲线则显著偏高．这是因为大部分来自跨币种互换的 EE 贡献都发生在交易周期的最后一年（图 9.16），而这时向上倾斜信用曲线具有最高的违约概率．

在把 CVA 整合到交易当中的时候，有一些重要且实用的知识点需要理解．我们先来看看在表 12.6 中给出的这四笔交易的各种 CVA 分解．可以看出，增量 CVA 很大程度上取决于交易的顺序．例如，最后交易的跨币种互换的增量 CVA 几乎是首笔交易的 1/20．显然，CVA 费用可能非常依赖于交易发生的时间．这也许是有问题的，并可能导致交易员的"游戏"行为．然而，尽管边际贡献是公平的，却很难想象如何根据边际 CVA 的计算解决向交易员及业务收费的问题，因为与交易对手的新交易将会改变所有的边际 CVA．

[①] 这还可以涵盖另一项政策，它只是周期性地计算 CVA 调整，与同一个交易对手进行的若干交易在那一时期发生．

表 12.6 通过增量(交易顺序在括号里给出)和边际贡献分解四笔交易的 CVA. 假定采用 500 个基点的水平信用曲线, 回收率为 40%, 连续复利率为 5%
(单位: 英镑)

	单独计算	增量 (1—2—3—4)	增量 (4—1—2—3)	边际
5 年期支付者英镑利率互换	92 593	92 593	27 133	84 011
6 年期支付者英镑利率互换	124 816	122 299	95 520	107 995
5 年期支付者欧元利率互换	76 006	37 191	35 694	45 286
5 年期英镑对美元互换	99 558	5 822	99 558	20 613
总和	392 973	257 905	257 905	257 905

12.4.3 CVA 作为溢差

在将 CVA 定价整合到交易中的时候, 另外需要考虑的一点就是如何将前期的 CVA 转换为运行的 CVA 溢差. 这将有利于向客户收取 CVA 费用, 例如调整互换的支付利率. 完成这样转化的一个简单的办法就是用 CVA 除以风险久期[1]. 例如, 在上述的 5 年期英镑支付者利率互换(名义金额为 1 亿英镑)中, 对于单独的 CVA, 我们有

$$\frac{92\ 593}{3.59 \times 100\ 000\ 000} \times 10\ 000 = 2.58 \text{(单位: 基点)}. \qquad (12.8)$$

而当添加溢差到一个诸如互换的合同时, 问题就变成了非线性的, 这是由于溢差本身会对 CVA 产生影响. 正确的值应通过递归计算获得(因为溢差也是有风险的), 直到合同的盯市风险为零. 因此, 我们需要解一个方程: $V(C^*) = \text{CVA}(C^*)$, 其中 $V(\cdot)$ 是根据调整利率 C^* 得出的价值. 这将确保初始价格完全抵消 CVA, 因此 C^* 是使交易有利可图的最低保障. 在这种情况下, 为了精确计算, 取相关溢差为 2.34 个基点. 很显然, 快速地计算这种溢差是非常重要的一个部分. Vrins and Gregory (2011) 讨论了这种效果(包括净额结算和 DVA 的影响), 并且证明它在许多案例中是显著的. 也存在不需要递归方法的近似计算可获得较准确的溢差[2].

还有一点要强调的是, 在新交易的增量 CVA 中看到的净额结算收益也取决于新交易的相对大小. 随着交易规模增加, 净额结算的收益会逐渐丢失, CVA 将趋向于单独交易的数值. 图 12.9 说明了这一点, 其中将 5 年期欧元支付者利率互换的增量 CVA 作为新交易

---

[1] 一个更简单的方法是使用公式(12.3)来近似, 尽管如上所述, 这在某些情况下非常不准确.

[2] 事实上, Vrins and Gregory(2011)指出限定该溢差的方法很简单, 在此处的例子中, 限定区间为 2.19～2.67 个基点. 他们还给出了较好的近似, 从而导出准确的估计值 2.36 个基点. 不像完全的递归方法所要求的那样, 以上所有结果都不需要进行额外的 CVA 计算.

的相应大小的函数进行研究. 我们假设现有交易是表 12.6 所示的其他三笔. 单独的 CVA 和标准增量 CVA 值分别是 76 006 和 35 694[①], 它们可以分别转化为(12.8)式中所用的溢差 1.77 个基点和 0.99 个基点. 对于较小的交易, CVA 下降到 0.67 个基点的下限, 而对于大的交易规模则接近独立值. 显然, CVA 的基点报价仅适用于一个特定的交易规模.

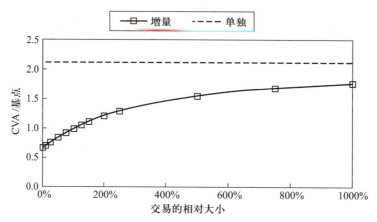

图 12.9　一个 5 年期欧元支付者利率互换对于表 12.6 的其他三笔交易的增量 CVA(作为年化基点溢差)

12.4.4　数值计算的问题

毫无疑问, 计算奇异衍生品的 CVA 是非常具有挑战性的, 因为根据先前的直观经验, 计算一个产品的 CVA 至少和定价产品本身一样复杂(并且往往更复杂). 奇异产品的估值可能相当慢, 往往需要 Monte Carlo 或网格建模. 由于计算 CVA 所需的每一个 EE 值要相当大量的模拟, 这可能会超越现实的计算资源. 交易员使用的许多定价功能[②]可能不足以计算 EE.

由公式(12.2)给出的 CVA 计算, 由于需要大量计算标的交易的未来价值而成本非常高. 例如, 在上述计算中(如第 10 章中所述), 需要 10 000 次模拟和 183 个时间点(5 年中每 10 天表示一个时间点). 这意味着, 所有上述 CVA 估算都基于 1 830 000 次的定价计算. 这很可能就是 CVA 计算的瓶颈, 进而首当其冲也是最明显地改善 CVA 计算效率的方法就是提高标的定价函数的计算速度. 有许多方法可以实现这一点, 例如(参见下面关于复杂产品的讨论):

● 剔除常见的计算(如现金流的生成和修正), 这些都不依赖于给定时间点的标的市场

---

① 这可以从 4—1—2—3 情形看出, 该交易在其他三笔之后进行考查.
② 此处的奇异产品指那些没有简单定价公式(如互换和简单的期权)的产品.

变量;

- 优化定价函数数值计算;
- 使用近似计算或网格;
- 并行计算.

在计算 CVA 时,另一个需要考虑的问题正如第 9 章中所讨论的,是采用路径模拟还是采用直接模拟(见 9.3.2 小节). 虽然, 模拟每条路径所得的风险敞口似乎是最好的, 但是对于 CVA 是否适用并不清楚. 一个平行的问题也可以在这里提出, 就是定价合成 CDO. 这是一个类似的问题, 因为它涉及整合违约信息. 在这里, 业内青睐的方法是通过著名的 Li (2000) 提出的高斯连接函数违约时间模型来直接模拟违约, 而不是使用诸如 Hull et al. (2004) 提出的路径模拟违约的方法. 在换句话说, 虽然风险敞口的评估不倾向于使用直接模拟方法, 但是 CVA 违约成分的估值却刚好相反.

我们通过比较上述 5 年期英镑支付者利率互换的 CVA 评估和基于直接模拟的类似计算来考虑上述的观点. 在前者的情况下, 我们在 183 个时间点, 10 000 条路径上模拟风险敞口. 在后者的方法中, 没有时间网格, 并且恰恰相反, 违约时间是从区间 $[0,5]$ (单位: 年) 中随机抽取. Li (2000) 设计的这种方法使得这样的随机抽取与底层累积违约概率一致. 然后在每个这样的点上直接计算风险敞口. 一共产生 1 830 000 个违约时间, 使互换的定价数值与路径模拟的情况一样.

CVA 估算的比较如图 12.10 所示, 其中误差横线代表一个标准偏差的不确定性. 我们可以看到, 调用同样数目的底层定价函数, 直接模拟的 CVA 结果比使用逐条路径模拟要准确很多. 路径模拟较不准确的原因可以理解如下: 假设我们生成了 10 000 条高估了一年后利率的样本路径 (换句话说, 由于 Monte Carlo 噪声导致模拟的平均利率偏高), 进而我

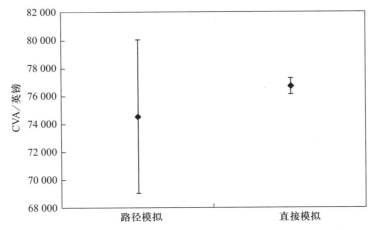

图 12.10 通过路径模拟和直接模拟分别估算 5 年期欧元支付者利率互换的 CVA. 两者使用了同样数量的利率互换估值

们就会趋向于在这点上高估支付者利率互换的风险敞口. 然而, 这非常有可能高估, 如 18 个月以后的风险敞口, 因为 6 个月后的利率路径更容易发生正向的漂移. 但是, 在直接模拟中并不存在这样一个问题, 因为所有的违约时间都会被独立地计算.

直接模拟给出相当惊人的改善, 其标准偏差约减小了 89.7%. 由于 Monte Carlo 误差与模拟样本个数的平方根大约成正比, 这实际上代表速度上提高了 94 倍. 换句话说, 我们只需要 $\frac{1}{94}$ 的模拟数量就可以达到同样的计算精确度. 虽然上述听起来吸引人, 但是我们必须考虑总体的改进. 阿姆达尔定律(Amdahl, 1967)给出了一个由改进计算的一部分而实现整体增速的简单公式. 这个公式是: $[(1-P)+P/S]^{-1}$, 其中 P 是计算中可以得到改善的比例, 而 S 是相对速度的改善. 例如, 如果 $90\%(P=0.9)$ 的时间都花在调用的定价函数上, 并且这些函数的计算可以加快 94 倍, 那么整体速度会提高 9.1 倍. 如图 12.11 所示, 改进取决于估值所花费时间的比例. 显然, 为了得到较好的整体提速效果, P 需要接近 1. 另外, 一个直接模拟可能比一个路径模拟更费时, 如图 9.4 所示. 图 12.11 说明了较长的非估值阶段使用时间会导致更差的加速. 总体上我们可以看到, 直接模拟计算 CVA 可能更快, 但是这将取决于用在 Monte Carlo 模型的不同部分的精确时间.

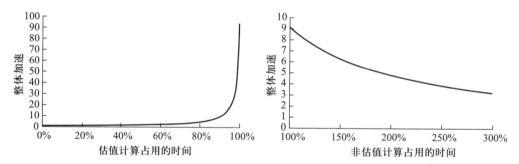

图 12.11 从路径模拟到直接模拟计算 CVA 整体改善了 94 倍. 左图显示整体加速作为花在估值阶段的时间比例的函数. 右图假设 90% 的时间花在重新估值上, 并将整体加速作为一个执行非估值部分所增加的时间的函数

12.4.5 路径依赖、中断条款和奇异性

虽然上述想法可以提高 CVA 的计算速度, 但是也会给一些路径依赖产品带来复杂性. CVA 计算中的路径依赖性呈现了一个问题, 那就是为了计算在特定日期的未来风险敞口, 必须有从现在直到该日期的整个路径的相关信息. 这些方面已经在 8.3.5 小节中进行了讨论. 虽然在无风险价格的基础上计算 CVA 很自然, 也最容易, 但是在理想情况下, 交易方应该在风险价值(即包括 CVA)的基础上行使期权. 然而, 这将会造成一个递归的问题, 即 CVA 计算取决于执行决定, 而这个决定本身又依赖于 CVA.

Arvantis and Gregory (2001) 解决了非随机信用溢差下路径依赖的利率互换期权的 CVA 计算问题,其结果见表 12.7. 我们可以看到,基于优化风险价值的执行策略可以稍微降低 CVA. 这是因为它避免了在无风险价值为正值并且 CVA 大于这个值的情况下执行期权. 我们也看到,信用溢差越大,这种效果越强.

表 12.7 利率互换期权的 CVA 价值,假设期权的执行分别依赖于无风险和有风险价值的实物结算. 最左列分别给出了利率互换期权和互换的到期日,例如 1 年/5 年表示 1 年期的利率互换期权可以执行并进入一个 5 年期互换

	200 个基点的水平信用曲线		500 个基点的水平信用曲线	
	无风险价值执行	有风险价值执行	无风险价值执行	有风险价值执行
1 年/5 年	0.117%	0.116%	0.252%	0245%
2 年/5 年	0.128%	0.127%	0.268%	0.264%
1 年/10 年	0.334%	0.327%	0.690%	0.654%
2 年/10 年	0.355%	0.349%	0.700%	0.679%

如公式 (12.2) 所示,CVA 的计算将近似地参照离散时间点情形的计算. 虽然某种程度的路径依赖性使得这可能是可以接受的(例如百慕大互换期权),但是奇异衍生品价格往往基于连续样本的大小(例如障碍期权). 这种情况下还需要一些近似计算,如由 Lomibao and Zhu (2005) 提出的方法,他们使用被称为布朗桥的数学技巧来计算风险敞口模拟点之间的路径依赖于时间的概率.

关于那些具有美式期权特征的奇异产品,正如 9.3.3 小节所讨论的,通常有三种解决的方法:第一种是使用近似法,有时可能会给出真实 CVA 的上界. 鉴于此,在估算奇异产品的时候,其他在量化 CVA 中的不确定性及相关对冲问题,可能不会是太大的问题. 第二种是更加复杂和准确的方法,涉及使用预先计算的网格以提供作为底层变量函数的未来产品价值. 只要维数不高,这种方法效果很好. 第三种是 AMC 方法,它可以用来计算近似的风险敞口,处理任何奇异特征以及路径依赖性. 细节详见 Cesari et al. (2009).

§12.5 具有抵押品的 CVA 计算

最后,在继 §9.7 中给出的抵押品的影响之后,我们将考虑抵押品对于 CVA 的影响. 和以前一样继续考虑净额结算,那么抵押品对公式 (12.2) 中给出的标准 CVA 的影响很简单. 抵押品只会影响 EE(它不会改变对方的回收率和违约概率),因此可以使用相同的公式,只是 EE 基于存在抵押品的假设. 在这种最基本的情况下,会考虑上述使用的 §9.5 中

所述的四笔交易. 基础案例中, 有、无抵押的风险敞口如图 9.19 所示. 这时假定了一个零阈值、100 000 最低转账金额和 20 000 舍入的双向 CSA. 对于 CVA 计算, 采用了 500 个基点的水平信用曲线和 40% 的回收率. 例如, 不考虑任何抵押担保的基本情况的 CVA 可以从表 12.6 看出, 为 257 905.

12.5.1 保证金风险期的影响

我们首先考虑保证金风险期对于零阈值 CVA 计算的影响, 如先前考虑的, 见图 9.21. 当保证金风险期从非常小的 0 保证金风险期①朝向无抵押值变化时, CVA 不断增加, 详见图 12.12. 30 天保证金风险期时的 CVA, 几乎是无抵押 CVA 的一半. 这是符合 Basel Ⅲ 资本规定"在某些情况下需要最少 20 个工作日"的更加保守的假设的(更多信息详见第 17 章).

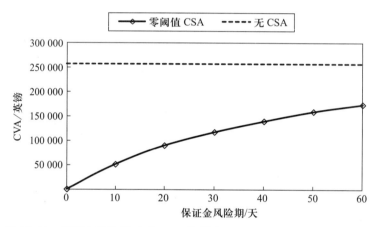

图 12.12　保证金风险期对于 CVA 的影响. 无 CSA 的 CVA 如虚线所示

12.5.2　阈值 CSA 和独立金额

图 12.13 给出了各种不同阈值 CSA 对于 CVA 的影响. 在单向 CSA 有利于交易对手(因此不利于机构本身)的情况下, 相比于无抵押的情况, 整体 CVA(虚线)增加. 一个有利于机构的单向 CSA 则会显著减少 CVA. 在这两种单向 CSA 的情况下, 递增阈值的影响都是使 CVA 收敛到无抵押结果. 在双向 CSA 的情况下, CVA 相对于阈值的增加并不是完全单调的, 这就会使 100 万美元的(双向)阈值比零阈值 CSA 似乎有略多的收益. 详细地解释这个效果则非常有趣.

---

①　注意, 在保证金风险期为 0 时, 仍有一个小的 CVA, 这是由于最低转账金额和舍入造成的.

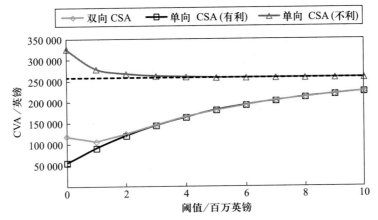

图 12.13 阈值 CSA 对于 CVA 的影响. 图中分别给出了双向 CSA, 利于机构的单向 CSA 和利于交易对手的单向 CSA 的情形. 无 CSA 的 CVA 如虚线所示

这种在双向 CSA 情况下的非单调行为和 9.5.1 小节中 EE 小于 NEE 而 95% 的 PFE 大于 5% 的 PFE 的讨论相关. 当时我们是处理一组四个交易, 其中三个都对整体利率有正的敏感度. 在零阈值的情况下, 许多情形中该机构由于负的漂移 (与 NEE 大于 EE 相关联) 都必须支付相对少量的抵押品. 这往往会削弱抵押品的好处. 另一方面, 当使用较小的阈值时, 很多情形都会导致抵押品支付, 并且减少了 95% PFE 左右高利率情形路径的能力, 也增加了相对较小的 5% PFE 左右支付抵押品的需要.

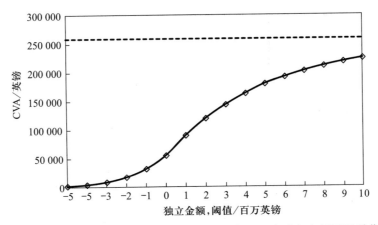

图 12.14 独立金额和阈值对于 CVA 的影响. 注意, 一个独立金额可以看作一个负的阈值. 我们可以看到, 当独立金额很大时, CVA 为零, 而当阈值很大时, CVA 接近无抵押 CVA (虚线)

图 12.14 显示了独立金额和阈值对 CVA 的影响. 注意独立金额可看作一个负的阈值. 我们看到, 当独立金额很大时, CVA 为零, 然后 CVA 随着阈值的增大而增大, 直到无抵押 CVA(虚线).

在图 12.15 中, 我们详细地看到独立金额对于 CVA 的影响. 我们还给出了由保证金风险期在 ±10 天范围内(如 20 天, 40 天)的不确定性假设所产生的误差范围. 虽然增加的独立金额会大幅度减小 CVA, 但是 CVA 的不确定性相对较大. 给定一个独立金额, 我们认为, CVA 虽小, 但估计的不确定性很大.

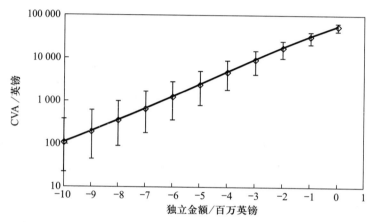

图 12.15　独立金额(如前图表示成负值)对于 CVA 的影响, 其中纵轴为对数值. 图中所示的误差范围对应于保证金风险期的改变在 ±10 天之内

§12.6　小　　结

本章一直关注如何通过 CVA 来定价交易对手风险, 并详细描述了在没有错向风险的情况下, 即假设风险敞口、交易对手违约和回收概率都不相关, 如何计算 CVA. 我们已经给出最简单的计算 CVA 的相关公式(所有的细节详见本章附录). 进而, 为了给新的或现有的交易提供定价的手段, 我们还引入了增量 CVA 和边际 CVA 的概念. 我们已经讨论了计算 CVA 涉及的抵押和净额结算等, 并进一步研究了一些更复杂的方面, 如数值计算、奇特产品和路径依赖.

在下一章中, 我们继续讨论如何定价交易对手风险, 并将机构本身的违约概率纳入分析(DVA). 在过去的几年中, 这一直是定价交易对手风险的一个重要而有争议的方面. 我们也将考虑其他一些与 DVA 相关的重要影响.

第 13 章 债务价值调整(DVA)

> 我不会告诉你，我从保诚买了多少保险．我只能说：当我去世之时，它们也就失效了．
>
> Jack Benny(1894—1974)

在上一章中，我们考查了通过 CVA 的方式为交易对手风险定价．推导 CVA 的计算公式时的一个假设是机构自身没有违约风险．这是一个看上去合理的假设．事实上，它与会计准则中的"持续经营"概念相符．这一概念强调机构的财务报表应当基于业务在未来无限期持续的假设．

但是，国际会计准则允许机构在对债务估值时考虑自身违约的可能性．由于风险敞口存在债务的成分(如我们在 8.2.7 小节中所定义的负风险敞口)，机构自身违约的可能性也就包含在交易对手风险的定价中，这正是通常所谓的债务价值调整(DVA)．DVA 是一把双刃剑：一方面，它可以处理和 CVA 相关的理论问题，使交易对手相互之间的交易变得更加容易；另一方面，DVA 本质和它的影响可能带来意想不到的麻烦．

DVA 是有争议的．尽管有些从业者支持使用 DVA，其他人却出于多种理由而反对它．我们在这一章中将会详述各方观点．我们首先关注 DVA 在交易对手风险管理中的用途，然后考查 DVA 的使用所带来的广泛影响．

§13.1 DVA 和交易对手风险

13.1.1 DVA 的必要性

传统上，CVA 是交易中征收的与交易对手风险相关的费用，有利于信用资质较好的一方．过去，银行在和企业的交易中根据企业的信用资质和交易的风险敞口，向企业征收 CVA．企业无法有效地质询这笔费用，因为银行违约的风险被认为是极小的(事实上，银行的信用溢差向来较窄，且信用评级较高)．这就意味着，在 2008 年以前，谈论诸如雷曼兄弟这种规模的大银行违约的可能性几乎是一件可笑的事情．

现在让我们回到金融危机肇始的 2007 年初．自那时起，某些交易对手不会违约的观念逐渐受到质疑，许多"强大"的金融机构的信用溢差戏剧性地增大．考虑如下情形：

一家企业和一家顶级银行已有多年交易往来. 这两个机构的信用评级和信用溢差如下所示:

	信用评级	信用溢差
银行	Aa1/AA+	10~15 个基点
企业	A3/A1	200~300 个基点

银行一直向企业征收相关交易的 CVA,并向企业公开其计算过程,例如解释 CVA 计算所涉及的各项数值并提供相关净额结算协议所带来的优惠. 企业已然习惯了 CVA 的征收,从未担忧过银行有一天会违约. 现在,由于全球金融危机的影响,银行自身的信用溢差已经降至和企业相当的水平(银行的信用评级不变,但这并不能带给企业多少信心). 企业开始觉得自己不应继续缴纳过多的 CVA,这意味着银行不得不大幅降低 CVA 的规模.

问题:当信用市场风险增加时,银行如何降低交易对手风险的价格?这种降低背后的经济意义是什么?

上述困境的一个更简单的形式表现在银行间市场. 显然,两家银行会以市场中间价进行交易,而不是根据彼此的信用资质调整交易价格. 以市场中间价进行交易,双方均无利可图,这似乎是合理的,因为银行可能正在对冲一笔跟客户进行的有利可图的交易. 但是,两家银行彼此都承担了对方的交易对手风险,此类风险将会产生成本,因此对双方来说,交易的净值均为负. 这正是签订抵押协议的一个原因,例如通过一个低阈值的信用支持附件最小化双方面对的交易对手风险. 正如我们在 12.5.1 小节中所看到的,即使一个零阈值的信用支持附件也不能彻底消除交易对手风险. 这就带来了一个问题:在一个 CVA 得以广泛使用的世界里,两个信用资质相似的交易对手如何达成交易,即使它们之间存在抵押协议?

DVA 这一概念出自双边 CVA,DVA 能够解决上述两个问题,但也可能导致更多的问题.

13.1.2 双边 CVA

双边 CVA(BCVA)来自会计实践,正式出现于 2006 年,当时 FAS 157[①] 开始规定银行记录 DVA 项目. FAS 157 中声明:"因为非绩效风险包括报告主体的信用风险,所以报告主体应当考虑自身的信用风险(信用状况)对其公允价值的影响."虽然 BCVA 的使用可以追溯到很多年前,但它的广泛使用还是从 2007 年金融危机发生时开始的. BCVA 意味着,机构在计算 CVA 时,应当将自身和交易对手违约的风险同时考虑进去. 根据这些条

---

① 财务会计声明,第 157 号.

件,我们在附录 13A 中推导了 BCVA 的计算公式. BCVA 的定义可从单边 CVA 的定义直接推广而来,只要假设机构自身也可能违约即可. 因此,我们在原有 CVA 的计算公式中仅放松这一假设[①]. 我们目前还会假设机构与其交易对手的违约独立发生,且不可能出现同时违约. 之后我们会放松这些假设. 在当前条件下,BCVA 的计算公式为

$$\mathrm{BCVA} = (1-\mathrm{Rec}_C)\sum_{j=1}^{n}\underbrace{\mathrm{EE}(t_j)}_{\substack{\text{期望风险敞口}\\\text{的现值}}}\underbrace{[1-\mathrm{PD}_I(0,t_{j-1})]}_{\substack{\text{机构尚未违约}\\\text{的概率}}}\underbrace{\mathrm{PD}_C(t_{j-1},t_j)}_{\substack{\text{交易对手在此区间}\\\text{违约的概率}}}$$

$$+ (1-\mathrm{Rec}_I)\sum_{j=1}^{n}\underbrace{\mathrm{NEE}(t_j)}_{\substack{\text{期望负风险}\\\text{敞口的现值}}}\underbrace{[1-\mathrm{PD}_C(0,t_{j-1})]}_{\substack{\text{交易对手尚未违约}\\\text{的概率}}}\underbrace{\mathrm{PD}_I(t_{j-1},t_j)}_{\substack{\text{机构在此区间}\\\text{违约的概率}}}, \quad (13.1)$$

其中 I 代表机构,C 代表交易对手. 上式中第一项类似于公式(12.2)所计算的通常的 CVA,但在其基础上乘上了机构自身的生存概率. 这并不意外,因为如果机构违约在先,它们就不会索取因交易对手违约而给自身带来的损失了. 事实上,只要机构和其交易对手任何一方率先违约,它们之间的衍生品交易即告终结. 如果不考虑这一点,我们的公式中就会包含重复计算,因为双方均认为自己将先于交易对手违约. 但是,我们将说明对违约发生后出清头寸的恰当处理意味着这个问题可以忽略(见 13.4.2 小节).

工作表 13.1 BCVA 的简单计算

BCVA 计算公式中的第二项称为 DVA,它是第一项的镜像,代表负贡献(因为 NEE 为负). DVA 所对应的情况为:如果机构先于交易对手违约,则负的交易价值(负风险敞口)代表机构的一项收益. 这种情况下所产生的收益也许看起来不寻常,但严格来讲,却是理所应当. 因为当机构自身违约时,只会向交易对手支付一部分债务. 8.2.7 小节中定义的负期望风险敞口与期望风险敞口相对,是从交易对手的角度观察到的期望风险敞口.

请注意,从现金流估值的标准看,公式(13.1)并没有错. 同时,BCVA 的计算公式还有一个非常重要和有吸引力的含义,即如果交易双方对计算 BCVA 的方法及其参数没有异议,根据公式(13.1)的对称性,它们也将认同其价格. 也就是说,如果机构计算出的 BCVA 为 $+X$(损失),那么机构的交易对手计算出的结果应为 $-X$(收益),该交易对手于是应当支付给机构 X 作为对交易对手风险的补偿.

为了更容易地理解 DVA 的含义,我们回到之前计算 CVA 的简单公式(12.3). 对其稍作修改,我们就得到了 BCVA 的近似计算公式

$$\mathrm{BCVA} = \text{credit spread}_C \times \mathrm{EPE} + \text{credit spread}_I \times \mathrm{ENE}. \quad (13.2)$$

[①] 在此处,上一章中诸如不存在错向风险和无风险定价的假设仍然成立.

这意味着，机构应当从 CVA 中减掉一项，这一项等于机构自身的信用溢差乘以 ENE. ENE 与 8.2.7 小节中定义的 EPE 相对. 最后, 如果我们使用 EPE＝－ENE，则公式可以进一步简化为

$$BCVA = EPE \times (\text{credit spread}_c - \text{credit spread}_I).$$

因此，机构向交易对手索取的 DVA 其实反映了它们之间信用溢差的不同（如果这种差距是负的，那么机构应当向其交易对手支付）. 为了实现交易，根据双方信用资质的不同，信用较差的一方应向信用较好的一方支付一定金额.

13.1.3 BCVA 的例子

我们现在通过一个例子来说明 BCVA 的计算. 这个例子是对上一章中 CVA 计算的延续，在那里我们考查了四笔交易，它们总的 CVA 为 257 905 英镑（表 12.6），这里我们计算这四笔交易的 BCVA. 图 13.1 显示了 EE（期望风险敞口）和 NEE（负期望风险敞口）.

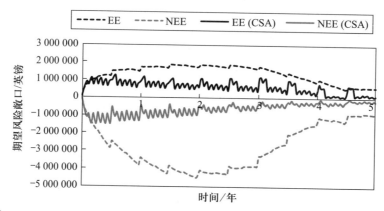

图 13.1 上一章考查的四个互换的 EE 和 NEE（见表 12.6）. 图中显示的是无抵押，有（阈值为 0，双向）CSA 的情形

正如我们在 9.5.1 小节中所见到的，这个例子中 NEE 的绝对值显著大于 EE. 为了理解双边定价的总体影响，我们将考查如下三个不同的 CVA 测度：
- 单边 CVA. 使用标准的单边 CVA 计算公式(12.2).
- CVA. 我们考虑机构自身的生存概率，即使用公式(13.1)的第一项.
- BCVA. 使用计算公式(13.1). 这个结果小于经过调整的 CVA，而且由于公式(13.1)中第二项的引入，可能为负值.

根据以上公式对各种 CVA 进行比较，我们可以得出如下结论：
- CVA 小于或等于单边 CVA，因为 CVA 的计算引入了机构自身的生存概率，而概率值不会大于 1.

- BCVA 小于 CVA, 因为机构可以从未来自身的违约获取收益.
- 如果交易对手的信用风险(它的信用溢差较机构大)较大, BCVA 一般为正的, 否则为负的.
- BCVA 依赖于交易未来价值的对称性(EPE 和 ENE 的大小). 我们将会看到, 某些交易/净额结算集可以具有高度非对称的未来价值.

我们仍假设交易对手的 CDS 曲线是水平的, 恒为 500 个基点, 回收率为 40%, 无风险利率为 5%. 假设机构的水平 CDS 曲线恒为 250 个基点(也就是说, 市场认为机构的风险只有其交易对手的一半).

表 13.1 显示了上述三项 CVA 的计算结果. 由于对机构违约在先所做的调整, CVA 比单边 CVA 小, 但减小的幅度有限. 对此我们可以这样理解: 机构 5 年内违约的概率大致为 19%[①], 假设机构违约在先的概率为 50%, 那么 5 年内机构先于交易对手违约的概率为 9.5%. 从单边 CVA 中减掉 9.5%, 我们得到 233 400 英镑, 这个值跟实际 CVA 的值 237 077 英镑比较接近.

表 13.1 四个互换组成的信用资产组合的单边 CVA 和 BCVA. 假设违约是独立的, 没有错向风险

	CVA/英镑
单边 CVA	257 905
CVA	237 077
DVA	−245 868
BCVA	−8 791

由于 DVA 比 CVA 大, BCVA 取值为 −8 791 英镑, 这代表了机构的收益. 初看上去这有点奇怪, 因为机构的风险比其交易对手小了一半. 但是, 由于风险敞口分布的不对称性(图 13.1), NEE 比 EE 大得多, 因此 NEE 在 BCVA 的计算公式中占据相对主导地位, 实现了总体负值. 分析这种现象的另一个途径是通过公式(13.2). EPE 和 ENE 分别为 1 371 285 英镑和 −2 806 231 英镑, 因此 CVA 近似为

$$\text{CVA}(年化) \approx 5\% \times 1\,371\,285 + 2.5\% \times (-2\,806\,231)$$
$$= 68\,564 - 70\,156 = -1\,592 \text{(单位:英镑)}.$$

这个例子说明了一个重要的问题, 即 BCVA 并不仅仅依赖于信用资质. 如果交易对手赞同我们的建模方式和模型参数取值, 那么交易对手所计算的 BCVA 应当为 +8 791 英镑. 尽

---

① 正如我们在 10.1.5 小节中所看到的, 此概率可以这样计算: $1-\exp(-hu) = 1-\exp(-4.167\% \times 5) = 18.8\%$, 其中 $h = (250/10.000)/(1-40\%) = 4.167\%$ 是风险率.

管机构的风险只有其交易对手的一半,它还是需要支付给交易对手 8 791 英镑,因为交易对手所面临的风险敞口差不多是机构的 2 倍.

13.1.4 抵押品的影响

现在我们计算有抵押条件下的 BCVA. 假设这是一个双向的 CSA,阈值为 0. 表 13.2 列出了计算结果. 这种情况下的风险敞口均衡得多,因为 CSA 的作用就在于为机构及其交易对手创造相似的残留风险敞口. 因此,在这种情况下,BCVA 大约是 CVA 的一半 (51 232 对 109 805),与机构的信用溢差为交易对手的 1/2 相呼应(250 个基点对 500 个基点).

表 13.2 四个互换组成的信用资产组合的单边 CVA 和 BCVA. 假设阈值为 0,双向 CSA,违约是独立的,没有错向风险

	CVA/英镑
单边 CVA	118 311
CVA	109 805
DVA	−58 574
BCVA	51 232

上述结果假设机构和其交易对手都有保证金风险期. 这不仅是机构能享受自身的违约事件所伴随的好处,还得益于能够在自身违约前 10 天[①]起停止缴纳抵押品. 最后请注意,通过签订双向信用支持附件,机构的损失为 60 023 英镑[②],它的交易对手获得等额收益.

13.1.5 DVA 的性质

读者也许对机构为自身的违约赋以价值的做法感到担忧. 事实上,DVA 看上去的确似是而非:

- 一个有风险的衍生品的价格可能高于对应的无风险产品. BCVA 可以为负值,而一个负的 BCVA 意味着有风险的衍生品的价格可能高于对应的无风险产品.
- 交易对手的定价是一个零和博弈. 如果市场上所有交易对手都认同 BCVA 的计算方法和相关参数,那么交易对手风险的总价值就是 0. 这从公式(13.1)的对称性可得到.
- 有利的风险缓解可能增加 BCVA. 净额结算对 CVA 的影响也许并不总是有利的,特

[①] 或者其他保证金风险期长度.
[②] 这是表 13.2 与表 13.1 中的 BCVA 之差.

别是当公式(13.1)的第二项占主导地位时. 如果无净额结算, 机构会遴选交易合约, 只结算那些赚钱的交易, 而那些亏钱的则被当作负债, 留待破产时发挥作用. 这在双向抵押协议中也会发生, 如表 13.1 和表 13.2 所示.

但是, BCVA 一个最有利的特点在于能使交易双方在定价问题上达成一致. 事实上, 目前市场上交易对手风险的清算价格包含 DVA. 从理论上讲, 如果使用单边 CVA, 那么交易双方永远无法对交易条款达成共识, 因为它们都向对方索取承担交易对手风险的费用. 而若用 BCVA, 此时就显得颇有吸引力, 这很大程度上是因为其对称性. 对称, 所以公平. 但是, 这并不是要说 BCVA 就是我们应当采用的正确方法. 为了充分理解 BCVA 的长处与不足, 我们需要追溯它的历史, 以及讨论一个机构如何才能将 DVA 套现.

§13.2 有关 DVA 的争论——负债计量的会计准则

DVA 是在负债计量中反映交易对手风险这一宏观课题的组成部分. 其中的问题在于: 一个机构在计量其债务时应该考虑自身违约的可能性吗? 在过去的几年中, 这个问题对于银行至关重要, 因为银行自身的信用风险呈现出前所未有的波动性.

会计准则的发展使得在债务的定价中包含自身信用风险成为可能. 以美国的情况为例, FASB[①] 在 2006 年发布了有关公允价值的 SFAS 157 文件, 2007 年生效. 这份文件允许机构在衡量债务时将自身的信用资质考虑在内, 说明与负债关系最为密切的量化指标理应反映债务实体的信用状况. 在欧盟, 国际会计准则委员会(IASB)于 2005 年通过的 IAS 39 修正案也指出, 一项负债的公允价值应当包含相关的信用风险. 在随后的 IFRS 13 文件中, 这一规定得到了强化, 同时在 2013 年伊始, 统一了国际和美国的处理原则.

会计准则为何认定机构自身的信用风险的重要性? 简而言之, 问题的答案是机构所发行债券的公平价格取决于其他市场参与者的支付意愿(这其中当然涉及机构自身的信用风险). 另一个原因在于, 如果不计入信用风险, 就会造成会计错配. 下面对此做出解释.

在表 13.3 中, 我们考虑两个简单的会计方法: 方法一以面值计算机构的负债, 这是一个定值; 方法二则采用当前市值. 典型的情况是, 机构的资产和负债都受到市场变化的影响(例如, 机构持有债券, 同时发行自己的债券). 假设利率的变化导致资产的价值减少 5%(从 1000 到 950). 在方法一中, 这将导致公司权益产生 50 的损失. 方法二显得更好, 因为公司的负债也降低了(800-760=40)[②], 这平衡了一部分权益损失, 净损失仅为 10.

---

① 美国财务会计标准委员会.
② 此处我们假设损失额度相同, 为 5%.

表 13.3　在财务报表中包含自身信用的影响

	方法一		方法二	
	之前	之后	之前	之后
资产	1000	950	1000	950
负债	800	800	800	760
权益	200	150	200	190

如果资产价值的改变是由信用溢差的变化引起的，那么方法二就会因包含了自身的信用状况而造成负债的增加. 出于与上面相似的原因，这或许是有利的. 但是，资产价值的损失是因为其他发行者（机构持有的债务人）明显更有可能违约. 在方法二中，这部分损失被收益抵消，而收益竟来自机构自身更有可能违约的事实. 与利率变化的情况比起来，这显得没有说服力. 但把利率和信用溢差的影响分离又谈何容易（比如，机构的收益率减少了 1%，我们很难说清其中多少受利率的影响，多少受信用的影响）. 因此，总体上看，方法二（使用 DVA 为负债定价）还是最合理也是最方便的.

考虑自身的信用状况将不可避免地产生一个违反常理的效应，即当机构自身的信用溢差增大时，假设其他变量（包括其他市场参与者的信用溢差）不变（表 13.4）. 在表 13.4 中，机构报告的利润为 40，这是因为权益价值增加，而这其实是机构自身信用状况下降（这通过机构的信用溢差反映）的结果.

表 13.4　当机构的信用溢差增大时，在财务报表中包含自身信用的影响

	包含自身信用	
	之前	之后
资产	1000	1000
负债	800	760
权益	200	240

一个机构的账面利润来自自身信用状况的降低，这无论是通过债务还是衍生合约中的双边交易对手风险调整，都是一个颇具争议的话题. 对这一问题的广泛讨论始于 2008 年，那时银行信用溢差的增加为银行创造了巨额会计利润，但当时的一些观察家对此保持谨慎态度，甚至不屑一顾. 2009 年，这种情况变得更加难以理解，银行自身的信用风险竟然开始对其财务状况产生不利影响[①].

---

① 例如这篇文章：Banks' own credit risk hampers financial results，2009 年 8 月 5 日，www.risknews.net

在 2011 年欧元危机和市场动荡的大环境下，银行又因自身信用溢差增大而获得同样的巨额会计收益. 相关评论文章指出："英国银行的利润可能因古怪的会计法则允许把债务价值的减少计为利润的增加而被夸大."① 这些文章同时把 DVA 描述成"有违常理的会计手段，通过自身信用状况的恶化增加账面收益"②. 这种效应最淋漓尽致的体现要数 UBS，"一笔高达 18 亿瑞士法郎的利润几乎将此前流氓交易员造成的 19 亿瑞士法郎的损失抵消了"③. 关于 DVA，有太多的批评，而这些批评集中于银行的困难时期. 其他一些人④则为 DVA 辩解，比如他们说："这些是衍生交易盯市计价的一部分，其收益和损失应与衍生品头寸一样，是可以实现的."

针对 DVA 的大多数批评都基于一个事实，即 DVA 不易实现⑤，正如个人不能通过自己的保险合约实现收益. 尽管机构每天都进行资产买卖，它却并不总能在没有允许的情况下转移负债. 我们可以据此主张，会计准则不应将负债与资产等同处理. 其他的批评指出，DVA 所产生的收益是被扭曲的，因为忽略了其他因素. 例如，Kenyon(2010)提出，如果使用 DVA，那么信誉价值(value of goodwill)(该价值当机构违约发生时为 0)也应依赖于机构的信用状况. 当一个机构的信用溢差增大时，信誉价值的损失会抵消 DVA 产生的收益. 另外，融资成本(见第 14 章)是另外一个因素，它的定价尽管和 DVA 相似，却并不进行每日盯市调整.

为了让读者进一步了解 DVA 的相对价值，我们考查如何进行 DVA 套现.

§13.3 如何进行 DVA 套现？

现在我们从会计准则回到交易对手风险. 针对 DVA 的争论焦点集中于机构在多大程度上能以合理的经济手段对 DVA 实施套现. Gregory(2009a)对此有一些讨论，我们下面将进一步扩展. 请注意，在有信用支持附件的条件下，DVA 的套现必须在保证金风险期内进行，即在机构正式违约发生之前，而在那几天套现尤其困难.

13.3.1 申请破产

机构显然可以通过申请破产的方式对 BCVA 套现，但这就好比个人试图对自己的生命保险进行套现，是不现实的. 事实上，这是一个循环论证. 考虑一个在 DVA 上有巨额账

---

① Banks' profits boosted by DVA rule, Daily Telegraph, 2011 年 10 月 31 日.
② Papering over the great Wall St Massacre, efinancialnews, 2011 年 10 月 26 日.
③ Cutting edge introduction: the DVA debate, Laurie Carver, Risk, 2011 年 11 月 2 日.
④ 包括一名不愿透露姓名的美国银行的雇员，文章来源同上一脚注.
⑤ 例如参见"It's not the kind of stuff you'd point to in earnings and say, 'now that's sustainable income'. You would want to exclude it from earnings in evaluating how well a company performed"(Jack Ciesielski, www.accountingobserver.com).

面收益的公司,这种收益能使公司免于破产. 但一旦公司申请破产,就不可能继续保持原有的财务水平.

13.3.2 冲抵和变更

我们回到个人试图对其自身生命保险进行套现的例子. 假设这个人站在一栋高层建筑的顶层给他的保险公司打电话,要挟以半价了结他的保险合同. 如果保险公司相信该投保人真会跳楼,它确实会同其达成协议①.

上面的例子其实并不荒唐,因为它和冲抵(unwind)在本质上是相同的. 在场外市场,冲抵是提前结束交易的常用方式,机构可借此套现 DVA. 假设一个机构和其交易对手的一笔交易的 CVA 和 DVA 同为 100,再假设机构的信用资质突然降低,导致这笔交易的 DVA 变为 300,而 CVA 不变,此时它要求提前终止交易,并要求交易对手支付价值 200 的 DVA 收益. 交易对手也有理由同意,因为根据对称性,它有价值为 300 的 CVA 和价值为 100 的 DVA. 因此,冲抵给机构带来了 200 的收益. 变更具有相似的效果. 假设机构和其交易对手有一笔交易,交易对手有 300 的 CVA 和 100 的 DVA. 如果另一家信用资质好的机构有 100 的 CVA 和 100 的 DVA,该机构可能愿意支付 200,以接手这笔交易.

有证据表明,场外市场中的机构有能力通过冲抵和变更的方式套现 DVA. 但是,这里有一个问题使得这种套现并不完美. 机构的交易对手,由于知道机构能够获取 DVA 收益,因而希望借此为自己谋利. 比如,机构的交易对手可能不会全额支付价值 200 的 DVA,而是和机构商议一个较低的价格,如 100(收益对半分). 在这种情况下,机构只能对 DVA 进行部分套现.

在实际操作中,通过冲抵实现 DVA 的套现额度更为复杂,它依赖于双方的信用资质. 举例来说,专业保险公司在和银行进行的冲抵中常常能套取巨额 DVA 收益. 这些操作能够解释银行的巨额 CVA 损失和专业保险公司的巨额 DVA 收益. 2008 年,专业保险公司 XL Capital 从与银行的冲抵操作中获得了约十亿美元的收益②. 随后 MBIA 从与摩根士丹利的冲抵操作套取数十亿美元③.

在冲抵的诸多成功案例背后,也存在着风险. 2009 年,Syncora Guarantee Inc(XL Capital 的前身)发生了信用事件. 因为料想该公司的破产已成定局,银行急于对交易进行冲抵. 在上面提到的 MBIA 的例子中,该公司的 CDS 在 Morgan Stanley 进行结算的时候达到了 25 个百分点,标志着相当高的违约风险. 在专业保险公司违约这个问题上,关键是

---

① 请注意这里明显存在的问题. 例如,某些保险合同遇自杀事件自动作废. 另外,如果保险公司真的向一个企图自杀的投保人支付 500 万美元,投保人也许不想死了.

② 由于会计准则不同,专业保险公司并未将此记为 DVA 收益.

③ MBIA and Morgan Stanley settle bond fight, 华尔街日报, 2011 年 12 月 14 日. 虽然 MBIA 支付给摩根士丹利 11 亿美元,其实际债务(由摩根士丹利的风险敞口定义)高达数十亿美元. 差值可以视为 MBIA 的 DVA 收益.

时机.

现在我们再次回到生命保险的例子. 离世前的结算(viatical settlement)意味着保险合同在到期之前结算, 一般发生在不治之症患者向第三方以低于到期收益价出售人寿保险单以便活着时享用. 在这种情况下, 保单的冲抵给投保人提供了提前套现的手段, 用于疾病治疗, 而保险公司也获得一定利益, 它们支付的保费低于保单的当前价值.

离世前的结算与专业保险公司的冲抵的共同点在于其自身的健康状况迫使其提前提取合约价值. 但是, 一个健康的个人或公司是不能通过这种手段简单套现的. 对于冲抵套现 DVA 来说, 专业保险公司的例子并不典型, 因为这只在财务状况严重恶化、经营难以为继的时候才能够实现.

总结一下, 冲抵固然可以套现 DVA, 但这一过程的顺利实现通常伴随着机构糟糕的财务状况. 因此这种方法并非十分奏效. 如果机构的财务状况良好, 冲抵或变更的协商就不会一帆风顺, 结果也许只能对 DVA 进行部分套现. 这与实际中 CVA 交易部只将 DVA 收益的一部分计入交易定价相吻合(见 18.3.5 小节).

13.3.3 合同终止

DVA 套现的另一种方式是在违约事件发生时终止交易. 如 8.1.3 小节中提到的, 机构在合约收尾时, 可以将各种不同的因素计入终止金额(closeout amount). 例如, 根据 ISDA (2009)草案, 终止金额的确定可以考虑确定方(通常是未违约的一方)的信用资质. 换句话说, 机构在确定终止金额时, 可以使用自身的 DVA.

下面我们举例说明. 假定一个机构某一时刻在某笔交易中欠其交易对手 1000 美元, 而其交易对手随即违约. 再假定机构在此项交易中有 100 美元的 DVA 收益. 机构可以据此宣称自己只需要还给交易对手 900 美元, 即对 DVA 套现. 如果反过来, 交易对手欠机构 1000 美元, 机构可以索要 1100 美元, 此时机构实际获得的等于回收率乘以 DVA. 在雷曼兄弟破产的案例中, 这种做法很普遍, 尽管法院并不总是支持大额 DVA 索求.

假设冰岛的一家银行在 2007 年和雷曼兄弟做了一笔交易. 当雷曼兄弟破产时, 该银行的重置成本巨大, 因为其自身的信用溢差很高. 冰岛的这家银行应不应该将重置成本(主要由其自身的巨额 DVA 构成)合法地算到雷曼兄弟的头上呢? 如果答案是否定的, DVA 的套现就显得不那么容易, 至少也隐含复杂的法律风险.

13.3.4 对冲

对冲作为套现 DVA 的关键方法, 是我们意料之中的. 机构为了对冲 CVA, 需要做空交易对手的信用状况. 这可以通过做空交易对手发行的债券或买入针对交易对手的 CDS 来实现. 在实际操作中, 两种方法可能都不现实, 但它们仍不失为一种实现对冲的理论方式. 对冲交易允许我们对 CVA 进行套现, 这是通过支付所做空债券的收益率或 CDS 的费率来实现的. 但是, 机构为了对冲 DVA, 需要做多自身的信用状况. 这可以通过回购发行的债券(或通过回购股份等间接操作)来实现, 但机构不能卖空针对其自身的 CDS[①].

首先, 我们考虑机构采用回购债券的方式对冲 DVA. 金融机构通常在实现优良的业绩后才会回购已发行的债券或股份. 而当一个机构的 DVA 增加时, 该机构往往正处于财务困难期, 因为其信用溢差必然增大. 另外, 债务回购作为融资管理工具, 并不能同时用作套现 DVA 的手段.

对于另一个对冲方法来说, 机构虽然不能出售以自己为标的 CDS, 但是可以出售与自己相似的公司的 CDS. 在过去几年中, 大多数银行采用这种方法较为成功地对冲了 DVA. 但这种对冲显然并不完全, 因为没有两家公司的信用溢差呈现完全相关. 举例来说, 一些交易商试图通过卖出以雷曼兄弟为标的债务违约保险来对冲自己的 DVA 风险. 如果这种对冲是有利的, 那么它所隐含的公司违约的强相关性就会导致问题. 实际中, 考查这个问题最好的例子就是交易商互卖信用违约保险. 对于交易商来说, 这也许是有利的, 但它的交易对手未必这样认. 买入一个交易商卖出的以另一个交易商为标的的 CDS, 从交易对手风险的观点看, 是一项无意义的交易. 事实上, 这种交易具有极大的错向风险, 即使在有抵押担保的条件下, 也未必能够完全规避. 对于这个问题, 我们在 15.5.1 小节中还会继续讨论.

最后, 尽管可能存在显著的基差风险(basis risk), 指数对冲也许可以作为对冲自身信用风险的有效手段. 一个常用的指数是 Markit iTraxx 高级金融指数. 用指数对冲 DVA 的效果可能不甚明显, 因为机构一般还会对冲交易对手风险导致的 CVA 的变化, 两种对冲的综合效果就是对冲交易双方的信用溢差(见 16.4.3 小节). 当然, 若指数的成分之间具有较高相关性, 那么就可能产生错向风险. 而若相关性较低, 对冲又失去了意义. 所以, 从本质上说, DVA 对冲只能对冲掉机构信用风险中的系统性部分, 非系统性部分是不可对冲的. 另外, 当机构自身的信用溢差很大时, 非系统性风险可能很显著(例如表 10.4 所示). 所以, 对于一个处在违约边缘的机构, 套现 DVA 将更加困难. DVA 对冲同时也会产生系统性风险, 特别是当所有银行都这样做的时候.

13.3.5 融资

通常, 关于套现 DVA 的论断是将其看成一种融资收益, 这基于如下逻辑: EPE 代表一种长期应收款项, 而 ENE 则代表一种长期应付款项, 从当前的角度看, ENE 是一项融资收益. 这种观点支持 BCVA 的实施, 对此我们在下一章中将进行更加深入地讨论. 现在我们仅指出, 上述观点会导致重复计算, 除非融资收益能够做相关的调整(但这又有悖于

---

① 这种方式要么非法, 要么具有极端错向风险(见 15.5.1 小节), 而后者意味着没有交易对手愿意进行这种交易, 除非价格非常低.

这样做的初衷).

§13.4 DVA 的其他相关问题

13.4.1 违约相关性的影响

接下来，我们考查机构和其交易对手违约相关性的影响. 建立违约相关性的常用模型是 Li(2000) 提出的高斯 Copula 方法，这在上一章中有所介绍. Gregory(2009a) 展示了这种方法在当前情形下的简单应用. 在图 13.2 中，我们显示了违约相关性对 BCVA 的影响.

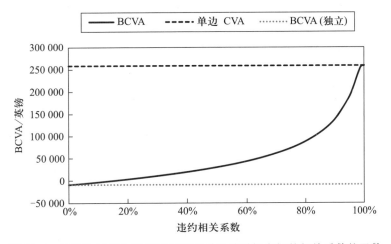

图 13.2　BCVA 可作为机构和交易对手违约时间之间的相关系数的函数

从图 13.2 我们可以看出，违约相关性对 BCVA 有显著影响. 当相关系数较小时（大约 14%），BCVA 为负值，代表 DVA 的收益超过了 CVA 的成本. 随着相关系数的增大，BCVA 逐渐增加，直至相关系数为 100% 时，BCVA 等于单边 CVA. 这基于高斯 Copula 方法的一个性质：当相关系数为 100% 时，违约时间是同单调(co-monotonic)的，违约风险较高的一方必然率先违约. 此时，DVA 的收益完全消失.

上述方法并不是在违约事件中引入相关性的唯一手段. 但是，我们这里强调的是违约相关性对 BCVA 的显著影响. 即便如此，上面的例子也算得上有些误导，正如我们下面将看到的.

13.4.2　DVA 与合约结算

我们在定义风险敞口的时候曾注意到，虽然有必要明确交易的最终价值，但却缺少一个获取该值的好办法．风险中性估值从理论上讲最简单，但将造成衍生品价值在不同终止时点上的跳跃．下文将会对此做出解释．CVA 和 DVA 等元素的引入可以对估值进行平滑化，但同时又产生了一个递归问题．

在 8.1.2 小节定义风险敞口并推导 CVA 和 DVA 的过程中，一个标准的假设是：当合约在违约发生的情况下终止时，合约的结算价值基于风险中性估值．这个方法很直接，但正如我们在 13.3.3 小节中所论述的，实际情况更加复杂而微妙．对合约结算价值的一个更自然的衡量标准是重置成本，即寻找另一个交易对手，以继续完成原有交易．相关规章（例如 ISDA）允许以重置成本作为结算价值，前提是有足够多的做市商提供合理的报价[①]．DVA 显然包括在这种方法中．

下面我们来分析 CVA 和 DVA 对于终止金额的影响．这种影响很不直观，因为它导致了一个递归问题：为了计算 CVA 和 DVA，我们需要定义终止金额，因而需要定义 EE 和 NEE，但是 EE 和 NEE 反过来又应当考虑未来的 CVA 和 DVA．

在 8.1.2 小节中，我们把风险敞口定义为 max(合约价值,0)，把负风险敞口定义为 min(合约价值,0)．这种定义隐含合约的无风险结算．现在我们考虑交易对手违约的情形．假设此时合约的无风险价值为 −900，由于交易对手违约，CVA 消失了，但 DVA 还在．假设 DVA 为 100，从而包含 CVA 和 DVA 的合约价值为 −800．如果合约采用无风险价值进行结算，则机构应向交易对手支付 900，从而立即导致 100 的损失．如果结算价值包括 DVA，那么机构只需支付 800，其损益也不会出现跳跃（否则就会出现跳跃，详见 Brigo and Morini，2010）．

如果交易对手违约时合约价值为 1000，其中无风险价值为 900，DVA 为 100[②]，那么按照无风险价值结算，机构只能得到 900，损失了 100．置换结算让机构有权索取 1000．由此我们看到，相关规章将 DVA 引入终止金额的做法很有意义，如图 13.3 所示．请注意，机构只能获得一部分 DVA．

反过来说，机构也应当考虑自己违约的情况．在这种情况下，交易对手可以根据同样的逻辑，提高自己的合约结算价值．表 13.5 总结了四种可能的情况．

为了实现包含重置成本的合约结算，机构应量化交易对手违约带来的额外收益．这由两部分组成：一是未来价值为正时，机构支付给交易对手 $R_C \times \max(\text{value}-\text{DVA},0)$ 而非 $R_C \times \max(\text{value},0)$；二是未来价值为负时，机构支付给交易对手 $R_C \times \min(\text{value}-\text{DVA},0)$ 而非 $R_C \times \min(\text{value},0)$．出于同样原因，当机构自己违约时，将因 CVA 的引入而承当额外的损失．上述过程必须递归进行，更多技术细节请参见 Gregory and German(2012)．

[①] 1992 ISDA 中的市场报价．同时包括在 2002 ISDA 更广泛的期权合约结算的定义中．

[②] 读者可能认为这种情况下不应该有 DVA，但 DVA 确实可能存在．例如，风险敞口可能现在是正的，但未来很可能变为负的．

§13.4 DVA 的其他相关问题   263

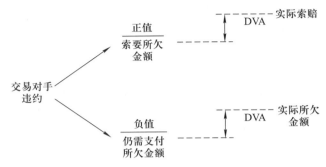

图 13.3　在交易对手违约时，DVA 对终止金额的影响

表 13.5　无风险结算和置换结算形式下，终止金额的比较（在后一种形式下，终止金额将包含 DVA）。当交易对手违约时，机构可以利用自身的 DVA 来增加交易的估值（根据习惯，DVA 是负值，所以减去 DVA 相当于增加交易价值）。当机构自己违约时，交易对手可以利用自身的 DVA 来减少交易的估值（从机构的角度看，交易对手的 DVA 就是机构的 CVA）

		交易对手违约	机构违约
无风险结算	风险敞口为正值	$R_C \times \max(\text{value}, 0)$	$\max(\text{value}, 0)$
	风险敞口为负值	$\min(\text{value}, 0)$	$R_I \times \min(\text{value}, 0)$
置换结算	风险敞口为正值	$R_C \times \max(\text{value} - \text{DVA}, 0)$	$\max(\text{value} - \text{CVA}, 0)$
	风险敞口为负值	$\min(\text{value} - \text{DVA}, 0)$	$R_I \times \min(\text{value} - \text{CVA}, 0)$

图 13.4 显示了置换结算情形下 BCVA 的计算结果，我们可以把它和标准的风险中性

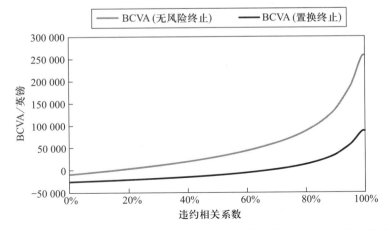

图 13.4　标准无风险终止条件和置换终止条件下计算出的 BCVA，它是违约相关系数的函数

估值所得到的结果进行比较.我们采用之前图 13.2 中的例子.这次我们看到,违约相关性对 BCVA 的影响显著减小.这是因为即使交易对手违约在先,机构也可以通过自身的 DVA 来提高交易的结算价值,反之亦然.例如,考查高违约相关性下两者的巨大差异.在这种情况下,风险高的一方首先违约的可能性很高,而此时机构的 DVA 也应当较大,因为较高的违约相关性意味着机构此时的信用溢差较宽.在无风险结算形式下,DVA 部分不参与计算,所以 BCVA 为正值,且绝对值较大.在置换结算的形式下,即使交易对手率先违约,机构亦可以实现其 DVA 收益.

§13.5 小　　结

在本章中,我们讨论了 DVA,这是交易对手风险领域中一个有争议的话题,因其源于机构衡量自身违约所能带来收益的能力.我们给出了 DVA 的理论背景,并展示了如何用与 CVA 类似的方式计算 DVA.我们考查了在资产负债表中包含 DVA 的利弊.更重要的是,我们介绍了机构对 DVA 进行套现的具体方法,尽管这些方法远非完美.最后,我们讨论了 DVA 的使用所带来的一些复杂性,例如对机构和交易对手违约相关性的敏感度.我们解释了在置换结算的形式下,正确计算 CVA 和 DVA 的复杂之处,同时也给出了利用双边公式(公式(13.1),但不包含机构和交易对手的生存概率)对其进行合理估计的方法.

在今后的一段时间内,关于 DVA 的争论很可能会继续.那些反对 DVA 的人认为,从增加的违约可能性中获得账面收益是不正常的(这就好像买份寿险并不能使你富有),而且可能导致不愉快的结果(比如机构的利润在信用状况下滑的条件下增加).DVA 的支持者认为,DVA 是对交易对手风险定价所产生的自然结果,是 CVA 的补充,而且可以套现,尽管这具有不确定性.理论结果和实证经验都不太可能完全消除争论双方的分歧.第 16 章将深入讨论 DVA 对冲.

关键的问题是:会计实务和其他监管条例将会在多大程度上继续支持 DVA 的使用.尽管没有迹象显示会计准则将出现调整,资本金要求却倾向于忽略 DVA[①],这是一个重要的进展.第 17 章将就此展开讨论.

我们将在下一章中考查融资,这是一个与交易对手风险既不同又有联系的课题.我们将会研究 DVA 和融资收益之间的关系.我们还会考查融资对衍生品交易的影响,以及融资、DVA 和抵押品之间微妙的相互作用.而这又引出与 CVA、DVA、融资成本和资本金要求有关的最优交易问题.

---

① 例如 Application of own credit risk adjustments to derivatives,Basel 银行监管委员会,http://www.bis.org/press/p111221.htm

第 14 章 融资与定价

应该从一个人的所予而非所获判断一个人的价值.

Albert Einstein(1879—1955)

§14.1 背景知识

金融衍生品工具的定价一向比较复杂. 然而, 估值的某些方面却被认为是微不足道的, 其中之一就是使用 LIBOR 利率对未来现金流进行贴现. 如果这些现金流并不是无风险的, 那么 CVA(或类似的量)应予考虑. 到目前为止, CVA 的计算是本书的主题.

然而, 对无风险现金流的 LIBOR 贴现, 已经是多年来的标准做法. 它的有效性需要两个进一步的假设: 第一个是 LIBOR 为无风险利率(或者至少是一个很好的代表); 第二个是不存在实际融资成本的顾虑, 即一个机构可以很容易地在 LIBOR 利率水平上放贷和融资. 在过去的几年中, 这两个主要假设已被证明是完全错误的. 和这些问题相关的假设是大型金融机构的信用资质基本相同. 这和实际情况相去甚远, 与交易对手 A 或 B 的真实交易可能在诸多方面都大相径庭.

在全球金融危机之前, 标准利率产品的定价是被广泛理解的, 而最受瞩目的是如何估值奇异产品, 其中信用风险和流动性风险都被忽视, 因为它们的效果都被认为是可以忽略不计的. 旧的定价金融工具的框架正因为其在这场危机所凸显的缺点而经历一场革命, 并将正确且完全地将信用风险、抵押担保和融资整合到新的估值框架中. 一般来说, 有两个问题需要解决:

- 什么是进行"无风险"估价的正确方法?
- 应该怎样在定价中体现一个机构的融资成本?

这两点具体来说都不是交易对手风险和 CVA 问题. 然而, CVA 的量化却和估值及融资问题有着千丝万缕的联系, 特别是和最后一章中讨论的 DVA 有关.

现在, 通常情况下的交易贴现率是所谓的隔夜指数互换(OIS)利率. 由于很多原因, 这极大地复杂化了计算. 过去往往使用同样的利率(LIBOR)来投射和贴现未来的现金流, 以定价利率互换(IRS). 现在有必要考虑包含了信用风险的投射利率(LIBOR)和无风险的贴现利率(OIS)之间的差别。这通常称为"双重曲线定价"①或"OIS 贴现"。单一货币的利率互换定价和风险管理现在已成为涉及多重曲线和基准风险的复杂问题。

需要重点注意的是，即使没有全球金融危机，OIS 贴现也是更为合理的估值方法。然而，在危机爆发前，这和传统的 LIBOR 贴现的差异不是很大。图 14.1 给出了美元隔夜拆借利率与 LIBOR 利率之间的明确细分。例如，美元 OIS(联邦基金)与 3 个月期 LIBOR 在危机爆发前只差几个基点，但在雷曼兄弟违约之后，溢差(2008 年 9 月)飙升至几百个基点，并至今一直保持这种显著的差异。

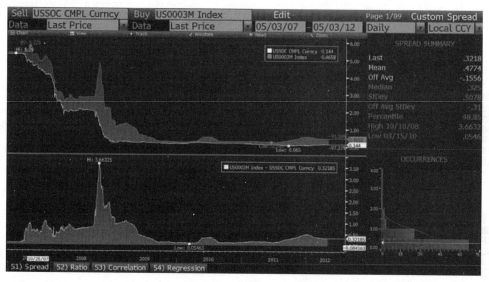

图 14.1 美元 OIS(联邦基金)和 3 个月期 LIBOR 之间的历史关系。上图表示各自大小，而下图示出两者之间的差。资料来源：彭博资讯(www.bloomberg.com)，经授权转载

OIS 贴现是从诸如具有类似于 CSA(见第 5 章)抵押的衍生品中演化而来的。这不是简单地通过决定正确的"无风险"利率(OIS)和在估值方法中使用有关的补充曲线就可以轻松解决的，还要考虑货币和机构需要支付和接收的抵押品类型。从历史上看，抵押协议是相当灵活的，允许提供不同的货币现金、高品质债务(如企业债券或主权债券)，有时也可以是其他资产，如股票或黄金。同时，交易对手在支付抵押品时拥有类似的选项。这通常称为"最廉价抵押支付"。不幸的是，这将对估值产生影响。

除了定义适当的"无风险"的估值方法，也需要在交易定价和评估其与 DVA 的关系时考虑适当的融资成本，这将在最后一章中提到。由于抵押协议通常是不完美的，所以这个

---

① 双重曲线定价只和单利率交易相关，不同货币或跨币种的产品通常需要许多条曲线以包含不同期限的溢差及跨币种溢差。从理论上说，抵押所造成的期权性风险甚至将为定价问题引入更多曲线。

问题通常存在于无抵押交易之中,但它也存在于抵押交易之中. 这是过去从未考虑过的部分,因为无抵押融资对于银行等大机构而言是非常常见的,并且或多或少可以通过无风险利率来实现. 例如,在 2007 年之前,参照银行,特别是大型券商的债券溢差或 CDS 溢价只有少数几个基点,但从那以后就已经升至数百个基点. 现在的交易,尤其是对于无抵押的情况,应该将机构本身的融资成本作为估值的一个组成部分. 引入 FVA(融资价值调整,也称为流动性价值调整或 LVA)的概念就是为了做到这一点. FVA 在许多方面与 CVA 相似,许多计算部分可以共享.

本章旨在详细讲解 OIS 贴现方法和 FVA 的概念以及它们与 CVA 的关系. 我们注意到,这种模式的转变可能是永久性的,我们可能永远不会回到过去可以在实际计算中忽略这些部分的年代. 这和随机波动率的"发现"非常类似,由于 1987 年的股市崩溃,它的使用已持续至今. 然而,一些问题将通过市场实践的结构性变化而被根除或减轻,如稍后讨论的将各种抵押品转换为"标准 CSA".

§14.2 OIS 贴现

14.2.1 CSA 的影响

抵押协议涉及各方支付现金或证券以减轻交易对手风险,通常在一个 ISDA 信用支持附件(CSA)的条款中加以阐述. 典型的支付频率是每日支付抵押品,并且抵押品的持有人按 EONIA 或联邦基金利率(通常为隔夜)支付利息. 抵押品的使用随着衍生品市场的发展而稳步增长. 2010 年 ISDA 保证金调研报告显示,由场外交易衍生品产生的 70% 的风险敞口是有抵押的. 正如我们将在下文更加详细描述的一样,CSA 将一些(但不是全部,详见 §9.7)潜在的交易对手风险转换为融资流动性风险.

当交易对手签署 CSA 之后,抵押品的类型就很重要. 如表 14.1 所示,抵押品的类型必须具备一定的特点,以对冲交易双方的交易对手风险和融资费用. 首先,为了最大限度地缓解交易对手风险,最理想的情况应该是在抵押品和信用资质之间没有代表错向风险的反向相关性. 一个主权实体支付自己的债券,特别是如果这些是短期债券,就是一个很好的反例①. 需要注意的是,反向相关性也可能存在于现金抵押品中,一个例子就是欧洲国家或欧洲银行接收欧元. 第二个重要的考虑是,为了使抵押品可以提供收益来弥补融资成本,它必须是可用的(因为经济所有权仍属于抵押品支付方). 在现金抵押品的情况下,这很平常. 但对于非现金抵押品,必须允许再抵押,这样该抵押品就可以重复使用或通过回购抵押.

---

① 我们注意到以这种形式收取抵押品具有某些好处:首先,当主权国家的信用资质恶化时,可以要求其提供更多抵押;其次,即使是违约事件突然发生,也可提供债务的回收价值作为抵押,此后银行可以作为无抵押的债权人获得二次回收价值.

表 14.1 抵押品类型对于交易对手风险和融资的影响

		是否为现金抵押品或者可以再抵押	
		是	否
抵押品是否有反向相关性	是	融资收益	有限或无收益
	否	CVA 和融资收益	CVA 收益

14.2.2 OIS 和 LIBOR

传统上,有两种无风险利率测度. LIBOR 利率表示银行之间的无风险借款利率,并且银行由于违约概率极小而被普遍认为是基本上没有信用风险[①]的. AAA 评级的国债收益率代表了另一种选择,它同样由于主权发行人极高的信用评级而被认为是不存在信用风险的. LIBOR 利率由于流动性较高、技术因素问题较少(如回购特殊性和税务问题)和与融资成本之间的密切联系,而被普遍认为优于主权债券. 因此,2008 年之前的市场标准贴现(或融资)曲线是 3 或 6 个月 LIBOR 利率曲线[②].

LIBOR 利率是银行从其他银行借款的利息(每日确定),通常期限为 3 个月,而不需要抵押品. LIBOR 为机构以相对低的利率在无抵押的基础上快速筹集资本提供了手段. 然而,就贷款银行将现金借给借款银行而言,LIBOR 是有风险的,全球金融危机就很清楚地说明了这种信用风险. 观察这种风险的一种方式是通过基准互换溢差,这代表着交换同样货币的成本. 例如,2008 年 10 月雷曼兄弟破产后,3 个月期 EURIBOR 与 6 个月期 EURIBOR 的基准互换溢差从不到 1 个基点上涨到 40 个基点. 这表示了与 3 个月期相比,6 个月期利率额外的无抵押信用风险. 当银行被认为是无风险的时候,这种差异并不存在,但当这个"神话"破灭时,基准互换溢差则爆炸性大幅提升.

无风险利率更好的代表将是 OIS,它代表一个隔夜利率. 在欧洲,相关的 OIS 利率是 EONIA,这是欧洲银行间市场隔夜无抵押借贷利率的加权平均. 在美国,相关的 OIS 利率是联邦基金利率. 例如,EONIA 交易的日交易期限意味着它只承载了最小量的信用风险. 此外,由于抵押品的目的是消除交易对手风险,显而易见抵押利率就很自然地成为贴现利率. OIS 可以在跨期限结构产品中,如 OIS-LIBOR 互换中观察到. 在全球金融危机的影响下,欧元区同业拆借利率 EURIBOR 和 EONIA OIS 互换之间的溢差第一次发生偏离. LIBOR 与 OIS 之间的差别或"溢差"是一个重要的风险和流动性测度. 较高的溢差通常是各大银行

[①] 例如,报纸上关于衍生品定价的典型报道:"LIBOR 不是无风险利率,但接近于无风险利率,因为参与报价的银行有着较强的信用评级."

[②] 取决于货币,具有最佳流动性的点也许是两个期限之一. 但是,不同期限 LIBOR 的区别很小.

放贷意愿下降的一个指标.

OIS 利率通常也会在 CSA 中设定. 因为是每日支付抵押品, 所以抵押品只被持有一天(尽管在实践中可以持有更长的时间, 这也是一个重要的考虑). 因此, 有两个原因使得 OIS 似乎是正确的估值利率. 它是包含最低信用风险的利率, 同时它也表示被抵押衍生品的标的利率.

虽然以上论述毫无悬念地导致了向 OIS 贴现的转变, 但是我们注意到这不是唯一的选择. OIS 只是一个隔夜贷款的标准利率, 所以通常用作隔夜现金抵押品的最方便和"公平"的回报率. 然而, 对于长期抵押的情况, OIS 则很难被认为是公平的. 例如, 用于抵消跨币种互换的很大的负风险敞口[1]而支付的抵押品可能持续数月甚至数年(如在 4.3.1 小节中所讨论的, 这也是此类产品所具有的重置特性之一). 抵押协议可以引用其他利率, 如 LIBOR. 这显然会使分析复杂化. 尽管存在这些问题, 最好的框架看起来应该在所有抵押协议中指定每日支付抵押品, 并以 OIS 作为抵押品的回报率, 且所有的估值都和 OIS 贴现挂钩. 即使如此, 还是存在允许抵押多种货币而导致引用多种 OIS 的问题. 但是, 限制问题中交易的抵押货币在处理多币种产品(如跨币种互换)、净额结算和风险结算中具有很多明显的问题.

14.2.3 CSA 期权

CSA 一般允许支付一系列资产, 包括(见第 5 章):
- 不同的货币现金;
- 政府或企业债券;
- 其他资产, 如 MBS(抵押贷款支持证券)、股票和大宗商品.

这将产生抵押品价值调整(CollVA). 显然, 这和标的抵押协议的自然属性有关. 不对称的条款(如对于单向 CSA)、阈值和评级触发都很重要[2]. 同样重要的是对接收的抵押品进行再抵押的限制.

毫不奇怪, 现金货币回报是和相应货币的 OIS(EONIA, SONIA, 联邦基金)捆绑在一起的. 这意味着, 选择哪一种货币抵押将对收到的回报有本质的影响. 一个机构应该选择支付具有最优收益率的抵押货币, 从而最大限度地发挥其"最优交付期权"(cheapest-to-deliver option).

货币之间的比较应该统一以基础货币结算(通常是主要的融资货币), 然后比较将其他货币按照相关的远期汇率换算回基础货币的收益率. 这需要考虑跨币种的基准溢差, 例如在 2008 年 10 月该溢差就非常大. 如果所有其他方面是相等的, 最高收益的抵押品表示最

---

[1] 在跨币种互换中支付较低利率导致了这种长期的融资成本.
[2] 即使在双向 CSA 中, 诸如阈值这些量也不尽相同.

佳的选择. 同时, 机构应该预计交易对手会采用相同的最优策略.

如果不是现金抵押品, 就会出现更多的复杂性. 其他抵押品类型会被加以折扣, 使得其市值超过等值的现金. 然而, 为了赚取这种非现金抵押品的利息, 必须在一个交易(如回购协议)中进行再抵押, 那么另外一重抵押折扣就必不可少了. 回购利率必须乘以系数 $\frac{1-H_{\text{repo}}}{1-H_{\text{CSA}}}$, 其中 H_{repo} 和 H_{CSA} 代表在回购市场和 CSA 中的相应折扣百分比. 此利率可以与上面讨论的现金利率①进行比较(尽管其他因素可能更重要, 如支付非现金抵押品的资产负债表的好处).

可能的优化程度取决于抵押协议中是否允许抵押替代. 如果抵押替代是被允许的, 那么支付的净额抵押品就由于机构可以在任何时间以最优策略替换而具有更大的价值(例如, 当一种货币的 OIS 相对于另一种变大时). 不允许替代(或需要征得同意②)的抵押协议具有更少的选择性, 但机构仍然可以在负风险敞口增加(或风险敞口减少)时支付具有最高收益率的抵押品.

评估支付抵押品的价值是非常困难的, 因为必须考虑交易周期中的所有相关因素. 因为除了要评估由实际支付或接收抵押品所带来的成本和收益之外, 它还取决于未来风险敞口和所需的抵押金额, 所以这是一个路径依赖的问题. 抵押品管理, 这个曾经是后台的职能, 已转移成为前台交易的一个主动程序. 银行及其他大型机构在管理抵押品方面已经实现了相当程度的优化. 然而, 定价和套现抵押品期权的未来价值以及"锁定"嵌入 CSA 中的 CollVA 价值是一个非常大的挑战. 此外, 很明显, CollVA 代表了一个零和游戏, 在很多情况下, CSA 的双边性限制任何显著的整体收益. 只要可行, CSA 很有可能被简化, 以最小化或者消除 CollVA.

14.2.4 CCP

通过 CSA 进行抵押品支付正在变得日益广泛和简单(如更多使用现金), 但是另一方面, 这将引发基于交易对手风险的更多融资需求. 2007 年发生的金融危机表明, 需要发明更好的控制交易对手风险的方法. 决策者认定广泛采用场外衍生品的中央清算可以实现这一目标. 例如, 多德-弗兰克华尔街改革法案(由美国国会于 2010 年通过)和新欧洲市场基础条例(EMIR)要求, 某些场外衍生品交易必须通过 CCP 进行中央清算.

CCP 创建了一个类似于对称 CSA 的抵押品要求, 但需要更多流动性好的抵押品和初始保证金. 因此, 初始保证金代表了上述讨论基础上的一个额外考虑. 很重要的一点是, CCP 有能力提高初始保证金的要求, 例如针对一段时期较高的市场波动性(见第 7 章).

---

① 理论上讲, 如果这代表了一个机会, 那么交易对手应当提供现金以回购抵押品. 但是, 并非所有交易对手都能够进入回购市场.

② 这是因为交易对手的最佳策略可能是不同意.

毫无悬念，CCP 已经将估值方法切换到了 OIS 贴现. 为了减轻替换和最优支付期权所带来的一系列问题，抵押品要求要比标准 CSA 简单得多. 一种方法（如伦敦清算所所使用的）是要求使用标的交易货币来支付抵押品. 这种方法是否适用于跨币种产品，目前尚无定论，部分原因是这样的方法会产生很明显的问题. 此外，货币混合问题也是跨产品的保证金结算无法被定义的一个原因. 即使这样，还有一些实际问题存在，如是否存在某种货币 OIS 的流动性参考.

同样重要的是，要注意即使是非中央清算交易，也可能有较大的融资需求. 例如，根据多德-弗兰克华尔街改革法案，即使对于非中央清算的场外衍生品，一个"互换交易商"必须收取与中央清算交易水平相当的初始和追加保证金.

14.2.5 方法

在给定以下假设的情况下，OIS 贴现被普遍认为是定价衍生品的正确方法（如见 Piterbarg，2010）：
- 交易具有零阈值、最低转账金额和舍入的对称（双向）CSA；
- 现金抵押品只以相关 OIS 利率进行支付；
- 抵押品连续结算①.

虽然这些假设在现实中有些程式化（尤其是抵押品连续结算假设），但是它们为银行间市场或者通过 CCP 发生的海量交易提供了合理的基础. 其他组分，例如 CVA、DVA、FVA 和 CollVA，可以根据需要加到该基础假设之上.

构造传统利率曲线通常遵循以下步骤：
- 选择一组流动性好的固定收益证券（现金存款、期货和互换）；
- 决定如何重叠、插值等；
- 通过"自助"（bootstrap）算法顺序求解市场价格来拟合一条曲线，或用更复杂的算法.

OIS 贴现复杂化了这一过程. LIBOR-OIS 互换一般都比 OIS 互换更具流动性，因此 OIS 曲线和基准曲线②必须以这些市场价格和标准的基于 LIBOR 的互换同时构造. 在这种校准方法中，贴现是假定基于 OIS 的，而现金流以相关利率（OIS 或 LIBOR）进行投射. 这种"双曲线"问题使得标准相对简单的"自助"方法不再适用. 关于这些问题的更多细节可参见 Morini and Prampolini(2010)，Kenyon (2010) and Mercurio (2010).

虽然 OIS 贴现是一种新兴的标准做法，但是它尚未在所有银行和其他金融机构中得到全面落实. 这意味着，由于 LIBOR-OIS 溢差，即使是完全抵押交易，也需要有一定的融资调整（如作为预留融资）.

---

① 这里似乎还假设风险敞口的变化是连续的，而且在违约事件发生时，交易可以立即终止.
② 这条曲线定义了 LIBOR 和 OIS 之间的基差.

§14.3 融资价值调整(FVA)

14.3.1 FVA 的必要性

尽管抵押品的使用在增加,但是相当部分的场外衍生品仍然处于无抵押状态. 出现这种情况,主要是由于所涉及的交易对手的属性,如企业和主权国家就没有流动性和操作能力来满足每天支付抵押品的要求. 在这种情况下,机构必须考虑问题中交易对手风险的全部影响和融资.

当机构和不愿支付抵押品的交易对手(非 CSA 交易对手)交易时,就需要先满足一定的融资要求.

这将涉及机构利用其抵押 CSA 交易进行抵消或对冲的需要(下面将详细说明). 对于单边风险,如贷款,这是决策机构贷款的一种成本. 而对于单向 CSA,这是抵押品支付机构的成本. 对于双向 CSA 的风险敞口(如互换),由于交易价值可以具有正、负两种可能,因此这既可以是成本,也可以是收益. 具有大 CVA(和 DVA)的交易可能有非常显著的融资份额. FVA,也称为 LVA,是用于量化这个概念的一个度量. FVA 包含了没有考虑(OIS)定价或其他诸如 DVA 部分的相关因素的融资收益或成本.

另外,对冲上述成本更加复杂,相关对冲比例也不是一比一,OIS 曲线可能是 LIBOR-30 个基点,而无抵押融资大约是 LIBOR$+200$ 个基点. 要正确确定无抵押交易和有抵押交易的相关对冲比例,需要完全量化融资部分. 要正确对冲二者的差,则需要 LIBOR-OIS 基准互换,而其潜在市场还相当缺乏流动性(尽管已经有所发展).

14.3.2 融资成本的来源

由于大多数银行的目标主要是运行平稳的(经对冲的)交易账户(如针对场外衍生品的账户),因此融资成本就源于对冲属性:如图 14.2 所示,非 CSA 交易可以通过一个 CSA 协议下(或交易所)的交易进行对冲. 这应该可以通过无抵押交易与完全抵押交易(OIS 融资因此有效)的比较来解释. 对冲交易实际上可能并不存在,是我们需要与它进行相关比较,因为它代表了融资成本为零的情况.

上述类比意味着融资成本将被无抵押交易的风险敞口驱动(因为这是由于抵押交易的负风险敞口而支付的抵押品金额). 在负风险敞口的情况下,这将有一个融资收益(因为机构将从 CSA 对冲产品接收抵押品,而不会在非 CSA 交易中要求支付抵押品). 一个更简单的考虑融资成本(收益)的方式就是在假定交易被终止时,该机构将接收(支付)风险敞口的现金价值,因此融资需求是为了维持原有交易. 另一种方式认为融资成本涉及交易中现金支付或接收(如通过前期支付溢价或者互换现金流的差异). 然而,关键的一点是,风险敞

§14.3 融资价值调整(FVA)

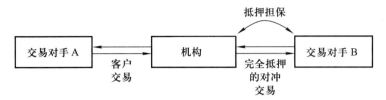

图 14.2 图示融资是如何变得很重要的. 一个银行和交易对手 A 的无抵押协议交易, 通常用一个抵押(CSA)交易对冲. 注意这个对冲只是作为参考, 并不一定是真的对冲

口是融资成本的驱动因素, 就如同它驱动 CVA 一样. 根据对称性, 负风险敞口驱动融资收益, 这一点和 DVA 类似(或者相同).

给定作为融资成本(收益)的(负)风险敞口的定义, 重要的问题是考虑这样的融资成本在诸如衍生品定价中的影响. 我们首先用一个简单的例子来说明这一点, 然后进行更多的量化处理. 图 14.3 给出了在假定向上倾斜的收益率曲线的情况下(这一点和 8.3.3 小节中讨论的风险敞口类似)支付者利率互换的现金流和相关融资考虑. 在互换的早期阶段, 支付的固定现金流期望(风险中性)大于接收的浮动现金流期望. 这将产生一个需要融资投入的正风险敞口. 前五个[①]支付日期的风险敞口累计增加, 然后由于浮动支付超过了固定支付

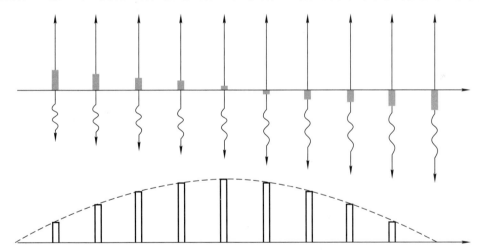

图 14.3 上图阐述支付者利率互换中由未来现金流差异产生的融资需求. 灰色的条形图表示净额投射融资成本(基于风险中性定价). 下图给出了现金流差异随时间变化的累计效果以及导致的融资性状

---

① 请注意, 在这种情况下, 融资需求的降低恰好发生在整个过程的一半处. 这只是出于说明的目的, 真实的过程依赖于收益率曲线的具体形态.

而开始减少. 这将产生整体的基于互换未来期望的融资成本. 相应的接收者互换将有完全相反的结果, 从而产生对称的融资收益.

上面的例子给出了一种非常简单的融资成本(或收益)的处理方式, 就是使用相关的融资利率进行贴现. 我们把这种方法称为"贴现曲线法". 由于 12.1.1 小节及在下面章节中所讨论的原因, 这种方法要比量化 CVA 和 DVA 简单得多. 贴现曲线法是一种简单的整合融资的方法, 也等同于用该机构的融资溢差(而不是 OIS)来贴现现金流, 以计算 FVA. 因此, 它潜在地允许在一个交易中计算定价融资项, 甚至没有必要借助于一个特定的 FVA 值.

贴现曲线法显然是一种简单的计算融资成本的方法, 但也有两个明显的缺点: 首先, 它隐含地假定融资成本和收益的对称性; 其次, 它没有办法处理诸如阈值和单向 CSA 的情况. 关于这些方面, 将在下文进行更详细地讨论.

14.3.3 DVA 公式

虽然是量化完全不同的东西, 但是 FVA 是与 CVA 和 DVA 相关联的, 而且也有一个非常类似的公式. 在某种意义上, FVA 将囊括所有可能的结果. CVA 给出了交易对手违约但机构不违约的情况, 如上一章的公式(13.2)所示, 这可以写成[①] $PD_C(1-PD_I)$. DVA 则给出了相反的情况, 即机构违约但其交易对手不违约的情况, 相应的概率[②]为 $PD_I(1-PD_C)$. 从 1 中减去这些概率值, 并且忽略同时违约的情况, 我们可以得到双方都不违约的概率 $(1-PD_I)(1-PD_C)$. 这是融资成本(或收益)需要考虑的情形. 因此, FVA 涵盖了 CVA/DVA 框架下最后一块缺失的部分, 如图 14.4 所示.

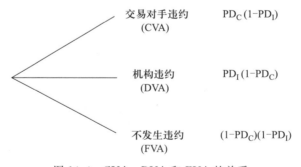

图 14.4 CVA, DVA 和 FVA 的关系

---

① 这假设机构和交易对手的违约是独立的. 这只是为了方便表示. 在上一章 13.4.2 小节中, 我们还注意到应当忽略生存概率, 以实现对"置换终止"的最好近似. 这并不影响此处的直观结论.

② 我们可以简单地假设一个非常短的时间区间, 于是这一项可以忽略.

FVA 的计算公式如下所示，与上一章(13.1)式给出的 BCVA 公式进行比较，右边的两项分别是融资成本和融资收益：

$$\mathrm{FVA} = \sum_{j=1}^{n} \mathrm{EE}(t_j)[1-\mathrm{PD}_\mathrm{C}(0,t_{j-1})][1-\mathrm{PD}_\mathrm{I}(0,t_{j-1})]\mathrm{FS}(t_{j-1},t_j)(t_{j-1}-t_j)$$
$$+ \sum_{j=1}^{n} \mathrm{NEE}(t_j)[1-\mathrm{PD}_\mathrm{C}(0,t_{j-1})][1-\mathrm{PD}_\mathrm{I}(0,t_{j-1})]\mathrm{FS}(t_{j-1},t_j)(t_{j-1}-t_j).$$
(14.1)

除了下面将要讨论的一个基准溢差外，融资收益和 DVA 是基本相同的. 更详细的数学推导见附录 14A. 我们把(14.1)式中的第一项称为融资成本调整(FCA)，并把第二项称为融资收益调整(FBA).

FVA 的计算公式和类似的 BCVA 的计算公式(公式(12.2))之间主要有两点不同：

● FVA 的计算公式中两项都引用机构本身的溢差，因为它们涉及借款和贷款利率. 在 BCVA 的计算公式中，第一项(CVA)引用的是交易对手的溢差，而第二项(DVA)引用的是机构本身的溢差.

● 问题中的溢差是融资溢差，这和通常用来计算 BCVA 的 CDS 溢差是不一样的，参见 10.2.4 小节中关于这种差异的更多讨论. 根据前面的讨论，OIS 是最相关的无风险利率，这个溢差反映了融资成本超出相关 OIS 的部分.

类似于公式(13.2)，假设是一条水平的融资溢差曲线，我们还可以有下面将 FVA 表示为溢差的简单估算：

$$\mathrm{FVA} \approx \text{funding spread}_\mathrm{B} \times \mathrm{EPE} + \text{funding spread}_\mathrm{L} \times \mathrm{ENE}. \quad (14.2)$$

如果融资溢差是对称的，即借、贷溢差相同，则等式只取决于未来价值期望(EFV)(见 8.2.1 小节). 这是因为 EE+MEE=EFV[①]. 这给出了 FVA 的一个简单近似计算：

$$\mathrm{FVA} \approx \text{funding spread} \times \text{average EFV},$$

并且 FVA 只是简单地用未来价值(无论正或负)的时间加权平均乘以融资溢差. 这相当于上一节中讨论的所谓"贴现曲线法"，其中融资成本或收益就是用该机构的融资溢差乘以未来价值的期望(见图 14.3). 如果后者的值整体为正的，那么就产生一个成本，同时由它产生的收益是负的.

我们可以看到，贴现曲线法严重依赖于正、负现金流的融资利率相同[②]的假设. 那么融资的量化只涉及 EFV，它对于波动性不敏感，这有别于依赖于波动率的期望风险敞口[③]

[①] 见脚注③.

[②] 另外，我们注意到，贴现曲线法只在完全无抵押的交易下有意义(这导致了基本 EPE 和 ENE 的使用)，并不能应用于有部分抵押的情形(譬如阈值和单向 CSA). 这些情况将在 14.3.7 小节中讨论.

[③] 从数学上说，产生这种现象的原因在于我们本质上可以在融资成本对称的条件下通过 $\max(V,0)+\min(V,0)=V$ 合并期望风险敞口和期望负风险敞口.

(和期望负风险敞口). 但是, 在融资的借、贷溢差不相同的情况下, FVA 将对 EE 和 NEE 的波动性敏感. 关于融资溢差的假设, 将在接下来的部分进行更详细地讨论.

14.3.4 融资利率的定义

FVA 的核心是一个机构的相关融资利率, 因此我们必须考虑使用适当的融资利率. 不同的融资利率如图 14.5 所示, 其中也显示了 CDS-债券基差的影响. 由于其动态性和银行的融资方式, 衍生品不被认为具有长期的固定利息[①]. 这些融资通常都是短期的, 尽管比本质上代表无风险融资的 OIS 要昂贵很多. 此外, 监管部门正在推动银行较少地依赖短期融资. 总体而言, 这意味着机构定义适当的融资曲线是一个非常微妙和困难的问题. 还要注意债券溢差(定义期限融资成本)和 CDS 溢差(定义 CVA 和 DVA)之间的区别.

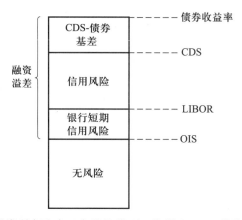

图 14.5 不同的融资利率取决于产品的类型、期限和 CDS-债券基差(注意到一个负的基差被按照 10.2.4 小节中的习惯进行了说明, 尽管实际中不需要这样做). 无抵押的融资溢差是对照 OIS 利率定义的

另一方面, 机构可能要考虑借、贷之间的对称利率(这是银行财务部门传统运作方式). 然而, 一些机构可能考虑不对称的融资利率, 即机构的无抵押借款利率不等于它的贷款利率. 如果一个机构认为, 其融资可以通过发行和回购债券进行管理, 那么对称的假设可能是合理的(需要一些相关的投标报价的可能假设). 然而, 另一种假设可能是多余的现金(融资收益)只能提供一个无风险收入(OIS), 而不承担额外的信贷风险. 这将使得融资收益项消失, 只会导致融资成本[②].

---

① 比如说, 这意味着一个 5 年期的互换不是通过发行 5 年期的债券获得融资的.
② Burgard and Kjaer(2012)指出, 使用交易(如场外衍生品)作为抵押品可以使融资成本项消失. 但是, 这显然是有问题的.

14.3.5 例子

现在,我们将继续以12.2.2小节中讨论风险敞口和CVA时的三笔交易为例来说明融资成本和收益(假设融资溢差相同).这些例子是分别使用真实世界参数和风险中性参数的支付者利率互换(5年期英镑支付者利率互换),使用风险中性参数的跨币种互换(5年期英镑对美元互换).假定该机构的融资溢差为250个基点,CDS溢差和机构及其交易对手的回收率分别为250个基点和40%(这些都和用于计算生存概率的公式(14.1)相关).这里假设融资溢差等于CDS溢差.计算结果如表14.2所示.

表14.2 使用(14.1)式和(14.2)式估算三个例子的FVA.假定融资溢差是对称的,并且为250个基点,CDS溢差和机构及其交易对手的回收率分别为250个基点和40%.利率互换的名义金额为1亿美元,跨币种互换的名义金额是2500万美元

	IRS(RW)	IRS(RN)	CCS(RN)
FCA	46 244	74 489	283 445
FBA	−86 450	−40 528	−174 330
Overall FVA	−40 206	33 960	109 115
Spread/基点	−1.10	0.93	2.99
EPE	0.47%	0.77%	3.36%
ENE	−0.90%	−0.41%	−2.03%
Approx. spread/基点	−1.06	0.90	3.33

工作表14.1 FVA计算示例

我们首先考虑利率互换.如前所述(见12.2.2小节),该产品在使用真实世界参数时具有负的EFV(EE<NEE),而在使用风险中性参数时具有正的EFV(EE>NEE).出于这个原因,真实世界测度下的FVA是负的(按习惯计算整体收益),而风险中性测度下的FVA是正的.需要注意的一点是,融资计算不应该放在风险中性测度中考虑,因为融资成本一般无法对冲.事实上,财政部门对一定数量的现金流进行估值时可能使用各种预测,不是纯粹基于风险中性的假设(见图14.3).这个明显的区别很重要,尽管从现在开始,我们假设FVA和CVA一样是使用风险中性参数计算得出的.从而我们看到,当机构在这个利率互换中支付固定利率现金流时,可能会降低0.93个基点左右的固定利率,以涵盖FVA.由(14.1)式的对称性,相反的互换将具有相等但符号相反的FVA(同样假设融资溢差是对称的).

上述所观察到的往往被市场的实践所证明. 机构往往向客户收费以支付固定费用, 信用资质更高的机构(具有较低的融资率)能够提供更好的利率. 支付固定费用(无抵押)的客户可以有效地从与融资成本较高的机构的交易中获利, 因为机构接收者互换中具有整体的融资收益.

评估融资成本, 尤其是针对诸如银行一类没有长期融资的机构, 重要的一点是未来融资成本的变化. 如果一个机构认为其融资成本将大幅下降, 那么该机构可能会认为其当前的融资成本也较低. 这显然是一种危险的想法, 但由于融资成本没有必要是盯市的(如CVA), 所以这也不是完全不可能的. 机构没有办法单独推算其未来融资成本, 或者对冲它. 为了让这个成为可能, 机构必须能够交易以自身融资溢差为标的的远期合约.

14.3.6 FVA 和 DVA

在 DVA 套现(见 13.3.5 小节)的讨论中, 有人提出将 DVA 当作一个融资收益的观点. 图 14.6 描绘了 DVA 和融资收益 FBA 之间存在的并行关系. 唯一的主要区别就是如图 14.5 所示的 CDS-债券基差, 因为 DVA 是用 CDS 溢差计算的, 而融资收益通过相关的融资溢差计算. 除了此基准差异, DVA 和 FBA 的组成部分理论上是相同的.

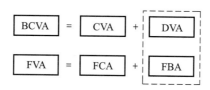

图 14.6 融资收益 FBA 和 DVA 的关系. FBA 表示融资收益, FCA 表示融资成本

这说明把 DVA 简单看作融资收益是危险的, 因为它意味着重复计算. 此问题的精确理论分析是复杂的(见 Burgard and Kjaer, 2012), 而且依赖于所做的精确假设. 然而, 就如前面提到的 Tang and Williams (2010) 所指出的一样, FBA 和 DVA 的双重计数是理论研究的一种实际解释. 虽然图 14.6 给出了可能会同时允许 DVA 和 FBA 的某种对称性, 但是它们不会同时出现在理论计算中. 在 Burgard and Kjaer(2012)中讲到, 这样做的原因是对无抵押借款和贷款的不对称性假设. 例如, 无抵押贷款可以假定收益率只有无风险利率①, 而借款则需要无抵押短期融资利率. 关于重复计算的另一种解释是, 一个机构不能向自己销售 CDS 保护.

如果有机构认为它可以套现自己的违约②, 那么就可以考虑图 14.6 中所有的四个方

---

① 当然, 无抵押的借贷收益高于无风险利率(如 OIS), 但这会带来额外的信用风险.
② 这不能通过回购自己的债券实现, 因为这样明显是套现 FBA 的方法.

面. 然而, 如果这被认为是有问题的(见 13.3.4 小节), 那么有两种明显可能的框架来一致地处理交易对手风险和融资, 以避免重复计算. 它们分别如下:

- 对称融资和 CVA(CVA+FCA+FBA). 基于套现 DVA(作为纯粹的自己违约部分)存在问题的假设(见 13.2.2 小节). 这个框架将忽略 DVA 收益.
- 不对称融资和 BCVA(CVA+DVA+FBA). 这个框架涵盖了 DVA 作为融资收益, 但只考虑融资成本.

从理论上讲, 上述的选择无所谓正确还是错误, 因为它们都是根据机构自己处理融资产品的各种假设派生出来的[①].

会计准则将 CVA 和 DVA 放在盯市框架下(见 13.1.2 小节), 而融资成本则根据权责(应计)发生制的会计准则区别对待. 这表明不对称融资和 BCVA 的方法是相关的. 该做法往往对银行有利, 因为它允许银行获得部分 DVA 收益的属性, 诸如价格的对称性(见 13.1.2 小节). 然而, 这样的做法可能显得不自然, 因为融资收益已经包含在损益报告 (P&L) 中, 而反向的成本(FCA)则不在其中. 在溢价日益扩大的环境中, 机构可能被认为通过融资收益来抵消 CVA 而不考虑相关的融资成本(在权责发生制的会计准则下仍然存在).

对于上面所述的那些将 FBA 任意更名为 DVA 的看法, 对称融资和 CVA 框架看起来更自然. 在这种方法中, 融资交易部门(如银行的财务部门)则会同时考虑融资成本和收益. 两个具有相同抵押条款(但可能是不同的交易对手)的完全对冲的交易具有净额为零的融资成本, 因为其融资收益和成本都被完全抵消[②]. 这种方法也符合 Basel III 对于融资的要求[③], 即不允许 DVA 的使用(见 17.4.9 小节), 但是该方法与会计的惯例不符.

DVA 和 FBA 之间还有其他重要差异. 如果净额条款不完美(如多个净额结算协议), DVA 和融资收益在交易对手层面可能会不相同. 在这里, 融资收益可以抵消整个净额结算, 而 DVA 收益则不能. 这是围绕 BCVA 和融资的任何理论框架的一个很重要测试.

现在我们来看一个融资成本和 CVA、DVA 在一起的例子. 我们考虑一个由四笔交易组成的资产组合, 前面的章节刻画了相关的风险敞口(见 9.5.1 小节)、CVA(见 §12.4)和 DVA(见 13.1.3 小节). 如前所述, 我们假定该机构和其交易对手的 CDS 溢差分别是 250 个基点和 500 个基点. 该机构认为融资溢差为对称的 300 个基点, 同时产生 50 个基点的负基准. 回收率设定在 40%. 这一资产组合的 BCVA 和 FVA 如表 14.3 所示.

---

① 例如, Burgard and Kjaer(2012)指出, 第一种选择出现在无息票债券是唯一的融资工具的情况, 而第二种是带有回收率的单一债券是可交易的假设所导致的结果.
② 除了接收抵押品在时间上的延迟, 见 14.3.7 小节中的讨论.
③ 请注意, 这些规定只应用于资本金, 所以在 Basel III 下, 机构不能被要求从会计损益中忽略 DVA.

表 14.3　四笔交易组成的资产组合的 BCVA 和 FVA　　　　（单位：英镑）

BCVA		FVA	
CVA	237 077	FCA	118 268
DVA	−245 868	FBA	−294 200
BCVA（总和）	−8 791	FVA（总和）	−175 932

在这种情况下，BCVA 和 FVA 都会带来收益，因为这个资产组合的 NEE 主导了整体 EE. 对于 BCVA 的情况，收益相当小，因为交易对手溢差（驱动 CVA）是机构溢差（驱动 DVA）的 2 倍. 但是，对于 FVA 的情况，大的 NEE 导致了显著的融资收益.

14.3.7　抵押品的影响

收取抵押品应该减小 FVA，如图 14.7 所示. 图 14.7 中考虑了一笔交易及与其相关的由不同交易对手执行的完全抵押对冲（即 OIS 贴现）交易.

图 14.7　抵押协议中的融资. 一个机构做了一笔抵押交易，并且用和一个不同交易对手的完全 CSA 进行对冲. 交易本身和对冲交易支付的抵押品将部分抵消

当交易有利于机构时，它会接收抵押品而在对冲中支付抵押品，反之亦然.

在实践中，由于以下原因不会发生上述例子中对抵押品的完全消除①：

- 抵押条款. 非零阈值、最低转账金额和舍入将意味着抵押余额不会为零.
- 时间延迟. 一个机构可能在接受对冲交易的同等金额之前已经释放了抵押品. 虽然这种延迟②应该很短（不超过几个工作日），但是即使在理想的情况下，它也确实留下了剩余融资流动性风险.

基于上述理由，FVA 在一个抵押交易中也应该被量化. 这里最显著的是阈值的影响. 产生融资成本的正风险敞口的上界为阈值，对大于阈值的部分将会收取抵押品，从而高于阈值的风险敞口会被封顶，进而减少 FCA，如图 14.8 所示. 相应地，产生融资收益的负

---

① 这里另一个因素是不同的货币、非现金抵押品或证券不能用于对冲交易的抵押品支付. 这代表了 CSA 中的 CollVA，而不是 FVA 的期权性风险.

② 请注意，这里的时间延迟不同于保证金风险期（见 8.2.5 小节），后者是在交易对手违约的条件下产生的，从而为期更长.

风险敞口也将被封顶(在可能不同的阈值处),从而降低了 FBA. 虽然这些计算可能看起来很复杂,但是它们和量化有抵押的风险敞口的计算是完全一样的(见 §9.7). 因此,在这样的情况下不能使用贴现曲线法,但 CVA 的计算框架可以很便利地用来计算 FVA.

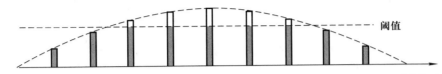

图 14.8 部分抵押交易的融资成本. 在这种情况下,小于阈值的风险敞口必须被资助(或小于反向阈值的负风险敞口将获得融资收益). 由于风险敞口的不确定性,这必须通过 EE 和 NEE 进行计算,而贴现曲线法是不适用的

需要注意的是,融资成本理论上出现在零阈值、双向 CSA 的情况下. 这是由于 OIS 贴现本身需要持续的抵押品支付(见 14.2.5 小节),而现实中会有一些延迟(例如见图 9.21 中的效果和相关讨论)①. 然而,市场惯例一般忽略这些影响②,类似于忽略可以很好抵押交易对手的 CVA 一样.

通过部分抵押交易进行对冲的无抵押交易的整体融资成本可以由相关 FVA 的总和来正确地表示. 例如,假设一个无抵押的接收者互换有一个整体的融资收益,由于对称性,作为对冲交易的支付者互换有一个大小相等、方向相反的融资成本. 然而,支付者互换仅对超过阈值的部分支付抵押品,所以融资成本小于融资收益. 这导致资产组合具有净融资收益.

当交易层面的融资成本难以计算时,也可考虑使用边际或增量风险敞口将融资成本在交易之间进行分配.

§14.4 CVA、DVA 和融资成本的优化

虽然残余风险是很难量化的,但是抵押协议可以减少 CVA. 此外,DVA 和 FVA 使得理解一份 CSA 协议的整体收益复杂化. 因此,一个有趣的问题是:一个机构可能怎样通过交易活动来优化 BCVA 和 FVA? 这需要关注关于 BCVA 和 FVA 部分的抵押协议的影响. 然后,我们会考虑中央清算的影响. 最后,我们将讨论 BCVA、FVA 和监管资本金的整体优化.

---

① 还由于诸如非零最低转账金额等其他因素.
② 我们还可以提出这样的论断:风险敞口和负风险敞口的对称性将导致 FCA 和 FBA 的相互抵消. 但是,这并不一定会发生(由于漂移项和非对称分布等原因),如图 13.1 所示.

14.4.1　BCVA 和 FVA 的交易分析

现在让我们更深入地考虑抵押品对诸如金融衍生品等交易的影响. 一般来说，有三种情况需要考虑：

- 无抵押交易. 无抵押交易的优点在于主要的问题 CVA(以及相关的监管资本金费用)是机构可以尝试量化和管理的. 这使得可以在交易中直观地识别交易成本，并将其纳入交易价格. 然而，CVA 对冲却远非那么简单，因为根据 Basel Ⅲ，融资减免不是通过市场风险对冲(见 17.4.5 小节)得到的，并且信用指数对冲只能获得有限的缓解①(个体 CDS 市场将允许接近 100% 的资本减免，但是对大多数交易对手不存在相应的个体 CDS). 此外，困难的 DVA 课题也是必须考虑的.

- CSA 交易. CSA 具有降低 CVA 的作用，但这种降低的程度难以量化，往往只能适度降低(见 12.5.1 小节). 此外，CSA 引起了融资流动性风险，这比交易对手风险更加不透明且难以量化. 这样很难在初期定义成本，但是根据不透明的性质，这种风险不能很好地资本化，因此一个正面的影响就是监管资本金较低. 支付(接收)抵押品的成本(收益)就是抵押品的融资率和 CSA 规定的回报率(通常是隔夜互换利率)之间的差别. 另一个要看的重要方面是通过 CollVA 调整"最低支付"抵押品. 多币种 CSA 给予了机构支付抵押品的可选择性. 由于主要利率之间存在显著差异，因此选择最好的抵押品是非常重要的②.

- 中央清算交易. 除了上述考虑的 CSA 交易，CCP 交易必须根据因显著的初始保证金而降低的资本要求进行评估. CCP 也有不同的抵押品做法，例如需要支付标的交易货币的变动现金抵押品(使用相关的隔夜指数互换利率对交易进行贴现). 这意味着在场外交易账户交易的盯市变化被转移到了 CCP，因为问题中 CSA 潜在的最廉价支付抵押品条款基本上被放弃了. 清算会员作为非清算会员的中介，并且基本上提供保证金贷款(抵押品设施)，其长期成本必须予以考虑.

让我们来仔细看看图 14.9 所示的在使用抵押品的主要方式之间的显著差别：过度抵押(如 CCP③)、抵押(可能有某个阈值)和无抵押. CVA 在无 CSA 时最大，而在中央清算时最小(假设 CCP 有非常低的违约概率). DVA 作为 CVA 的相反方面，则显示出了相反的变化趋势(无 CSA 时收益最大，而中央清算时收益最小). 融资在无 CSA 时问题最少，但按

---

① 正如 17.4.5 小节中所解释的，50% 的缓解来自指数对冲. 如果观察到的指数和个体的相关性足够高，这部分比例还可以更大.

② 因为理性的交易对手永远会提供最便宜的抵押品. 我们这里做了同样的隐形假设. 该假设同样可应用于抵押品的替换，只要这是可能的.

③ 双边清算的交易也可能过度抵押，而这在未来可能更为常见.

照从 CSA[①]到中央清算(过度抵押)的顺序问题越来越多. 最后, 资本费用在无抵押的交易时是最高的, 在 CSA 交易中可以获得收益, 而对于中央清算交易资本费用需求可能最少.

	过度抵押 (CCP)	双向抵押 (双向 CSA)	无抵押 (无 CSA)
CVA		———————————→	
DVA		←———————————	
融资		←———————————	
监管资本要求		———————————→	

图 14.9 各种因素对不同的场外衍生品交易安排的影响. 箭头方向表示的各因素成本相对增加(或收益相对减少). 例如, CVA 是在"无 CSA"的情况下最大, 并在中央清算时最小

无抵押情形有最好的融资和 DVA 状况, 但从 CVA 和监管资本金要求条款的角度上说最昂贵[②]. 中央清算情况有最小 CVA 和监管资本要求金, 但融资是最昂贵的而且没有 DVA 收益. CSA 交易对于所有的衡量角度都处在中间位置. 因此, 目前尚不清楚什么是最好的交易安排. 要问的问题是: 一般来说, 如何在上述范围内组合 BCVA 和 FVA 以得到交易对手和融资估值的最有利的方式? 要做到这一点, 我们第一个需要考虑的就是中央清算对于 BCVA 和 FVA 大小的影响. 我们将假定交易对手的信用资质固定. 这有点程式化. 因为 CCP 的违约概率可能被认为比其他典型的交易对手的违约概率低, 所以我们还将展示 CCP 是无风险的情况.

14.4.2 CSA 的影响

我们首先考虑抵押品对于四交易资产组合(见 9.5.1 小节)的 BCVA 和 FVA 的影响. 假定这是一个双向 CSA, BCVA 和 FVA 作为阈值的函数, 如图 14.10 所示. 正如所预期的, 降低的阈值(双方)的影响是减少所有四个值(除了一些已经在 12.5.2 小节中讨论的接近于零的小增长). 还需要注意的是, DVA 大于融资收益主要是由于 50 个基点的基准假设(融资溢价在 CDS 溢价以上的部分). 在图 14.10 中最大阈值处, 所有的函数值都接近于表 14.2 所示的无 CSA 结果.

现在我们考虑 14.3.6 小节中描述的两种 BCVA 和 FVA 选择的整体影响, 如图 14.11 所示.

[①] 我们假设 CSA 交易需要更多融资, 因为一个完全无抵押的对冲信用资产组合不需要融资, 而即使实现了完美对冲, 一个完全抵押的交易账户也需要融资(由于接收和支付抵押品的不匹配). 尽管完全抵押的交易应当使用 OIS 贴现来定价, 无额外的融资影响, 但由于接收抵押品在时间上的延迟和诸如非零阈值等因素的存在, 这些完美的交易在实际中是不存在的.

[②] 我们注意到, 一些 CCP 的资本金要求不一定小于非 CCP 的资本金要求. 这将在第 17 章中讨论.

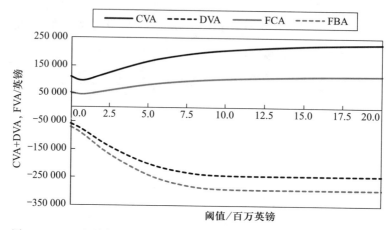

图 14.10　四交易资产组合的 BCVA 和 FVA 作为双向 CSA 阈值的函数

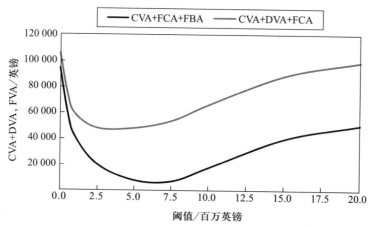

图 14.11　作为双向 CSA 阈值函数的四交易资产组合的交易对手风险和融资成本的不同选择

对称融资情况下的 CVA(CVA＋FCA＋FBA) 和非对称融资情况下的 BCVA(CVA＋DVA＋FCA) 显示出类似的形状，二者的差别主要来源于基准为 50 个基点的假设. 在这两种情况下，一个适中的正阈值代表了机构的最佳选择，因为它最大限度地减少交易对手风险和融资部分的总和. 这里有一个有趣的结论：与其仅仅着眼于最大限度地减少 CVA(零阈值)或最大化融资收益(无限阈值)，最好的策略似乎是合理地缓解 CVA 而不造成过多的融资成本.

14.4.3 中央清算

当对交易作中央清算时,抵押品的影响不一定是带来收益,因为需要支付初始保证金. 然而,由于 CCP 都应该假定具有非常出色的信贷质量(或者"大而不倒"),中央清算被很多人视为可以最大限度地降低 CVA. 事实上,甚至不太可能量化 CCP 方的 CVA[1].

我们需要考虑中央清算对于上述结果的影响. 清算最重要的方面是要求支付独立金额(初始保证金). 如前面所述,我们可以将独立金额看作负的阈值(假设此时 CSA 是单向的,即只有机构支付初始保证金). 在上述分析中加入这个做法可给出图 14.12 中的 BCVA 和 FVA. 当机构支付独立金额时,DVA 和融资收益很快消失,因为在任何时候其负债的机会不大(负的风险敞口). 另一方面,此时 CVA 和融资成本快速增加.

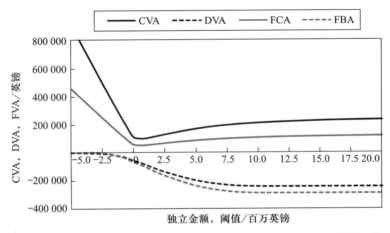

图 14.12　四交易资产组合的 BCVA 和 FVA 作为双向 CSA 阈值的函数

观察 BCVA 和 FVA 组合的影响(图 14.13)可以发现,独立金额的影响是使得整体成本有一个明显的增加. 即使我们忽略了独立金额的 CVA 部分(负值),情况依然如此. 这个假设等同于假设交易对手是无风险的 CCP. 与以前注意到的一样,对于问题中所讨论的信用资产组合的最优选择是采用一个小正阈值的 CSA. 大的正阈值不被看好(由于 CVA 和融资成本),同样也不看好大的负阈值或中央清算要求的独立金额(由于大的融资成本甚至假设 CCP 并不产生任何 CVA). 我们可以注意到,图 14.13 中局部的最小值对应于一个低融资风险中央清算的理想状态,但前提是假设 CCP 无风险. 这是无法实现的,如果纳税人不支持 CCP.

---

[1]　之前提到,在 Basel Ⅲ下,CVA VAR(见 17.4.5 小节)无须包含 CCP.

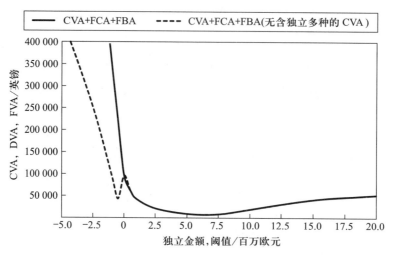

图 14.13 四交易资产组合的 BCVA 和 FVA 作为双向 CSA 阈值和独立金额的函数

14.4.4 优化和资本金监管的影响

上述分析阐述了 BCVA 和 FVA 之间的一种平衡，这表明了具有相对较低阈值的双向 CSA 是进行交易最为有效的方式。然而，这忽略了资本监管的影响。定量地涵盖这一部分是很困难的，因为这需要考虑违约风险和 CVA（分别根据 Basel II 和 Basel III）的标准资本金费用。这将在第 17 章中进一步讨论。

很显然，在场外衍生品合约的交易中有很多关于交易对手风险、融资和监管资本金方面可能的优化。这可以从银行的行动中看出，如抵押品部门和交易部门之间更紧密整合。由于定义有关交易对手风险和融资成本以及持有监管要求融资的成本的复杂性，精确的优化显然是一个巨大的挑战。我们将针对这一点就一个 CVA 交易部门的作用在第 18 章中进行更详细的阐述。然而，上面所分析的一个非常简单和令人信服的结论是，除非付出显著的、可能让人望而却步的成本，否则 CVA 不可能彻底清除。

§14.5 未来的趋势

14.5.1 标准 CSA

尽管在上文中我们已经量化了抵押情形下 BCVA 和 FVA 的联合影响，许多 CSA 的复杂性只是简单地因为太过复杂而难于严格量化。CSA 中存在着大量的可选性，因为有很多可以支付的（和取代的）货币、资产和到期日的抵押品类别。了解未来最优支付抵押品取决于许多方面，如未来的风险敞口、基准互换溢差和抵押折扣．通过 CollVA 对机构在一个 CSA（或其交易对手的 CSA）中隐含的期权进行准确估价显然是不能达到的．然而，另一种解决办法就是从结构上删除大部分的可选择性，以简化相关的融资和 CSA 的估值问题．

ISDA 的标准信用支持附件（SCSA）旨在实现这种标准化并且大大减少 CSA 中的嵌入式期权，同时提高抵押和推动 OIS 贴现法．与此同时，SCSA 的机制是专注于与中央清算抵押方法的紧密配合．此外，SCSA 是为了创造一种均匀的估值框架，最大限度地减少估值纠纷，使交易和交易更替更加简单．SCSA 仍在开发中，读者可以参考 ISDA 网站（www.isda.org）的最新状态．

在一个典型的 CSA 中，资产组合的每个周期只有单个量被计算，但是它可以涵盖多种货币．因此，现金抵押品可以用不同货币支付，通常其他证券也是如此．此外，阈值和最低转账金额一般不为零．一个大大简化过程的 SCSA 要求：

- 只能是现金抵押品（相对于变动保证金，对于其他证券允许任何独立金额）．
- 只能使用最具流动性的 OIS 曲线货币（美元、欧元、英镑、瑞士法郎和日元）．
- 零阈值和最低转账金额（可能）．
- 每一个货币只有一项抵押要求（跨币种产品算作美元交易集合）．

该 SCSA 将需要各方各自计算每天每种货币的抵押需求，并且支付相关货币的现金．这将导致结算风险（见 4.2.1 小节）．根据协议，有可能将每一种货币金额通过相应的利息调整叠加而转换为单一金额（以纠正不同货币之间的利率差异，也称之为"隐含互换调节机制"或"ISA 方法"）．一个"安全结算"平台正在研发中，以尽量最小化残余的赫斯特风险．

SCSA 尽可能地简化了双边抵押，去除在 14.2.3 小节中讨论的大部分可选性．假设零阈值，没有独立金额，和理论上的理想情况紧密结合的 CSA 实际条款如 14.2.5 小节[①]中所讨论．因此，它允许这交易以相关的 OIS 利率合理折现．跨币种交易将使用相关的外汇基准曲线的美元（联邦基金）利率进行贴现．由于每天的保证金（并且很有可能缺乏独立的量），BCVA 仍如先前（见 9.7.2 小节）讨论的一样是一个问题．相应地，也会存在一些 FVA 的部分．请注意，BCVA 部分依赖于保证金风险期，这在违约的假设下必须被交易对手（或机构）计算，而等价的 FVA 期限则可能更短，因为它产生于非违约的情景．

图 14.14 给出了机构和其交易对手之间可能存在的不同抵押安排[②]．需要注意的是交易可能会从 CSA 变到 SCSA，但是不会向相反方向变化．同样，未清算的交易可能会转移到一个给定的 CCP，但可能不会反向变化．

[①] 仍然存在的问题是：接收抵押品的时间延迟、风险敞口的跳跃和合约终止期．
[②] 正如在第 5 章中注意到的，CSA 不是唯一的抵押协议，但却是目前最常用的．

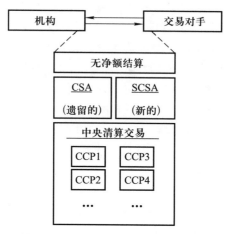

图 14.14　可能存在不同的抵押协议

14.5.2　CVA 向融资流动性风险的转化

围绕本章所讨论的各个方面，去讨论更高一个层面的问题是十分重要的，这就是提高抵押可以减少 CVA，但也会增加融资流动性风险. 图 14.15 说明了可以通过更加灵活的 CSA 来增加抵押品的使用强度. SCSA 则是由于移除了许多可选性而成为一种更强抵押的形式，抵押品是现金并且阈值为零. 中央清算则在此基础上进一步要求独立金额（初始保证金）. 这样做的局限性（如在 7.2.7 小节中所讨论的）在于保证金贷款，其中支付的保证金是通过第三方融资完成的.

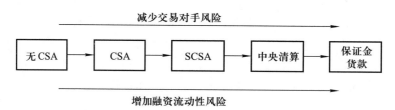

图 14.15　抵押品对于交易对手风险和融资流动性风险的逐步增加的影响

重要的是要领会到，虽然交易对手风险转化为融资流动性风险完全是使用抵押品现实需要的必然结果，但是它可能被推动得太远. 这可能在保证金贷款中更为突出，因为风险厌恶情绪和可能的信息不对称，保证金贷款人必须收取更多费用. 此外，保证金贷款人会在动荡市场中增加费用，并很可能会在危机中无法继续甚至退出其服务（如 2008 年短期融资市场的全面爆发）. CCP 也将在动荡市场中增加融资需求（通过初始保证金），但希望不会失败(特别是在危机中). 然而, 如在第 7 章中所讨论的, 评估 CCP 的风险非常复杂.

市场参与者和监管者的一个相似的关键决定是将各种交易和它们所代表的风险集中在图 14.15 所示的范围之内. 虽然向右推进最大限度地减少交易对手风险, 但是也增加了更不透明和复杂的融资流动性风险. 在对比评估 FVA 与诸如中央清算和保证金贷款的复杂过程时, CVA 的量化和管理在图 14.15 左侧无 CSA 的情况下相对容易!

§14.6 小 结

在本章中, 我们描述了融资相关的问题. 这些问题非常明显, 但是在很多方面会与对手交易风险和 BCVA 的问题交织在一起. 我们描述了"无风险"衍生品估值的问题, 并以所谓的"OIS 贴现"作为一种更合适的估值标准(在计算 CVA 之前), FVA 的量化以及它和 DVA 之间的联系, 还有最优支付期权和其他由标准抵押协议产生的可选性问题也一起得到了解决.

本章所涉及的主题非常广泛且发展迅速. 其目的就是从交易对手风险的角度描述重要问题. 有兴趣的读者如果想了解更多关于 OIS 贴现和融资的广泛信息, 可以参考很多相关刊物.

在下一章中, 我们将会给出到目前为止最后也是非常重要的一个考虑因素, 即风险敞口和违约概率的独立性. 这就是重要而又复杂的错向风险问题.

第 15 章 错向风险

> 每次我得到一片又大又宽的面包时,面包都会掉到地上,而且总是抹着黄油的那面着地.
>
> Norwalk 的报纸,俄亥俄,1841

§15.1 导　　言

我们在前面三章中通过 CVA、DVA 和 FVA 对交易对手风险和融资进行估值,它们都基于同一个关键假设,即没有错向风险. 错向风险这个概念通常是指风险敞口和交易对手的信用状况之间存在不利的依赖性. 这就是说,交易对手的违约风险越高,风险敞口也越大,反之亦然. 虽然忽视错向风险通常被视为一种合理的假设,但是错向风险的表现形式可以是微妙而富有戏剧性的. 相比之下,正向风险在某些情况下也是存在的,此时风险敞口与违约风险以一种有利的方式相互依赖. 正向风险将会降低交易对手风险和 CVA.

在这一章中,我们将探寻错向风险的成因以及它对风险敞口估计和交易对手风险计量的影响. 我们将对定量方法在诸如远期、期权和互换合约中的应用给出具体的例子. 之后,我们将考查信用衍生品市场中的错向风险,看看究竟是什么导致 CDO 合约在金融危机中出现如此严重的问题. 最后,我们将讨论抵押和中央清算对错向风险的影响.

§15.2 错向风险概览

15.2.1 一个简单的例子

想象你抛两枚硬币,你得到两个正面的概率是多少? 这是个容易回答的问题[①]. 假如现在有人告诉你这两枚硬币按如下的方式关联:首先落地的那枚会魔术般地影响另一枚落地时正面的朝向. 很明显,同样的问题,现在变得复杂多了.

在第 12 章中,我们看到 CVA 在一般情况下可以表示为信用溢差和风险敞口的乘积.

---

① 答案当然是 1/2 乘以 1/2,等于 25%.

事实上，CVA 的一个简单的近似公式是 CVA≈credit spread（信用溢差）×EPE（正风险敞口的期望值）．但是，我们之所以能把违约概率（信用溢差）与风险敞口（EPE）相乘，是基于一个关键的假设，即二者相互独立．如果两者不独立，分析就会复杂得多，那个相对简单的公式也不再适用．这本质上意味着信用风险（违约概率）和市场风险（风险敞口）的整合——一个非常复杂的任务．此外，还有其他种类的相关性，比如违约损失（或等价地，回收率）与风险敞口或违约概率．这将导致其他形式的错向风险．

错向风险的一个简单的比喻就是一片涂满黄油的面包掉在了地上（相当于违约）．在这种情况下，许多人相信抹着黄油的那面会着地（风险敞口），这是 Murphy 法则．Murphy 法则断言，任何可能出错的事情最后一定会出错．Murphy 法则的这一观点已经被事实证明是对的[①]．当然，有黄油的那面落地的概率是 50%[②]．相对于好事，人们更倾向于记住坏事发生的次数．由于相信错向风险的存在是人的本性，衍生品市场对错向风险的明显低估就显得越发离奇！2007 年以来市场上的那些事件已经清楚地说明错向风险可以变得极端严重．在金融市场上，总是面包抹黄油的那面着地（或者两面都抹着黄油）．

15.2.2 经典实例与经验证据

错向风险经常是金融市场上一种自然而不可避免的结果．最简单的例子之一是按揭供应商，他们在经济衰退期，既面临房价下跌，又面临房屋贷款者的高违约率．在衍生品中，一部分产品具有明显的涉及不同资产类别的错向风险，详述如下：

● 看跌期权．买入标的资产的走势与交易对手的境况高度相关的股票（或股指）的看跌期权是错向风险的一个明显的例子（例如，从一家银行买入另一家银行的股票的看跌期权）．看跌期权只有在股价下跌的时候才变得有价值，而这时交易对手的信用状况也可能正在恶化．正如我们将要看到的，一个溢价看跌期权的错向风险高于一个折价看跌期权的错向风险．类似地，权益看涨期权是具有正向风险的产品．

● 外汇远期或跨币种产品．一份汇率远期合约必须从相关汇率与交易对手违约概率的相关性的角度加以考查．特别地，在交易对手收到的货币相对于其支付的货币贬值的情况下，需要提防错向风险．与主权国家的交易中支付该国家的货币，就是这种情况的一个明显的特例．从另一种角度讲，跨币种互换代表了以互换中的一种货币计价，而以另一种货币做抵押的贷款．如果这种做抵押的货币贬值，那么这份抵押的价值也就相应减少．货币价值与交易对手的信用状况之间的这种关联可以是双向的：货币贬值可能预示经济放缓，交易对手的盈利降低；反过来，主权国家或者大型公司的违约注定将导致本币贬值．

● 利率产品．虽然利率产品可能只具有有限的错向风险，考查利率水平与交易对手违

---

① 1993 年，英国广播公司电视节目科学频道进行了证明．

② Matthews（1995）指出，有黄油的一面先着地的可能性确实可能较大，但原因是重力扭转和桌子的高度而非 Murphy 法则．

约的相关性仍然重要. 这种关联可以从各个角度考虑:高利率或许可以触发违约, 而低利率或许预示着一场衰退, 衰退时期违约更可能发生.

- **商品互换**. 在一个石油互换合约中, 一方支付的现金流基于一个固定的石油价格, 而其收到的现金流基于一段时期石油的平均价格. 当油价上升时, 支付者互换的风险敞口将变大. 假设交易对手是一家石油公司: 高油价代表公司运作良好. 所以, 这份合约具有正向风险. 正向风险的产生源于对冲(与投机相反). 但是, 对冲与投机的界限并不总是如此分明, 我们后面将会看到这一点.

- **CDS**. 当我们通过 CDS 合约买入信用保护时, 风险敞口的增加是合约参考标的的信用溢差增大的结果. 但是, 我们同时希望交易对手的信用溢差不要跟着增大! 在合约参考标的和交易对手的信用状况紧密相关的情况下, 极端的错向风险就产生了. 但是, 从另一个角度讲, 在这种情况下卖出信用保护是一笔具有正向风险的交易, 交易对手风险微乎其微. 在资产组合信用衍生品中, 这种作用表现得微妙而富有戏剧性, 而这有助于解释 CDO 的失败.

对于以上所有的情况都将在后面的章节中予以详细的讨论.

经验证据一般支持错向风险的存在. 例如, Duffee(1998)指出, 在利率下降的一段时期内, 美国公司集体违约. 在汇率方面, Levy and Levin(1999)的研究显示, 主权国家违约时, 其货币的平均残值范围在 17%(AAA 评级)至 62%(CCC 评级)之间. 这个比例代表了汇率在交易对手违约时上跳的幅度(即交易对手货币贬值的幅度, 译者注).

很明显, 错向风险能导致损失. 举例来说, 在 1997—1998 年的亚洲金融危机期间, 很多交易商都遭受了巨额损失. 这是由公司或主权国家违约与当地货币贬值之间的强相关性所引起的. 10 年后, 在始于 2007 年的信贷危机中, 从专业保险公司购入保险的银行由于严重的错向风险而损失惨重.

15.2.3 正向风险与对冲

正向风险指的是风险敞口与违约概率之间存在有益的、可以降低交易对手风险的相关性. 对冲行为应当自然而然地产生正向风险, 因为对冲的目的就是降低风险, 即降低由交易对手信用状况的变化带来的不确定性.

在一个理想的世界中, 错向风险应当相当罕见. 设想一家矿业公司希望对冲将来某一天的黄金价格. 这可以通过黄金远期合约实现. 当此合约对一个机构有利(对矿业公司不利)时, 黄金价格高. 而矿业公司在金价高时不太可能违约. 假设大多数交易对手都在对冲而非投机, 那么所产生的都是正向风险而非错向风险.

通常情况下, 我们可以假设错向风险会被正向风险所抵消. 但是, 我们在后面将要说明这种假设在有些时候显得非常幼稚. 在现实世界中, 投机、失败的对冲和系统性效应预示着错向风险会频繁出现. 对特定市场事件有风险敞口的机构(例如对冲基金和专业保险公司)几乎总是为其交易对手制造错向风险.

15.2.4 错向风险的挑战

计量错向风险涉及对违约概率与风险敞口之间相关性的建模. 在高级层面, 建模过程可能出现两类错误:

● 缺乏相关的历史数据. 不幸的是, 错向风险是难于把握的, 无法被任何历史时间序列所揭示.

● 错误的相关性假定. 信用溢差(违约概率)和风险敞口之间相关性的设定方式也许是不恰当的. 举例来说, 信用溢差和风险敞口之间可能存在因果关系, 而非相关关系.

设想一个机构对其交易对手的信用状况与驱动风险敞口的一个变量(如利率或汇率)的相关性做了一项统计分析, 发现相关系数几乎为 0. 乍一看似乎没有足够的证据显示这笔交易存在错向风险. 但是, 上面提到的两个问题都有可能存在.

就历史数据而言, 错向风险从其本质上讲是极端而具体的. 因此, 历史数据恐怕不能反映这种关系. 例如, 2010 年欧洲主权债务危机的发生伴随着许多欧洲主权国家信用状况恶化和欧元贬值. 主权国家信用溢差增大和本币贬值之间有明确的联系. 但是, 历史数据未能显示这种联系, 主要原因在于这些主权国家和它们的货币此前从未经受过任何不利的信用影响.

就可能的错误假定而言, 相关系数只是衡量相关性的一项指标, 它只反映两个变量之间的线性关系. 如果一个人相信交易对手的信用状况只受市场利率大幅波动的影响, 对小幅波动没有反应, 这种二阶相关关系就无法为相关系数所捕捉. 因果关系也可能存在. 譬如, 交易对手信用状况的严重恶化导致市场变量大幅波动, 即使该交易对手的信用溢差在正常时期并未显示出与市场变量的任何相关关系. 这里我们有必要强调的是, 虽然两个独立变量的相关系数为 0, 但是反过来并不成立, 两个变量的相关系数为 0 并不能说明它们是独立的[①].

15.2.5 错向风险和 CVA

错向风险将会增加 CVA. 但是, 增加的幅度不易确定. 我们将用一些例子加以说明. 错向风险也使得第 12 章中用于计算 CVA 的相对简单的公式不再适用. 虽然独立性存在于日常生活之中, 但是在相互关联的系统性金融市场中却难觅其踪迹. 因此, 我们以前提到的所有公式都是错的.

但是, 也不是所有都应当摒弃. 我们仍然能够用相同的表达式计算 CVA, 只要使用的是在交易对手违约条件下的风险敞口. 回到公式(12.2)上, 我们可以把这个表达式重新

---

① 一个经典的反例如下: 如果 X 服从正态分布, $Y=X^2$, 那么 X 和 Y 的相关系数为 0, 但它们并不独立.

写为

$$\text{CVA} \approx (1 - \text{Rec}) \sum_{j=1}^{m} \text{DF}(t_j) \text{EE}(t_j | t_j = \tau_C) \text{PD}(t_{j-1}, t_j), \tag{15.1}$$

其中 $\text{EE}(t_j | t_j = \tau_C)$ 代表交易对手在 $t_j = \tau_C$ 时刻违约的条件下,当时的风险敞口的期望值,这一项取代了之前无条件的风险敞口. 只要我们用的是这样定义的条件风险敞口的期望[1],所有之前的公式就是正确的.

很显然,计算条件风险敞口一点儿都不简单,因为它依赖于交易对手和未来的时刻. 两个相同的资产组合有相同的无条件风险敞口,却可因交易对手的不同而有不同的条件风险敞口. 大致说来,计算条件风险敞口有两种方式:

- 同时考虑风险敞口和交易对手的违约,以量化确定两者的经济关系. 这个方法是"正确"的,但是经济关系也许是极难定义的,而且用这种方式计算 CVA 之类的数值可能会遇到计算方面的问题.
- 将错向风险纳入简单而保守的假设、经验估计或简单的一般化模型. 这是一个简单得多的方式,只需要在系统的重新设计和附加的计算要求上花很少的力气.

15.2.6 一个简单的例子

我们计算的是在交易对手违约条件下的风险敞口. 在附录 15A 中,我们推导了远期合约的条件期望风险敞口(这是对附录 8B 中无条件情形的推广). 相关性是通过假设风险敞口和违约时间均服从正态分布的 Gauss Copula 方法(见 12.4.3 小节)给出的. 在这个假设下,条件期望风险敞口可以直接计算,所得结果为假设交易对手在 s 时刻违约时的 EE. 风险敞口和违约之间的相关性是通过一个相关系数来表达的. 这个相关系数非常抽象,不具备直观的经济学意义,但它确实为我们量化和理解错向风险提供了便利.

工作表 15.1 存在错向风险时期望风险敞口的计算

我们现在来考查错向风险对例子中远期合约的影响,使用的参数如下:
$\mu = 0\%$,远期合约价值的漂移率;
$\sigma = 10\%$,远期合约价值的波动率;
$h = 2\%$,交易对手的风险率[2];
$\rho = \pm 50\%$,远期合约价值和交易对手违约时间之间的相关系数.

---

[1] 我们注意到,还可以通过其他方式反映这一效应. 例如,我们将在 15.3.2 小节中考查条件违约概率.
[2] 风险率的定义见 10.1.5 小节.

图 15.1 显示了错向(正向)风险对 EE 的影响. 可以看到,当相关系数为 50% 时,错向风险的存在使 EE 近乎翻倍;而当相关系数为 −50% 时,正向风险使 EE 至少降为原来的一半. 这正是我们期望的结果:违约概率和风险敞口之间的正相关性增加了条件期望风险敞口(当风险敞口大时,违约概率高),此即错向风险;负相关系数导致正向风险. 因为漂移项是 0,负期望风险敞口的趋势与此完全相同.

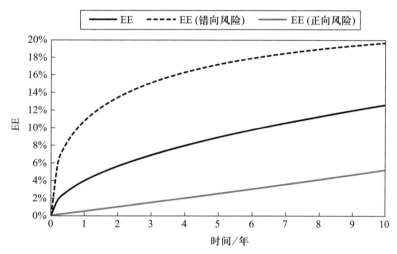

图 15.1　错向风险(相关系数为 50%)和正向风险(相关系数为 −50%)条件下的 EE

我们再仔细研究这个例子,考查存在错向风险条件下交易对手的违约概率对 EE 的影响. 图 15.2 显示了对应于三个风险率取值的 EE,说明风险敞口随着信用状况的降低而降低. 这个结果乍看上去出乎意料,但它确实是合理的:当交易对手的信用状况变好时,违约的可能性降低,从而违约的意外程度增加了. 由此,我们总结出下面的一般结论:

在交易对手的信用状况改善后,错向风险增加.

最后,我们将远期合约价值的漂移率改为 −2%,并使用一个较大的风险率 6%. 图 15.3 显示了计算结果.

负漂移率将降低总体风险敞口. 但是,我们还注意到另一个现象,即有错向风险时的 EE 在 8 年之后比标准的 EE 小. 这是因为交易对手在 8 年后违约的意外程度降低(当风险率为 6% 时,8 年内违约的概率为 38%,而 2 年内违约的概率仅为 11.3%[①]). 因此,早年的违约可视为"坏消息",而在多年以后,违约就基本没有悬念了!这意味着错向风险有期限结构的性质对短期的条件风险敞口的影响甚于长期.

---

① s 时刻的累积违约概率等于 $1 - \exp(-hs)$.

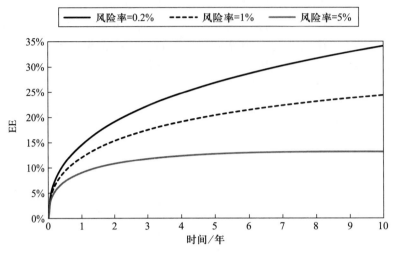

图 15.2　错向风险作为风险率的函数时 EE 的变化. 相关系数为 50%

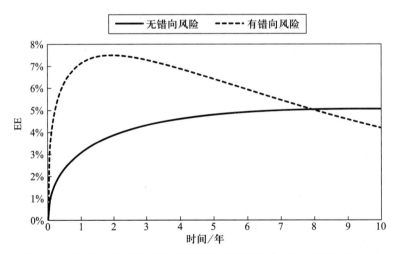

图 15.3　有/无错向风险条件下的 EE. 漂移率为 -2%，风险率为 6%

§15.3　资产组合的错向风险

大体上说，错向风险可分为两类：一般的错向风险和特定的错向风险. 这种区分是 Basel 委员会提出的(见第 17 章). 一般的错向风险可以理解为由宏观经济因素导致的风险敞口和违约概率的一般关系. 在资产组合层面上，这是最相关的一种错向风险. 特定的错向风险可在交易产品的层面上进行分析，更多时候代表风险敞口和交易对手违约概率之间的一种结构性关系. 我们将对两者分别进行介绍，并使用术语"资产组合水平错向风险"和"交易产品水平错向风险"，尽管它们并不一定和一般的错向风险和特定的错向风险完全重合.

15.3.1 相关性方法

15.2.6 小节中介绍的简单方法可以轻松推广到一般情形. 具体来说，我们需要将风险敞口在每个时刻的分布映射到一个选定的分布（如正态分布）上. 最明显的方式莫过于将风险敞口按降序排列（尽管可以使用其他更为复杂的方法，见下文），然后通过分位数匹配建立映射. 附录 15A 详细讲述了这种方法. 这种方法是 Garcia-Cespedes et al. (2010) 和 Sokol (2010) 中提出的最简单的一种，如图 15.4 所示. 由于将风险敞口映射为正态分布，所以在相关系数为正的情形中，违约时间早将会导致风险敞口较大，即存在错向风险. 负的相关系数将产生相反的结果，即正向风险. 请注意，我们可以直接使用最初的风险敞口，而不必重新计算风险敞口. 条件风险敞口和 CVA 可以通过 Monte Carlo 模拟来计算. 我们亦可使用其他分布假设.

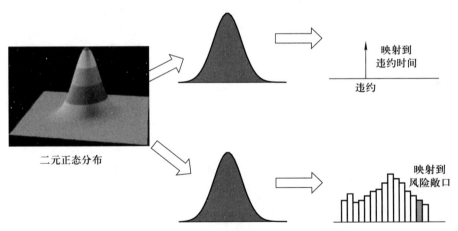

图 15.4 处理一般错向风险的相关性方法. 违约时间和风险敞口服从具有特定相关系数的二元正态分布. 如果相关系数为正的，那么违约时间早意味着风险敞口可能较大，如图所示

我们先看单边情形（DVA 和错向风险将在本节后面讨论）. 假设交易对手的 CDS 曲线水平为常量 500 个基点，回收率为 40%. 我们继续使用 9.5.1 小节中提到的四笔交易. 在这种情况下，单边 CVA 已在表 13.1 中给出. 我们首先考查不同的相关系数取值对交易对手违约时的条件期望风险敞口的影响，结果如 15.5 所示. 该结果与我们预期的一致，正（负）相关系数导致更高（低）的条件风险敞口，反映错向风险的存在. 这种效应短期内更明

显,因为短期内的违约意外程度更高.

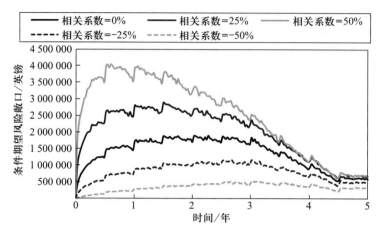

图 15.5 包含四笔交易的组合的条件期望风险敞口在相关系数的不同取值下的变化

图 15.6 将(单边)CVA 表示为相关系数的函数. 负相关系数由于会引起正向风险而减小 CVA;正相关系数会引起错向风险,从而增加 CVA. 这种效应非常明显,当相关系数为 50% 时,CVA 近乎翻了一倍.

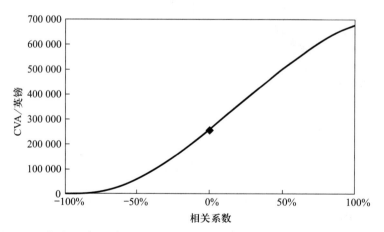

图 15.6 作为交易对手违约时间和风险敞口之间相关系数的函数的单边 CVA. 图中标注的点为表 13.1 中计算的独立情形(相关系数为 0)下的 CVA

15.3.2 参数化方法

Hull and White(2011) 提出了一个区别于上述内容的方法. 他们反其道而行之(这同样

合理），相对于固定违约概率，计算条件期望风险敞口．在这种方法中，条件违约概率是通过联系标的资产组合的风险率来定义的．他们提出的一个函数形式为

$$h(t) = \ln\{1 + \exp[a(t) + bV(t)]\},$$

其中 $h(t)$ 和 $V(t)$ 分别代表风险率和未来价值，$a(t)$ 和 b 是参数[①]．图 15.7 显示了一个这样的函数，它大约对应 CDS 溢差 500 个基点和回收率 40%（下文将使用完美拟合）．这里无条件风险率为 8.33%，当 $V(t)=0$ 时，函数值为 7.89%．资产组合的 EPE($V(t)=$ 1 371 285)所对应的风险率为 10.25%（即有大约 30% 的增加）．请注意，当 b 取负值时，我们会得到相反的结果和正向风险．

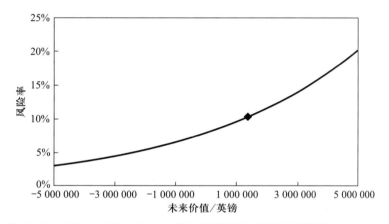

图 15.7 Hull and White(2011)提出的模拟错向风险的函数形式．$a(t)$ 恒为 -2.5，$b=2\times10^{-7}$．图中标出的点对应 EPE

函数 $a(t)$ 最自然的用途是拟合违约概率的期限结构，而参数 b 将定义风险敞口和违约概率之间的联系．这可以通过数值方法实现，见 Hull and White(2011)．图 15.8 显示了由四笔交易组成的资产组合的校准结果．

最后，我们在图 15.9 中显示了 CVA 和参数 b 之间的函数关系．正如我们所料，b 取正值时将产生错向风险，CVA 较大；而 b 取负值时，得到相反的结果，即产生正向风险．CVA 的总体变化趋势与上面的相关系数模型相似（虽然更富戏剧化）．在相关系数模型中，CVA 的最大值为 677 261 英镑，而在图 15.9 中，CVA 远超此值．从经济学的角度看，无论这是否有意义，它都告诉我们相关系数等于 100% 时的情形并非极限情形．

[①] Hull 和 White 同时注意到，风险还可以依赖于其他变量（比如利率）．他们还提出加入一个额外的噪声项和一个不同的函数形式，但指出这些改变通常对结果没有显著影响．

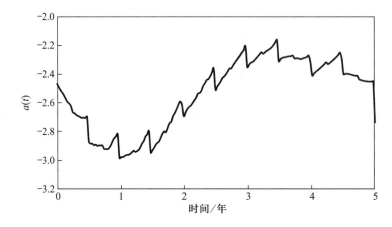

图 15.8 参数化错向风险模型中的 $a(t)$. 在校准 $a(t)$ 时,假设 $b=2\times 10^{-7}$,交易对手的 CDS 溢差和回收率分别为 500 个基点和 40%

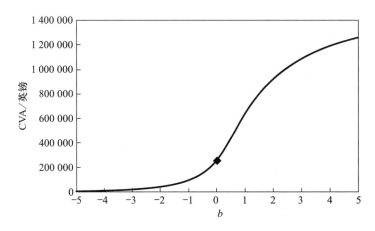

图 15.9 Hull 和 White 方法中作为参数 b 的函数的单边 CVA. 图中标出的点对应独立条件下的 CVA,其值为 257 905 英镑,如表 13.1 所示

15.3.3 校准

上述的相关系数方法和参数化方法是相对简单的处理一般性错向风险的手段,并不需要大量计算,或重新模拟标的资产组合的风险敞口. 但是,这两种方法的主要挑战在于校准相关参数.

对于相关系数方法,Garcia-Cespedes et al. (2010)提出基于历史数据,用多因子模型和主成分分析校准相关系数. 相关实例和讨论请见 Fleck and Schmidt (2005) 和 Rosen and Saunders (2010).

对于参数化方法, Hull 和 White 建议采用直观的校准手段. 举例来说, 如果资产组合的风险敞口增加到 1000 万美元, 交易对手的 CDS 溢差应该增加到何种水平? 诸如此类的问题可以为参数 b 的校准提供简明的参考. 另一方面, 参数关系也可直接通过历史数据校准. 这会涉及计算资产组合过去的价值以及研究价值和交易对手的 CDS 溢差(风险率)之间的关系. 如果资产组合过去的价值和交易对手的历史 CDS 溢差都偏大, 这可能预示着错向风险. 这种方法认为, 资产组合与交易对手的过去和将来基本一致.

显然, 市场风险和信用风险的相关系数的校准是一项复杂的任务, 可能产生严重的错向风险. 举例来说, 相关系数方法计算出的最大 CVA 为 677 261 英镑(图 15.6), 而参数化方法得到的最大值要比这个大得多(图 15.9). 另外, 基于历史数据的校准可能包含相当大的误差. 最后, 历史数据所显示的可能和未来将要发生的完全无关. 事实上, 金融危机中发生的许多事件, 尤其是那些显示出高度相关性的, 是超越任何历史经验的.

15.3.4 DVA 和错向风险

最后, 我们来研究错向风险对双边 CVA(BCVA)的影响. 为了得到 BCVA, 我们需要计算在机构自身违约条件下的期望负风险敞口. 这一计算过程和期望风险敞口的计算相似. CVA 和 DVA 的对称性意味着, 如果一方受到错向风险的影响, 那么另一方应表现出正向风险, 即如果交易一方因错向风险受损, 那么另一方将因正向风险而得利. 但是, 在两种情况下这一结论并不成立: 其一, 交易双方的本质不同, 从而暴露于不同的风险因子(如银行和主权国家). 在银行间市场, 错向风险和正向风险几乎相伴而生. 但是, 为最终用户提供对冲的银行可能在交易中有正向风险, 而最终用户并不一定有错向风险. 其二, 如果交易高度对称, 那么只有一方能够拥有显著的风险敞口, CDS 就是一个例子, 后文将对此进一步展开.

我们回到 15.3.1 小节中的相关系数方法, 研究对 DVA 的影响. 我们像以前一样, 假设机构自身的 CDS 溢差为 250 个基点, 回收率为 40%; 双方的风险敞口和违约时间之间的相关系数相同(尽管这些相关系数很可能不同); 机构自身违约. 我们还假设违约时间相互独立(可以放松这一假设, 见 13.4.1 小节). 图 15.10 显示了结果. 从图 15.10 中可以看出, 错向风险(相关系数为正的)降低 DVA, 而正向风险(相关系数为负的)降低 CVA. 因而总体效果非常明显. 例如, 当相关系数为 0 时(无错/正向风险), BCVA 为 $-8\,791$ 英镑; 而当相关系数增加为 10% 时, BCVA 增加到 65 523 英镑, 不但符号相反, 而且大了一个量级.

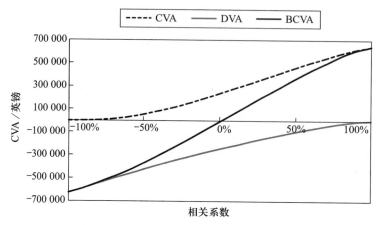

图 15.10 BCVA 作为违约时间和风险敞口之间相关系数的函数. 图中标注的点对应于独立条件下的 BCVA, 如表 13.1 所示

§15.4 交易水平的错向风险

我们现在考查交易水平的错向风险对于不同资产类别的不同特征. 我们将介绍一系列错向风险模型和一些需要考虑的重要因素.

15.4.1 利率

实证数据显示, 利率和违约概率的变化呈现负相关性[1], 即低利率通常伴随着高违约率. 这通常可由中央银行的货币政策进行解释, 当经济陷入衰退时, 违约率升高, 中央银行将维持低利率水平. 这种相关性显然会导致利率产品具有错向或正向风险. 我们将通过利率互换予以说明.

包含实证经验的一种直截了当的方法就是在计算利率产品的 CVA 时, 关联利率和信用溢差(风险率). 这种方法通常用于信用衍生品(如 O'Kane, 2008). 上述情形对应于负相关系数. 我们假设短期利率遵循 Hull-White 模型[2], 利率期限结构恒为 5%. 这将产生对称的风险敞口, 从而使错/正向风险的识别更为容易. 我们采用对数正态风险率模型, 该模型不会产生负值[3]. 交易对手的 CDS 溢差和回收率仍分别为 500 个基点和 40%.

图 15.11 显示了交易对手违约的条件下, 利率的随机模拟结果. 当相关系数为 0 时,

---

[1] 参见 Longstaff and Schwartz (1995), Duffee (1998) and Collin-Dufresne et al. (2001).
[2] 均值回归参数和波动率分别为 0.1 和 1%.
[3] 波动率为 50%.

利率并不受交易对手违约的影响，其模拟路径在初值 5% 两边对称分布[①]；当相关系数为负时，利率的模拟路径向下偏．造成这种现象的原因在于低利率通常伴随高风险率，而高风险率导致高违约率．

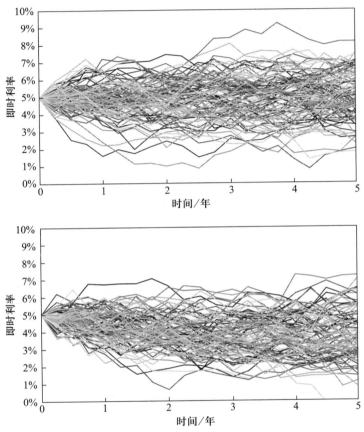

图 15.11　交易对手违约条件下的利率模拟(5 年期)．上图中利率和风险率的相关系数为 0，下图中的相关系数为 -90%

　　图 15.12 显示了当利率和风险率的相关系数为负时，5 年期接收者利率互换的未来价值．从图 15.12 中我们观察到强烈的错向风险：当利率较低时，互换的风险敞口较大，而此时交易对手的风险率也较大，从而违约的可能性较大．在违约发生的条件下，风险敞口很可能为正的．根据对称性，支付者利率互换将受到相反的影响．当相关系数为正值时，支付者利率互换将存在错向风险而接收者利率互换有正向风险．

---

①　此即使用正态模型的原因之一．

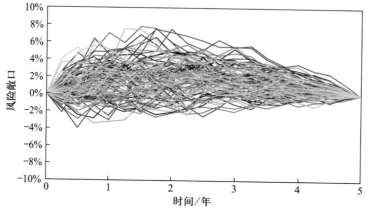

图 15.12 当利率和风险率(信用溢差)相关时,接收者利率互换在违约发生条件下的未来价值. 为了彰显错向风险,相关系数设为 -90%

我们在图 15.13 展示了错向风险存在的条件下,接收者利率互换的 EE 和 NEE. 在计算 NEE 时,设机构的 CDS 溢差为 250 个基点,回收率为 40%;机构及其交易对手各自的风险率和利率的相关系数均为 -50%(这一假设在实际中并不甚合理). 错向风险增加 EE,正向风险降低 NEE. 请注意,正向风险的作用更强. 这是因为机构的违约可能性较小,从而在违约发生的条件下对风险敞口的影响更大.

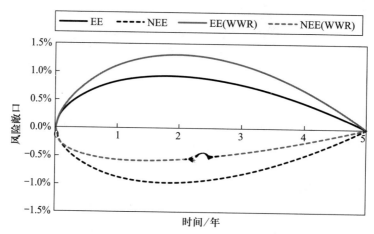

图 15.13 当利率和风险率(信用溢差)相关时,接收者利率互换在违约发生条件下的 EE 和 NEE. 假设标准情形的相关系数为 0,错向风险(WWR)情形的相关系数为 -50%. EE 是在交易对手违约的条件下计算的(CDS 溢差为 500 个基点),NEE 是在机构违约的条件下计算的(CDS 溢差为 250 个基点)

最后，我们把 BCVA 表示为名义本金额的百分比，结果如图 15.14 所示. 由于机构违约的可能性大约为交易对手的二分之一，所以 DVA 大约为 CVA 的一半. 但是，同样重要的是，正向风险的作用强于错向风险. 所以我们看到，DVA 的最大值大于 CVA 最大值的一半[①]. BCVA 对相关系数非常敏感，相关系数 -50% 对应的 BCVA 是标准情形（无错/正向风险）的 3 倍.

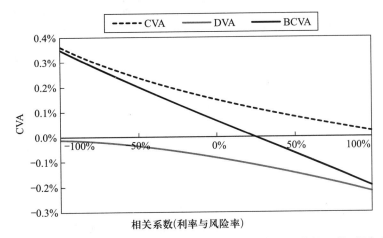

图 15.14 接收者利率互换的 BCVA 作为利率与违约率之间的相关系数的函数. 假定交易对手和机构的信用违约互换溢差分别为 500 个基点和 250 个基点，相应的回收率为 40%

上述方法是包含错向风险（和正向风险）时最常用的手段. 比起标准 BCVA 方法，它对计算的要求更高，因为违约必须通过相关风险率过程显示来模拟. 但是，存在效率更高的方法可实现这一目的. 相关系数可以根据利率和信用的混合产品的市场价格来校准，或使用利率和信用溢差的历史时间序列.

尽管如此，上述方法仍有潜在问题. 利率和风险率分布的选择显然很重要，尤其是对可用于风险率的市场数据和历史数据不足的情形. 显然，利率和风险率的相关系数的估计存在不确定性. 事实上，由于相关性源于经济衰退引发的高违约率和低利率，这其中可能有内在的时间上的延迟. 但是，最大的问题在于如何设定利率和风险率之间的相关关系. 相比选择一个正确的相关系数，这个问题更为关键. 实证经验显示，在利率水平低时，违约率更高. 但是，交易对手也可能倾向于在利率高时违约，因为资金成本提高. 一个联系利率波动性[②]和违约概率的模型可以体现这种现象.

---

① 当相关系数为 -100% 时，CVA 取最大值 0.36%；当相关系数为 $+100\%$ 时，DVA 取最大值 -0.22%.
② 这和 Merton(1974) 中关联信用溢差和股票波动率的想法相似.

15.4.2 外汇的例子

Ehlers and Schonbucher (2006)考查了汇率违约的影响,并指出那些不能通过关联汇率和风险率而得以解释的情形. 数据显示,汇率在违约发生时通常伴有显著的跳跃. 对此, Levy and Levin (1999)提出了对包含错向风险的外汇风险敞口的简单方法,即假设汇率在交易对手违约时跳跃,如图 15.15 所示. 这确实是一个简单的方法,因为违约时的条件汇率等于其无条件值乘以一个跳跃因子[1].

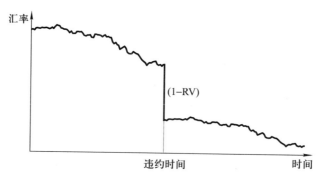

图 15.15 处理包含错向风险的外汇产品的汇率跳跃方法

跳跃因子通常称为该货币的残值因子 RV. 我们假设该货币在交易对手违约发生时贬值 $1-\text{RV}$,相应的汇率发生跳跃.

RV 方法最适宜于处理与主权国家进行的交易. 当主权国家违约时,该国货币显然会贬值. 事实上,Levy and Levin(1999)根据主权国家违约时的评级,给出了其货币的 RV 的估值,如表 15.1 所示. 评级较好的主权国家其货币的 RV 较大,因为它们的违约需要较大的金融冲击,汇率因此波动较大. Finger (2000)指出,RV 方法也可以用于其他交易对手.

表 15.1 主权国家货币的 RV 作为其违约前评级的函数

评级	RV
AAA	17%
AA	17%
A	22%
BBB	27%

---

[1] 汇率的条件期望为 $E[FX(s)|s=\tau]$,当交易对手违约时,它等于 $E[FX(s)]$ 乘以残值因子 RV.

续表

评级	RV
BB	41%
B	62%
CCC	62%

资料来源：Levy and Levin(1999).

例如，大公司的违约可能对其当地的货币有显著影响(比主权国家违约小的影响).

图 15.16 给出了贬值法计算出的条件期望风险敞口(计算细节请见附录 15B). 该图显示，错向风险的影响基本不随时间变化. 这可能会遭到批评，因为历史观测表明，错向风险的影响随时间变化较大[①]. 举例来说，突如其来的主权国家违约可能造成货币价值的大幅跳跃(RV 在短期内较小)，而随着时间的流逝，违约的意外程度降低，对货币的影响也减弱(RV 在中长期内较大).

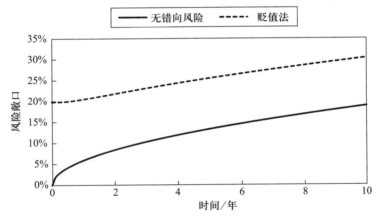

图 15.16　贬值法计算出的条件期望风险敞口. 假设 RV＝80%，汇率的波动率为 15%

上述方法看上去可能略显粗糙，不够精确，不如应用于利率的相关性方法受欢迎. 尽管贬值法简单实用，但其中的担心在于无法对给定的交易对手设定 RV 因子(及其期限结构). 与用历史数据估计汇率和信用溢差的相关系数相比，这种方法恰似水中捞月.

但最近几年贬值法在 CDS 市场中显得比较有效. 许多 CDS 合约用美元标价，但同时也有一些用其他货币标价的产品. 表 15.2 显示了意大利市场中用美元和欧元标价的 CDS. 这些 CDS 合约由相同的信用事件触发，因此它们唯一的区别在于支付货币的不同. 欧元计

---

① 后文列举的市场数据支持不随时间变化的假设.

价的所有到期日合约普遍便宜 30%，quanto 现象明显.当意大利违约时，5 年期合约报价 (91/131) 中隐含的 RV 为 69%.这种计算需要根据远期汇率和货币基差进行调整.不但 RV 的时间同质性支持贬值法的假设，而且 2011 年中期欧洲主权债务危机爆发前几个月的市场表现也符合贬值法的假设，意大利的信用溢差增大到远高于表 15.2 所显示的水平.

表 15.2 2011 年 4 月意大利市场以美元和欧元计价的 CDS 报价（市场中间价）

到期日	美元	欧元
1 年	50	35
2 年	73	57
3 年	96	63
4 年	118	78
5 年	131	91
7 年	137	97
10 年	146	103

相同的情况在 2011 年后期的欧洲主权债务危机中再次出现.例如，希腊、意大利、西班牙和德国的隐含 RV 分别为 91%，83%，80% 和 75%[①].这再次印证信用等级高的主权国家有更强的影响.CDS 市场也因而反映了汇率中的错向风险，并提供了可能的对冲手段.

15.4.3 期权头寸

在附录 15C 中，我们基于 Black-Scholes 公式（见 Black and Scholes (1973)）推导了一个计算欧式股票期权价值的简单公式.该表达式可以计算存在错向风险（正向风险）时的期权价格.在下面的例子中，我们将采用如下参数：

$A = 100$ （当前资产价格）；
$K = 105.1$ （行权价格）；
$r = 5\%$ （无风险利率）；
$\sigma = 25\%$ （股票波动率）；
$T = 1$ （期权到期日）；
$h = 5\%$ （交易对手的风险率）；
ρ （股价和交易对手违约时间的相关系数）.

上面的前 5 个参数来自标准的 Black-Scholes 公式.交易对手风险的作用体现在风险率 h 和

---

① 例如参见 Quanto swaps signal 9 percent Euro drop on Greek default，Bloomberg，June 2010.

相关系数 ρ 上. 增加 ρ 的绝对值会增加错向风险, 而改变 ρ 的符号可以产生正向风险. ρ 的符号对应错向风险还是正向风险取决于标的合约本身.

工作表 15.2　带有交易对手风险的 Black-Scholes 公式

由于期权的行权价格是"远期价格"[①], 所以无论看跌还是看涨, 期权的无风险价格都是 9.95. 在附录 15B 中, 我们推导了期权 CVA 的简单公式. 我们忽略回收率(这只是一个系统性影响), 这样做的好处在于可以简单地通过无风险价格乘以交易对手在期权生命期内的生存概率, 得到带有交易对手风险的期权价格(无错向风险). 在本例中, 带有交易对手风险的看跌或看涨期权的价格为 9.46[②], 我们称这个值为"风险 Black-Scholes 价格".

在图 15.17 中, 我们展示了相关系数对欧式期权价格的影响. 从图 15.17 中我们可以看出, 看涨期权的价格随着相关系数的增加而增加, (与风险 Black-Scholes 价值相比较)这是正向风险作用的结果. 由于股价和交易对手违约时间之间的相关性, 违约在期权的收益为正值时变得越发不可能发生. 对于看跌期权来说, 情况正好相反, 存在错向风险, 因为股价的下跌虽能使期权产生正收益, 但是同时也增加了交易对手的违约概率. 这是一个直观的现象: 从一个信用资质和标的变量成正相关性的交易对手那里购买该标的变量的看跌期权是很危险的, 而购买看涨期权(当市场上涨时, 期权收益为正值)就放心多了. 最后, 我们注意到, 正向风险的作用远不及错向风险.

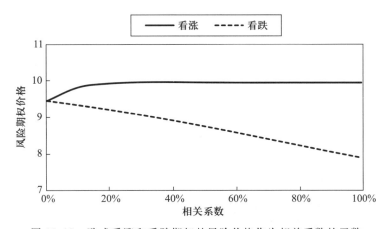

图 15.17　欧式看涨和看跌期权的风险价格作为相关系数的函数

---

① 期权的行权价格等于远期价格 $F = A(t)e^{rT} = 100 \times e^{5\% \times 1} = 105.1$.

② 给定风险率 5%, 1 年的生存概率等于 $\exp(-5\% \times 1) = 0.951$.

请注意，通常决定欧式看涨和看跌期权之间理论联系的看涨-看跌平价关系在这种情况下不再成立。看涨-看跌平价关系考虑的是看涨期权的多头和看跌期权的空头（反之亦然）。只有多头才承担交易对手风险，所以此平价关系不能应用于带有交易对手风险的风险期权，因为交易对手的违约将破坏建立该平价关系所依赖的静态对冲。

我们接着来考查交易对手风险和期权行权价格之间的关系。在图 15.18 中，我们给出了风险期权和无风险期权价格之比作为期权行权价格的函数的曲线。由于交易对手风险的存在，该比值小于或等于 100%。这个比值越低，错向风险越严重。我们看到，对于行权价格低的看跌期权，该比值对错向风险更为敏感。事实上，对于折价最高（$K=75$）的看跌期权，该比值在相关系数大时几乎接近于 0%。也就是说，交易对手风险几乎导致期权一文不值。这种现象也是很直观的：一个折价很高的看跌期权只在标的资产暴跌的情况下才有价值，而此时交易对手违约的风险也显著增加了。

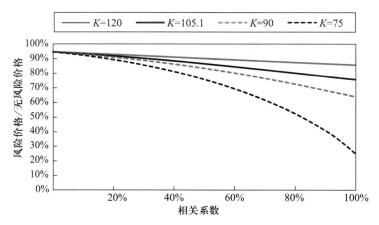

图 15.18　具有不同行权价格的风险期权和无风险期权价格（Black-Scholes 价格）之比

一个重要的结论是，错向风险对于高折价的产品极具破坏力。我们这里的例子也许仅限于学术讨论，因为在现实中期权通过交易所进行交易，通常不会有如图 15.18 那样的大额折价。但是，我们后面将讨论的 CDS 有相似的表现。

15.4.4　大宗商品

大宗商品中的错向风险可以用和利率产品相似的方法建模。Brigo et al.（2008）详细考查了商品衍生品的建模。但是，在某些情况下有另外一个重要的概念。考虑一个机构，它和一家航空公司签订了原油接收者互换。这种合约允许航空公司对冲油价上升的风险敞口。对于航空公司来说，这很重要，因为航油代表了该行业的一项重要成本。从机构的角度看，该互换在油价较低时有较大的风险敞口，但此时航空公司的信用状况应该不错，因为航油成本降低了. 当油价升高时, 航空公司的财务状况欠佳, 但此时机构的风险敞口为负值. 这导致正向风险. 然而, 如图 15.19 所示, 真实情况可能更为复杂, 可能存在不同的联系, 即低油价可能意味着严重的经济衰退, 而航空公司的处境不佳. 这种情况在全球金融危机时发生过. 油价的微跌可能是正向风险, 而油价的暴跌就很可能是错向风险, 如图 15.19 左边部分所示.

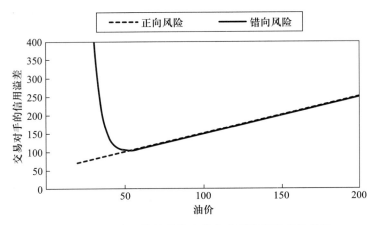

图 15.19　原有互换的价值和航空公司信用溢差的关系

上述情形也应在其他资产类别中加以考查. 例如, 经济减速所导致的低利率可能造成相同的效果.

15.4.5　CCDS

上述结论让我们明白, 错向风险的建模非常复杂, 缺乏实证数据. 唯一稍显明晰的方法就是 15.4.2 小节中介绍的用于外汇的方法, 简单、有经济学基础的方法能够直接用市场上的对冲工具进行校准. 这意味着解决错向风险的出路在于发展对冲工具.

在 10.2.5 小节中, 我们介绍了 CCDS, 这是一种专门为对冲交易对手风险设计的信用衍生品. 与 CDS 相似, CCDS 的支付发生在参考实体信用事件发生之后. 但是, 与 CDS 的固定名义本金额不同的是, CCDS 的买方购买的是针对另一个参考合约的保护. 尽管个体 CCDS 合约已经存在多年 (ISDA 于 2007 年发布了相关的标准文件), 但是由于缺少足够的卖家, 这个市场并未产生充分的流动性.

直到最近, CCDS 重新获得了发展, 标的交易包括以美元、英镑、欧元和加元计价的利率互换和跨币种基差互换, 参考指数包括 CDX, iTaxx 和 SovX. 这也许能够帮助不同银行对冲不同的风险头寸, 例如与 CVA 相关的利率风险头寸. 但是, 催生基于指数的产品的一个关键需求在于鼓励更广泛的投资者进入市场, 以表达其对于诸如信用溢差和利率之间相关系数取值的看法. 如表 15.2 所示, CCDS 的价格包含了错向风险的因素, 或许可以作为对冲诸如交叉-gamma(cross-gamma, 在后文 16.5.3 小节中将会介绍)等错向风险相关问题的工具.

除了增加流动性, 指数 CCDS 成功的另一个关键因素是降低 Basel III 中的资本金要求. 由于 Basel III 只考虑 CVA 中信用溢差的波动率, 诸如 CCDS 等和市场风险相关的对冲交易可能存在问题. 更多细节将在 17.4.5 小节中讨论.

15.4.6 错向风险和抵押品

抵押品的作用在于降低风险敞口. 由于错向风险通常导致风险敞口在交易对手违约时显著增加, 自然应当格外予以重视. 但是, 这种影响较难刻画, 因为它严重依赖于时间. 如果风险敞口在违约发生之前逐渐增大, 那么我们也来得及索取越来越多的抵押, 而一旦风险敞口是突然增大的, 之前的抵押就显得无足轻重了.

为了理解刻画抵押品作用的难度, 考查 15.3.1 小节中处理错向风险的方式. 在零阈值、双向 CSA 的假设下重新计算 CSA, 我们得到如图 15.20 所示的结果(9.7.2 小节中包含了这种情况下的风险敞口, 表 13.2 显示了对应的 CVA). 有意思的是, 有抵押的 CVA 对错向风险很不敏感, 曲线的斜率非常平坦. 这是因为错向风险越大, 收取的抵押品也越多. 抵押相关收益的峰值对应的错向风险也最大(相关系数为 100%), 而当存在极端正向风险(相关系数小于 −40%)时, 抵押具有负面影响, 因为此时需要缴纳抵押品.

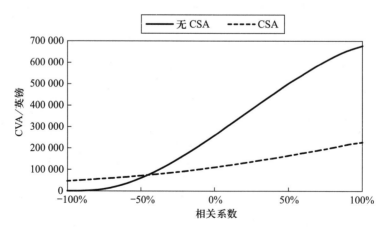

图 15.20 抵押品(通过双向 CSA)和错向风险对图 15.16 中包含四个互换的资产组合的 CVA 的联合作用

在上面的例子中, 抵押似乎消除了大部分错向风险. 但是, 让我们来考查 15.4.2 小节中介绍的外汇例子. 图 15.21 显示了这个例子中抵押品的作用. 显然, 汇率的陡然变化是无法进行抵押的,因而风险敞口不会低于所假设的 20% 的贬值比例. 在这种情况下, 抵押品降低风险敞口的作用非常有限. 如果货币是逐渐贬值的, 那么风险敞口可以从容地在违约发生前获得抵押担保. 但是, 如果贬值和主权国家的违约相继发生, 那么汇率很可能发生跳跃, 我们也不能及时收到抵押品.

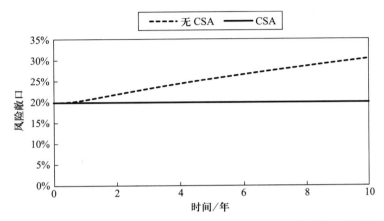

图 15.21 抵押品(通过双向 CSA)对图 15.16 中外汇远期合约的条件期望风险敞口的影响

不出所料, 诸如汇率贬值方法倾向于认为抵押无效, 而像相关系数方法这种更加连续的方法则显示抵押是降低错向风险的有效途径. 事实似乎介于两者之间, 但精确量化抵押担保的效果的确富有挑战性. 最近的一篇论文 Pykhtin and Sokol(2012) 指出, 在错向风险存在的条件下, 抵押收益的量化必须考虑保证金风险期的跳跃和高波动率等因素. 他们同时注意到, 当诸如银行等系统性更高的机构发生违约时, 错向风险更为显著. 总体来说, 他们的方法显示, 错向风险对抵押的效果具有负面影响. 有趣的是, 积极使用抵押品的交易对手大多数是系统性较高的机构, 它们承受着极端水平的错向风险, 而那些非系统性的交易对手(如公司)却并不怎么使用抵押品.

我们还注意到, 抵押品本身也存在错向风险. 我们在第 9 章中举了这样一个例子, 用固定利率的债券作为一个互换交易的抵押品. 现金抵押品也有这个问题, 比如从欧元区的主权国家接收欧元现金抵押品.

§15.5 错向风险和信用衍生品

信用衍生品需要被特别关注, 因为它们代表了一个包含错向风险的资产类别. 另外, 6.4.4 小节中描述的专业保险公司的问题显示了错向风险和信用衍生品之间存在内生性矛盾. 我们将对专业保险公司的破产进行更细致地分析. 这并不仅仅是回顾历史, 中央交易对手可能会清算市场上的一大部分信用衍生品，也因此必须面对随之而来的错向风险。

15.5.1 个体信用衍生品

信用衍生品的错向风险是由这种产品的自身性质产生的直接后果，它可以带来严重的交易对手风险问题。CDS 合约中，购买信用保护的一方在参考实体违约时将获得支付，但这种支付存在风险，因为合约中的交易对手可能也遇到了相同的麻烦。正如我们在 8.3.6 小节中提到的，由于具有保险合约的色彩，CDS 的收益具有强烈的不对称性。购买 CDS 信用保护代表了一种明确的错向风险，尤其当参考实体和交易对手的信用溢差高度相关时。

在附录 15D 中，我们讨论了使用 Gaussian Copula 方法对包含交易对手风险的 CDS 合约进行定价。这要求在交易对手尚未违约的前提下（因为一旦交易对手违约，机构就既不会再交保费，也不会收到违约支付）计算 CDS 合约两条现金流的现值，再加上跟违约时 CDS 合约价值相关的那一项。附录 15D 中所描述的带有交易对手风险的 CDS 的定价方法并不简单。但是，Mashal and Naldi(2005)提供了一个精彩的方法，可以相对容易地计算出信用保护合约价值的上、下界。由该方法计算出的上、下界通常非常接近，因此我们可以使用上、下界的均值作为合约真实价值的估计。更多细节请见附录 15D 和 Gregory(2011)。

在接下来的分析中，我们将忽略抵押品的影响。这将使我们的分析趋于保守，因为抵押或许可以降低 CDS 的交易对手风险。但是，由于 CDS 风险所具有的传染性和系统性，抵押的作用难以准确把握甚至非常有限(见 9.7.5 小节)，尤其在相关系数很大时。同时，我们注意到，CDS 市场上许多信用保护的卖方，比如专业保险公司和 CDPC(稍后讨论)传统上并不签订抵押协议。

我们感兴趣的是作为参考实体和交易对手之间相关性的函数的 CDS 价值(交易对手卖出信用保护)。我们假设参考实体的信用溢差为 250 个基点，交易对手的信用溢差为 500 个基点，两者的回收率都为 40%。我们再假设驱动联合违约的相关系数为正的，除了某些特殊情况外(例如，竞争对手的违约改善了交易对手的财务健康状况)，负相关系数是不太可能出现的。

图 15.22 显示了机构购买(卖出)信用保护应支付(收取)的公允溢价减去(加上)CVA。在买入信用保护的情况中，相关系数的影响非常大：当相关系数为 60% 时，机构只需支付 200 个基点，而如果交易对手风险为 0，机构需支付 250 个基点。这种情形中的 CVA 是 50 个基点，即无风险价格的 1/5。当相关系数极高时，它的影响更加突出，CVA 很大。当相关系数取最大值 100% 时，CDS 费率仅略高于 100 个基点，信用保护的作用完全寄托于回收率①。在卖出信用保护的情形中，CVA 的影响要小得多，而且由于正向风险的作用，

---

① 费率仅基于回收率(没有得到违约支付的可能)，即 $250 \times 40\% = 100$ 个基点。

CVA 将随相关系数的增大而减小[①].

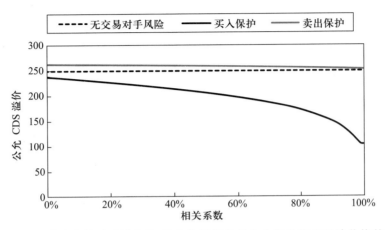

图 15.22 带有交易对手风险的 CDS 信用保护的公允溢价和无风险价格的比较. 交易对手的信用溢差设为 500 个基点

由于 CVA 对 CDS 卖方的影响较小, 我们看到交易对手风险在 CDS 合约中并未充分体现出双边性. 出于这个原因, 我们将不考虑 DVA 的影响, 但相关的双边计算仍可以在 Turnbull(2005) 中找到.

15.5.2 信用衍生品指数和层级

信用的结构化通过层级(tranches)的形式导致了更为复杂的交易对手风险. 市场上有多种 CDO 结构, 总的来说, 每一种都对信用资产组合特定范围内的损失有风险敞口. 交易对手风险现在变得更为复杂, 因为我们需要通过比较交易组合的所有标的来确定交易对手违约的可能性和违约损失的程度. 这类信用工具的定价在附录 15D 中给出, 那里还列出了进一步的参考文献. 更多细节可在 Turnbull(2005), Pugachevsky (2005) 和 Gregory (2009b) 中找到.

根据标准 CDX[②] 北美资产组合 (standart CDX North American portfolio) 选取层级, 对应的损失起赔点和损失止赔点为 0, 3%, 7%, 10%, 15%, 30%, 100%. 我们只定性地研究交易对手风险对不同层级的影响, 所以使用市场标准 Gaussian Copula 模型, 相关

---

① 当相关系数为 0 或较小时, 信用保护的卖方可能因交易对手在 CDS 的盯市价值为正值时(这需要参考实体的信用溢差变小)违约遭受损失. 但是, 对于较高的相关系数, CDS 的盯市价值在交易对手违约时很可能为负值, (由于这些金额仍需支付)从而实质上几乎不存在交易对手风险.

② www.markit.com

系数固定为 50%[1]. 相关系数矩阵的条件限制意味着交易对手和信用资产组合的参考实体之间的相关系数的范围是 $[0, 70\%]$[2].

图 15.23 显示了交易对手风险对整个资本结构的影响, 假设回收率为 10%[3]. 为了公平地比较不同层级, 我们画出了风险溢价与无风险溢价之比: 该值最大为 1, 随着交易对手风险增加, 该值逐渐减小至交易对手的回收率. 事实上, 从交易对手风险的角度来说, 我们可以认为层级将交易对手风险进行了分割: 较高的层级包含了较多的相对风险.

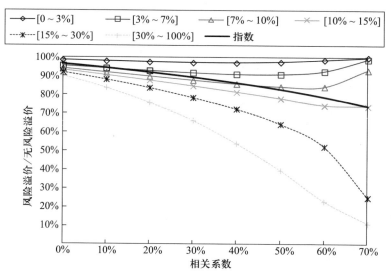

图 15.23 对手交易风险对整体资本机构中不同层级的影响. 公允风险层级的价格与资本架构中所有层级的无风险价格的比值和 $[0\sim100\%]$ 的指数的比较. 假定回收率为 10%

在分析期权和错向风险时, 我们得到的结论是错向风险随合约的折价程度增加而增加. 现在我们有了一个相似的结论: 错向风险随层级升高而递增. 资本结构中的最高层级 $[30\%\sim100\%]$ 代表了最严重的错向风险. 假设回收率为 40%, 要使该层级遭受损失, 必须有至少 62.5%(整个交易组合的一半还多) 的违约[4]发生, 所以相对于其他层级来说, 交易对手履行支付义务的可能性要小得多.

专业保险公司在 2008 年和 2009 年遭遇的许多问题都是高杠杆率引发的, 同时还有最

---

[1] 这样计算出来的结果跟市场数据并不接近, 但用于重构市场价格的"基础相关系数"标准方法并不能直接对交易对手风险进行定价. 我们已经检查过, 这里的定性结论在不同的相关系数水平上成立.

[2] 由于正定性的要求, 相关系数的上限大约为 $\sqrt{50\%} = 70.7\%$.

[3] 这个回收率跟一些专业保险公司的违约经验相吻合.

[4] $30\% \times 125/(1-40\%)$. 在这种极端情况中, 回收率应当设定得更低.

高层级信用保护价值前所未有的增加. 专业保险公司的信用溢差从 5～10 个基点增加到上百个基点. 银行从专业保险公司那里买入了最高层级的信用保护, 因此不得不因增加了的交易对手风险而承担巨大的损失. 许多交易都被冲抵, 银行的损失大多数来自其正的 CVA 值. 现在回头看, 诸如 [30%～100%] 这样的最高层级具有严重的交易对手风险这一事实一点都不令人意外, 因为它的错向风险太大了.

15.5.3 CDO 的失败

Gregory(2008b) 对专业保险公司购买的保护进行了理论分析, 指出它的价值受到一些技术因素的制约. 考虑到这些层级的空前规模, 交易对手风险的确可以解释导致全球金融危机的 CDO 和合成证券化交易的失败. 下面我们简单演示 CDO 为何能够提高效率, 创造价值, 以及为什么它们最终导致了交易对手风险问题.

CDO 有许多形式: 现金的或合成的, 并涉及不同的资产类别, 从公司到 ABS(资产抵押证券). 但是, 它们的原理都是将某个信用资产组合的风险通过层级进行重新分配. 表 15.3 代表了一个典型的 CDO, 发行一系列不同的证券资产来覆盖整个信用资产组合的名义本金额. 这些证券的风险水平从最底层的无评级到最高层的超高级层级. 尽管最后这个层级也没有评级, 但它在 AAA 评级的 A note 之上, 所以至少为 AAA 评级, 甚至更高 (这就是超级 AAA 和 AAAA 评级的由来).

表 15.3 一个典型的 CDO 所发行的证券

类别	金额	层级	评级	融资
超高级	850	[15%～100%]	无评级	无融资
A 类	50	[10%～15%]	Aaa/AAA	有融资
B 类	30	[7%～10%]	Aa2/AA	有融资
C 类	30	[4%～7%]	Baa2/BBB	有融资
权益	40	[0%～4%]	无评级	有融资

我们可以用一个如图 15.24 所示简单的 CDO 结构来说明一些关键问题. 一个固定 (一次性偿还, bullet) 期限为 5 年的信用资产组合被分为三个层级: 股权、中级和高级. 假设标的信用资产组合是 100 个评级为 BBB 的债券. 从表 10.2 中我们可以看到, BBB 评级证券 5 年内违约的概率为 2.06%. 假设违约损失为 60%, 那么期望损失为 $2.06\% \times 60\% = 1.24\%$. 最后, 我们知道, BBB 评级的债券需要更多折扣以补偿风险和流动性溢价. 之前

表 10.4 中 Hull et al. (2005) 提供的乘子为 5.1[①]，这意味着投资者得到的补偿总额为 1.24%×5.1=6.29%. 我们假设标的信用资产组合恰好提供这个数额[②].

CDO 大致的目的在于将这些层级以低于标的信用资产组合收益的价格卖出. 在这个简单的例子中，这相当于向投资者支付低于 6.29% 的总体收益率. 为了卖出这些层级，需要先对其进行评级. 假设信用资产组合中所有资产相关性均为 20%[③]，那么股权、中级和高级层级的评级将分别为 CCC，BBB 和 AAA (这个过程在附录 15E 中有详细介绍). 假设投资者所要求的收益率和根据表 10.4 的乘子计算出的一致，这个结构的经济内涵如图 15.24 所示.

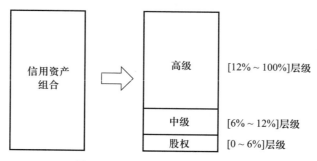

图 15.24 一个简单的 CDO 结构

CDO 的工作原理在于大多数风险都通过股权层级销售出去了，这导致了一个较低的乘子. AAA 层级相对来说比较昂贵，因为乘子假设对于传导到该层级的每单位真实违约风险，必须支付 16.8 个单位的收益. 但是，考虑到这个层级所包含的风险相对较少，这并不会显著影响整个 CDO 的经济结构. 在表 15.4 中，我们计算了不同层级和整个交易组合的信用溢差. 另一种理解所创造价值的方式是通过所谓的超额溢差，它定义为收到的溢差和支出的溢差之差. 考虑到每个层级的规模，超额溢差为 137−(14×88%)−(137×6%)−(1230×6%)=43 个基点. 这个正的超额溢差[④]意味着该结构整体上将产生利润. 即使 CDO 的投资者对每个评级都要求更高的相对收益（在 CDO 市场早期，情况确实如此），这个结构也有足够的价值支付这种收益.

---

① 这里使用的是穆迪评级 Baa，而第 10 章的违约概率的数据来自 Standard & Poor's. 如果我们使用穆迪的数据，结论也不会显著改变.

② 需要重强调的是，以上所有数字都基于多年的实证分析，但是一般的结论并没有改变.

③ 跟评级机构对公司证券所用的相关性相比，这里的假设是保守的.

④ 超额溢差并不是利润的完美指导，因为它在 CDO 的生命期内将会随违约的发生而变化. 但是，它可以反映这个结构的经济学意义.

表 15.4 一个典型的 CDO 所发行的证券

	5 年期的违约概率	期望违约损失	乘子	规模	成本	溢差
BBB 信用资产组合	2.06%	1.23%	5.1	100%	6.29%	137
AAA 层级	0.07%	0.04%	16.8	88%	0.58%	14
BBB 层级	2.06%	1.23%	5.1	6%	0.38%	137
CCC 层级	56.27%	33.76%	1.3	6%	2.63%	1230
总和					3.59%	

上面我们介绍了 CDO 的工作原理. 它的失败可以归因于信用评级机构用于对层级进行评级的模型是不正确的. 但是, 没有证据表明, 信用评级机构所使用的公司违约率之间的相关系数过低. 另外, 一个更高的相关系数也不能完全推翻 CDO 结构的经济合理性(例如, 如果在上述例子中使用 30% 的相关系数, 超额溢差将从 43 降至 27, 但对层级的改变可以显著改善这种现象①).

CDO 的失败更多地归因于交易对手风险. 尽管股权层级和中级层级可以在完全融资的基础②上发行, (超)高级层级通常是完全无融资的③(表 15.3). 无融资的层级将产生显著的交易对手风险, 这从图 15.23 中就可以看出. Gregory(2008b)指出, 这个层级的相对规模④、高级别和信用保护卖方的无能(如专业保险公司不能缴纳抵押品)导致风险转移非常低效. 实现风险转移的唯一方式是通过没有高杠杆率和不暴露高级信用风险(专业保险公司正相反)的交易对手. 而这又导致这项交易的经济效益降低(由于为高级层级支付的价格升高)并严重限制交易量.

15.5.4 中央清算和错向风险

中央交易对手(CCP)将交易对手风险转化为缺口风险和尾部风险. CCP 的一个关键目的是让清算会员违约带来的损失包含在该会员所贡献的资源中(7.1.4 小节中所称的违约支付者方法). 如图 15.25 所示, CCP 需要面对缺口风险和尾部风险, 因为违约会员的初始保证金和储备基金贡献(分别在 7.2.4 小节和 7.2.5 小节中介绍过)可能不足以覆盖它的损失. 这造成了道德风险(因为其他会员将会因此受损)和 CCP 潜在

---

① 这里所描述的层级并未进行任何优化. 例如, 计算为达到某一评级的最低从属金额.
② 交易将是一个合成债券, 投资者预先支付交易的全部名义本金额, 从而具有完全抵押, 而没有交易对手风险.
③ 这将产生以该层级为参考标的的 CDS, 从而暴露于交易对手风险之中.
④ 例如, 一个典型的资产组合的规模大约是 10 亿美元, 如果是这样的话, 本例中高级层级的名义本金额就为 8800 万美元.

的无偿付能力的后果.

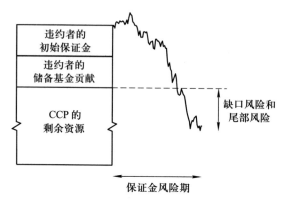

图 15.25 一个或多个会员违约时,CCP 所面对的尾部风险. 对其中的有效保证金风险期, 之前讨论过(见 5.5.1 小节),CCP 通常认为大约是 5 个工作日(见 7.2.4 小节)

CCP 倾向于分离信用资质和风险敞口. 机构必须具备一定的信用资质才能成为清算会员,但向清算会员收取初始保证金并贡献储备基金的要求主要[①]是由交易组合的市场风险(这决定 CCP 所面临的风险敞口)决定的. 在这样做的过程中,CCP 不经意间忽略了错向风险. 图 15.25 所显示的价值下跌可能是极端波动率、下行压力和缺口(跳跃)时间的结果. 错向风险的作用是在交易对手违约时使这些变得更为严重.

对诸如 CDS 等具有严重错向风险的交易,CCP 在定义初始保证金和储备基金贡献的过程中遇到了量化错向风险的问题. 和通常量化错向风险一样, 这不是一件简单的任务. 另外, 错向风险随着信用资质的增加而增加, 如图 15.2 和表 15.1 所示(Pykhtin and Sokol, 2012)提出了相似的论断, 大型交易商相比于信用资质较弱的交易对手, 具有更高的错向风险). 这些因素提示 CCP 应当从信用资质高的清算会员那里要求更高的初始保证金和违约储备基金贡献[②].

§15.6 小 结

本章中我们讨论了错向风险, 即风险敞口和违约概率之间的相关性所造成的一种现象. 错向风险是一个微妙但具有潜在破坏力的效应, 可以显著增加交易对手风险和 CVA. 我们描述了组合和交易水平的错向风险; 审视了不同资产类别(利率、外汇、股票和商品)中一些经典的错向风险的例子以及相关的量化方法; 分析了信用衍生品中的交易对手风

[①] 如同在 7.2.4 小节中注意到的, 有些 CCP 也会将信用评级考虑进保证金要求, 但这是次要因素.
[②] 当然, 信用资质好的清算会员违约概率低, 但一旦违约, 后果可能更严重.

险，CDO 的失败与此有关. 最后，我们考查了错向风险对抵押的影响，并指出它代表了对 CCP 的严重担忧.

在接下来本书的最后一部分中，我们将把注意力转向管理交易对手信用风险，这包括对冲、资本金和 CVA 部门的运作.

第16章 对冲交易对手风险

> 承担经过计算后的风险，这显然有别于有勇无谋．
>
> George S. Patton(1885—1945)

本章讨论如何对冲交易对手风险．近年来，对冲交易对手风险逐渐成为一个核心议题．可以用来降低交易对手风险的方法有多种．然而，如果一个机构没有对冲的能力，它可能会发现自己与交易对手所进行的交易类型、交易额度以及可交易对象的范围都会受到严重的制约，这源于内部或监管准备金的限制（见第17章）．此外，机构的总CVA（和DVA）可能会出现严重的波动，进而导致大面积亏损．然而，正如我们将要看到的，对冲CVA面临许多诸如涉及不同市场变量以及变量之间的潜在联动关系的挑战．这些问题最终导致无法完全地实现CVA对冲，所以我们需要寻求最务实的解决方案，确定CVA的哪些关键部分可以并且应该进行对冲，同时确定那些不能或不需要对冲的部分．

单笔交易的CVA一般比较小，主要因为一个交易对手的违约概率相对较低以及有一些降低风险敞口的手段，如净额结算和使用抵押品．一个典型的CVA一般是交易额的一个百分比．然而，一旦交易对手违约，实际损失很可能要高得多．例如，在表13.1中四笔交易的CVA等于237 077英镑．但是，如果2年内交易对手潜在违约，那么实际的期望风险敞口等于1 770 000英镑，并且95%的PFE等于10 860 000英镑（这在图9.21和图9.22中分别可见）．由此可见，CVA只涵盖了潜在损失的一小部分．

对于这种现象，有两种可能的解释：

（1）CVA是对交易对手违约风险的"储备"（准备金），显然不能直接理解为在交易层面可能产生的实际损失．交易对手多样化（包含许多不同的行业和许多不同的交易对手）分散了违约风险对整体的影响，进而使得CVA满足整体资产组合的要求．

（2）CVA可以理解为对冲交易对手风险的成本，无论对方是否违约．

在本章中，我们主要基于第二种对CVA的理解展开讨论，并重点讨论CVA的对冲．在第18章中，我们将探讨一个机构如何有效地管理其CVA的问题，会涉及以上两种观点的结合应用．

§16.1 CVA 对冲的背景知识

16.1.1 CVA 对冲的目的

如第 12 章所讨论的，CVA 的一个关键作用是分离衍生品（或一个净额结算的衍生品组合）的无风险价值（无风险估算的价格）和风险价值（信用风险价值），进而使得一个机构可以对衍生品的无风险价值[①]和 CVA 进行分别对冲. 对冲 CVA 的目的可以用一个简单的例子来说明（表 16.1），是显示市场波动对风险价值和无风险价值的影响，如图 16.1 所示. 在本实例中，市场波动引起无风险价值增加（衍生品价格升高），但风险价值降低（由于 CVA 随市场波动升高）. 如果没有对 CVA 进行有效对冲，可能会产生净亏损风险.

表 16.1 通过 CVA 和无风险市场价格来对冲风险价值

	之前	之后	对冲（之后）
无风险价值	+10	+11	−1
CVA	+2	+4	+2
风险价值	+8	+7	
损益		−1	+1

从上述例子可以推出，无风险部分和 CVA 部分的对冲应该由不同的交易部门分别负责. 其原因有很多，比如不同领域所需的专门的考量（利率、外汇、大宗商品）以及净额结算和抵押协议对 CVA 的影响. 因此，这种分别对冲的方式就显得顺理成章. 我们将在第 18 章中作进一步讨论.

16.1.2 作为奇异期权的 CVA

著名的 Black-Scholes(1973)关于期权估值的理论清晰地阐述了期权价格和动态对冲策略之间的关系. 期权的价格被证明等于（所谓的）风险中性测度下的预期（平均）收益. 这种定价方法是有据可循的，因为期权本身可以通过自融资策略来复制. 任何对期权不同的报价都会造成套利的机会，从而被证明是错误的[②]! 这种无套利估值的理念，成为奇异期权及结构性产品发展的关键. 对于任何有复杂回报的金融产品的估价，都需要指定一个模型，

[①] 注意，如第 14 章中讨论的，无风险估值的难度要比以前想象的复杂得多.
[②] 模型假设的前提，特别是关于波动性的假设成立.

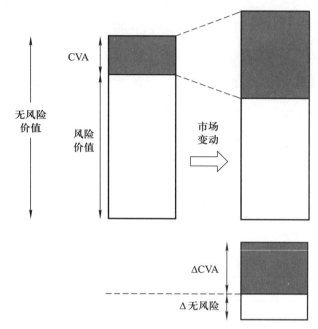

图 16.1 通过无风险部分和 CVA 部分来对高风险衍生品的交易(仓位)进行完全对冲(套期保值). 市场波动会增加无风险价值, 造成相应的对冲工具亏损. 然而, CVA 增加, 使得相应的对冲产生收益. 两者相加, 风险价值减小, 其原因是 CVA 对冲工具的增值超过了无风险对冲工具的损失

并且用(对冲工具)市场成交价格进行校对, 然后计算出风险中性下的价格. 然而, 根据模型计算出的价格是否能够通过可行的策略得以复制, 并未得到深入的考查.

在 12.2.3 小节中, 我们描述了 Sorensen-Bollier 方法: 一个互换合约的 CVA 可以通过一系列互换期权来实现. 这种方法可以扩展, 即一个 CVA 可以用一系列的底层(标的)产品的期权来实现. 然而, 如何估算这些期权的价值是一个复杂的问题. 每个期权的数量取决于交易对手的违约概率, 实际上相当于创建了一个混合产品. 场外(历史)交易会造成 CVA 期权的溢价或折价. 折价期权更难定价, 因为折价期权的价格对于其标的产品价格分布的极值更为敏感. 有时甚至无法保证标的期权能否存在, 例如它可能被过度折价或到期日过于遥远. 最后, CVA 通常需要基于一组交易的净值来计算. 这意味着期权可能是多维的.

考虑到这些相关的问题, CVA 的量化显然可以认为是混合奇异期权定价问题. 既然奇异期权可以被定价和对冲, 那么 CVA 也可以. 虽然这种类比本身基本正确, 但是一些重要因素不容忽视:

- 变量. 即使一个简单产品的 CVA 都将包含几个基本变量(如利率、汇率和信用溢差). 因此, 对冲 CVA 涉及几个潜在的风险因素, 也可能对期限结构敏感. 也就是说, 有效对冲一个基本变量可能涉及对多个具有不同到期日的对冲工具持仓.

- 交叉依赖性. 不同基本变量之间的交叉依赖关系 (比如利率和信用溢差) 可能造成无法有效对冲和难以对冲的交叉-gamma 结果 (见 16.5.2 小节).
- 一些无法对冲的变量. 一些变量会对 CVA 产生影响, 但是无法对冲. 一种原因是不存在任何一种市场工具具备所需的灵敏度, 另一种原因是在现实中对冲的成本过高. 一个典型的例子是, 各种信用参数的对冲成本相当高, 而且信用参数之间的关联度往往无法对冲.

上述几点并非 CVA 的特有性质, 在各类奇异期权产品中都有体现. 即便如此, 从奇异期权产品的角度来看, CVA 是一个复杂、混合、多资产的奇异期权. 此外, 对冲 CVA 应进一步考虑的一点是:

- 缺乏套利. 在定价奇异期权产品的时候, 套利是一个重要方面. 当其他市场参与者用动态对冲的手段锁定由错误定价所产生的利润时, 奇异期权产品的错误定价可能导致套利. 但是, 即便机构 A 对机构 B 的 CVA[①] 进行了错误定价, 套利也不大可能实现, 因为其他市场参与者在与机构 A 交易的合约中需要参照机构 B 的信用等级. 虽然通过 CCDS 这类产品 (稍后讨论) 会使套利潜在可行, 但这类产品并未被广泛使用.

16.1.3 是采用风险中性参数还是真实世界参数?

正如在 §8.6 中所讨论的, 选用风险中性参数而不是真实世界参数是一个微妙而重要的选择. 风险中性参数往往是定价的首选, 即便相应标的资产的对冲不总是可行的. 然而, 在这种情况下, 我们必须仔细考虑且谨慎对待盲目采用风险中性漂移参数可能造成的结果, 尤其是这种方法对漂移的潜在假设. 其他参数, 如相关性参数是无法进行交易对冲的, 一般通过历史数据来估算. 由于这些参数无法对冲, 继而产生不可避免的损益波动.

16.1.4 固定风险敞口的传统对冲

传统的债务证券, 如债券和贷款, 可以利用 CDS 进行对冲. 持有 1 亿美元面值债券同时购买等面额的关于债券发行人的 CDS 保护, 是一个相当有效的对冲债券信用风险的手段. 发行人的潜在违约风险会被 CDS 的收益对冲, 因为一旦信用事件发生, CDS 的收益将补偿债券面值减去回收部分, 所产生的损失如表 16.2 所示. 此外, 购买 CDS 对信用级别的迁移和信用溢差的风险也有对冲作用. 如果发行人的信用资质恶化引发了债券价格的下跌, 那么 CDS 的市场交易价格会升高, 由此弥补损失.

[①] CVA 的量化是非常主观的, 并且没有一个现存的标准. 因此, CVA 的实际错误定价是很难界定的.

表 16.2 用 CDS 对冲债券的违约风险来显示债券违约或到期时的收益

	违约	没有违约
债券	回收值	平价
CDS	平价－回收值	—
总计	平价	平价

尽管上面例子的性质相对简单(毕竟这或多或少是 CDS 产品设计的初衷)，仍然存在许多原因使上述对冲并不完全(这与 10.2.4 小节中讨论的 CDS-债券基差有关)：

- 非平价债券. CDS 保护的结算是基于一个固定的名义本金额的，而根据利率不同(或股票价格不同，若是可转债的情况)，债券交易价格可以高于或低于面值①. 如果 CDS 的名义本金额等于债券面值，且在违约前债券交易价格高于(低于)面值，那么买方将受到损失②(收益). 本质上，这种风险敞口存在不确定性方面的问题对于衍生品合约来说更加明显.

- 年金风险. 类似于上一点的现象，到期日和 CDS 合约保险费之间的不匹配导致年金风险(见 10.2.1 小节).

- 触发风险. 债券(见 10.2.2 小节)产生了信用相关的损失但并未触发 CDS 合约的潜在风险.

- 等级. CDS 必须享有同等权益(见 10.1.7 小节)，并引用相同债务等级(通常是高级、无抵押的)，以便使得回收值一致. 衍生品合约通常与高级债务的排名相当.

- 最廉价交付期权. 如果一个 CDS 合约可以通过实物交割，即通过 CDS 买家(受保人)交付债券结算，那么受保人可以选用可交付合约的最廉价的债券. 一个廉价的债券将导致对冲合约的回收率低于对应的衍生品合约的回收率，并导致对冲交易对手风险的机构获得收益.

- 交付挤兑. 在 CDS 实物交割的情况下，交付挤兑可能源于在市场上缺乏可交付债券以及进而对交付产品强烈的需求，引起的价格上涨. 以对冲 CVA 为目的的 CDS 保护买家，必须购买债券以结算 CDS. 这种债券价格的上涨将有可能导致对冲交易对手风险的机构受到损失.

正如前面(见 10.2.3 小节)所讨论的，上面最后两个问题是从 CDS 的实物交割中产生的，可以通过采用现金结算的拍卖方式作为结算 CDS 合约的主要手段来减少影响. 虽然这消除了相关的最廉价交付期权和交付挤兑的问题，但是我们现在必须考虑拍卖回收率与收

---

① 由信用风险造成的债券交易价格远离其面值，不会影响 CDS 对信用风险的对冲功能，因为 CDS 的市场价格也会随着信用风险关系而相应波动.

② 此处假设债券交易价格随着市场价格波动，并且其利率风险被有效对冲.

到的实际回收率之间可能存在的差异. 虽然购买一个 CDS 合约需要(或必须)及时进行交付结算, 但是机构则不得不等到衍生品完成结算或者卖掉持有的亏损合约(见 10.1.7 小节)之后才能获得赔付. 破产过程涉及漫长的谈判和法律程序, 可以持续很多年. 交易对手越大, 其破产过程往往越复杂, 那么一个机构将不得不等待更长的时间来收取其合约规定的赔偿.

§16.2 CVA 对冲的组成

16.2.1 个体 CDS

如上所讨论的, 通过购买 CDS 保护来实现对一个债券或类似金融产品的静态对冲是一个合理并切实可行的对冲策略, 尽管存在许多小的潜在风险和操作性风险(比如输送挤兑). 大多数固定利率债券的交易价格都在其面值上下 5%~10% 的范围内波动①, 因此静态对冲会使信用风险的主要部分被有效削减.

由于未来潜在风险敞口(PFE)的高度不确定性, 衍生品的静态风险对冲要复杂得多. 作为一个例子, 我们在图 16.2 中解释如何对互换式产品的 PFE 进行对冲. 对冲的名义本金额的选取应确保在所有时间点 PFE 都被(过量)对冲. 我们比较了一个 CDS 对冲和一个包含 5 个不同到期日的 CDS 产品的期限结构对冲工具. 后者使得 PFE 的形状可以被更好地复制.

由于静态对冲基于 95% PFE, 其较高的对冲成本是显而易见的, 因为至少在 95% 的情况下静态对冲将会是一个过量的对冲手段. 假设信用曲线是正斜率的②, 总 CVA 反映在现实溢差中(图 16.2 的 CDS 对冲 1)为 1.5 个基点. 仅用 5 年期 CDS 保护的初始对冲成本为 10.3 个基点③. 期限结构对冲(CDS 对冲 2)提供了一个更好的对整体风险结构的匹配, 并且初始成本只有 8.1 个基点④. 当然, 我们可以选择降低的置信水平以节约成本, 然而这么做的代价是, 一旦发生违约, (仓位)风险敞口未被对冲的可能性将会成指数倍增长.

这种形式的静态对冲, 虽然非常简单, 却存在效率低、成本高的缺陷. 它只能在极端的情况下作为可选方案, 比如与某个特定交易对手之间的回报率很高的交易, 或者迫切需要把对特定交易对手的风险敞口减少到一定的置信水平, 或者说降到低于一定的信用额度. 此外, 它的前提是存在一个个体 CDS 市场.

---

① 这是由于非信用风险的原因, 因为任何由于信用溢差产生的价格差异已经被 CDS 保护的市场价格波动对冲掉了.
② 1 年: 100 个基点; 2 年: 150 个基点; 3 年: 200 个基点; 4 年: 250 个基点; 5 年: 300 个基点.
③ $300 \times 3.42\%$.
④ $100 \times (-0.92\%) + 150 \times (-0.42\%) + 200 \times 0.11\% + 250 \times 0.97\% + 300 \times 2.35\%$.

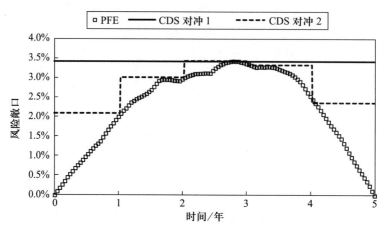

图 16.2 静态对冲 95%PFE 的例子. CDS 对冲 1 对应一个具有单一到期日(5 年)的产品；而 CDS 对冲 2 为涉及 1，2，3，4，5 年期的 CDS 保护的对冲

16.2.2 CCDS

个体 CCDS 在 10.2.5 小节中已有论述. 一个 CCDS 的结算方式和一个标准的 CDS 几乎完全相同，除了 CCDS 保护的名义本金额会由其参考的衍生品合约在违约时刻的价值来确定. 例如，如果交易对手违约当天衍生品有 1000 万美元的风险敞口，那么 CCDS 保护买方可以基于 1000 万美元的名义金额执行合约. 如果 CCDS 实物交割，卖方必须购买面值 1000 万美元的债券，以兑现合约. 如果回收率为 40%，那么该 CCDS 保护的买方将从卖方获得 600 万美元相应回报，其余的 400 万美元则应该从交易对手处收回. CCDS 同样存在与 CDS 相同的拍卖恢复和实际最终回收率(如上文讨论过)差别的问题. 有人提出用互换合约来结算 CCDS，即相关衍生品合约的所有权可以在 CCDS 的交易双方进行转换，然而这种所有权的转换可能存在法律障碍.

两个显著的 CCDS 相关风险如图 16.3 所示. 一个 CCDS 合约必须基于另一个交易，因此为了完全地对冲交易风险敞口，交易的所有细节，如到期日、参考利率、标的、支付频率、计日惯例(day count convention)等等，必须有详细规定. 如果没有详细规定交易细节或净额结算方式，出于实用性或其他原因，则该风险敞口仓位就不会被精确地跟踪，从而产生残留的风险敞口. 进一步来讲，原交易对手和 CCDS 交易对手(CCDS 卖方)存在同时违约的概率，由此产生关于 CCDS 的交易对手风险. 虽然这看似是一个小问题，但是如果这些交易对手之间存在显著的相关性，则可能会造成严重问题. 更多细节已在 §11.2 中讨论. 存在双违约问题意味着交易 CCDS(CDS 同理)应当考虑两个重要的因素：

- CCDS 交易对手的信用资质应该至少与原交易对手的信用资质相同或更好；

- CCDS 交易对手和原交易对手之间的违约相关性应该是足够低的.

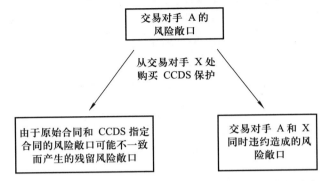

图 16.3 用 CCDS 保护对冲一个特定风险敞口的残留风险

Basel Ⅲ 使 CCDS 再次成为市场关注的热点, 因为使用 CCDS 可以有效减少对储备基金的需求, 如第 17 章中所讨论的. 人们对使用指数 CCDS 对冲错向风险的兴趣也在增加, 如 15.4.5 小节中所讨论的.

16.2.3 CVA 敏感性

在接下来的章节中, 我们讨论 CVA 的动态对冲, 分析不同的敏感性并研究对冲各相关成分所面临的实际问题. 我们考虑在第 12 章中(双边 CVA 的对冲将在后面讨论)给出的简单单边 CVA 公式:

$$\mathrm{CVA} = \mathrm{spread} \times \mathrm{EPE}. \tag{16.1}$$

显然, 该公式中 CVA 的敏感性可以如下展开:

$$\partial \mathrm{CVA} = \frac{\partial \mathrm{CVA}}{\partial \mathrm{spread}} \Delta \mathrm{spread} + \frac{\partial \mathrm{CVA}}{\partial \mathrm{EPE}} \Delta \mathrm{EPE} + \frac{\partial^2 \mathrm{CVA}}{\partial \mathrm{EPE} \times \partial \mathrm{spread}} \Delta \mathrm{EPE} \times \Delta \mathrm{spread}.$$

上面公式前两项中的 $\frac{\partial \mathrm{CVA}}{\partial \mathrm{spread}}$ 和 $\frac{\partial \mathrm{CVA}}{\partial \mathrm{EPE}}$ 分别代表 CVA 相对于信用溢差和风险敞口的敏感性, 而最后一项中的 $\frac{\partial^2 \mathrm{CVA}}{\partial \mathrm{EPE} \times \partial \mathrm{spread}}$ 代表相互依赖性(交叉-gamma).

信用溢差的敏感性涵盖违约概率和回收率. 最明显的关于违约概率的对冲方法是用个体 CDS 把交易对方作为参考实体. 大多数回收率风险可以通过这样的个体 CDS 进行对冲. 但这里会有一些二阶风险、基准风险, 我们将在后面分析它们.

风险敞口(EPE)敏感性涵盖对风险敞口有影响的所有变量[1], 这些变量大致可分为三类:

---

[1] 注意, 在不同风险敞口(利率和外汇)存在交叉依赖性的时候, 此处应有更多的交叉-gamma 项.

- 即期和远期利率：对即期和远期利率的敏感性，如利率和外汇.
- 波动率：对隐含波动率的敏感性，如外汇期权或互换期权.
- 相关系数：对不同的风险敞口变量（如两个不同的利率）之间相关性的敏感性.

上述各类敏感性，即便在非常简单的情况下都可以组成极其大量的组合，在大宗交易的情况下更甚. 例如，一个跨币种互换会产生利率风险（双币种）、利率波动风险（双币种）、外汇风险、外汇波动风险、相关风险或交叉-gamma（两利率之间和利率与外汇汇率之间的关系）.

这里要再次强调，公式(16.1)仅是一个对 CVA 近似值的估算（如在 12.1.3 小节中所讨论的）. 这意味着，所有的对冲应该对整个利率期限结构加以考虑. 理想情况下，对冲本身应该是无交易对手风险的（如在交易所进行的各种交易），以免对冲行为本身产生更多的 CVA. 这就是在 16.2.2 小节中提到的双违约问题的情况.

上面敏感性公式最后一项中的 $\dfrac{\partial^2 CVA}{\partial EPE \times \partial spread}$ 是用来描述相互依赖性的，通常称为交叉-gamma. 当信用溢差和风险敞口之间有关系的时候，这一项的意义就非常明显，如在错向（正向）风险存在的情况下，16.5.2 小节中对比曾进行过讨论.

诚然，存在大量潜在 CVA 敏感性需要考虑. 一个 CVA 组合将具备对于每一个参数的敏感性，具体来说它是对于每一个货币品种、资产类别和产品类型的基本交易的敏感性. 此外，CVA 组合具有 CVA 特有的、不存在于其他潜在交易无风险估值的波动敏感性，如信用风险、相关性和一些额外的波动. 因此，关键是要了解哪些是最重要的，哪些是次要的，哪些可以忽略不计.

§16.3 风险敞口对冲

接下来的部分将从实践的角度更详细地探讨上述一些 CVA 成分. 我们将使用以下假设，除非另有说明：

交易：5 年期支付者利率交换；
利率：利率逐年递增，1～5 年的利率分别为 4.0%，4.25%，4.5%，4.75%，5.0%；
波动率：利率波动率为 25%[①]；
信用质量：交易对手初始 CDS 溢差为 500 个基点，回收率为 40%；
名义本金额：1 亿美元（大部分结果都以百分比表述，通常与面额无关）.

对于所有定量的例子，我们往往会假设对冲工具具备完美流动性，但也会根据对冲工具在当今市场的状况而对策略的实用性做出评论.

---

① 这是一个关于互换率的对数正态分布波动.

我们首先考虑由那些能够被分割为即期/远期利率影响和波动性影响的风险敞口所产生的 CVA 部分的对冲问题，然后讨论它们之间的相关性（通常无法对冲）问题。

16.3.1 即期/远期利率

对冲 CVA 的底层 CVA 即期利率通常是对冲无风险工具的镜像. 基于以上利率互换的例子，我们在图 16.4 中展示了无风险利率和 CVA 利率的敏感性.

我们可以这样理解图 16.4，这个 5 年期支付者互换对利率具有正敏感性，随着利率的增加，接收到的浮动支付额的价值将增加. 大部分风险集中在第 5 年. 当利率增加时，CVA 会因风险敞口增加而增加，但是因为 CVA 本身是一种成本，因而具有负的敏感性. 第 1~4 年，CVA 敏感性为略正值. 无风险敏感性与 CVA 敏感性的和等于有风险敏感性，这包括减少对第 5 年的对冲和小幅增加短期对冲（因为交易对手风险缩短了互换的预期期限）.

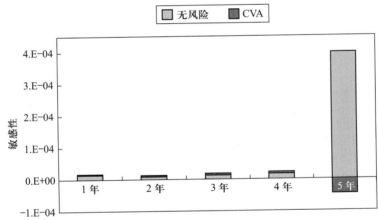

图 16.4　一个无风险利率互换的价格以及这个互换的 CVA 对于 1 个基点利率变化的敏感性. 假设交易对手的 CDS 溢价为 500 个基点

对图 16.4 的另一种理解是：互换交易各方基于无信用风险的假设来进行对冲，并且其机构持有互换合约的 100%. 然而，该机构实际上持有小于 100% 的互换合约，交易对手事实上是具有信用风险的，因此 CVA 对冲抵消了一些原本的对冲. 事实上，那些没有设立独立主动 CVA 交易平台的机构通常只对冲利率敏感性的一部分①，由此直接将 CVA 敏感性纳入对冲.

这就提出了一个问题：为什么利率风险应该被拆分，并通过两个独立的交易平台分别

---

① 这部分约等于交易对手的生存概率.

对冲，互换交易员以通常的方式对冲利率风险（好像互换是信用无风险似的），另一个CVA交易员对冲CVA成分？这似乎是有悖常理的，一个交易员对5年期利率执行一个对冲交易，另一个交易员实质上冲抵了部分交易头寸①。图16.5显示了，在交易对手的CDS溢价翻倍，达到1000个基点的情况下，互换价值和其CVA对于标的利率的敏感性。虽然无风险对冲不受影响，但是CVA对冲合约却有很大改变。我们在图16.6中展示了一个相反的例子，即接收者无风险利率互换，其CVA大于支付者无风险利率互换的CVA的一半，但是正负相反。基于产品的线性性质，无风险的敏感性完全大小相等，方向相反，然而CVA成分却以不同的方式变化。当利率期限结构为正斜率时，接收者互换对利率的敏感性则较小，因为它具有一个较低的期望风险敞口。这些例子说明了CVA对冲的复杂性。这意味着虽然无风险对冲和CVA对冲可以合并，但是CVA对冲的复杂性要求设立一个专门的CVA交易平台（见第18章）来进行处理。

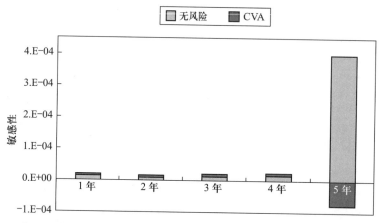

图16.5 一个无风险利率互换的价格以及这个互换的CVA对于1个基点利率变化的敏感性。假设交易对手的CDS溢价为1000个基点

16.3.2 漂移与对冲

根据如图16.4和图16.6所示的敏感性，我们简要地考虑上文讨论过的是使用风险中性参数还是使用真实世界参数对冲支付者和接收者利率互换敏感性的问题。因此，我们考虑期限为1～5年的对冲。

如果使用由市场给定的利率期限结构，我们将隐含地假设利率随时间增加。我们的假

---

① 一个有意思的极限情况是，当一个交易对手接近违约的时候，无风险利率的敏感性和CVA利率的敏感性应该大约相等但正负相反，从而利率风险的净值约等于零。那么一般交易平台和CVA交易平台可以直接进行交易化解风险。

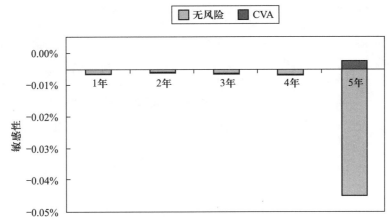

图 16.6 一个(接收者)无风险利率互换的价格以及这个互换的 CVA 对于 1 个基点利率变化的敏感性. 假设交易对手的 CDS 溢价为 500 个基点

设实际不是这种情况,表现为水平的利率期限结构. 表 16.3 表明,对冲的作用显著,支付者互换合约的 CVA 的下降与对冲合约的亏损相互平衡,而对冲接收者互换正好相反. 接收者互换需要较小的对冲(见图 16.6),因为其 CVA 随利率波动的变化较小.

表 16.3 水平利率期限结构形态下的 CVA 对冲(1 年期和 2 年期利率上升 5 个基点,4 年期和 5 年期利率下降 5 个基点,3 年期利率不变)

	支付者互换	接收者互换
初始 CVA	0.325%	0.166%
最终 CVA	0.306%	0.177%
CVA 损益	0.019%	−0.011%
对冲损益	0.020%	0.010%

若不对利率变化部分产生的 CVA 进行对冲,则使用风险中性参数是不安全的,其潜在的对未来的即时利率和当前预计的远期利率所做的假设等同于下了一个利率将上升的赌注. 由此,相对于同等条件的接收者互换合约,支付者互换合约具有较大的 CVA. 如果实际情况不是如此,比如利率曲线逐渐变平,那么 CVA 的区别将造成支付者互换合约的正损益和接收者互换合约的负损益.

关于即期利率和远期利率的敏感性,在利率和外汇以及如通胀和大宗商品市场等其他领域,一般都比较容易管理,银行一般会对来自市场的 CVA 成分进行对冲(取决于其对 CVA 成分重要程度的认可).

16.3.3 波动性

管理波动性风险是对冲 CVA 的一个重要方面. 回想一下, 即便在标的衍生品对于波动的敏感性很小或根本没有的情况下, 相关的 CVA 也可能具有相当大的波动性风险. 一个机构只能通过利率互换产品来规避波动性风险, 然而来源于这些互换交易的 CVA 会造成波动性风险. 图 16.7 显示了前例中的支付者和接收者利率互换的 CVA. 读者可能会发现复习 12.2.3 小节中的概念有助于对本章的理解: 利率互换的 CVA 可以表示为一系列基于一个反方向互换的互换期权.

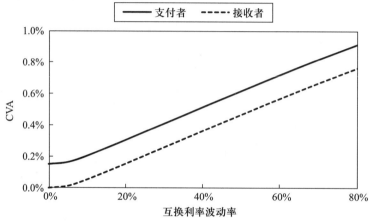

图 16.7 CVA 作为一个互换利率波动率的函数: 支付者利率互换和相应的接收者利率互换. 假设具有水平的波动期限结构

无论是支付者还是接收者利率互换的 CVA 都与波动率具有单调递增关系, 因为风险敞口可以作为标的(见 8.1.4 小节)的一个期权. 在零波动率的情况下, 支付者利率互换具有一些 CVA, 因为互换期权在正斜率利率期限结构情况下是在价格内的; 而接收者利率交换具有零 CVA, 因为互换期权是在价格外的.

CVA 对利率波动的敏感性可以通过互换期权进行对冲. 但是, 我们也应该考虑利率期限结构对波动性的影响, 如图 16.8 所示.

为了理解图 16.8 的格局, 我们必须考虑到对短期互换期权[①]定义 CVA 没有什么价值, 由于期限过短; 而长期互换期权也就没有多大的价值, 由于其标的互换的期限很短. 最值得考虑的互换期权是那些中等期限的. 实际上, 这种现象导致了一个互换产品的经典风险敞口轮廓.

---

① 这些互换期权与索伦森(Sorensen)和包利埃(Bollier)的研究中所提到的工具类似(见附录 12D), 并不能作为实际对冲工具.

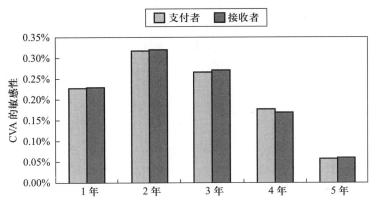

图 16.8 CVA 对不同到期日互换利率波动率的敏感性：支付者利率互换和相应的接收者利率互换

我们看到支付者和接收者利率互换对波动的敏感性是大致相同的，然而支付者利率互换的 CVA 要高得多。支付者互换期权溢价的程度与接收者互换期权折价的程度相当。由于 vega 的形态近似于对称，平价时取最大值，所以敏感性几乎是相同的。在这个阶段，这一特性没有特定用途，因为所有交易都是做空 CVA 成分的 vega。然而，接下来讨论到 DVA 时，该性质会变得重要。

需要注意的是，支付者和接收者互换期权都可以用来对冲波动性，但仔细分析互换期权与即期汇率的敏感性是非常重要的。如图 16.9 显示了 CVA 对即期利率的敏感性，如前

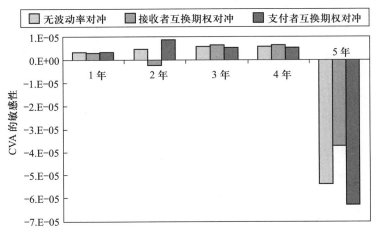

图 16.9 本图同前面图 16.8 一样，给出支付者利率互换对于标的利率移动 1 个基点而产生的敏感性，但额外给出对应于 2 年期支付者和接收者利率互换波动率的对冲量级

面的图 16.4 所示,但假定波动性将使用一个 2 年期互换期权来对冲[①]. 我们可以看到,使用接收者互换期权来对冲波动,将降低整体对即期利率的敏感性;而使用支付者互换期权来对冲波动会增加整体的敏感性并可能会增加对冲成本. 与 Sorensen-Bollier 方法的类比就不难理解,更好的对冲工具是(相反的)接收者互换期权.

§16.4 信 用 对 冲

我们现在讨论 CVA 的信用成分的对冲(套期保值). 首先,重点将放在个体对冲,假设指定交易对手的 CDS 具有足够的流动性. 然后,我们讨论利用指数进行对冲,这更具实际意义,因为个体 CDS 市场缺乏深度.

16.4.1 信用 delta

不同于点结构,5 年期互换的信用溢差对冲不能被一个 5 年期 CDS 工具严密地复制. 我们首先考虑对于 CDS 溢差的敏感性,如图 16.10 所示. CDS 溢差对各个期限 CDS 的影响都非常显著. 例如,1 年期 CDS 溢价的增加将导致 1 年的违约概率增加,而 1~2 年的违约概率降低. 这意味着,整体 CVA 将减小,因为与第 2 年相比,第 1 年的 EE 较小,因此在 1 年时的敏感性为负. 3 年期 CDS 溢价的增加,将使违约概率从 3~4 年的区间移动到 2~3 年的区间,因为在 2~3 年的区间 EE 升高,进而产生正向敏感性. CDS 曲线形状的变

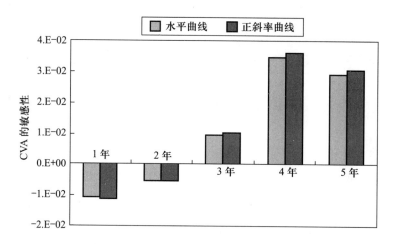

图 16.10 利率互换的 CVA 对于各不同交付期 CDS 溢价变化的敏感性(以 CDS 面额表示). 假设 5 年期的 CDS 溢价为 500 个基点,同时考虑水平利率曲线和正斜率利率曲线的情况

[①] 我们假设用 2 年期互换期权来达到 3 年期互换,尽管互换的期限对结果影响很小.

化(水平曲线对正斜率曲线)对 CDS 风险的影响不大. 这说明, 期限结构产生的影响几乎完全来源于互换的 EE 形状.

16.4.2　gamma 和突然违约风险

考虑 CVA 的 delta 对冲, 假设初始 CDS 溢价为 500 个基点. 我们假设只对一个 5 年期 CDS 合约进行对冲, 因为这很可能是可选的最具流动性的期限. 信用 delta(增量)对冲基于目前 500 个基点的 CDS 溢价, 计算为 1.64%, 意味着一个机构需要购买价值为互换合约名义额的 1.64% 的 CDS 保护. 然而, 如之前指出的(表 12.1), CVA 轮廓具有一定的凸性. 这一对冲的有效性与交易对手的 CDS 溢价的关系如图 16.11 所示. CVA 轮廓的凹性比 CDS 轮廓的凸性略大, 这导致一个较小的正 gamma. 这意味着该交易是可以进行合理管理的, 即当信用溢差收紧时需要购买 CDS 保护, 反之亦然①. 正 gamma 意味着(未对冲的) CDS 溢价浮动, 在不考虑交易成本的情况下, 产生对冲收益. 需要注意的是, 这种影响取决于用于对冲的 CDS 合约的交付期, 因为总体的 gamma 随着交付期的推移而减小. 比如, 对于一个 7 年期 CDS, 总 gamma 为负值, 那么一旦信用溢差增大, 则需要购买更多的 CDS 保护. 这不是一个理想的情况, 尽管其影响没有错向风险显著.

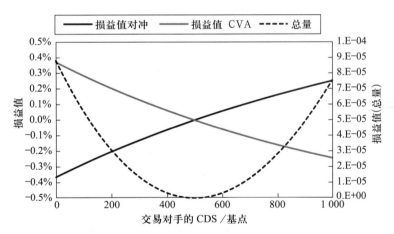

图 16.11　对冲 CVA 产生的损益值(作为交易对手 CDS 溢价的函数, 基于购买 5 年期的 CDS 保护). 假设交易对手的 CDS 溢价为 500 个基点

虽然对在合理范围内的信用溢差变化的 CVA 进行对冲显得比较实用, 但是我们还必须考虑因严重的信贷恶化或一个相当突然的信用事件造成的交易对手信用溢差大幅度增大的潜在影响. 我们在图 16.12 中展示了同样的 gamma 效果, 但是涵盖更大的交易对手信用

---

① 虽然理论如此, 但是在实际情况中很少发生, 原因在于买卖双方的价差及错向风险.

资质的范围①. 这说明, 当信用溢差较大(约 3500 个基点)时, CVA 损益方向会发生变化. 这是因为, 当交易对手突然违约时, 其 CVA 直接下降为零. 在这样的情况下, 会产生 1% 左右②的利润.

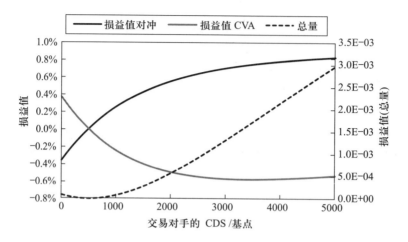

图 16.12　如同图 16.11, 但范围扩大

上面的例子说明, 虽然信贷 delta 和违约风险的对冲是相关的, 但是可能需要非常不同的对冲方式. 一个没有当前风险敞口的金融产品是没有突然违约风险的, 因为即时违约是不在考虑范畴内的. 如果想要既对冲信用溢差的敏感性又对冲突然违约风险, 一个机构需要至少两个不同的 CDS 合约仓位. 虽然理论上可以同时对冲信用溢差的敏感性和突然违约风险, 但是由于个体 CDS 市场的低流动性, 使其很难实现. 假设一个机构可以购买交易对手的 CDS 保护, 务实的做法将是对冲信用溢差的敏感性, 除非交易对手的违约风险极高, 在这种情况下突然违约风险则应该是重点③.

16.4.3　使用指数的信用对冲

有时买入某一交易的交易对手个体 CDS 保护(或直接以其他方式对冲其信用风险)是不切实际的. 一个个体 CDS 市场可能不存在或流动性非常差, 或者机构可能根本不认为值得对某些交易对手的 CDS 进行交易. 一个潜在的解决方案是通过信用指数来对冲. 这与使用信用指数来映射信用溢差的问题相关(见 10.3.1 小节).

虽然对冲个体风险敞口通常是不切实际的, 但是使用信用指数的一个关键优点是对所

---

① 注意到 CDS 一般会存在一个前期溢价, 特别是当交易对手风险很高的时候, 显示的数字等价于这个溢价.
② $1.64\% \times (1-40\%) = 0.98\%$ 是 CDS 的赔付. 收益只达到 0.6%, 注在图 16.11 的右侧.
③ 我们可以指出, 由于 gamma 影响, 对冲信用溢差风险可能是对于突然违约风险的一个过量对冲.

有交易对手的 CVA 进行总体对冲. 在溢差扩大的情况下, 一个机构面对的总 CVA 将大幅增加, 除非进行对冲, 否则会造成很大损失. 例如, 许多机构在 2007 年遭遇了这样的问题, 信用溢差一度急剧扩大. 对全球性的信用溢差进行宏观对冲, 可以通过购买相关信用指数的保护来实现. 由于指数固有的来源于其组成部分的近似效果, 这样的对冲仓位不一定需要非常频繁地更新. 使用信用指数也将简化 (也许是错误的简化) 双向 CVA 的对冲和 DVA 的货币化.

虽然利用信用指数进行对冲无疑是有用的, 但是对冲由总体信用溢差来定义的信用资质变化时, 它并不完美, 尤其是它无法控制某一给定交易方的 gamma 和突然违约风险[1]. 这种方法可以对系统性的信贷质量变化进行对冲, 但不能针对特定的交易对手. 如果某一交易对手的 CDS 溢价由于其特质的原因而显著扩大, 这将导致无对冲 CVA 的增加. 当特定交易对手接近违约时, 信用溢差往往趋于更加个体化 (参见表 10.4). 这表明, 通过指数对冲信用风险往往在越需要对冲时难度越大.

16.4.4 回收率的敏感性

之前我们已经讨论了回收率假设改变时对 CVA 产生的影响 (见 12.3.2 小节). 在大多数情况下, CVA 对回收率的敏感性较小, 假定 CVA 的信用部分是通过 CDS 动态地进行对冲的 (后面会讨论). 由于没有明显的市场工具可以对回收率进行对冲 (详见 10.1.7 小节中关于回收互换的讨论), 这种低敏感性是非常有用的性质. 回收率的下降不仅会导致 CVA 增加, 而且会使用作对冲的 CDS 保护的价值相应地增加. 这也是用来估算 CVA 的公式 (公式 (16.1)) 不包含回收率这一项的原因.

具有低 CDS 溢价的交易对手的回收率的敏感性将很低. 一个接近违约的交易对手的回收率的敏感性也会很低或几乎为零, 其原因是衍生品合约的损失和 CDS 合约的收益会相互抵消 (但此处存在基准风险, 因为 (打折) 清偿和实际回收率, 如 10.1.7 小节中讨论的). 一个处于困境而又不会马上违约的交易对手, 其回收风险是最大的, 尤其是在其 PFE 轮廓关于时间不均匀的情况下. 这是因为, 回收率的变化反过来会影响其在不同时间点的隐含违约概率.

§16.5 交叉依赖

我们现在考虑风险敞口和信贷之间的交叉依赖, 它表示为公式 (16.1) 中 CVA 敏感性的第三项. 它通常称为交叉-gamma. 交叉-gamma 会使对冲过程的复杂程度增加, 造成看似良好的对冲头寸, 产生大面积亏损.

---

[1] 如果该交易对手包含在用于对冲的指数中, 那么相关成分就可以获得隐性的对冲.

16.5.1 重新对冲费用

我们首先考虑风险敞口和信用相互独立的(没有错向或正向风险)的情况. 图 16.13 显示了利率向上移动 50 个基点时 CVA 的敏感性如何变化. 以这个支付者利率互换(接受浮动利率)为例, 利率的变化使互换变得更加溢价, 而且敏感性也产生相应的合理变化. 利率的变化意味着信用风险对冲将不得不被大幅调整, 即使 CDS 溢价没有变动. 相似的影响也可以在其他变量中看出, 例如波动性的变动引起信用对冲相似的变化. 与此相对应, 利率的敏感性随着信贷溢差的变化而变化.

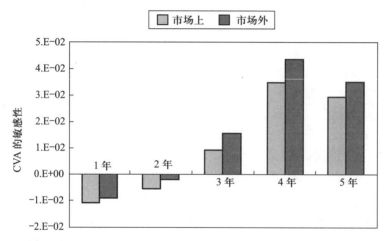

图 16.13 利率互换的 CVA 对于 CDS 溢价的变化在不同交付期的敏感性: 一个市场上和市场外的互换合约, 利率上升 50 个基点. 假设 CDS 溢价为 500 个基点, 不变

16.5.2 交叉-gamma

交叉-gamma 是用来描述两个变量之间潜在的依赖关系的术语. 如果变量之间存在相关性, 那么交叉-gamma(可以是多个交叉-gamma)将不等于零. 交叉-gamma 最重要的作用是其对错向风险的体现. 信用资质和风险敞口之间的关系的意外变化会给对冲造成问题, 即使信用和风险敞口方面各自正确地进行了独立的对冲.

表 16.4 显示了一个关于接收者利率互换的对冲的分析, 假设利率和交易对手 CDS 溢差之间的关系为完全负相关平行移动, 并假设各个成分分别进行了对 1 个基点变化的对冲. 对这个例子, 我们重点强调的是, 假设没有错向风险, 即当计算 CVA(和 delta)时, 利率和 CDS 溢差被视为相互独立的. 尽管利率和 CDS 溢差的单独变化会产生 gamma 影响, 最大的贡献来自交叉-gamma 部分, 利率和信用的联合移动所产生的 -6% 左右的

CVA 增长未被对冲[①]. 由于利率和信用溢差的负相关代表这一互换合约的错向风险(见 15.4.1 小节)，未对冲成分 -3711 可以看作错向风险损失的具体体现. 当利率和信用溢差同时上升时，交叉-gamma 成分会总体变大. 这与正相关的关系一致，会减少接收者利率互换的 CVA(图 15.14)，因为是正向风险.

表 16.4 利率波动和 CDS 溢价变化对 CVA 对冲的影响，以接收者利率互换合约为例. 假设利率和 CDS 敏感性已被有效的 delta 对冲所抵消，不考虑对冲工具本身的凸性假设. 单独变化所产生的未对冲部分被剔除，即只显示交叉-gamma 的影响

	CVA	变化	不对冲
基础情形	207 711		
CDS 溢差增加 100 个基点	241 498	-33 788	1 140
利率降低 10 个基点	228 317	-20 606	-880
联合移动(负的相关系数)	265 662	-57 951	-3 557

接收者利率互换(图 16.14)对冲模拟显示了交叉-gamma 的整体影响. 在零相关的情况下，损益是大致水平的，而负(正)相关会由于错向(正向)风险导致整体损失(收益). 这表明，在建模过程中应适当考虑错向风险的影响，避免高的交叉-gamma 影响对冲结果.

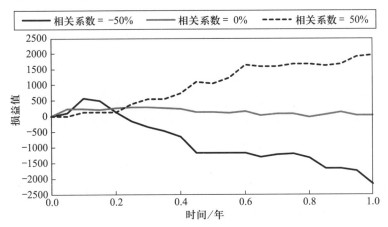

图 16.14 5 年期利率互换合约在 1 年时段的对冲. 假设利率和 CDS 溢差都被 delta 对冲，恰如标准的 CVA 模型(无错向风险)，并展示不同情况下的损益结果，利率与风险率为正、零或负相关

---

① 注意，假设标的对冲工具的凸性(比如利率期货和个体 CDS)无影响. 这样会降低单边变化的 gamma 影响，而对交叉-gamma 没有影响，因为交叉-gamma 已将各单边 gamma 成分的影响剔除.

16.5.3 错向风险的对冲

错向风险往往不能对冲，除非在特殊情况下（见 16.5.5 小节中关于指数 CCDS 的论述），其中一个例子是 15.4.2 小节中讨论的汇率贬值的影响。在这里，FX 的上升可以从不同货币的 CDS 来进行校准。这就产生了买入基础货币的 CDS 保护，同时卖出预计贬值货币的 CDS 保护的对冲策略。例如，假设一个机构持有跨币种互换合约，交易对手为外国政府，该机构支付外国货币和接收美元，那么这个机构应该买入美元标价的 CDS 保护，并同时出售等价的外币标价的 CDS 保护。这是可以理解的，因为其购买的接收现金流的 CDS 保护，而同时卖出付出现金流的 CDS 保护，那么当主权国家违约时，外汇汇率的影响被对冲。但是，请注意，这是一个"违约中性"的对冲，而 delta 对冲将需要额外考虑。

当存在的错向风险不能被直接对冲时，对模型的正确定义和校准应该使交叉-gamma 的影响最小（如上一段讨论的例子）。在 CVA 已经被对冲的情况下，这种校准也同样至关重要，因为错向风险（通过交叉-gamma 产生的）可能造成损失，不管交易对手是否违约。

16.5.4 CVA 对冲的意外结果

上述错向风险的例子看似无关痛痒，但是如果类似的风险在多个交易中产生，其后果会是严重的。CVA 对冲的一个问题在于许多交易的不同参数之间的联系。例如，利率下降环境会增加经销商的风险敞口[1]，因此需要对其进行更多的信用对冲，并且 CDS 溢差的增加会导致需要对利率风险进行重新对冲。这种重新对冲是必要的，即便利率和 CDS 溢差是分别对冲的。如果它们之间具有相关性，那么其影响会加重（交叉-gamma）。最后，利率和 CDS 溢差与波动性的联动使问题的复杂程度升高为三维。由于所有经销商都位于类似的仓位，那么极其可能由对冲诱导反馈效应，造成市场大幅波动。恐慌驱动的重新对冲往往伴随着流动性的恶化，进一步加剧问题的严重性。在正常的市场环境下，价格、信用溢差和波动性可能或多或少彼此独立运作，但在动荡的市场环境下，这种结构性的连接可能会使它们发生非经济原因的连锁反应。

2010 年 5 月，主权 CDS 溢差上涨，标志着欧洲主权债务危机的第一波开始。这似乎造成了许多银行通过其 CVA 交易平台的大量避险需求。进而，这些对冲创造了一些意想不到的后果。例如，英国央行 2010 年第二季度报告[2]表示：

"……鉴于主权 CDS 市场的流动性相对较低，活跃投资者的急剧增加的需求可能哄抬主权 CDS 保护的价格。各 CVA 交易平台不得不应对来自主权 CDS 市场的大量交易，因此

---

[1] 比如，和非 CSA 客户交易接收者互换合约，而用 CSA 交易来对冲。
[2] 参见 http://www.bankofengland.co.uk/publications/quarterlybulletin/index.htm

其对冲活动成为推动价格走高的一个因素，导致 CDS 保护的价格偏离了主权债务违约的潜在可能风险."

由此可见，CVA 的对冲是把信用溢差推到过宽水平的一个因素. 这可以表现为一个反馈回路的现象：对冲工具的强烈需求，增加了对冲的成本，进而又增大了对对冲的需求. 损失将产生于无法避免的不完善对冲（由于交易成本和无法连续对冲）.

然而，这种现象也可以看作一个交叉-gamma 的问题. 在 2010 年，主权 CDS 溢差，10/30[①] 欧元互换曲线和远期利率波动性的联系变得极其紧密. 主权 CDS 溢差明显扩大，10/30 欧元互换曲线显著变平，同时远期利率波动性也相应增加. 这个问题的严重性非常明显，主要 iTraxx CDS 指数的信用溢差与 10/30 欧元互换曲线的实际相关，从历史上约等于零上升至 90%[②]. 我们研究 CDS 溢差和远期欧元利率波动的相关性时也可以观察到类似的结果. 因此，CVA 套期保值的行为本身似乎会造成 CDS 溢差增加，带动利率进一步下降，并增加波动性，增强进一步对冲的需求. 这将进一步推动交叉-gamma 的损失，如表 16.4 的上半部分所示. 事实上，CVA 交易平台的对冲需求的确可能使问题更加严重. CVA 交易平台则不得不在情况最糟糕的时候重新对冲，面对买入价和卖出价剧烈变动和市场流动性极差的问题. 在这种"拥挤"的交易环境下，会导致 CVA 交易平台考虑完全不进行对冲.

16.5.5 指数 CCDS

某些金融产品是专门为对冲错向风险而设计的，尤其是在存在如上一小节中描述的结构性对冲问题的情况. 这类产品的一个例子是指数 CCDS. 银行与 ISDA 力求创建这个标准化的产品就是为了缓解利率和 CDS 溢差之间的交叉-gamma 所产生的错向风险问题. 指数 CCDS 的原理与个体 CCDS（在 16.2.2 小节中讨论过）相似，但其标的是一个指数，如 iTraxx，SovX 或 CDX，而不是一个单一的实体. 相关标的交易产品可以是利率互换，但也可以是其他产品，如外汇和大宗商品.

指数 CCDS 通常很难做到与风险敞口的完美匹配，因为标的交易是标准化的. 然而，一个机构可以使用特定的指数 CCDS 对冲交叉-gamma 的风险，只用一个合约来同时覆盖市场风险和交易对手溢差的风险. 这给对冲交易对手风险提供了一个新的层面，并使对冲增加风险的关联，成为可能如利率和 CDS 溢差之间的联动. 用标准的且具有高流动性的指数将标的 CCDS 指数化，而不只是针对某一交易对手，有助于改善 CCDS 的流动性. 因此，指数 CCDS 市场可能会比个体 CCDS 市场更受欢迎.

---

① 意思是欧元利率曲线的期限为 10～30 年.

② 参见 Sasura M，CVA hedging in rates，gaining in significance，Global Rates Strategy，Barclays Capital，20th May 2010.

§16.6 DVA 和抵押品的影响

16.6.1 对冲双向交易对手违约风险

正如第 14 章中讨论的,双向交易对手风险(BCVA)意味着一个机构是基于本身及其交易对手都存在违约可能性的假设对其 CVA 进行管理的. 自身违约部分一般称作 DVA. 这个自身违约部分总会降低其对(在双向交易对手风险定义下的)交易对手风险的估价,因为当一个机构自身违约时,它永远是"受益"方,不再有义务履行合约规定的付款. 在第 13 章中,有人提出 DVA 的货币化是存在潜在问题的. 现在我们更深入地探讨 DVA 及其在对冲上的影响.

使用 BCVA 的第一个前提是,所有计算都是以机构本身的存活为条件的. 这降低了 CVA 公式(13.1)的第一项. 在 13.1.2 小节中,我们认为这是合理的,因为如果一个机构自身先于其交易对手违约,则不必考虑源于交易对手违约的损失. 如果不能正确地反映这个"率先违约"的成分,就会造成一个双重计算影响[①],然而想要清楚地反映这个成分的影响也是很难做到的. 当只考虑单边 CVA 时,最自然想到的方式是利用购买 CDS 保护的方法来对冲交易对手的违约风险;当应用 BCVA 的概念来分析对冲时,自然会引申为用类似的合约进行对冲,但是当自身违约发生时,CDS 保护的合约将自动终止. 当然,这样的合约是不存在的. 然而,相比于第二个 DVA 方面的问题,这个"率先违约"对对冲的影响其实很小.

这里我们先回顾在公式(13.2)中给出的 BCVA 的直观近似公式:

$$\text{BCVA} = \text{spread}_C \times \text{EPE} + \text{spread}_I \times \text{ENE}, \tag{16.2}$$

其中 spread_C 和 spread_I 分别是交易对手和机构本身的 CDS 溢差,EPE 为期望正风险敞口,ENE(但从交易对手的角度是 EPE)是期望负风险敞口. 一个机构,由于其 DVA 部分,所具有相应的敏感性为公式(16.2)右端的第二项. 现在的问题是:这些敏感性在何种程度上抵消那些由 CVA 产生的敏感性? 在下面所有的例子中,我们假设该机构的违约风险大约为交易对手的违约风险的一半,CDS 溢价是 250 个基点,其交易对手的 CDS 溢价为 500 个基点(假设回收率固定为 40%,具有水平信用曲线).

我们首先在图 16.15 中展示单边 CVA(如前所述)和 BCVA 对利率的敏感性(如图 16.4 所示). 可以看到 BCVA 的敏感性在增加. 这个现象是可以理解的,因为 5 年利率的上升将增加 EPE,相应地降低 ENE. 由于它们的符号相反,在等式(16.2)中这些效应都减小

---

① 如 13.4.2 小节中所描述的,出于置换关闭的原因,这一项应该省略.

CVA 的敏感性[①].

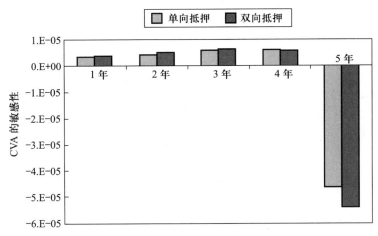

图 16.15　CVA 对利率变化的敏感性，基于图 16.10 所示的支付者利率互换合约的单边 CVA 和 BCVA

我们现在考虑 CVA 对互换利率波动的敏感性如何受到双边成分的影响. 用经典的互换期权类比一个机构做空的一系列接收者互换期权(有关其交易对手的违约). DVA 意味着它同时在做多一系列相同的互换期权(关于自己的违约). 由于信贷质量和结算日期的差别，这些互换期权将不完美匹配，但一些波动性风险会相互抵消. 换种方式说，当波动性增加时，公式(16.2)的各项会向相反的方向移动(注意 ENE 是负的). 因此，总体而言，第二项将降低第一项的增幅. 对波动的敏感性的平衡将取决于：

- CDS 溢差所确定的机构与其交易对手的相对风险程度；
- EPE 与 ENE(这关系到长期和短期互换期权的结算价).

根据互换期权的类比，若一组互换期权是溢价的，那么另一组互换期权同时是以同样的比例折价的. 由于这两组互换期权将有大致相当的波动的敏感性(vega 是大致对称的)，我们预计前部分，即相对风险程度，比较关键. 其实也的确如此，如图 16.16 所示，BCVA 的敏感性降低约 50%，对应于该机构与其交易对手相比的相对风险程度. 使用 DVA 减少了对波动的对冲需求，从而降低了对冲的成本，因为相对应的 BCVA 也降低了.

最后，我们来看看对应的 BCVA 对于 CDS 溢价的敏感性，如图 16.17 所示. 在 BCVA 的框架下，交易对手 CDS 溢价的敏感性略为降低，因为该机构本身可能会率先违约(在这种情况下，机构就不必保护其对手违约的风险). 关键的影响是该机构对自己 CDS 溢价

[①] 记得在期权估值中 CVA 是一个负项. 和单向 CVA 的情况相比，EPE 上升和 ENE 下降都会负面影响并增加负敏感性.

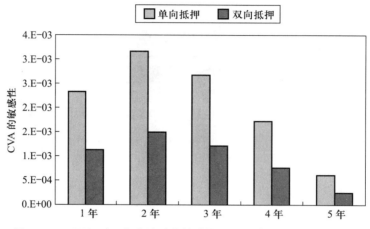

图 16.16　CVA 对互换率波动的敏感性，基于单边 CVA 和 BCVA

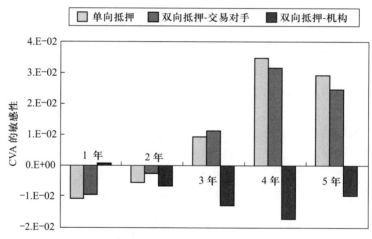

图 16.17　CVA 对于 CDS 溢价变化的敏感性."双向抵押-交易对手"表示交易对手的 CDS 溢差变化所产生的影响，而"双向抵押-机构"表示自身 CDS 溢差变化所产生的影响

的敏感性作用在相反方向上. 这一点在第 13 章中讨论过，相当于卖出自我的 CDS 保护. 这是分析中的重要组成部分并且可以认为是必需的，以便获取购买交易对手保护的资金，进而为较低的 BCVA 提供论据. 如果一个机构无法将其自身 BCVA 的成分货币化，那么从对冲的角度来说，使用 BCVA 的框架是不合理的.

16.6.2 DVA 和指数对冲

对冲 DVA 是困难的，奇怪的是，利用一般无法通过个体 CDS 来对冲的 CVA(由于市场缺乏流动性)可以解决这个问题. 在这种情况下，可以通过与 CVA 和 DVA 相关的指数，利用它们相对于指数的"Beta"来对冲[①]. 如果同一个指数用于同时对冲交易对手和机构本身的 CDS 溢差，那么机构可以进一步将它们合并成为一个净对冲，如图 16.18 所示.

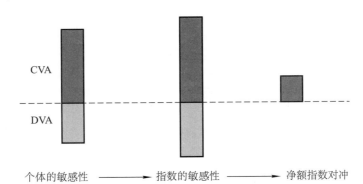

图 16.18 通过指数实现 BCVA 的对冲. CVA(交易对手的 CDS)和 DVA(机构自身的 CDS)部分都被实际映射到了一个指数对冲里. 如果两者被映射到同一个指数，那么这些对冲合约可以进一步组合在一起进行净值指数对冲

显然，指数映射过程可能会影响整体 CDS 的敏感性，用来对冲交易对手风险的做多 CDS 保护会被对冲该机构自身违约风险的做空 CDS 保护部分抵消. 需要注意的是净敞口(仓位)可能最终是一个空头的指数保护，这通常可以看作该机构将其负 BCVA 的一种货币化. 这个策略存在两个明显的问题：第一个问题是，该指数与个体 CDS(或交易对手、机构本身)的相关性不够强，因此不能使这个对冲策略切实可行. 仅具有正相关性是不够的：一个简单的例子表明，相关性超过 50% 时这种对冲才能有效[②]. 对 CVA 实行指数对冲的一个优点是其规模性：指数可以覆盖数百甚至数千交易对手，因此对冲只需要在整体的基础上有效. 但是存在一个缺点：其中任意一个单一对冲的不良特征(如负相关)，会被整个组合的剩余部分平均掉. 然而，DVA 对冲不具备这个好处，一个机构自身的 CDS 溢差和标的对冲指数缺乏相关性将导致与所有交易合约相关的 DVA 同时大幅波动.

上述策略的第二个问题特指 DVA 涉及的一个事实，即如果指数与机构本身的 CDS 溢差高度相关，那么对冲会十分有效，但会造成保护的买方承担很大的错向风险(图 15.22).

---

① 换句话说，是对交易对手和机构自身以及信用指数之间的关联做出相应调整.

② 假设指标和个体 CDS 的方差相等，那么总体标准差将为 $\sqrt{\sigma_{index}^2 + \sigma_{sn}^2 - 2\rho\,\sigma_{index}\sigma_{sn}}$. 要保证总体方差大于 50% 并且将合并方差降为原值的一半，那么两者的相关系数必须大于 87.5%，详见附录 16A.

事实上，它造成了特定的错向风险，通常被视为这笔交易具有严重的结构性问题（见 17.4.1 小节中关于 Basel Ⅲ 的讨论），应该避免。在这样的情况下，保护的购买者应该期望打折购买，从而削弱对冲效果。事实上，该机构陷入这样的困局：低相关性会催生一个无效的 DVA 对冲，而较高的相关性则造成过多的错向风险，导致保护产品的销售问题[①]。

用信用指数对冲的想法似乎与 BCVA 的概念非常和谐，因为它避免了一个机构不能自行出售 CDS 保护的问题。然而，这样的方法可能有些难以自圆其说，因为只有当指数与机构自身信用风险相关性很高的时候才有效。指数对冲对于 CDS 溢差的系统风险部分很有效，但是对无论是交易对手或机构自身的特有风险则效果不强。如果一个交易对手违约，由此造成的损失可能完全没有被对冲，因为在交易对手违约前计算的 BCVA 可能是零（甚至为负）。如果一个机构依靠 BCVA 定价，同时通过指数进行一些系统性的信用对冲，那么当机构自身和其交易对手的信用溢差主要源于可通过指数显现的系统性风险时，这个机构的对冲方法不会存在严重问题。然而，当受到个体特有的信贷质量变化的影响时，基于双边假设造成对交易对手风险的潜在低估将导致对冲的低效。

16.6.3 抵押品对对冲的影响

我们现在展示抵押品对敏感性和 CVA 对冲（套期保值）的影响。由于抵押品减少风险敞口，我们应该期待其能产生减少对冲需求的作用。我们考虑这种情况的例子：一个很完备的抵押协议，阈值、独立金额、最低转账金额都为零，且没有舍入。我们假设保证金风险期为 10 天（见 8.5.2 小节）来作为对每日净额结算进行的合理评估。显然，较弱的抵押将导致一个中间的结果（相对于无抵押情况下），如下面的例子所示：

对于利率的敏感性（图 16.19），几乎是零，这反映了具备抵押品的情况下漂移变得不重要，因为相关时间范围很短。对 CDS 溢差的敏感性（图 16.20）也会显著减少，但应注意的是，整体的对冲在所有时间点上都为正的，并且其总和仍然比较大。这反映了显著的突然违约风险。最后，波动（图 16.21）具有实质性的敏感性，这反映了这些因素对有抵押的交易对手违约风险的重要性。这可以通过以下事实来部分地理解：与时间呈线性关系的漂移类变化（如利率和 CDS 溢差）产生的影响对比，波动率大约与时间成平方根的关系。

结论就是，抵押品可以大大减少对冲的参数。余下的可能存在的关键成分为波动率和突然违约风险。还必须注意的是，对冲相对于抵押协议（阈值等）和假定保证金期限的条款非常敏感。

16.6.4 敏感性的整合

整个 CVA 组合敏感性的汇总是值得讨论的。所有交易对手的风险敞口相关的敏感性是

[①] 一个更加同质的市场，如中央清算（增加市场价格的一致性），会有助于此。然而，由此推论 CCP 可能会承担更大的错向风险，并产生问题（见 15.5.4 小节）。

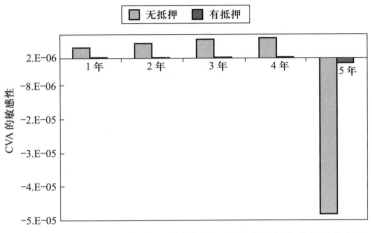

图 16.19 CVA 对于利率变化的敏感性，基于有抵押和无抵押的交易

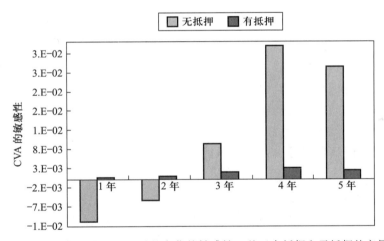

图 16.20 CVA 对于 CDS 溢差变化的敏感性，基于有抵押和无抵押的交易

可以进行汇总的. 一些关键的敏感性指标, 如对利率和外汇风险的敏感性, 可以在各笔交易及其相关对冲上进行部分抵消. 这种抵消通常是不完美的, 原因在于: 首先, 即使在各个交易对手同等的情况下, CVA 对于相反交易的敏感性也不会完美地匹配(见关于利率的例子图 16.4 和图 16.6). 其次, 可能更重要的是, 之所以有各笔交易和它们的对冲存在就是因为交易的效果有所不同, 如交易对手的信用资质, CSA 与非 CSA 交易等. 例如, 一个交易商一般提供接收者利率互换给非 CSA 客户, 同时通过 CSA 交易对手来进行对冲(例如在银行间市场), 那么交易商相对于利率会有总和为负的较高的敏感性. 客户业务的

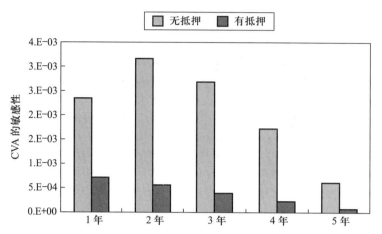

图 16.21　CVA 对于互换率波动的敏感性，基于有抵押和无抵押的交易

性质导致银行具有这种高 CVA 敏感性.

虽然其他的市场变量会部分抵消对于 CVA 的敏感性，但是波动对于所有交易的作用是同向的（如图 16.8 和图 16.16 中除去 DVA 收益的部分），因此整体波动的风险将是显著的，应该通过购买跨期限结构的关于不同标的资产类别的期权来进行对冲. 由于很多外汇敞口的远期性质，外汇波动风险很可能需要重点对冲；由于风险敞口的高名义值，利率波动风险可能很显著；如果未能正确地对冲波动风险，可能导致突然发生的市场金额上的损失，造成 CVA 值的增加，引起在一个或多个资产类别上波动的飙升. 由于机构自身违约连带的负敏感性，通过使用 BCVA，波动风险会有所降低（图 16.16）. 这意味着，一个机构应该在其信用资质良好时做多波动性，而在其信用资质变坏时①卖出波动性，这是使用 BCVA 框架所产生的又一个奇怪的现象.

信用风险有别于风险敞口，不能在多个交易对手之间进行汇总，例如在包含跳跃性违约的情况下. 指数对冲显然可以在资产组合层面进行汇总，如图 16.18 所示. 个体 CDS 保护应该至少在理论上可以对每个交易对手进行交易，以控制突然违约的风险. 在实践中，只有存在显著风险和在 CDS 市场上有充足流动性的交易对手才可以通过这种方式对冲. 同样，使用 BCVA 将减少 CDS 保护所需的总净金额. 事实上，如果一个机构的 CDS 溢价宽于其交易对手 CDS 溢价的平均值，该机构可能会成为 CDS 保护的卖家以对冲负 BCVA. 这样的做法是不当的，因为一旦该机构的信用资质突然提高（CDS 溢价相对于整个市场收紧），将造成一个很大的未对冲的 CVA 损失. 交易个体 CDS 保护时，一个机构可以针对某

---

① 非常有悖常理的是，一个自身违约风险极高的机构需要大幅地做空波动性来对冲潜在的 BCVA 增加，因为如果波动性下降会导致公式 (16.2) 的第二项下降.

个交易对手的 CDS 溢价的特质变化实行对冲. 但是，由于不可能出售自身保护，所以对冲一个机构本身 CDS 溢差的等效部分是不可能的.

§16.7 小 结

本章对关于 CVA 对冲方面的问题进行了透彻的分析. 我们已经表明，信用风险和风险敞口成分的完全对冲是非常复杂的，由于存在大量的变量，CDS 市场的流动性相对较低，并且存在如交叉-gamma 和突然违约风险方面的问题. 对于即期价格、波动性、相关性、交叉依赖性和违约风险的敏感性，本章都进行了详细描述. 我们还说明了抵押品对对冲的影响，并讨论了使用双边交易对手风险的概念对对冲的影响. 一个机构若想有效地管理其交易对手风险，需要对如何选取关键变量进行重点讨论，做出明智的选择.

我们对 CVA 对冲可能产生的意想不到的后果进行了说明. 对冲 CVA 是一个新的领域，交易员可能容易反应过度. 市场容易发生崩盘，因为其结构性特征和重新对冲所产生的影响是无法完全避免的. 一旦特定的阈值被突破，可能会引起大量的重新对冲并导致连锁反应，造成一些市场严重偏离其正常的运行方式. 流动性的突然下降、波动性的大幅增加、买卖价格的缺口可能无法完全避免. 市场可能不得不承担 CVA 对冲的问题，除非对流动性、交易品种、信用衍生品进行大幅改善，以有效地转移风险. 但是，CVA 对冲的复杂性和跨资产类别的性质使得是否对冲 CVA 成为一个必须慎重考虑的问题.

在接下来的章节中，我们详细研究交易对手风险的管理：在第 17 章中讨论监管方面的问题，进而在第 18 章中讨论 CVA 交易平台如何操作.

第 17 章 监管与资本金要求[①]

> 骆驼就是委员会设计的马.
>
> Sir Alexander Arnold Constantine Issigonis(1906—1988)

§17.1 导　　言

全球金融危机之后,金融监管得到了高度重视,现有的监管条例得以进一步完善,同时还需引入新的条例,以防止末日般的金融危机再次来临时,政府和纳税人为破产的金融机构买单. 所以,对于危机发生后快速起草并于 2010 年 7 月写进法律的 Dodd-Frank 法案,我们并不感到意外. 这份法案洋洋洒洒地汇集了近千页的内容,以规范并约束金融机构. 另外,Basel Ⅲ 资本金监管准则也得以快速推进(相对于之前的版本 Basel Ⅱ).

金融监管的一种关键形式就是确定一家银行应当持有的资本金的最低水平. 在动荡的市场环境下,资本金可以起到缓冲作用,从而对银行的信用状况构成有力的支撑. 最终,资本监管要求部分限定了银行所能承担的杠杆比例. 近期的市场状况已经揭示了过分乐观的资本金水平的危险性,损失不仅超过了资本金水平,而且其规模使资本金相形见绌. 银行不断追求高利润,以回报员工(以奖金形式)和股东(以股利和资本利的形式). 银行为了最大限度地开展业务和承担风险,倾向于持有最低限额的资本金. 很明显,银行资本金的设定需要权衡利弊. 一方面,资本金应充足到使银行不太可能破产;另一方面,它又不能太高以致银行受到不公正的惩罚(银行的竞争对手可能处于更宽松的监管环境中). 因此,设定最优资本金水平并不容易,金融市场向来善于制造意外,任何模型和历史经验都无法准确地预测未来.

设定资本金额度的另一个难点在于设定它的方式. 一方面,简单的方法尽管直截了当,便于实施,却无法对银行复杂的头寸建立有针对性的缓冲资本. 因此,这种方式可能造成资本金"套利",即银行可能在不降低所承担风险的情况下降低自身应满足的资本金要求. 事实上,信用衍生品市场的发展很大程度上得益于监管资本金套利活动. 另一方面,基于模型的方法可以更好地匹配风险与资本金,但不够明晰,因而难于具体实施. 另外,因为

[①] 由于监管变化很快,请访问 www.cvacentral.com 获取本章内容的更新.

在资源和专业知识方面的优势,大型交易商有能力实施复杂的资本金监管方法,而小型交易商更倾向于使用简单的方法.因此,复杂与简单的方法并存是有必要的.请注意,银行不能对所采用的方法有所挑剔,一旦它们被允许使用复杂的方法,它们就不能在未经监管当局批准的情况下换回原来的简单方法.

正如我们所预料的,资本金要求可以根据风险范畴进行细分:市场风险、信用风险、流动性风险和操作性风险.这种分类可能因为忽视了风险的相互抵消而导致重复计算.即使在同一个风险范畴内,比如交易对手风险,资本金要求的定义也不止一个,同时允许通过加总得到资本金要求的总额.

很显然,金融危机发生前,针对交易对手风险设置的资本金水平是不够的.我们将在本章介绍交易对手风险监管和资本金要求的方方面面.这部分内容很自然地分为危机前的监管条例(主要是 Basel II,它包含一部分 Basel I)和那些伴随危机的发生而逐步引入的新条例(主要是 Basel III).Basel III 将在 Basel II 的基础上实施,而非取代 Basel II.我们不讨论其他风险范畴对应的资本金要求.我们也注意到,Basel III 的许多新增内容都是针对交易对手风险的.

监管环境的改变可能引起市场结构的调整,比如通过 CCP 的设立而引入中央清算机制(见第 7 章).此类新生机构也需要资本金储备,以应对与之交易的市场参与者的风险敞口.新的监管条例应运而生.最后,在全球范围内,监管要求并不协调一致.尽管 Basel III 着眼于全球视角,它的具体实施是由区域性监管机构完成的,因此难免会有差异.

在本章中,我们会使用术语违约风险敞口(exposure at default,EAD).这个概念跟之前用过的期望风险敞口(EE)和期望正风险敞口(EPE)类似,本质上指交易对手违约时的未来风险敞口.用于监管目的 EAD 可以通过多种方式定义,跟 EPE 或 EE 相比,EAD 略显模糊与保守.

§17.2 Basel II

17.2.1 背景

许多大型银行的业务遍及多个国家,为了最小化区域性监管冲突给国际性银行造成的影响,10 国集团(G10)的中央银行行长于 1974 年设立了 Basel 银行业监管委员会(简称 Basel 委员会或 BCBS).BCBS 并没有正式的公权,它的决定也不具有法律效力.相反,它可以依据自己所认为的最优方案规划广泛的监管标准,并发布相关建议.各国的监管当局在制定本国监管条例时,将遵循 BCBS 的指导原则.

1988 年,BCBS 制定了一个度量资本金的框架,称为 Basel 资本金协议(Basel Capital Accord,现在通常称为 Basel I).此协议不仅被 G10 所采纳,也被拥有国际性银行的其他国家所接受. 但是, Basel Ⅰ 缺乏风险敏感性, 于是银行学会了钻空子: 既能降低最低资本金要求, 又不减少承担的实际风险. 为了制止这种称为监管套利的行为, BCBS 从 1999 年开始制定风险敏感性更高的 Revised Capital Adequacy Framework, 通常称之为 Basel Ⅱ. Basel Ⅱ 协议覆盖 20 国集团, 同时在 BCBS 的文件中进行了描述. Basel Ⅱ 有三个支柱:

- 支柱 1: 最低资本金要求. 银行根据一套具体规则, 计算符合监管条件的资本金额度.
- 支柱 2: 审查机制. 审查机构对银行的行为和风险状况进行评估, 以确定银行是否应支柱 1 的要求, 准备了充足的资本金.
- 支柱 3: 市场纪律. 对银行必须公开披露相关信息, 增加资本金充足率的透明度(包括披露确定资本金要求的方法)进行具体规定.

我们将讨论支柱 1 中的最低资本金要求, 因为这将应用到银行的交易对手风险中. 关于 Basel Ⅱ 的完整描述请见 Ong(2006) 和 Engelmann and Rauhmeier(2006).

17.2.2 资本化信用风险的一般方法

我们首先讨论资本化典型信用产品(如贷款)的违约风险的一般方法. 在 Basel Ⅱ 中列举了两种方法:

- 标准方法. 银行通过外部评级核定其敞口的风险水平. 所有非零售业务的风险敞口都被归入风险档级. BCBS(2006) 为每个风险档级规定了资本金额度. 这种方法基于 Basel Ⅰ, 但更为细致.
- 基于内部评级的方法(IRB 方法). 银行对某些(基础 IRB) 或全部(高级 IRB) 风险指标采用内部估计. 这些风险指标包括: 违约概率、违约损失(或回收率)、违约风险敞口和有效到期日.

尽管市场风险自 1995 年起就是完全基于模型评估的, Basel Ⅱ 并未允许用模型评估信用风险. 这一限制可以归结为信用风险建模的复杂性、有限的相关数据和较长的展望期. 高级 IRB 方法仍然使用相对简单的公式定义经济资本金, 尽管该公式有坚实的理论基础.

Basel Ⅱ 中使用的高级 IRB 方法大体上遵循了 §11.3 中介绍的信用资产组合模型. 这一理论基于附录 17A 中介绍的大型同质资产池(large homogeneous pool, LHP) 近似. 它被用来定义在 Vasicek(1997) 假设下和 Gordy(2004) 所做的分散性调整之后的期望损失. 在高级 IRB 方法中, 一个给定金融产品的监管资本金(RC) 由如下公式定义:

$$RC = EAD \times LGD \times (PD_{99.9\%} - PD) \times MA(PD, M), \tag{17.1}$$

其中

EAD: 违约条件下的风险敞口(如债券或贷款的名义本金额)[①];

[①] 因为 EAD 具有可乘性, 所以较大的风险敞口不会受到直接的惩罚.

LGD：违约条件下的期望损失（在经济下行期估计得到）；

PD：债务人的违约概率（下限为 0.03%），$PD_{99.9\%}$ 代表一个意料之外的违约概率（置信水平为 99.9%）[①]；

MA：到期日调整因子.

上述公式比较直观：资本金要求应该依赖于交易头寸的规模（EAD）和违约概率、违约损失、有效到期日以及资产相关性.

17.2.3 资产相关性和到期日调整因子

上述提到的资产相关性不是常量，它依赖于违约概率本身，由 PD 唯一决定，如图 17.1 所示（相关公式见附录 17B）. 这就是说，资产相关性随着债务人规模的减小而降低（规模小的债务人违约的概率更大），或者可以理解为对模型的修正，使其趋向于违约概率的线性函数，从而削弱模型的顺周期效应[②]. Basel Ⅲ 提高了大型金融机构资产相关性的默认值（见 17.4.1 小节）.

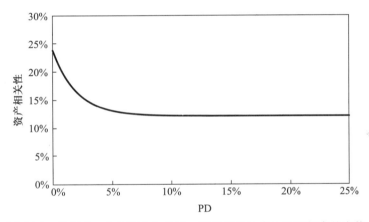

图 17.1　根据 Basel Ⅱ 资本金条例，资产相关性作为违约概率的函数

公式（17.1）中的到期日调整因子的目的在于捕捉信用迁移（credit migration）风险，即债务人虽然在展望期内没有违约，但其信用状况可能变差. 到期日调整因子并非从模型得来，它只是一个含参数的函数，其中参数的选择标准是尽量匹配单因子 KMV 资产组合经理模型的结果（KMV Corporation，1993）. 它的公式在附录 17B 中给出. 图 17.2 对于不同

---

① 该值由公式 $\Phi\left[\dfrac{\Phi^{-1}(\mathrm{PD}) + \sqrt{\rho}\,\Phi^{-1}(0.999)}{\sqrt{1-\rho}}\right]$ 给出，其中 $\Phi(\cdot)$ 是标准正态分布函数. 这个公式源于 LHP 假设和分散度调整.

② 有关监管资本金顺周期性的详细讨论和降低方法，请参见 Gordy and Howells(2006).

的 PD 值,给出了到期日调整因子和剩余期限的关系. 尽管参数化的到期日调整因子是对真实信用迁移模型的巨大简化,它仍然秉承了信用迁移风险的两个主要特性:其一,给定 PD,信用迁移因子随着剩余期限的增加而增加. 这一性质显然是我们所希望的,因为随着剩余期限长度的增加,债务人发生信用降级的可能性就会增大. 其二,有较低 PD 的债务人的到期日调整因子较高. 这一性质非常直观,因为信用评级高的债务人的信用评级下调的空间更大,正如信用迁移的均值回归特性所显示的(见 10.1.3 小节).

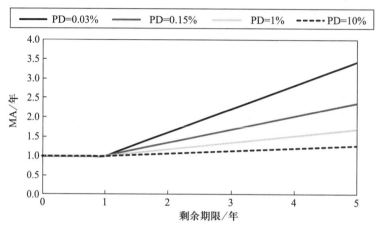

图 17.2 对不同违约概率的取值,到期日调整因子作为剩余期限的函数

§17.3 Basel Ⅱ 中的风险敞口

Basel Ⅱ 框架的重点在于具有固定风险敞口的金融产品,例如贷款. 第 11 章中介绍了经济资本金的计算,并指出了衍生品所带来的额外复杂性,例如随机风险敞口、风险敞口的相关性和错向风险. 但同时也指出,用等价贷款价值结合额外的 α 因子来代替衍生品的风险敞口有着合理的理论基础(见 11.3.4 小节).

对于场外衍生品和融券交易(securities financing transaction,SFT)的最低资本金要求,Basel Ⅱ 框架大体上遵循贷款等价的模式计算公司、主权国家和银行的风险敞口(BCBS,2006). 在应用这些规则计算衍生品和 SFT 的违约风险敞口(EAD)时,有一些复杂程度不同的方法:
- 当前风险敞口法(CEM);
- 标准方法(SM);
- 内部模型法(IMM).

前两种方法一般属于非内部模型方法. 设计这些方法的目的在于为那些没有针对信用

风险敞口的内部建模能力的银行提供一个简单可行的审查机制. 另外, 回购交易另有一套方法, 下文将逐一介绍这些方法.

EAD 是在净额结算集的水平上计算的. Basel 认为, 净额结算集就是与同一个交易对手进行的, 受制于同一套具有法律约束效应且满足相关法律和操作条件(在 BCBS, 2006 的附录 4 中规定的)的双边净额结算协议的所有交易的集合. 除非建立在双边基础之上, 否则净额结算是不能应用到监管资本金的计算中的. 不在任何具有法律约束性的双边净额结算协议之下的交易, 单独组成一个净额结算集. 因此, Basel II 对净额结算的理解与我们之前的定义相同(见 §8.2).

17.3.1 CEM

CEM 采用如下公式计算 EAD:

$$EAD = CE + \text{add-on} \qquad (17.2)$$

其中 CE 是当前的风险敞口, add-on 是对合约剩余期限内的未来风险敞口的估计值. 每一笔交易都有相应的 add-on, 等于交易的名义本金额和 add-on 因子的乘积, add-on 因子取决于交易的剩余期限和基础金融变量的类型(如利率、汇率等), 详见表 17.1. 例如, 一个当前市场价值为 1% 的 6 年期利率互换, 其 add-on 为 1.5%, 从而 EAD 等于 2.5%.

表 17.1 不同剩余期限和基础金融变量所对应的 add-on 因子

剩余期限	利率	外汇和黄金	权益	贵金属 (不含黄金)	其他商品
小于 1 年	0.0%	1.0%	6.0%	7.0%	10.0%
1~5 年	0.5%	5.0%	8.0%	7.0%	12.0%
大于 5 年	1.5%	7.5%	10.0%	8.0%	15.0%

在 CEM 中, 当前风险敞口的计算允许根据双边结算协议对全部交易进行净额结算. 这意味着当前风险敞口由资产组合的净值所定义. 通过 add-on 因子对未来风险敞口进行净额结算的好处并不明显, 因为净额结算的效果随市场价格的波动而显著变化. 考虑两笔交易, 它们当前的风险敞口能够完全抵消. 随着时间的流逝, 除非这两笔交易仍具有完全相反的风险敞口, 否则净额结算的效果就会稍打折扣. 一般来说, 某些净额结算具有结构性效果, 而另外一些则是暂时的、机会性的. 这种处理方式偏于保守, 因为它假设当前净额结算的效果将随时间而降低, 而实际上相反的情况也是可能发生的.

最后, 不同于 Basel I 的规定, 对于提供抵押品的交易对手, Basel II 允许在计算净额结算集的当前风险敞口时通过一定程度的折减，扣除抵押品的当前市场价值①. 在附录 17C 中对此有详细定义. 本质上说，抵押品对于风险敞口的好处是通过降低当前风险敞口来实现的，并非来自根据未来风险敞口索要抵押品的权利(这并不能降低 add-on).

17.3.2 SM

Basel Ⅱ中定义的 SM 适用于那些没有资格对交易对手风险进行内部建模，但又寻求风险敏感性高于 CEM 的方法(如能够更合理地处理净额结算)的银行. 在 SM 中，银行计算净额结算集内的 EAD，其中净额结算集由一些"对冲集合"所组成，对冲集合中的头寸依赖于相同的风险因子. SM 考虑了对冲集合内部的风险抵消，却没有考虑对冲集合之间的风险抵消. 同 CEM 一样，抵押品的作用仅限于降低当前的市场风险敞口，对未来索取抵押品的权利并未特别处理，更多细节请见附录 17D. SM 并不常用，银行倾向于采用更为简单的 CEM，或者更为复杂的 IMM.

17.3.3 回购类交易的处理

对于回购类交易，EAD 是证券与所收到抵押品的市场价值之差：
$$\text{EAD} = \max(0, \text{MtM}(1+h_s) - C(1-h_c)), \tag{17.3}$$
其中 MtM 和 C 分别为净额结算集及其对应的抵押品的当前市场价值，h_s 是证券的折减比例，h_c 是抵押品的折减比例. 为了同时应对市场风险敞口的增加和抵押品的贬值，我们必须同时对两者使用折减法. 银行可以使用内部模型自行计算折减比例. 在这种情况下，相关的置信水平应为 99.9%，时间展望期最少为 5 年.

为了更好地处理净额结算，银行可以使用基于 VAR 的替代方法，以反映风险敞口和抵押品的价格波动. 在这种方法中，净额结算集的 EAD 可由下式计算：
$$\text{EAD} = \max(0, \text{MtM} - C + \text{VAR}),$$
其中 VAR 代表抵押品在未来某段时间的在险价值. VAR 模型的优势在于考虑了不同头寸之间的相关性，从而改进了基于固定法则的折减法. 根据市场风险条例(market risk framework)，获准使用 IMM 的银行可以采用 VAR 模型方法，详见 BCBS(2006)的第二部分第六章. 其他银行需要向监管机构单独申请认证内部 VAR 模型.

原则上说，用于回购类交易的市场风险模型的定量和定性标准，与市场风险条例中规定的一样. 对于回购类交易，最短持有期为 5 个工作日(而不是标准的 10 个工作日). 对于某些市场变量，根据其流动性和标的证券，持有期应适当延长.

17.3.4 IMM

具有市场风险建模能力的机构现在被认为有资格通过其内部模型量化其风险敞口. 在

---

① 所谓的"经波动率调整的抵押品"，参见 www.bis.org/publ/bcbs116.pdf

IMM 中,银行被允许使用自己的模型计算未来风险敞口的分布(方法与第 9 章中介绍的类似).假设该分布已知,IMM 就能根据期望风险敞口分布计算出 EAD 和有效到期日(此信息将用于计算公式(17.1)中的到期日调整因子 MA).

在 Basel II 所包含的计算 EAD 的各种方法中,IMM 的风险敏感性最高,它为银行采用更复杂的模型以提高其测定和管理交易对手风险的能力提供了正向激励.即使在过去几年动荡的市场环境中,使用更为复杂的 IMM 也是有益的,它没有 CEM 那么保守.在 IMM 中,EAD 和有效到期日都是通过银行内部的风险敞口模型得到的.这些模型必须得到银行管理层的批准,才能用于 IMM.关于有效到期日计算的更多细节,请参见附录 17E.

IMM 不仅能够如实反映净额结算和抵押等风险控制措施,还使跨资产类别以及同时包含场外衍生品和 SFT 交易的跨产品的净额结算成为可能.为了实现跨产品净额结算,必须满足一些法律和操作规定.具体来说,在违约发生时,所有相关的法院和权力机构(在相关执法范围内)必须认同这种形式的净额结算.由于系统性能和数据问题,整合场外衍生品市场(ISDA)和 SFT(GMSLA[①])之间不同的法律协议也将造成操作性困难.但是,我们同时注意到,其他方法只能部分包含净额结算,对于跨产品净额结算更是一片空白.尽管在 2007 年之前已有一部分银行获批使用 IMM,但由于资本金变得越发昂贵,大部分银行,包括小型银行,直到最近才开始使用 IMM,以实现资本金的节约.

17.3.5　违约风险敞口和 α 因子

正如我们在第 11 章中看到的,EPE 是一个无限细分的资产组合的贷款等价风险敞口. Picould(2002)首先提出的 α 因子是针对有限个交易对手、风险敞口的相关性和错向风险所做的修正[②].α 因子的直观意义和第 11 章中所介绍的一样,即它对资产组合的有限性和集中性做出修正.换句话说,为了计算资本金要求,应当用 α 乘以 EPE,以产生和随机风险敞口情形相同的结果.因为 α 等于 1 的情形仅在资产组合无限分散化的情形成立,所以对于一般情形,α 大于 1,并依赖于资产组合的特性.这显然是一个逼近,但与更复杂的资产组合模型相比,不失为一个简单的资本金模型.

这一贷款等价方法的使用大大简化了 Basel II 的复杂度,因为它允许对市场和信用风险因子分别建模.具体来说,IMM 允许通过基于模型的计算方式定义公式(17.1)中的 EAD.在 IMM 中,α 的取值固定为 1.4,尽管这个数字对于持有小型衍生品组合的银行来说不太合理,对大型场外衍生品交易商来说又显得有些保守(假设不存在严重的错向风险).第 11 章中详细讨论了 α 因子,我们在表 17.2 中总结了一些公布的 α 估计值.

　　[①]　Global Master Securities Lending Agreement 的缩写.
　　[②]　根据 Picoult(2002),α 代表经济资本金要求的两种计算方法所得结果之差:法一为完全随机模拟;法二也使用随机模拟,同时假设每个交易对手的风险敞口都是固定的.

表 17.2 α 的估计值. Wilde(2005)的研究包含了错向风险. ISDA 的调查涉及四家银行,其估计基于自身的资产组合和内部模型

	α
无限大的理想资产组合	1
Canabarro et al. (2003)	1.09
Wilde (2005)	1.21
ISDA Survey (2003)	1.07~1.10
监管机构的参考值	1.4
监管机构规定的最低值	1.2
高度集中的资产组合的可能值	2.5 或更大

使用 IMM 的银行可以在获得批准的条件下选择使用自己估计的 α. 但是,这个估计值不能小于 1.2. 根据表 17.2 的结果,这个最低值看上去比较保守,但可以说是在包含了模型风险的同时避免了过分依赖模型而使估计出的 α 接近 1. 请注意,上述关于 α 的所有描述都假设资产组合足够大,且没有显著的错向风险. 有关 α 的实证研究在席卷全球的金融危机发生之前就已经开始了,因此并没有考虑到包含大量信用衍生品的资产组合的潜在风险(11.3.5 小节中的内容显示,在这种情况下,α 可能显著增加). 获得相关监管机构批准使用小于 1.4 的 α 值并非易事. 事实上,除非监管机构认为银行的内部模型足够优秀,否则将要求银行将 α 值调整到 1.4 以上.

IMM 中的 EAD 是在净额结算集的水平上计算的,所以跟非 IMM 相比,IMM 能够处理跨产品净额结算和适当的抵押. 这显然是一种优势,因为净额结算和抵押能够带来许多好处. IMM 中 EAD 的定义基于"等价贷款"EPE 测度. 但是,为了处理可能的非保守老化效应(non-conservative ageing effects),EAD 的定义中还包含一个最终修正. 该修正涉及所谓的有效 EE,即一个满足在期限小于 1 年时非递减的 EE. 平均有效 EE 则定义为有效 EPE(EEPE). 根据定义,EEPE 大于或等于 EPE. 图 17.3 对此做了说明.

本质上说,非递减的约束[①]反映了风险展望期的影响,如果没有这一约束,快到期的交易的风险展期就会被忽略. 但在实际中,展望风险更可能被取代,特别是对于包含短期外汇头寸的资产组合来说. EEPE 通常略大于 EPE,如图 17.3 所示(除非 EE 单调递增,这种情况下两者相同). 我们可以说,EEPE 有些时候过于保守. 例如,如果风险敞口只在一个很短的时间区间内有一个较大值(比如大额现金流),那么 EEPE

---

① 它也可以视为假设违约发生在 1 年内最不利的时刻.

就远高于 EPE.

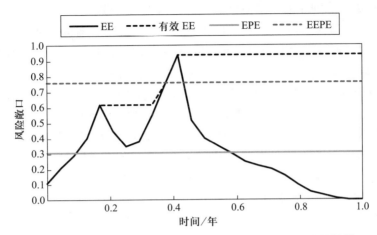

图 17.3 EPE 和 EEPE 的区别. 有效 EE 和 EE 相同, 只是遵从非递减的限制. EPE 是 EE 的时间平均, 而 EEPE 是有效 EE 的时间平均. 图中显示的是 1 年展望期的结果, 更长展望期的 EEPE 并没有用于监管公式

最后, 违约风险敞口由下式定义:

$$\mathrm{EAD} = \alpha \times \mathrm{EEPE}.$$

17.3.6　IMM 中的抵押

在 IMM 中, 可以使用内部模型计算有抵押的 EE, 前提是得到监管机构的批准. 我们在第 9 章中介绍了有抵押的风险敞口. 尽管在量化风险敞口之外对抵押进行建模算不上很有挑战性, 但仍存在一些复杂因素, 其中一个明显的问题就是在适当的保证金风险期, 确定计算抵押品的相关时刻(见 9.3.2 小节和图 9.2).

完整的抵押建模的一个替代性选择[①]是所谓的简便方法(shortcut method). Basel Ⅲ 中对简便方法进行了修正[②]. 为了方便介绍, 我们下面的讨论会包含这种修正. 对一个有抵押的交易对手来说, 修正后的 EEPE 可通过下面几个因素来定义:

(1) 当前的风险敞口减去持有的抵押品(但并不包含那些还没有收到的抵押品).

(2) 最大净风险敞口, 包括在保证金协议下不会引发追加抵押品通知的所有已获得或

---

① 有时, 抵押出现在不同的净额结算集中, 但并不是每个净额结算集都采用 IMM. 在这种情况下, 没有确定的法则规定抵押品应如何在不同的净额结算集间分配. 显然, 重复计算是不允许的.

② 这种修正针对未收到抵押品的情况(如由于争议). 在这种情况下, 监管条例允许将这部分抵押品用于降低风险敞口. 这还防止独立金额被用于降低风险敞口.

缴纳的抵押品.这将包括阈值、最低转账金额①等其他任何可以延迟抵押品交付的措施.也就是说,这是在进行抵押品追加之前所能产生的最大风险敞口.

(3) 一个反映保证金风险期风险敞口增加的附加值.该附加值定义为保证金风险期的期望风险敞口.对于回购类交易,这一期限最短为 5 个工作日;对于其他净额结算集,最短为 10 个工作日.

资本金额度定义为(1)和(2)的较大值加上 2.这里可以理解为在追加抵押品之前最坏的情况所对应的风险敞口.最后,上述额度可由无抵押协议的 EEPE 代替,前提是这个值更大.当考虑无抵押的 EEPE 时,必须加上那部分独立于程序之外缴纳的抵押品②.

简便方法并不区分单边和双边抵押协议——全部认为是对银行有利的单边协议.因此,银行可能失去所缴纳的抵押品(如 9.7.5 小节中所讨论的)这一风险被忽略了.BCBS(2006) 断言:简便方法较为保守.尽管有我们刚刚所做的评论在先,这也可能是对的,因为它假设所有未来的风险敞口都在阈值之上,或者不考虑抵押带来的益处.图 17.4 显示了采用简便方法时,1 年期的 EEPE 和抵押阈值的函数关系,并与真实的结果作比较,这里考虑的资产组合由 9.5.1 小节中那四笔交易组成.

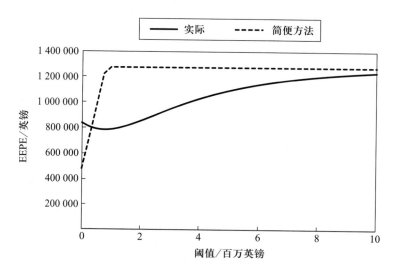

图 17.4 包含四笔交易的资产组合在 1 年展望期内的 EEPE.图中分别显示了实际结果和简便方法的计算结果

在这个例子中,简便方法低估了零阈值所对应的 EEPE,因为它使用了基于单向 CSA

---

① 一般来说,它与阈值可以进行加总.
② 防止独立金额被用于抵消无抵押的风险敞口,这种抵消在 Basel Ⅱ 下是被允许的,但在 Basel Ⅲ 下则不行.

的简单假设①. 但当阈值不为 0 时，简便方法可能严重高估真实的 EEPE. 这并不意外，因为它没有考虑风险敞口小于阈值的情况. 当阈值很大时，简便方法的结果会收敛到真值，因为那相当于没有抵押. 因此，简便方法在多数情况下确实相当保守，除非阈值很大或很小. 这种保守性使得许多银行都不使用简单方法，而使用完整的随机模拟.

17.3.7 双违约

假定一个风险敞口的信用风险被诸如 CDS 的产品对冲掉了，或者由第三方提供抵押. 这种情况下，资本金应当有所减少，因为风险小了，只在原有的交易对手和提供抵押的机构同时违约时才会有风险. 从 Basel Ⅱ 开始，有两种方法用于处理有对冲或者抵押的风险敞口：

- 代替. 可以用抵押人的违约概率代替原债务人的违约概率. 如果抵押人的信用状况更好，这样做可以达到降低风险的目的.
- 双违约. 双违约可以通过公式得以反映. 公式中关键的变量是抵押人和原债务人的违约相关性. 请读者注意，目前的研究只在风险敞口半固定的条件下考查了双违约的处理，但我们在下文将讨论随机风险敞口的情形.

双违约公式②(BCBS, 2005)基于 §11.2 中介绍的双违约的情形，其中联合违约概率是通过二维正态分布函数表达的. 附录 17E 中介绍了计算有对冲或抵押的风险敞口的资本金时使用的双违约公式. 资本金的降低主要来自于资本金公式中违约概率的减小(有效到期日和违约损失的变化不大). 图 17.5 对比了代替和双违约两种方法在无对冲的风险敞口上的差异. 代替方法只在抵押人的违约概率低于原债务人的条件下才能降低资本金，而双违约方法永远可以，因为抵押人和原债务人同时违约的概率大多数远小于原债务人的违约概率. BCBS 还提出了一个简单的参数化方法. 附录 17E 中介绍了这个方法，它在债务人违约概率较小时效果不错，但当违约概率较大时就不那么准确了. 事实上，到期日调整因子可能导致资本金要求高于无对冲情况下的资本金要求.

使用双违约公式最简单的方法就是直接调低 EEPE. 在这种情况下，对冲交易的等价风险敞口必须归为一个单独的交易对手，它的违约概率服从联合违约分布，即由双违约公式决定. 另一种方法则是在 EEPE 的计算中将服从双违约分布的对冲资产组合作为一个独立的组成部分进行建模(这与抵押协议中的独立金额类似). α 的取值也可以包含该部分，例如有对冲的风险敞口不会影响 α 的估计值. 这意味着，一个有效对冲了错向风险的资产组合，其 α 估计值因为对冲而变得较小.

---

① 正如我们在 12.5.2 小节中所讨论的，实际中许多风险源于需要缴纳抵押品.
② Basel Ⅱ 中，只有 IRB 方法才允许采用这一公式.

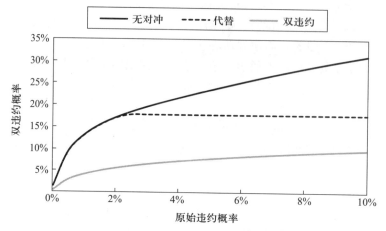

图 17.5 无对冲和有对冲的风险敞口的 Basel II 公式(公式(17.1)中 $PD_{99.9\%}-PD$ 这一项)中的违约概率函数. 在后一种情况中, 我们展示了代替和双违约的公式. 所有相关细节均在附录 17E 中给出. 债务人的违约概率假设为 0.1%

§17.4 Basel III

17.4.1 Basel III、交易对手信用风险和 CVA

2009 年 12 月, BCBS 发布了一份名为《强化银行业抗风险能力》的文件. 本质上来看, 这份文件[1]提出了监管和资本金要求方面的改进意见, 作为对刚刚发生的金融危机的回应. 这场金融危机暴露出 Basel II 的许多弱点, 比如较低的资本金水平、过量的杠杆、顺周期性和系统性风险. 该文件借此提出了大量的改进意见以提高监管水平, 从而构成了 Basel III(同时还有市场风险框架的修正案——Basel 2.5).

Basel III 的很大一部分改变都和交易对手风险和 CVA 有关(上述文件中涉及这部分内容多达 80 多页). 在征询期结束后, Basel III 得以最终公布[2]: 这是一个全球性的监管条例, 旨在强化银行系统抵抗风险的能力. 在这部分中, 我们将会解释 Basel III 中有关交易对手风险的内容, 此部分的规定从 2013 年 1 月 1 日起生效[3]. 请注意, 这些改变还依赖于 CRD

---

[1] 参见 http://www.bis.org/publ/bcbs164.htm
[2] 参见 http://www.bis.org/publ/bcbs189.pdf
[3] 但是, 值本书付梓之际, 这个日期还是不切实际的. 举例来说, 早在 2012 年 8 月, FSA(Financial Service Authority) 关于 CRD IV(欧盟内部实施 Basel III 的法律规划) 做了如下声明: "在计划的实施日期前实施是不太可行的." 详见 http://www.fsa.gov.uk/library/communication/statements/2012/crd-iv.shtml

Ⅳ等其他相关计划,而在本书写作之际,这些计划还没有最终确定. 下面列出了一些主要的改进:

- 压力 EPE. EPE 的计算必须选择通过压力数据校准的模型参数. 这样做的原因在于顺周期性、市场平稳期的历史数据常常导致较小的风险估计,从而降低了资本金要求. 使用压力数据的目的还在于更精确地捕捉错向风险.
- 后向测试. EPE 的模型校验必须使用长度至少 1 年的数据进行后向测试.
- 压力测试. 强化交易对手风险敞口的压力测试.
- 特定错向风险. 必须制订发现并处理特定错向风险的措施. 专业保险公司的案例显示了忽略此类风险的巨大影响.
- 延长的保证金风险期. 在某些特定情况下,8.5.2 小节中介绍的保证金风险期的最小长度必须从 10 天增加到 20 天. 其原因在于危机发生时的抵押管理可能出现问题,例如由于双方争议所导致的抵押品无法按时交付.
- 资产相关性乘子. 一般金融公司(资产至少为 1000 亿美元)与无监管的金融公司的风险敞口需额外乘以 1.25,原因在于过去所观察到的这类机构在危机发生时的相互联系.
- CCP. 对合格 CCP 的风险敞口[1],只需准备相对较低(EAD 的 2%)的资本金. 尽管此比例仍高于 Basel Ⅱ 中的 0%,但仍起到了鼓励使用 CCP 的目的.
- CVA 资本金要求. 在当前根据交易对手风险而设定的资本金要求的基础上,引入了根据 CVA 的波动性(CVA VAR[2])而设定的资本金要求. 这是最重要的变化,因为金融危机发生时大部分有关交易对手风险的损失都是由 CVA 而不是真实的违约造成的,Basel Ⅱ 只关注后者.

除此之外,还有一些小改变,例如对上一节中介绍的"简便方法"的更新,删除基于评级的抵押条款和对 CVA 和 DVA 的调整. 对所有这些下文中都有讨论.

这些变化的总体效果就是针对交易对手风险的资本金要求提高了. 这来源于增加了的风险敞口(压力 EPE,延长了的保证金风险期,错向风险)和对 CVA 波动性收取的资本金. 所以,这些变化将会鼓励机构对冲 CVA,使用 CCP,以降低资本金水平. 在 Basel Ⅲ 下,使用 IMM 而不是保守方法的银行将获益匪浅.

17.4.2 压力 EPE

压力 EPE 的要求与 Basel 2.5 中制定的市场风险规则相得益彰. 用历史数据校准风险模型的危险在于看似祥和的历史时期通常伴随着危机. 这意味着,当最坏的时刻到来时,风险测度恰恰较低. 事实上,较低的风险测度所掩盖的高杠杆率可能增加危机的可能性和

---

[1] 该条件所适用的风险敞口由于初始保证金和追加保证金以及违约基金分布的差异而有所不同,下文将详述.
[2] 在第 2 章中介绍过 VAR.

深度. 这个问题通常称为顺周期性.

为了纠正上述问题, Basel Ⅲ 认为有必要在计算 EPE 时使用压力环境下的数据(波动率和相关系数). 压力数据至少涵盖 3 年的时间, 且其中 1 年内市场处于压力环境下(典型定义为信用溢差增大). 除长度至少为 3 年的历史数据之外, 还必须使用一个压力时期的数据. 计算违约风险敞口的模型参数应当使 EEPE 达到最大值, 即使用历史数据和压力数据校验所得到的两组参数中, 使 EEPE 较大的那组值①. 至于做这种比较的频率, 目前还没有明确规定, 由监管机构自行决定. 如果每天都做这种比较, 计算量太大, 而且会造成 EEPE 不必要的波动.

压力数据的使用应该可以解决顺周期性问题, 因为它避免 EPE 因历史数据的选择而变得过小. 另外, 一般认为, 压力 EPE 的使用可以更好地处理错向风险, 因为在压力时期, 各项相关性变得更为显著②.

17.4.3 后向测试

EPE 模型的后向测试遵循与(市场风险)VAR 模型相同的原则. 图 17.6 显示了一个用于诸如 VAR 和 PFE 等分位数测度的后向测试程序. 在 VAR 的定义中, 置信水平通常为 99%, 时间的展望期为 1 天③. 如果假设每天的预测值是独立的, 我们就可以得到一个风险敞口超出分位数天数的二项分布. 在 95% 的置信水平上, 1 年中损失超出分位数天数的均值应为 2.5 天, 如果实际观测到的天数超过 6 天或者小于 1 天, 就应当拒绝模型原假设④. VAR 模型的后向测试相对简单, 其中一个主要的问题在于没有考虑损失超出分位数的程度.

出于以下原因, EPE 模型的后向测试比 VAR 模型的后向测试更具挑战性:

● 涉及多个展望期, 因此需要存储并处理更多数据. 为了观察更长时期的表现, 需要更多的历史数据, 这同时可能造成诸如老化等一系列问题. 此外, 还有必要跟踪 EPE 模型的季度性重新校准⑤.

● 后向测试必须对不同的资产组合进行, 因为 EPE 定义在交易对手(或净额结算集)的水平上. 但是, 不同的资产组合是不能假设为相互独立的. 例如, 如果一个资产组合包含对另一个资产组合的对冲交易, 这两个组合不太可能同时出现大的风险敞口.

● EPE 是基于期望而非分位数的(VAR 是基于分位数的)风险测度. 不基于分位数的指

---

① 这里使用两者的较大值, 而不是像 VAR 或 CVA VAR 中, 求两者之和.
② 不模拟错向风险的 IMM 一般不会被批准使用.
③ 这可以按比例推广为 10 天的展望期.
④ 这可以根据二项分布的性质推导出来, 或者采用 Kupiec(1995)中介绍的更稳健的方法.
⑤ 例如, 今天生成的 3 个月和 6 个月的分布与 3 个月之后生成的未来 3 个月的分布不一致, 因为 3 个月之后, 模型应当进行重新校准.

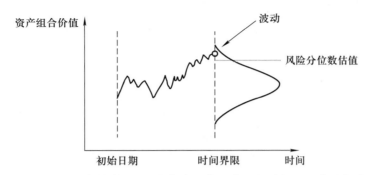

图 17.6 后向测试. 比较特定时间展望期内一条已实现的路径和风险测度(假设为分位数)的估计值

标较难进行后向测试.

有一些想法试图应对上述挑战,其中最容易想到的就是使用有重叠的数据(图 17.7). 这里一个重要的问题在于处理重叠数据之间的相关性(一旦风险敞口在一个时期内超出均值,在与该时期有重叠的其他时期也超出均值的可能性就会增加). 大多数统计检验都假设独立观测,因此重叠数据的使用会给检验造成一定困难. 更详细的讨论请见《交易对手信用风险模型后向测试的健全实践》[①].

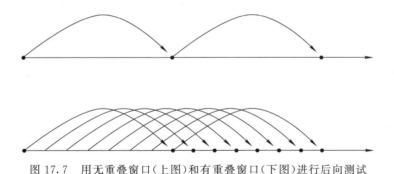

图 17.7 用无重叠窗口(上图)和有重叠窗口(下图)进行后向测试

后向测试应当首先在风险因子的水平上进行. 这样做的目的在于检验风险因子的分布假设, 以免资产组合掩盖个体差异. 其次, 将后向测试用于整个净额结算集或资产组合. 假设风险因子后向测试的结果可以接受, 那么在净额结算集或资产组合水平上进行的后向测试就可以检验不同风险因子之间的相关关系假设.

后向测试应当涵盖多个时间区域, 多个起始时点, 长度至少为 1 年. 另外, 为了有效

---

① 参见 http://www.bis.org/publ/bcbs185.pdf

测试整个风险敞口分布, 有必要使用多个分位数. 一个资产组合通常包含几百万个交易, 在这种情况下, 为了简化计算, 可以只检验"有代表性的资产组合". 这种"有代表性的资产组合"的选取基于它对于主要风险因子和因子相关性的敏感性以及银行对它的暴露程度. 这可以通过回归或主成分分析来实现(或者通过更为直接的规则, 比如基于最大交易对手、最大风险敞口或最大总体资本金贡献). 一旦选定"有代表性的资产组合", 典型的后向测试应当使用期限 1 周, 2 周, 1 个月, 3 个月, 6 个月, 1 年, 2 年来检验 1%, 5%, 25%, 75%, 95%, 99% 分位数, 并每周更新起始时点. 这项检验对数据和系统的要求颇高. 另外, "有代表性的资产组合"要定期重审. 尽管一个典型的资产组合短期内不会发生质的变化, 任何大的市场变动或某个资产类别交易量的显著变化却可能造成银行对其敏感性增加, 从而应当将其加入"有代表性的资产组合".

17.4.4 CVA 资本金要求

CVA 资本金要求的目的在于进一步强化 Basel Ⅱ 的标准. Basel Ⅱ 只对潜在的违约(以及信用评级调整)造成的损失设定资本金限制. BCBS 在其 2009 年的文件中指出这个问题的关键性: 在金融危机期间, 只有大约 1/3 与风险相关的损失来自违约, 而余下的 2/3 都来自盯市调整[①]. 虽然我们不能确定是怎样的盯市调整造成了 2/3 的风险相关损失, 但是很可能与银行跟专业保险公司解约有关. 虽然专业保险公司当时的窘境近乎与违约无异, 但是我们很难否定 CVA 的波动性构成显著的风险, 因而需要对其设置资本金要求[②]. 本质上说, Basel Ⅲ 要求交易记录必须包括一个 VAR, 以衡量 CVA 引起的意外损失. CVA VAR 包含场外衍生品, 但不包含实行中央清算的交易. 可能包含融券交易, 这一点仍待商榷, 但最后很可能由监管当局自行决定. 另外, 市场参与者正游说将诸如主权国家和非金融性机构等交易对手排除在外. 这些豁免资质很可能由监管当局决定, 而非 Basel Ⅲ.

CVA VAR 的计算很有挑战性. VAR 和 CVA 通常都是通过 Monte Carlo 模拟计算的. EE 的计算可能需要上千条长达许多年的随机模拟路径, 并包含净额结算集中的全部交易. 显然, 我们需要尽量避免复合 Monte Carlo 模拟, 因此需要做一些简化. 第一个简化建议(2009 年 12 月)提出使用债券等价的手段, 但却受到一些批评(如 Rebonato et al., 2010). 之后, 该方法经过改进, 最终出现在 Basel Ⅲ 2010 年 6 月的提案中.

从 CVA VAR 的角度出发, BCBS 并未允许银行根据自身的会计准则定义 CVA, 而是将 CVA 定义如下:

$$\text{CVA} = \text{LGD}_{\text{mkt}} \sum_{i=1}^{T} \max\left(0, \exp\left(-\frac{s_{i-1} t_{i-1}}{\text{LGD}_{\text{mkt}}}\right) - \exp\left(-\frac{s_i t_i}{\text{LGD}_{\text{mkt}}}\right)\right) \frac{\text{EE}_{i-1} D_{i-1} + \text{EE}_i D_i}{2}. \quad (17.4)$$

[①] 这意味着, 违约的不确定性比违约本身更为重要.
[②] 假设对 CVA 的价值进行盯市调整. 17.4.7 小节末尾对此有讨论.

该公式与公式(12.2)等价，其中 $\text{LGD}_{\text{mkt}}=1-\text{Rec}$ 即违约损失率，等于 1 减去回收率. 市场违约损失使用的是基于市场预期的值，而非用于其他资本金计算的历史数据的估计值. 这样做可以保证计算 CVA 时使用的 LGD 与推断违约概率所使用的相同[①]（公式(7.4)中指数函数的分母）. LGD_{mkt} 的部分抵消已在 12.3.2 小节中讨论过. 求和式的第一项是对未来违约概率[②]的近似，此即公式(10.5)中的 $q(t_{i-1},t_i)$. 该值依赖于相关的 CDS 溢差在时间区间两端的值，同时满足大于 0 的要求. 这种近似的准确性已经在表 10.3 中展示过. 求和式的第二项是期望风险敞口和贴现因子的乘积，即公式(12.2)中的 $\text{DF}(t_i)\text{EE}(t_i)$. 除以 2 是因为要更准确地计算积分值，特别当使用的时间区间的个数较小时，这一点尤为明显（12.1.2 小节中讨论了 CVA 公式中积分近似的准确性）. BCBS 还提供了计算 CVA delta 和 gamma 的公式以及利用这些公式计算 CVA VAR 的近似方法.

我们这里想强调的是，CVA 公式中所使用的 CDS 溢差 s_i 是市场隐含参数. 事实上，BCBS(2011)声明："只要市场提供了交易对手的 CDS 溢差，银行必须使用该值. 当市场没有提供交易对手的 CDS 溢差时，银行必须使用一个根据评级、行业和地域估计出的合理近似值."其中的重要性在于，即使银行在计算 CVA 时依赖于历史违约概率，在计算 CVA VAR 时也应当使用市场隐含（风险中性）值. 10.1.6 小节中解释了这两种违约概率的差异.

另一个值得注意的问题是，公式(17.4)中的 EE 是根据获得批准的资本金模型计算的，并没有考虑计算 CVA 时的会计因素. 由此计算出的风险敞口可能需要与 CVA 部门在定价和对冲 CVA 时使用的值进行整合[③].

17.4.5　计算 CVA VAR——高级方法

高级方法要求银行用自己的 VAR 模型直接计算 CVA VAR. 只有获准使用 IMM 处理市场风险和用类似方法处理债券特定风险的银行才有资格这样做. 获得批准的特定风险模型保证银行有能力模拟计算 CVA 公式(17.4)中所需的信用溢差. 这些方法通常可以根据评级、地区和行业信息模拟曲线的溢差. 因此，这些方法和 CVA 计算中所要求的对应流程（见 10.3.1 小节）基本一致. BCBS 也承认，由于 CDS 和债券市场的低流动性，CDS 溢差并不总能直接观测，所以一些代替方法将是主流.

一般来说，CVA VAR 的计算方法和市场风险 VAR 相似，使用 99% 的置信水平和 10 天的展望期. 可以想象，这种计算方法会沿用与之前相似的乘子 3[④]. 另外，之前提到的使

[①]　当存在优先级的差别时，可以使用不同的违约损失值.
[②]　当然可以采用第 10 章中所介绍的精确计算.
[③]　大多数 IMM 方法使用历史数据计算风险敞口，且历史数据必须包含压力时期. 这就使得整合非常困难.
[④]　CVA VAR 最初的提案中使用的乘子为 5，之后这个值被放弃了. 乘子 3 出现在市场风险的资本金要求中（见 2.3.1 小节），但是在诸如后向测试表现不佳的情况下，监管者可能提高该值.

用压力数据进行的额外计算也需进行(与 17.4.2 小节中对 EPE 的要求相似). 压力数据将应用到风险敞口的计算和信用溢差的随机模拟,最终的结果是使用正常数据和压力数据得到的两个值之和①. 尽管和市场风险 VAR 的计算相似,CVA VAR 的计算还需单独进行.

关键的简化在于假设(图 17.8)风险敞口不变(省去了重新计算的成本,重新计算可能需要使用随机模拟),只考虑信用溢差改变的影响. 期望风险敞口 EE_i 在 10 天展望期内被假定为常量. 这显然是一个较强的近似,因为它隐含利率和汇率对 CVA 的波动没有影响. 但是,CDS 溢差系统性的增加可能引起 CVA 同比例的增加. 所以,CVA VAR 显然抓住了 CVA 波动的主要部分. 首次计算的结果证实 CVA VAR 所代表的变化对应于 CDS 溢差大约 100~200 个基点的增加.

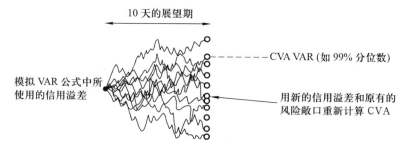

图 17.8 CVA VAR 的高级方法. 因为按照惯例,CVA 是正数,所以 VAR 是根据递增的 CVA 定义的

下面我们用一个简单的例子,向读者展示在高级方法中 CVA VAR 的作用. 我们仍然使用 9.5.1 小节中的 4 笔交易组成的资产组合,它的 CVA 为 257 905 英镑,CDS 溢差恒定为 500 个基点,回收率为 40%. 该资产组合的信用 delta 为 427 英镑,这是 CDS 溢差每变化一个基点,资产组合的 CVA 的变化量. 假设在最坏的情况下,CDS 溢差增加了 140 个基点②,CVA 的变化为 427×140=59 780 英镑. 如果使用标准的乘子 3,资本金要求等于 59 780×3=179 340 英镑③. 因此,资本金要求和 CVA 的大小差不多. 因为要求使用压力数据计算 CVA VAR,资本金要求会进一步提高,见 17.4.7 小节中的例子.

一个重要的问题是:CVA 对冲如何降低资本金要求? 因为不考虑风险敞口的波动,所以只有对冲信用溢差波动的交易才是有用的,即个体 CDS④,或者其他以交易对手或指

---

① 但不包括 IRC(风险增量资本金),IRC 测算的是诸如 1 年之内发生的违约或信用调整所带来的影响. 因此,它和 Basel II 中的 IMM 相似.

② 这是在 CDS 溢差的年化波动为 300 个基点的假设下估计出来的. 为了转换为 10 天的变化,我们需要乘以 $\sqrt{10/250}$,然后乘以 $\Phi^{-1}(99\%)$ 以保证置信度为 99%.

③ 这是资本金要求,不是 RWA 等价值,后者需要使用乘子 12.5(最小资本金比例 8% 的倒数).

④ 如果能够把握基差风险,也可使用卖空债券的方式进行信用对冲.

数 CDS 为参考的等价交易. 合格的对冲交易必须能够降低 CVA 风险, 而且这些对冲交易可以不计入标准的 VAR 计算.

如果使用指数 CDS, 那么对冲就是不完美的. 在 VAR 的计算中, 我们必须同时模拟交易对手的 CDS 和指数溢差 (图 17.8). 因此, 出于计算 VAR 的目的, 银行不仅要通过曲线映射的方法 (见 10.3 小节) 估计多个交易对手的 CDS 溢差, 还必须能够模拟这些溢差. 这些通过映射得到的溢差与相关指数的相关性就定义了对冲的收益. 指数可以模拟为其组成成分的线性组合. 但是, "如果基差不能让监管当局满意, 那么银行必须让 VAR 中包含指数信用对冲交易 50% 的名义本金额 (BCBS, 2011)". 我们在 16.2.2 小节中曾提到, 50% 的减少非常激进, 因为这意味着交易对手和指数的相关性很高[1].

对于使用最近出现的指数参考 CDS(CCDS, 见 15.4.5 小节) 的对冲交易, 定义其减少资本金的作用就更加棘手. 因为这些产品以标准的交易为参考, 它们所产生的对冲并不完美. 和信用指数一样, 指数 CCDS 中的信用保护部分的作用应予承认. 但是, 不应考虑它的市场风险部分 (受参考交易的风险敞口的影响), 因为这些风险并未计入 CVA VAR.

17.4.6 计算 CVA VAR——SM

未获得相关的 IMM 批准并使用 CVA VAR 高级方法的银行可以使用 SM. 这种方法采用简单的方差形式的公式:

$$2.33\sqrt{h}\sqrt{\left(\sum_i 0.5 w_i (M_i \text{EAD}_i^{\text{total}} - M_i^{\text{hedge}} B_i) - \sum_{\text{ind}} w_{\text{ind}} M_{\text{ind}} B_{\text{ind}}\right)^2 + \sum_i 0.75 w_i^2 (M_i \text{EAD}_i^{\text{total}} - M_i^{\text{hedge}} B_i)^2}. \quad (17.5)$$

上述公式中, 2.33 对应于正态分布的 99% 置信水平, h 是 1 年中相关的时间区间长度, w_i 是根据交易对手的评级而赋予的权重[2], M_i 是有效到期日 (见附录 17E), $\text{EAD}_i^{\text{total}}$ 是交易对手违约时的总体风险敞口 (包含净额结算和抵押), B_i 代表对冲交易个体 CDS 的名义本金额, B_{ind} 是指数 CDS 的名义本金额, M_i^{hedge} 和 M_{ind} 分别是个体和指数 CDS 对冲交易的到期日. 因子 0.5 和 0.75 表示该公式假设信用溢差的 50% 是系统性的, 从而这部分可以利用信用指数进行有效对冲 (仍需要进行到期日调整).

请注意, 获得批准使用 CVA VAR 高级方法的银行不能选择使用简单方法. 这项规定的重要性在于尽管简单方法通常更加保守, 但一些市场人士认为它所给出的资本金要求低于高级方法的结果.

---

[1] 在波动率相同的条件下, 第 347 页的脚注②指出 50% 的降低意味着相关系数在 87.5% 左右.
[2] AAA, AA, A, BBB, BB, B 和 CCC 评级的权重分别为 0.7%, 0.7%, 0.8%, 1.0%, 2.0%, 3.0% 和 10.0%.

17.4.7 计算 CVA VAR 的例子

在这一节中,我们将举例说明计算 CVA VAR 的 SM 和高级方法,并考查对冲交易的作用. 我们所使用的资产组合[①]包含 156 个利率和外汇交易,平均期限为 8 年,交易对手的数目为 2,其信用溢差(评级)分别为 384 个基点(BB)和 56 个基点(AA). 尽管不同的资产组合的计算结果可能差异很大,但我们相信所使用的这个例子能够说明一些 CVA VAR 中的要点.

图 17.9 显示了对这个资产组合的 CVA VAR 设定的资本金要求,并将其与资产组合的 CVA 进行比较. 我们看到,标准方法计算出的资本金符合 17.4.5 小节中的直观估计,比 CVA 小不了多少. 利用压力数据校准后,资本金要求增高. 根据规定,最终资本金水平等于两组数据计算得出的资本金之和,它显著高于资产组合的 CVA. 正如我们所预料的,标准方法给出的资本金要求稍高于高级方法给出的结果(不总是如此,例如有些银行发现采用 SM 算出来的值更小).

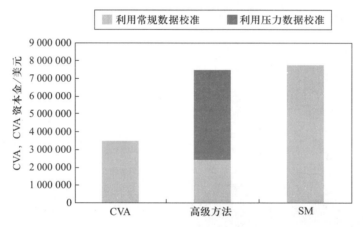

图 17.9　CVA VAR 的计算. 图中显示了使用高级方法和 SM 的计算结果并和 CVA 本身进行了比较. 在高级方法中,该图显示了利用常规数据校准和利用压力数据校准的区别

接下来的图 17.10 显示了对冲如何降低 CVA VAR 产生的资本金要求[②]. 指数对冲带来的资本金要求降低相对有限,这并不令我们意外,因为在 16.6.2 小节中我们看到,除非指数和交易对手信用溢差的相关性很高,指数对冲的收益并不明显. 尽管并非完美(delta 对冲在 10 天之内仍会存留一些风险),但个体对冲的效果要好得多,尤其是考虑到资本金

---

① 资产组合和相关计算由 Quantifi 提供,更多细节请见 www.quantifisolutions.com
② 在这些计算中,我们假设银行所计算的 CVA(这影响对冲的规模)和 CVA VAR 公式隐含的 CVA 完全一致. 我们将在 17.4.8 小节中看到,这种假设在现实中是不合理的. 所以,现实中对冲效果可能稍逊色于此处.

要求是根据99%最大损失而定义的事实.

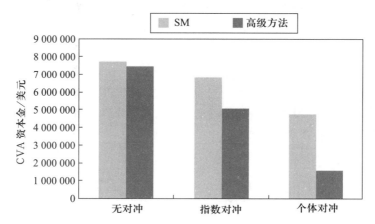

图 17.10　CVA VAR 的计算. 图中显示了使用高级方法和 SM 的计算结果以及通过指数和个体对冲所产生的收益

17.4.8　CVA VAR 的缺陷和对 CVA VAR 的批评

CVA VAR 将会显著提高针对交易对手风险而设定的资本金要求. CVA 资本金可能达到违约风险资本金的几倍以至于和 CVA 的规模相当. 某些交易商声称某些衍生品交易的资本金水平可以达到 4 倍. 所以针对 CVA VAR 的批评也就不足为奇了. 其中值得注意的是, 一些批准认为 CVA 的资本金要求出于政治压力, 打压场外衍生品市场, 迫使其中的交易进行中央清算.

一部分银行提出的一个首要而根本的问题指向公式(17.4)的本质和其所参考的 CDS 溢差. 尽管大型交易商倾向于利用该公式计算 CVA, 一些小型银行一直依赖于历史违约概率, 即未对 CVA 进行盯市计算. Basel III 让这样的小型银行处于困境, 因为它为会计和监管目的而定义的 CVA 与小型银行所使用的截然不同. 小型银行可能需对根本没有出现在其账户中的损益波动缴纳资本金.

迫使银行考虑当前的信用环境(通过当前信用溢差)并动态量化对冲 CVA 的要求看上去确实比使用历史数据的静态方法更好. 但是, 这种方法也存在一些缺陷, 诸如信用溢差中包含大量非违约风险成分(见 10.1.6 小节), 大多数交易对手的信用溢差无法从市场上直接观测(见 §10.3), CVA 对冲的流动性差且可能造成意外的对冲结果(见 16.5.4 小节), 等等. 另一方面, 在银行的交易记录上, 应 Basel III 而加入的 CVA 项目和银行交易的债券没有区别. 但是, 忽略 CVA VAR 等同于将 CVA 视为和银行账户上为流动性差的贷款准备的损失储备基金. 我们在下一章中还会讨论这个问题.

对 CVA VAR 的第二个批评指出 DVA 的收益（见第 13 章）未纳入标准方法和高级方法. 显然, 一个利用 DVA 部分抵消 CVA 的银行会希望 DVA 包含在资本金的计算中. 但是, BCBS 明确规定 DVA 不应计入资本金[①], 原因在于计入 DVA 会"要么过于复杂, 有失保守, 要么过于依赖模型假设". 这也许并不令人感到意外, 因为我们在第 13 章中提到 DVA 本身就存在争议. 但是, 这一规定也进一步导致了用于会计和监管两种目的的 CVA 出现定义上的分歧, 如图 17.11 所示. 在前一种情况下, 银行可以用 DVA 抵消 CVA[②], 从而使 CVA 和 DVA 总体盯市价值的波动率小于 CVA 的波动率. 但是, 在计算 VAR 的过程中, 只使用 CVA 的波动率.

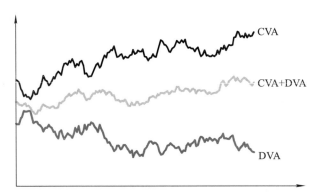

图 17.11　图解在会计和 Basel III 资本监管条件两种目的下 DVA 的处理分歧. 从会计的角度来说, 银行可以用 DVA 抵消 CVA, 从而看到总波动率自然地减少. 而出于计算 CVA VAR 的目的, DVA 的收益必须被忽略, 从而导致更大的整体波动率

我们注意到, 对 CVA 进行交易形式的处理和将 DVA 排除在外的做法之间存在某种联系. 出于会计方面的考虑, 银行使用 DVA 降低 CVA 及其波动性的做法, 在某种意义上说, 是把交易账户上的东西搬到了银行账户上. 但是, 只有 DVA 中的系统性部分才能够通过对冲套现. 从信用溢差中移除这个部分大体相当于移除了风险溢价的部分, 只留下实际违约概率. 不允许对 CVA 进行银行账户形式的处理, 或者允许计入 DVA 收益, 意味着 Basel III 对 CVA 的定义和建议银行量化并管理 CVA 的两套方法之间存在不一致.

另外, 一个来自业界的强烈批评是因为 Basel III 没有考虑风险敞口的波动性, 从而在计算中排除了对市场风险的对冲, 导致"分离的对冲"的问题. 这不但起不到降低资本金要求的作用(如对利率市场风险的对冲), 而且由于这些对冲交易将出现在银行的标准 VAR

---

① 自身信用风险调整在衍生品中的应用, BCBS, http://www.bis.org/press/p111221.htm. 另外, DVA 收益必须从权益计算中扣除(参见 http://www.bis.org/press/p120725b.htm), 以保证银行信用风险的增加不会因负债的减少而造成普通股价值的增加.

② 事实上, 根据 US GAAP 和 IFRS13(2013 年 1 月引入), 银行必须这样做.

计算中(上文提到,合格的交易可以移除),所以事实上会增加资本金要求. 因此,银行出于资本金要求的考虑,将选择不对冲 CVA 的市场风险.

另外,我们注意到公式(17.4)和标准 CVA 计算中使用的期望风险敞口不一致. 这种不一致可能源于一系列的因素(上文提到,这些因素没有包含在 17.4.7 小节的例子中):

- 风险中性参数或真实世界参数;
- 资本金要求的计算要使用标准 EPE 和压力 EPE 的较大值(见 17.4.1 小节);
- 资本金要求的计算中要求 EPE 包含 α 因子(见 17.3.5 小节);
- 使用 EEPE 的要求;
- 用压力数据计算 CVA VAR 并与标准 CVA VAR 相加(见 17.4.5 小节).

这给 CVA 部门造成了困难,因为他们必须选择对冲根据自己的计算和会计准则定义的 CVA,或者 CVA VAR 公式中所隐含的 CVA. Pykhtin(2012)注意到,α 因子的使用可以促使系统性的 CVA 过度对冲. 我们可以这样说,监管者应当致力于缩小 CVA VAR 和典型的 CVA 计算方式之间的差异,从而鼓励银行出于降低资本金要求的目的进行 CVA 对冲.

我们同时注意到为 CVA 设置的资本金要求可能具有顺周期性,因为 CDS 溢差的波动率倾向于随溢差本身增大而增大. 因此,在良好的经济状况中,CDS 的波动率和相应的 CVA VAR 将保持在较低水平,当经济的波动性增强时,它们都趋向于增加. 使用压力时期的 CDS 溢差数据可以部分地缓解这一问题. 这种方法和市场风险 VAR 相似,初看起来没什么问题. 但是,CVA 主要通过信用溢差来定义,而信用溢差具有强周期性(从总体水平和波动率的角度来说),不能像传统的市场风险那样得到有效对冲. 因此,银行对动荡时期 CVA 资本金要求的增加仅有有限的控制能力.

尽管有些批评认为 CVA VAR 方法存在缺陷,短期内也不太可能出现重大调整. 但是,各地的监管机构可能在游说的作用下放宽特定的限制. 例如,对于 CRD Ⅳ[①],欧洲议会在 2012 年初提出了对全部非金融性交易对手免除 CVA 资本金要求的草案;在 2012 年 3 月的 CRD Ⅳ 草稿中,欧盟委员会提议对于主权国家进行的交易免除 CVA 资本金要求. 这些行政豁免的合理性在于一个类似于 16.5.4 小节中所描述的反馈循环:对冲 CVA 引起 CDS 溢差的增加,而这又进一步增加了 CVA,触发更多的对冲. 若公司和主权国家作为交易对手,受此影响尤甚. 因为公司和主权国家一般不交纳抵押品,所以风险敞口很大,相应的对冲头寸也很大. 主权国家的问题尤其严重,因为它们交易的通常是以对冲所发行的债券为目的的名义本金额很大的利率互换,它们带给银行的风险敞口可能由于利率的变化而迅速增大.

各地的监管当局批准豁免的做法似乎在暗示它们认同 CVA 资本金要求的前提和相关

---

① The fourth Capital Requirement Directive,这是欧洲实施 Basel Ⅲ 的工具.

的对冲方法存在缺陷，至少对某些交易对手来说是这样．这又引出了本小节开始时提出的处理 CVA 的银行账簿和交易账簿方法．未来 CVA 对冲的意外效果会在何种程度上削弱 CVA VAR 资本金要求的应用，我们拭目以待[①]．

17.4.9 其他相关的资本金要求

除了上述讨论的以压力 EPE 和 CVA VAR 形式的变化，Basel Ⅲ 还包含一些针对交易对手风险的小的变化．下面我们进行详细介绍．

1. 结余 EAD

结余 EAD 是指为 CVA（和 DVA）而对 EAD 进行的调整．已出现的 CVA 是指在公司资产负债表上显示的 CVA 的价值．因为在违约发生时该值变为 0，所以它具有降低风险的作用．因此，这个值（以 0 为下限）可以从 EAD 中减掉，以反映 CVA 已然定义了风险敞口账面价值的降低这一事实．这种通过已出现的 CVA 降低 EAD 的方式并未出现在 CVA 风险资本金要求的确定中，只与违约相关风险的资本金要求（见 Basel Ⅱ）的确定有关．由于这样做的目的在于修正已经通过公司的会计损益进行定价的交易对手风险，这种方法应当是正确的，却不依赖于 BCBS 所认为的 DVA 的合理性．

2. 特定错向风险

尽管一般性的特定风险已经包含在 α 因子中，特定错向风险应当单独处理．特定错向风险定义为"某一交易对手的未来风险敞口和该交易对手的违约概率高度相关的风险"，经典的例子就是一家公司发行以自身股票为标的的看跌期权（见 15.4.3 小节）．

Basel Ⅲ 规定银行必须对每个法律实体，具备识别、监测和控制其特定错向风险的能力．一旦发现某个交易对手存在特定错向风险，对和它进行的交易计算风险敞口的 EAD 就要区别处理，同时将其排除在净额结算集之外．在发现了特定错向风险的地方，需要假设一个较大的风险敞口．

另外，对于个体 CDS，交易对手和发行者之间存在法律联系，如果发现特定错向风险，EAD 为 100% 减去任何当前损失（如通过 CVA）．这也可应用于其他产品，例如股权衍生品、债券期权和以一个与交易对手有法律联系的公司为参考标的的融券交易．在这类情形中，EAD 的定义必须假设标的证券已违约[②]．

尽管这种对特定错向风险的处理方式非常直接，它也确实要求银行有获取相关正确的法律信息的能力．另外，必须能够根据错向风险定义净额结算集，而非仅仅通过法律数据．

[①] 随着不交纳抵押品的交易对手（如主权国家和公司）获得豁免，同时抵押交易进入中央清算，CVA VAR 可能越来越不重要了．

[②] 如果某处（如 IRC）规定了 LGD，那么 LGD 必须设为 100%．

3. 增加的保证金风险期

在特定情况下，保证金风险期（见 8.5.2 小节）必须从给场外衍生品规定的 10 天增加为至少 20 天. 这些情况包括：

- 在一个季度里的任何时刻，交易个数超过 5000 的净额结算集[①]；
- 包含涉及低流动性抵押品或无法轻易置换的场外衍生品交易的净额结算集；
- 一个净额结算集中的某项交易在两个季度内引发多于两次追加保证金通知，并且已经超过了原有的保证金风险期（在未应用此条款的前提下）.

显然，银行需要了解更多数据以确定某个净额结算集采用 10 天还是 20 天的保证金风险期. 请注意，保证金风险期必须包含 N 天的追加保证金期. 如果追加保证金的频率为每天，那么保证金风险期为 10 天或 20 天，否则要在此基础上增加 $N-1$ 天.

上述规定能否切实提高抵押管理还有待观察，因为其中包含一些潜在的问题和模糊性. 例如，如果只有一小部分的抵押品流动性差，那么 20 天的保证金风险期就显得过于苛刻了. 具有边界条件（如交易个数接近 5000）的净额结算集，如果其保证金风险期从 10 天增至 20 天，可能产生不必要的 EAD 波动. 最后，市场参与者可能选择次优行动，比如搁置抵押争议以避免引发保证金风险期增至 20 天，即在进行消极抵押管理的同时降低资本金要求.

4. 资产相关性乘子

由于金融机构在金融危机期间表现出了显著的内部关联性，它们的信用资质也因此高度相关，所以 Basel III 决定在下述情形中，Basel II 的 IMM 中的相关系数需乘以一个大小为 1.25 的因子：

- 受监管的金融机构，其总资产超过 1000 亿美元.
- 不受监管的金融机构.

这将通过公式 (17.1) 导致资本金要求的提高. 请注意，这项规定适用于所有资产，并非仅限于那些与交易对手风险相关的.

5. 禁止评级触发机制

在 IMM 中，基于交易对手信用状况恶化改变抵押要求所导致的违约风险敞口的任何减少，都将不被允许. 这项禁令显然针对 AIG 和债务保险公司的情况，它们的情况说明一个不太严重的评级下调（比如从 AAA 降至 AA）都可能引发致命的螺旋效应，从而导致抵押品作为风险缓释工具变得毫无用处.

机构仍然可以在文件中关注评级调整，但不能在 EEPE 的计算中引入相关收益.

6. 压力测试

关于压力测试，有一些正式的要求，包括至少每季度对所有主要的市场风险因子（利

[①] 注意，保证金风险期应用在净额结算集的水平上，而不是交易对手的水平上（除非只有一个净额结算集）.

率、汇率、信用溢差和商品价格）都进行压力模拟，并测定实际的非定向风险，例如曲线和基差风险. 其他要求包括：

- 主动识别特定方向敏感性的集中性风险、行业和区域性的集中性风险.
- 通过联合考查风险敞口和交易对手信用状况，识别一般性的错向风险.
- 对风险敞口和非现金形式的抵押品进行同时测试，以测定错向风险.
- 对 CVA 进行压力测试，以考查在不利环境中的表现，包括任何对冲的错配. 测试中应当考虑严重的历史或潜在经济事件的影响.
- 将交易对手风险的压力测试纳入公司范围的压力测试之中.
- 使用逆向风险测试（先定义损失，再寻找可能造成这些损失的情景）.

§17.5 CCP

在 Basel Ⅲ 中[①]，CCP 的风险敞口设定的资本金要求有单独的要求. 尽管 CCP 具有很高的信用等级，但在 Basel Ⅱ 中，对 CCP 的风险敞口设定的资本金要求也不为 0. 显然，如果资本金要求为 0，就意味着假设 CCP 永远不会违约，即使 CCP 能像 2008 年陷入困境的其他金融机构那样得到政府的援助，这也将引发道德风险.

17.5.1 与交易和违约基金相关的风险敞口

为 CCP 的风险敞口设定资本金要求比较复杂，因为和 CCP 交易时，机构的多种金融资源都有风险，例如初始保证金和机构贡献的违约基金（或储备基金，见 7.2.5 小节）. 另外，BCBS 依据风险水平，区分不同的 CCP.

对于 CCP 的风险敞口，有两类资本金要求需要设置，它们分别是交易资本金（trade-related）和违约基金资本金（default fund-related）. 与交易相关的风险敞口源于风险敞口当前的盯市价值以及所缴纳的初始保证金和追加保证金. 这些风险敞口只在 CCP 破产时（而不是 CCP 的会员破产时）才有损失的可能. 对于合格的 CCP，这部分风险仅被赋予相对较低的权重 2%[②].

更为棘手的是违约基金（即第 7 章中所谓的储备基金）资本金，因为如果一个或多个 CCP 会员违约，即使 CCP 本身还存在，其他会员也可能损失其部分或全部违约基金贡献. 另外，当 CCP 会员的违约带来的损失较高时，其他会员有必要缴纳额外的违约基金. 由于每个 CCP 自行设定违约基金贡献，问题变得更为复杂，每个 CCP 都代表了一个特定风险.

---

① 参见 http://www.bis.org/publ/bcbs206.htm

② Committee on Payment and Settlement Systems (CPSS) and the Technical Committee of the International Organization of Securities Commissions (IOSCO). 这是一个服从 CPSS-IOSCO 准则的 CCP. CPSS-IOSCO 负责 CCP 的监督与指导.

违约基金资本金要求根据下述三步确定：
(1) 为 CCP 计算假想的资本金要求；
(2) 计算 CCP 的总体资本金；
(3) 将总体资本金要求在会员之间分配.

第二步中的值代表 CCP 假想的资本金超过其实际资本的程度. 当一个 CCP 规模很大时，它就因向其会员摊派的高额资本金要求而从本质上受到一定惩罚.

17.5.2 假想资本金的计算

假想资本金是假设 CCP 和其会员的交易都在双边市场中进行时 CCP 所需持有的资本金额度. 按规定，CCP 需使用 CEM 方法(见 17.3.1 小节)计算这个数额. 尽管 CEM 方法计算出来的总额可能趋于保守[①]，但它简单易行，可为所有 CCP 所接受. 事实上，这也是这种方法受到批评的原因之一. CCP 所保管的抵押品以及会员的违约基金贡献能够降低风险敞口. 最后，能够反映当前净额结算收益的因子(见 17.3.1 小节)从 60% 增加到 70%. 假想资本金记为 K_{CCP}.

17.5.3 总体资本金要求的计算

总体资本金要求的计算涉及从 K_{CCP} 中减掉 CCP 自身的违约损失资本金. 违约损失资本金和所有会员的违约基金贡献有关，但仍需扣除 2 倍的平均违约基金贡献. 这样做是为了避免在假想资本金和实际资本金中重复计算违约基金贡献，因为违约会员(假设有两个会员违约)的违约基金贡献将会作废. CCP 自身和其会员的违约基金贡献分别记为 DF_{CCP} 和 DF'_{CM}.

图 17.12 根据总体资本金 $\text{DF}_{\text{CCP}} + \text{DF}'_{\text{CM}}$ 和假想资本金 K_{CCP} 的规模，考查了三种情形. 我们从情形(iii)开始，这是理想的情形，其中 CCP 自身贡献的总体资本金超过了假想资本金，因此在违约发生时，CCP 会员的违约基金贡献承受最小的损失风险，资本金要求也是最低的. 在情形(ii)中，尽管总体违约基金贡献超过了假想资本金，CCP 会员的违约基金贡献仍将在 DF_{CCP} 耗尽后受到损失[②]，所以这种情形对应的资本金要求应该稍高. 在最后一种情形(i)中，违约基金的规模小于假想资本金，这显然有问题，所以资本金要求最高.

基于上述三种可能的情形，我们给出一个对所有 CCP 会员总体资本金要求的计算公式. 该公式包含下述三项之和：

[①] 事实上，未来可能允许使用更高级的方法.
[②] 此处假设 CCP 的违约基金贡献先于其会员违约基金的贡献而使用. BCBS 指出，如果实际情况并非如此，相应的资本金公式就要进行调整.

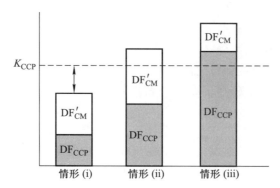

图 17.12 CCP 总体资本金($DF_{CCP} + DF'_{CM}$)的三种可能情形以及和假想资本金(K_{CCP})的比较

- 在上述情形(ii)和(iii)中,违约基金的总额超过假想资本金的部分,即

$$\alpha \times \min(DF'_{CM}, \max(DF_{CCP} + DF'_{CM} - K_{CCP}, 0))^{①}.$$

这部分权重较低,在 0.16%~1.6% 之间,因为这仅仅是违约基金超过假想资本金的部分.

- CCP 的假想资本金超过 CCP 的违约基金贡献的部分,即

$$100\% \times \max(K_{CCP} - DF_{CCP}, 0).$$

显然,这部分的权重为 100%,因为违约基金是假想资本金的一部分,在 CCP 的会员发生违约时损失的风险很大.

- CCP 的假想资本金超过 CCP 的资本金总额(CCP 及其会员的违约基金贡献)的部分,即

$$20\% \times \max(K_{CCP} - DF_{CCP} - DF'_{CM}, 0).$$

总体资本金的亏缺可视为额外的风险,如上述情形(i)[②].

17.5.4 在清算会员之间分配总体资本金要求

最后,上面定义的 CCP 的总体资本金要求需要向每一个清算会员分配,权重基于会员的违约基金贡献(假定 CCP 也按这种方式分配损失). 为了反映违约基金贡献的差异,在分配过程中需要使用一个集中因子.

---

① 这里 $\alpha = \max\left[\dfrac{1.6\%}{\left(\dfrac{DF_{CCP} + DF'_{CM}}{K_{CCP}}\right)^{0.3}}, 0.16\%\right]$,$\alpha$ 是取值在 0.16%~1.6% 之间的递减函数.

② 这可视为资本总额不足时清算会员需要额外缴纳的资本金. 但是,BCBS 明确指出,即使不出现资本总额不足的情况,清算会员可能仍需要缴纳额外的资本金,因为和 CCP 有足够的资本金应对假想资本金要求的情况相比,这种情况下 CCP 的敞口风险更大.

§17.6 小　　结

在本章中，我们介绍了交易对手风险的监管方法，特别是 Basel Ⅱ 和 Ⅲ 中的监管资本金要求. 我们考查了计算交易对手风险资本金要求的不同方法，从简单的附加值法到更为复杂的、基于 EPE 和 α 因子的内部模型法. 我们讨论了 Basel Ⅱ 中关于回购交易和抵押品管理的各种方法. 同时，我们还考查了双违约对于有对冲（或部分对冲）的风险敞口的影响. 我们继而介绍了 Basel Ⅲ 中的新增要求，其中包括大量新增的资本框架，例如针对 CVA 波动和 CCP 风险敞口的资本金要求. Basel Ⅲ 还包括了许多小的改进，例如压力 EEPE 和后向测试，我们也对此进行了详细介绍.

至此，我们已经讨论了交易对手风险，CVA 和其他相关主题所有重要的方面. 下一章中将介绍 CVA 部门在机构中的职能. 该部门的职责在于综合多方面内容以实现交易对手风险的最有效管理，同时还要照顾到机构的风险偏好、融资能力、会计准则以及资本金要求.

第 18 章 CVA 管理——CVA 交易部门

银行家是在晴天借给你雨伞,却在开始下雨的时候拿回它的家伙.

Mark Twain(1835—1910)

§18.1 简 介

在本章中,我们将介绍金融机构内部的交易对手风险管理.虽然一些大的交易商多年前已经使用"CVA 交易部门"[①]来管理交易对手风险,但是这种做法只是近年才由于金融危机而在全球其他银行开始推广.公允价值会计准则要求场外衍生品包含用以反映交易对手违约风险的价值调整.虽然很多机构将 CVA 看作纯粹的会计业务需要,但是银行收取信用风险(CVA)的预期损失已变得越来越常见.此外,Basel Ⅲ 所带来的监管要求的变化可能推动所有银行设置 CVA 交易部门,以对 CVA 进行定价和管理以及优化监管资本金配置.然而,一些已经存在的外围成分可能会与 CVA 集中管理,包括抵押品管理(见第 5 章)和融资(见第 14 章).

不仅银行需要某些 CVA 功能,其他大型金融和场外衍生品的大型用户也认为集中化对于管理交易对手风险是十分必要的.根据特定机构风险管理的复杂程度和交易对手风险总额的不同,管理方法也会有所不同.

一个 CVA 交易部门对金融机构的风险管理具有显著价值.它可以使公司在某些交易中更具竞争力,但同样重要的是意识到何时取消与某个交易对手的交易业务.这有利于提高与特定交易对手的交易业务水平,同时通过风险敞口的多样化来降低风险的集中度.CVA 交易部门可以专注于降低某些交易对手的风险.为了达到所有这些目的,CVA 交易部门与其他部门,如抵押品管理、市场风险、信用风险和信用交易等部门的密切合作是非常重要的.

本章旨在围绕 CVA 管理的总体战略的高层次问题进行讨论,其主要目的是在交易对手违约的情况下保障收益以及资产负债表和总体财务的完备性.这将主要针对银行,但是

[①] "CVA 交易部门"得名于许多大型银行通过前台交易部门对交易对手风险进行定价和管理.我们注意到,虽然情况并不总是这样(如 CVA 也许是由风险管理部门处理的),但是本章中还是沿用这一术语.

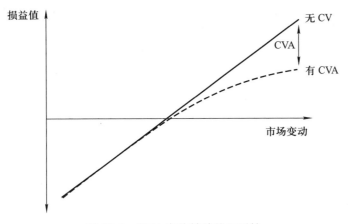

图 18.1 CVA 定价转移的必要性

这些要素也适用于任何已经设立 CVA 职能部门的机构.

§18.2 CVA 交易部门的角色

18.2.1 动机

并非所有的交易员和商业人士都可以成为交易对手风险和 CVA 的专家[①]. 如图 18.1 所示, CVA 可能是估值中一个显著和奇异的部分. 在这里, 剔除 CVA 的损益只是市场变化的一个简单线性函数, 而 CVA 为其引入了一个更加复杂的非线性特征. 由于 CVA 的潜在复杂性, 有必要对它进行集中管理并且将相关损益从相关交易部门分离出来.

要做到这一点, 主要有两点要求(图 18.2):

● 定价转移. 交易对手风险产生的方式具有高度异质性. 一方面, 短期的交易、高信用资质和有抵押的交易对手都导致较小的 CVA. 另一方面, 远期交易、较差的信用水平, 无抵押的交易对手和错向风险将导致较大的 CVA. 重要的是, 对每笔交易, 在其起始时刻征收正确的 CVA 费用, 以反映诸如前期付款、收益率曲线的形状以及净额结算和抵押风险缓释办法等重要方面. 这将获得正确的交易对手风险的预期成本, 从而促进正确的交易决策. 事实上, CVA 是大多数场外衍生品价格的关键决定因素, 并有可能决定交易能否完成.

● 损益的管理. 在交易开始时向产生交易对手风险的一方征收 CVA 是合理的, 但定价

[①] 这里的 CVA 也包括相关的 DVA. 本章后续将会详细讨论 DVA.

转移的本质在于未来 CVA 的变化不应影响其损益(类似保险业的定价). CVA 的变化会造成银行收益的大幅波动,有时可达数十亿美元的量级. 因此,CVA 交易部门管理由市场走势而引起的 CVA 波动是非常重要的. 实现这一目标的基本方式是对冲.

图 18.2 CVA 的征收过程

18.2.2 定价机制

理解 CVA 定价的最好方法就是把它视为购买保险. 假设一个公司的交易员正在进行具有交易对手风险的交易,其 CVA 交易部门将会从交易账户的损益中向交易员收取一定金额,之后交易账户将免于为未来交易对手可能的违约承担损失,进而该交易账户很有可能将 CVA 整合到交易价格当中,并要求其收益大于所支付的 CVA. 交易员可在不了解 CVA 的情况下将交易对手风险的成本因素有效地纳入到定价中.

CVA 的征收可设定为前期一次性支付或运行性溢价. 从交易员的角度来看,一个运行性信用收费显得更加清晰,因为它可以与客户交易的支付相匹配(例如互换的一方接收溢价). 交易员可以将前期的收费转换为运行性 CVA,如 12.4.3 小节中所讨论的,但是这确实会让交易员承担年金风险(向客户收取运行性 CVA 是有风险的,因为它不是在违约时收到的). 然而,由于信用收费通常较小,交易对手违约发生的概率不大,运行性 CVA 和前期 CVA 的实际差别并不大.[①]

CVA 交易部门和原始交易之间的合同本质上相当于交易增量风险敞口的 CCDS(见 10.2.5 小节). 这非常复杂而难于用文件刻画,但这并不必要,因为它是一个内部交易.

如果交易对手在交易周期内的任意时间违约,那么 CVA 交易部门将会立刻补偿原始交易部门相应的无回收调整的损失(使交易部门免于担忧随后的破产过程). 这可以通过交易或重置成本的无风险估值完成. 在前一种情况下,交易者支付重置成本之外的任何额外费用[②];在后一种情况下,CVA 交易部门承担此类基准风险. CVA 交易部门需要参与问题解决的过程,并处理任何相关对冲(如个体 CDS)的支出. 当有一个以上的交易的相关账户出现交易对手违约时,他们只需要为净重置成本[③]进行补偿. 这与 CVA 是以增量(或边际)

---

① 假设交易部门能够正确地对运营费率进行盯市确定,而且不进行自然增值(accrual).
② 我们在 13.3.3 小节中讨论过,DVA 此时可能提供收益.
③ 例如,如果一个价值为 100 和另一个价值为 −60 的交易能够同时终止且总体重置成本为 40,那么 CVA 交易部门就会收到相应补偿. 这里当然假设净额结算是可能的而且被包含在估值过程中.

基准进行收费的原则相一致.

如果交易对手没有违约,CVA 交易部门将不会返还 CVA,而是将其作为资产组合基础上的对冲成本或者应对未来支付的预留资金. 然而,任何与交易相关的其他经济决策(如冲抵、期权行使、取消、终止)都可能引发 CVA 退款或附加收费(见 12.4.5 小节).

CVA 交易部门可能无法对交易的全部名义本金额实现担保,而是留存一定百分比或交易的首笔损失,作为"游戏"的一部分. 这类似于保险业中的超额保险,用来防范由于获得保险而失去监督潜在风险动力的道德风险. 在一些客户关系中,一线交易员可能最了解交易对手风险的性质,特别是诸如错向风险等的复杂性质. 通过让一线交易员承担一部分违约的损失,他们将不会故意进入一笔糟糕的交易(如一个具有明显错向风险的交易),因为 CVA 交易部门不会为其提供完全担保. 然而,在一线交易员缺乏进行对冲的有效的知识、专业技能或手段的情况下,可能没有惩罚他们的必要.

18.2.3 任务和组织方面

CVA 交易部门通常位于前台并且向交易部门的负责人汇报. 在某些情况下,CVA 交易部门也可以向风险管理部门甚至其他部门(如融资部门)进行汇报. 结构的类型取决于 CVA 的类型以及积极管理的程度. 为了主动对冲 CVA,前台的结构显然是重要的,尽管交易对手风险的被动管理方法对于风险管理汇报部门也许是足够的. 从历史上看,这种分离一直被机构的交易对手风险的重要程度(以及由于场外衍生工具)所驱动. 大的交易商一般都采用前台的办法,而规模较小的银行(或那些与其资本市场业务相比具有大规模零售业务的银行)采用了更加被动的风险管理办法. 这些方面将在下文中再次讨论,但我们注意到,Basel III 监管条例有效地强制要求所有银行(见 §17.4)采取更加积极的方法.

有时 CVA 交易与贷款交易相结合. 从集中低流动性的信用定价和管理的角度来看,这是一个合理的想法. 然而,还是有一些原因促使将贷款交易和 CVA 交易进行区别对待:第一,CVA 通常涉及公共交易对手,而贷款的交易对手往往是私人;第二,贷款只承受信用风险,而 CVA 还涉及市场风险;第三,CVA 倾向于使用动态的处理和对冲方式,而贷款的处理更为被动. 根据 Basel III 的潜在要求,CVA 需要更积极的管理,这增加了它与贷款业务的区别.

以上列述了 CVA 交易部门主要的传统业务. 然而,由于交易对手风险已经成为一个越来越重要和复杂的课题,有必要将 CVA 交易部门与其他领域更加密切地结合到一起,如图 18.3 所示,其中包括:

- 监管资本金. CVA 不是评估一笔交易相关的交易对手风险的经济价值的唯一因素,同样重要的是理解监管(和理论上经济的)资本金的影响. 包含 CVA 的任何收益,都应该与支撑交易所需的额外资本进行比较并且有可能超过事先定义的"门槛". 根据 Basel III(见第 17 章),交易对手风险的资本金要求会很大,并且不是完全和 CVA 的实际波动相吻合的

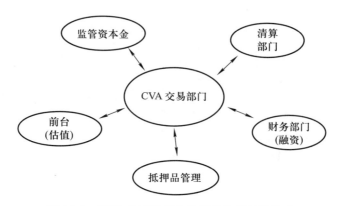

图 18.3 CVA 交易部门和银行其他部门的关系

(实际上,对冲 CVA 可以增加非信用 CVA 对冲资本金要求).因此,权衡减少 CVA 波动性的需求和降低监管资本金的需求之间的关系对于 CVA 交易部门是非常重要的.

● 抵押.CVA 的计算对于任何现有的抵押协议的假定都非常敏感(见§12.5),因此抵押协议的谈判、管理和法律的可执行性是与 CVA 密不可分的因素.此外,因显著的融资成本而产生的优化抵押品的需要(见第 14 章),已经将抵押品管理从后台的一个职能移到了前台.

● 融资.正如§14.3 中所讨论的,融资价值调整(FVA)和 CVA 非常类似,而且在量化过程也需要相似的信息.此外,对 FVA 和 DVA 的处理必须一致.CVA 交易部门需要具备以类似于 CVA 的方式在交易中定价 FVA 的能力.这些对第 14 章中讨论的 CollVA 也同样适用.

● 估值.CVA 所计算的是对标的交易无风险估值的一个调整.如在§14.2 中解释的,无风险估值一旦被认为应该和抵押协议联系到一起,就不再是一个简单的问题.CVA 必须和无风险估值前后一致.

● 清算.CVA 交易部门暴露在两个回收率之下.在通过 CDS 和债券的对冲交易中,CVA 交易部门对结算回收率(见 10.1.7 小节)存在风险敞口.在清算过程中,CVA 交易部门也有结算回收率或实际回收率的风险敞口.这是指从违约交易对手那里得到回收价值的谈判过程.CVA 交易部门会承担回收率的基准风险,是清算过程中关键的利益相关者.在某些情况下,CVA 交易部门在违约清算过程中甚至可能根据有利的预期而减少收费(见下文).

18.2.4 是中心化还是去中心化?

在一个理想的环境中,一个机构就只需要一个中心化的 CVA 交易部门,因为这将优化运营成本、专业知识以及相关的净额结算收益.另一种选择是"去中心化",即一个机构内存在若干独立的 CVA 交易部门(如利率/汇率[①]、大宗商品、信用).这样做的一个理由是跨资产类别的净额结算收益可能很有限(尽管 CVA 可能在很大程度上不受净额结算集分割方式的影响,这种方法可能会导致诸如 PFE 等度量的大幅增加).此外,大多数与机构同时进行着多种类别交易的交易对手都提供抵押(尽管这导致抵押品的建模也变得更为复杂).一种观点认为中心化更好,任何偏离中心化的情况都出于政治原因.反对中心化方法的论据是,它可能导致在一些特定的领域缺乏针对性,如在大宗商品领域,资产类别和客户信息的综合知识对于 CVA 管理非常重要,特别是鉴定错向风险.此外,许多客户进行跨资产类别交易,所以通过去中心化的 CVA 管理(分割净额结算集)而损失的净额收益通常并不显著.去中心化的 CVA 管理程序也更容易构建,因为数据和分析的需求可以相当容易地建立在现有的数据来源、风险管理系统和交易系统之上.

去中心化的危险在于各自独立的 CVA 交易部门仅负责汇报特定的业务领域.如果 CVA 交易部门从某个业务线获益(如在奖金方面),那么这可能会导致问题,长期来说会降低管理 CVA 的积极性.涉及单一险种保险商(一般来说,其交易对手风险与最初的信用衍生品业务是一起的)的损失就是这方面的一个例子.

18.2.5　覆盖范围

理想情况下,CVA 交易部门将涵盖全部产品,但由于量化的复杂性,在实际中可能需要某些分派与部署.需要考虑的主要场外衍生品是简单的利率和外汇产品(包括跨币种互换)及 CDS.大宗商品、股票和复杂衍生品将在可能的情况下得到解决.产品覆盖大约遵从 80/20 法则(全部工作投入的 80% 用于处理占比 20% 的产品的 CVA).

CVA 涉及的另一个方面是有抵押的(CSA)交易对手.至少在 CVA 处理的早期阶段,这些通常是被忽视的,因为 CSA 可以合理地降低 CVA.这里的第一个障碍就是,绝大部分交易的交易对手(如银行)都遵循 CSA,所以实际计算将非常耗时.此外,在抵押条件下计算 CVA 会涉及更深入的方法,这需要诸如缺口风险(见 9.7.4 小节)、保证金风险期(见 8.5.2 小节)和错向风险(见 15.4.6 小节)等方面的进一步和更加主观的假设.这造成了许多机构只关注无抵押的交易对手的 CVA,尽管 9.7.2 小节中的结论说明有抵押的 CVA 是不应忽视的.事实上,如在 13.1.4 小节看出的,即使两家银行使用相同的 CSA 彼此交易,并且两者都使用 DVA,仍有可能造成相当规模的 CVA 或 DVA 收费.

在 2007 年以前,与单一险种保险商和 AIG 的(已在 13.3.2 小节中提到的)交易通常免

[①]　这种方法倾向于整合利率和汇率.

于考虑 CVA, 因为这些交易对手具有很完善的信用水平和抵押条款①. 在银行利用单一险种和 AIG 来摆脱超高级风险以支持其有利可图的结构性信用业务的例子中, 一个公正的中心化 CVA 交易部门本来可以被有效地利用起来以识别与此类交易②相关联的极端错向风险(见 15.5.2 小节), 而这将遏制结构性信用产品的增长, 甚至可以降低它们的影响, 避免全球金融危机③. 因此, 一个有力的观点就是 CVA 应覆盖所有的交易和交易对手, 不论敞风险口水平如何, 抵押品多少和交易对手的信用资质如何, 因为异常往往会最终造成最大问题. 这意味着 CCP 的 CVA 也应该得以量化, 但情况往往不是这样的(Basel Ⅲ 并未进行强制规定). 忽略 CCP 的 CVA 应该与 2007 年以前忽略单一险种保险商和 AIG 的 CVA 相提并论.

18.2.6　CVA 交易部门是利润中心还是职能部门?

　　CVA 交易部门应该在交易全程为新的交易对手风险进行定价, 正确估计风险敞口的影响, 给出违约概率的含义以及所有的风险缓解措施(净额结算、抵押、对冲). 对于许多机构来说, 并不能根据损益对其 CVA 交易部门进行评判, 因为任何收益最终只应来自公司内部的交易部门和业务的成本. 这意味着, 在正常情况下, CVA 交易部门通常被视为职能部门, 尽管它的含义并不总是很清楚. 对于我们而言, 将使用这个词来表明 CVA 交易部门的任务是确保平稳的损益. 在没有对冲的情况下, 机构只能预期在一个很长的时间跨度内实现中性损益.

　　虽然零损益目标可能导致激励问题, 但它实际上比传统的目标更加合理地激励交易员④. 一个典型的交易员有一个类似于行权价格为零的长期看涨期权的薪酬机制⑤. 这是有问题的, 因为期权的增值可以通过增加波动性来实现. 因此, 交易员通常主动承担更多风险, 最大限度地获取收益, 因为他们知道自己不会因损失而受到处罚. 然而, 一个典型的具有零损益的 CVA 交易部门类似于行权价格为零的短期 Straddle 期权头寸⑥. 这是因为零损益将使 CVA 交易部门获得的报酬最大化, 这意味着 CVA 交易部门在中和交易对手风险方面做出了最好的表现. 巨大的损失显然应该受到惩罚, 而大的收益也应受到惩罚, 因为这只可能通过过度承担风险而获得, 尽管这并不是 CVA 交易部门的任务. 然而, 定义在

---

①　尽管抵押条款和评级触发相关, 它们仍被认为是有价值的.
②　参见 An AIG failure would have cost Goldman Sachs, documents show, New York Times, 23 July 2010.
③　尽管这看上去是一个重大的断言, 专业保险商和 AIG 确实造成了数万亿美元的损失. 避免此类损失并严格限制结构化信用产品的增长或许可以防止金融市场走向"引爆点", 而后者最终导致了诸如贝尔斯登、雷曼兄弟和 AIG 倒闭等事件, 其所造成的恐慌也凸显了许多其他问题.
④　这可以简单概括为尽可能多地挣钱.
⑤　这是因为其薪酬大体上和各种利润成正比(至少在某个水平上如此), 而任何损失将会导致没有或很少的薪酬. 但是, 在缺少薪酬召回的情况下, 薪酬不可能是负值.
⑥　跨式期权头寸是看涨期权的空头和具有相同行权价格的看跌期权的组合.

年度基础上的零损益目标仍不够理想. 例如, 一个交易小组在去年年底创造了收益, 但是零损益目标是鼓励他们制造人为的损失以便为来年提供回旋的余地. CVA 交易部门必须有一个明确的任务并对损益产生根源做出很好的解释, 而不是把单纯地追求零损益作为目标.

这里有几个理由说明上述讨论的零损益目标可能不太现实. 首先, CVA 交易部门可通过多种方法增加收益, 而和其承受风险的增多没有直接联系. 这方面的例子有:

- 冲抵和终止. CVA 交易部门可以从交易的冲抵或终止中受益, 并可以在这方面发挥一定的作用.
- 改进的净额结算及抵押条款. CVA 的收益可能来自改进的净额结算和抵押条款(我们注意到, 如在 13.1.5 小节中所做的解释, 使用 DVA 意味着改进的条款没有必要和损益一致).
- 重组交易. CVA 可以通过重组具有终止条款、重置或息票再定价属性的交易而被减少.
- 提高清算回收率. 在清算过程中或结束时, 实现更高的回收率(相比假定的估值和对冲)将导致 CVA 交易部门的正损益.

以上是 CVA 交易部门制造损益的一些合理方法. 但是, 这里可能存在一些错误的激励. 例如, CVA 交易部门可能会被诱导去低估风险缓释的好处, 从而能够产生未来收益. 损益解释(见 18.5.5 小节)在这里很重要, 它可以避免被伪装的 CVA 管理带来实际损失的潜在问题. 也有理由认为, 上述产生的任何损益都应该重新分配回最初的交易部门. 这方面的一个例子是, 负增量 CVA 可能来自新交易的冲抵或与现有净额结算集的良性互动(见 12.4.1 小节), 于是 CVA 交易部门可以收取零 CVA, 从而从其整体的 CVA 减少中获得收益[①]. 然而, 这个收益可能掩盖了潜在损失, 而不会对交易的冲抵给出正确的经济激励. 因此, 最合理的做法是退还给发起交易的账户.

CVA 交易部门制造损益的其他更为明显的方式包括:

- 不对冲. 通过正确地选择不对冲某些风险(最明显的信用溢差), CVA 交易部门可能制造损益.
- 自营交易头寸. 显然, 损益可以通过潜在的头寸生成. 可以说, CVA 交易部门可能具有某些方面的特殊专长和市场知识, 并从中寻求获利.

虽然完全的自营交易不应该是 CVA 交易部门的目标, 但是选择不去对冲某些风险肯定在职权范围以内. 例如, 在 CVA 交易部门做多信用并且选择(或不能够)对冲与交易部门积极采取信用多头头寸之间是存在微妙差别的. 尤其是在没有对冲信用风险的情况下, 需要更多思考.

---

① 实际中, 这可以在原交易员或商业部门不知情的情况下进行. 某些 CVA 交易部门通过正式协议获得不归还负增量 CVA 的权利.

§18.3 CVA 收费

CVA 转移定价的一个关键方面就是必须有一个现成的稳定工业化过程来实时计算 CVA 费用. 例如, 与企业客户签订的场外衍生品合同可能构成银行良好的业务, 但前提是在起始时对 CVA 进行正确定价. 而对于大型复杂交易, 在评估相关 CVA 收费时的一些延迟是合理的. 在大多数情况下, 计算需要在未经 CVA 交易部门干预的情况下快速实现. 从系统的角度说, 要正确地做到这一点是比较复杂的, 通常有必要使用简单的方法. 银行倾向于提供交易的定价、销售和营销工具, 但这些工具的复杂程度不同.

18.3.1 查询表格

查询表格将基于网格提供快速估算信用收费或 CVA 收费, 可以单独为每个产品类型制作相应的表格. 例如, 一个利率交易部门所提供的查询 CVA 收费的网格, 是到期日和信用资质的函数(通过交易对手评级或信用溢差进行评估). 当然, 这样的计算涵盖交易的具体特征, 如支付频率和货币, 并由于这个原因, 收费在很多情况下可能是保守的(例如, 按季接收固定利率并支付 6 个月期 LIBOR 的利率互换很可能无法获得相对较小的 CVA 费用的优惠)[①]. 查询表格也无法反映风险缓释方法, 如净额结算或抵押, 但它确实是一个非常简单、快速和透明的 CVA 收费方法.

18.3.2 特定产品定价

网格定价的下一阶段就是对不同产品的 CVA 分别定价. 这样的计算可以内嵌于电子表格, 并由相关的定量研究团队开发. 例如, 附录 12D(和工作表 12.2)给出了计算利率互换的 CVA 的解析公式. 这种计算可以捕获相关交易的特征(如货币、支付频率), 其主要缺点是忽略了净额结算和抵押所带来的收益, 仅适用于与某一交易对手的所有交易都同向的情况.

18.3.3 完全基于模拟的定价

要准确地涵盖 CVA 计算的所有方面(尤其是包括净额结算和抵押), 我们只能通过第 9 章中计算风险敞口时所描述的以 Monte Carlo 模拟为基础的方法来完成. 关键的问题是, 为了计算净额结算和抵押的增量 CVA, 我们需要了解相关净额结算和抵押协议所包含的所有交易的信息, 以及净额结算与抵押合同的内容. 实际上, 这需要一个模拟引擎, 产生

[①] 这个例子中, 在一个向上倾斜的利率环境中收到固定利率以及按季收取和按半年支付的事实均导致了 CVA 的降低.

随时间变化的很多场景下的所有相关市场变量,并且能够计算当前交易和未来新交易的价值. 从这些数据出发,可如 12.4.1 小节中所述计算增量 CVA.

正如 9.6.4 小节中所描述的,对现有交易的模拟数据,可能会在夜间批处理运行,然后保存,并在下一个工作日①和新交易进行整合,而不是做"即时"的全部计算.

这可以阻止捕捉日间交易和市场移动,对此将在下一节中进行讨论. 它也可以导致损益解释的差异(见 18.5.5 小节),因为这样将引起 CVA 和实际损益的不匹配.

图 18.4 说明计算增量 CVA 需要的计算流程.

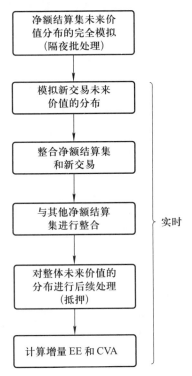

图 18.4 计算增量 CVA 所需的步骤. 未来价值网格使用了模拟的路径数量和时间步长. 注意,与其他净额结算和抵押滞后处理的整合只有在抵押协议到位时才会相关联(可以覆盖多个净额结算集)

18.3.4 冲抵、执行、终止和其他特殊情况

增量 CVA 提供了涵盖一个交易对手的总体 CVA 增量的信用收费. 这是一个即时的度量,给出了以前交易的 CVA 收费,当然不包括任何未来的交易. 如表 12.6 所示,这关键

---

① 注意,标准的交易可能为了避免当天运行这些而进行隔夜运行.

取决于交易的顺序，它会在一段时间之后显得不那么公平．然而，新的交易只能用当时的信息定价，增量 CVA（通常）不对未来可能达成的带有抵消性质的交易做任何预测．增量 CVA 费用是唯一可以引用固定收费[①]的办法，因此是所有 CVA 收费的理想基石．

机构有时会偏离增量 CVA 的原则．例如，基于以后净额结算的收益预期对一个客户的第一笔交易给予减免．另外一个对增量 CVA 原则的明显偏离的例子是一个以上的交易在短时间内被执行．在这些情况下，相关交易的边际分析对计算 CVA 费用是有用的（见 12.4.2 小节）．

冲抵或重组是另一个有趣的案例．然而，冲抵只是执行一个反向交易，因此增量 CVA 也和通常一样．交易者冲抵可能是期望收回部分的原始 CVA 费用．然而，市场走势以及随后与同一交易对手的交易会显著地影响通过增量 CVA 给予的适当"退款"．相反，退款可能会超过原始 CVA 费用（例如如果交易对手的信用溢差已经增大），同时也不能保证增量收费确实为负．在后一种情况下，意味着交易可能被重复收费．在实际中，这是不太可能的，因为它需要净额结算集风险敏感性的一个明显移动．DVA 还造成了违反直觉的行为，如冲抵带来额外收费．

在理论上讲，期权的执行和终止（这里该机构有权利执行）也应该引起 CVA 费用，因为，如交易的发起和冲抵，它们代表了导致 CVA 变化的经济决策，应该转移到定价中．然而，通常使用的是一个嵌入执行可能性中的、单一的前期费用．另外，对期权行权收取 CVA 费用意味着执行边界是正确的，因为它是基于风险性损益的（包括 CVA）．因此，这有两种不同的方法，如图 18.5 所示．最简单的方法是单一的前期 CVA 收费，缺点是最初的交易员没有将期权性风险纳入 CVA 的动机，因为他已缴纳相关的 CVA 费用．更吸引人的理论方法是，既有起始的 CVA 费用，也有有条件地（基于执行情况）进一步收取．

额外的 CVA 收费如何在实际中实施的例子包括：

● 实物结算互换期权．对于互换期权，可以对发起交易账户收取初始的 CVA 费用．如果期权未来被执行，再收取额外的 CVA 费用．这意味着做出了正确的行权决定（见 12.4.5 小节）．

● 可取消互换．可以根据互换的有效期收取初始的 CVA 费用，如果互换在到期日之前被取消，则会做出相应的返还[②]．请注意，在可取消互换中，如果期权的溢价很高，则会收敛至冲抵的情形．

● 额外终止事件（ATE）．初始的 CVA 费用对应于延伸至（第一个）ATE 时间的风险敞口，若随后合约未被终止，会有额外的费用．另一种替代的方法是，开始时收取完整周期的 CVA 费用，如果后续交易终止，可能会部分退款．在 ATE 可能被使用的情况下，前一

[①] 例如，边际 CVA 更加"公平"，但它是对后续交易收取的，因此会由于 CVA 而引起对交易账户损益的大幅调整．

[②] 在互换取消之时，多支付了增量 CVA，尽管返还是可能的，但是这仍可能代表了某种额外的收费．

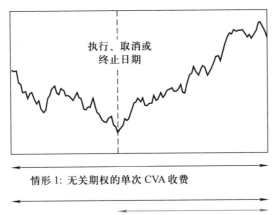

图 18.5 在期权执行、取消和终止的情况下纳入 CVA 收费的不同方式. 第一种情形是无关期权的单次收费. 在第二种情形下, 支付了两次 CVA: 一次在开始时收费, 另一次是与执行、取消或终止决定相关的有条件收费

种选择会受到青睐; 反之, 则倾向于使用后者.

视条件而定的收费机制更优, 因为它创建了对期权性风险的正确的激励机制, 并能在不产生道德风险的前提下处理诸如 ATE 之类的主观性问题[①]. 它还简化了 CVA 交易部门的对冲, 例如它可能会降低由次优化行为造成的负损益跳动[②]. 然而, 视条件而定的 CVA 收费会影响原交易部门的损益, 而原交易部门却不能为此向客户收费. 提前向顾客收取 CVA 费用的操作简单方便, 意味着实践中主要使用单一收费.

18.3.5 减少 CVA 费用

CVA 费用是简单场外衍生品定价的关键组成部分, 它通常反映出一个给定机构的竞争力. 因此, 大量的缓释手段被用来减少 CVA 费用就不足为奇了, 其中包括:

● DVA. CVA 费用最明显的缓解方法就是 DVA. 正如在第 13 章中所讨论的, 使用 DVA 至少是有部分争议的. 有时候 CVA 费用只会纳入部分 DVA 收益, 或者不会在 DVA 超过 CVA 时给出收益. 这似乎是一个共识, 即 DVA 的货币化并不完善 (见 §13.3). 我们将在下面更详细地考虑 DVA.

● FVA. 把 FVA 与 CVA 结合在一起正在变得越来越普遍. 在资金收益大于资金费用

[①] 在一次性支付方法中, 给定 ATE 的收益, 交易员没有最小化 CVA 的动机.

[②] 例如, 交易员是在无风险基础上行使期权的, 尽管期权的风险价值为负. 在这种情况下, CVA 交易部门将会看到负的损益跳跃, 而这难以对冲.

的情况下（见 14.3.5 小节），整体 FVA 是有益的，并且可以降低费用.

- 忽略某些交易对手的 CVA. 某些交易对手的 CVA 倾向于被完全忽略，通常的例子是具有非常高的信用资质的主权国家、超级国家组织和提供良好的抵押的交易对手. 对这些交易对手收取 CVA 费用几乎是不可能的. 虽然这样的策略已经出现了明显的问题，比如单一险种保险公司（具有 AAA 评级）、雷曼兄弟（支付抵押品），但是 CCP 未来的 CVA 很可能被忽略.

- 较高的实际回收率. 可以将"有利的清算过程会带来更高实际回收率"的假设结合进来，从而导致较低的 CVA 费用（见 12.3.2 小节）.

- 历史违约概率和风险中性违约概率的混合. 在某些情况下，银行会将历史违约概率与风险中性违约概率混用，这样做的基础是风险中性违约概率隐含的风险溢价导致该概率太大（见 10.1.6 小节）. 我们注意到，这种做法可能不完全符合美国会计准则和 Basel III 的资本金要求.

虽然不应用任何风险缓释方法将导致没有竞争力的 CVA 收费，但在何种程度上理性地或人为地应用这些方法具有高度主观性.

18.3.6 DVA 的处理

是否在收费过程中应用 DVA 是一个困难的课题. 一方面，尤其是在银行间市场，这是不可能被同意的交易条款，除非是 BCVA 收费. 另一方面，这会留给 CVA 交易部门将负的 BCVA 部分货币化的问题（即 CVA 交易部门要支付给交易部门的部分）. 考虑机构与其交易对手执行一个互换. 该交易对手与机构具有类似的信用资质，使得整体 BCVA 为零（对双方都是零）. CVA 交易部门不会向交易的执行部门收取任何费用，但仍然需要管理交易对手违约的风险. 另外，具有较高信用溢差机构的交易具有负的 BCVA，这意味着 CVA 交易部门应该在交易部门和业务部门执行新的交易时向它们支付相关费用. 在这种情况下，CVA 交易部门需要尝试对机构本身的违约价值套现，例如通过出售高度相关的机构的保险. 然而，这肯定会引起新的风险（比如，当银行试图通过销售雷曼兄弟保险来套现 DVA 时，见 13.4.4 小节）. 即使银行确实使用了 DVA，它一般只将部分 DVA 收益包含在价格中①.

§18.4 技 术

在落实增量 CVA 的实时计算符合监管标准和 CVA 交易部门的对冲行为这类理想的需求时，技术起到了显著的作用. 下面我们将概括讨论 CVA 技术方面的考量和需求.

---

① 例如，在总体价值为正的条件下，50% 的 DVA 可以被包括进来（也就是说，DVA 不是 CVA 的 2 倍）.

18.4.1 PFE 和 CVA

在过去的 20 年中,大型衍生品交易商们为了建立复杂的系统以量化潜在的未来风险敞口(PFE),投入了大量的资源. 最近十几年以来,其中的一些交易商已经拥有了通过 CVA 定价(和对冲)交易对手风险的系统. 监管规则中关于 EEPE 和 α 以及 CVA 和 VAR (见第 17 章)的后向测试和压力测试产生了进一步的需求. 尽管如此,许多金融机构尚不具备开发技术解决方案来处理 CVA 和交易对手风险的能力.

由于历史原因,PFE 系统和 CVA 系统通常独立开发. 从某种意义上说,这不是没有道理的,因为 PFE 系统驱动信用额度和监管资本金决定,而 CVA 系统关心估值和对冲. 这里需要考虑的另一个重要方面是,需要模拟以计算 PFE 为目的的实际风险敞口和以量化 CVA 为目的的风险中性风险敞口(见 12.2.2 小节). 另外,Basel Ⅲ(见 17.4.4 小节)中的 CVA VAR 事实上可以通过机构现有的 VAR 引擎进行计算. 基于上述理由,同时具有以计算 PFE 和 CVA(和 CVA VAR)为目的的不同系统也并非没有道理. 然而,这种分离在很多机构存在的原因更多在于 PFE 系统首先得到开发,却不能合理地扩展来处理 CVA,因为这可能需要更高的精确度、速度,并且覆盖更多的产品.

然而,也有许多原因支持 PFE 系统和 CVA 系统的整合:
- 数据. 法律数据(法人、净额结算/抵押协议)和交易数据的要求是相同的.
- 市场数据和历史数据. 虽然不存在市场数据的完全重叠,如 PFE 通常由历史数据驱动,而 CVA 更多由市场数据驱动,但是肯定存在共用的市场数据(例如利率曲线和历史相关性).
- 模拟引擎. 一般的模拟引擎,虽然可能要求不同数据,但是将共享通用组件,诸如抵押条款方面的模拟将是相同的.

图 18.6 说明了一个 CVA 和 PFE 系统可能的典型数据流程和报告结构.

18.4.2 构建模块

CVA 系统的模块构建包括:
- 数据库. 大多数机构有多个系统处理法律数据、交易数据、市场数据和历史数据. 数据采集和存储将是巨大的,必须从各种交易部门和后台支持部门以及外部资源中获得. 各个部门之间的协作对于检索这些数据至关重要,但事实也表明,这是实现一个复杂的交易对手风险管理系统的突出瓶颈. 数据要求包括以下几个方面:
  ○ 交易数量;
  ○ 对冲;
  ○ 法律实体;
  ○ 净额结算协议;

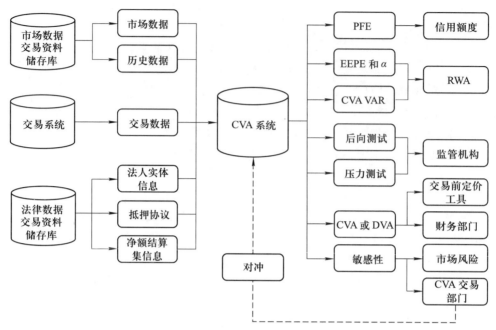

图 18.6 一个理想的 CVA 和 PFE 系统. 注意反馈到 CVA 系统的对冲代表了它们在定义信用额度和 RWA 中的作用

- 抵押协议;
- 市场数据;
- 历史数据(包括极端市场数据);
- 信用评级;
- 信用额度;
- 信用溢差、违约概率和回收率;
- 模拟数据的存储(盘中定价).

快速的数据检索也是非常重要的. 例如, 在净额结算集层面上(如在 9.6.4 小节中讨论的)检索模拟风险敞口, 是风险敞口计算和新交易定价所需要的.

- Monte Carlo 模拟引擎. PFE 的生成通常被一个通用的 Monte Carlo 模拟支持. 它必须能够运行每个涉及变量的大量场景, 而且通常需要在几个小时内重新评估净额结算集的所有潜在头寸(通过夜间批处理的方式).
- 定价功能. 在生成大量的场景之后, 有必要在每个场景重新定价每个产品. 虽然最常见的产品的定价, 如利率互换、外汇远期和 CDS, 非常简单和迅速, 但是数量非常巨大. 考虑 100 个时间点, 每个时间点 1 万个场景, 模拟 100 万笔交易. 估值可以通过应用常见的并行处理金融优化和计算优化而显著加快. 关键的一点是不要去改进模拟底层变量的已远远超出错误边际的定价, 尤其是对具有显著不确定性的较长的时间期限. 在这样的背景下, 价格的多维插值和使用近似定价功能就不一定会有很大的顾虑.

- 抵押品功能. 它必须能够跟踪现有的抵押品, 不论其为现金或是其他证券, 并且可以在每个模拟场景计算和预测未来抵押品(延后处理在§9.7中说明)以及当前风险敞口的抵押品.

- 报告. 风险敞口度量(如EE, PFE和EPE)必须可以很容易地从模拟数据计算得到, 并且通常要将每日(隔夜)计算结果进行存储. 它也必须能够实时整合, 包括新模拟交易的影响, 以观察对信用额度和CVA的增量的影响. 人们非常希望能够几乎实时地为新交易计算增量CVA, 尤其是当CVA可以对收益产生重要影响的时候. 交易员和销售人员需要获得这种计算CVA的简单工具. 掌握可以显示超出信用额度, 分析风险敞口状况(通过9.6.3小节中讨论的边际风险)和对冲所需的风险敏感性的报告工具是有必要的.

- 风险敏感性参数. 对冲CVA需要所有与市场风险和信用风险相关的风险因子的敏感性参数. 这些敏感性的总数十分庞大, 许多甚至无法计算. 此外, 大多数参数只能在实际中采取直接数值计算(也称为"扰动处理")的方法[①]. 找到以对冲和风险额度为目的的关键敏感性参数并且在CVA批处理程序中确定它们的相应优先级是非常重要的.

- 后向测试和压力测试工具. 如17.4.3小节中所述, Basel Ⅲ正在推出EPE后向测试要求, 这将涉及假想资产组合的存储和跟踪、多重置信水平和时间跨度上的PFE检验. 这是一个非常大的技术挑战, 远比传统的市场风险VAR模型的后向测试更具挑战性. 压力测试的设计和计算能力将带给系统额外的压力, 这类似于敏感性的要求. 压力测试功能应该具有支持对所有当前市场数据进行非标准变化的能力, 比如曲线变陡或变平, 基准溢差和相关性移动.

18.4.3 错向风险

我们应该注意到, 交易对手风险系统通常基于没有错向风险的独立性假设. 事实上, 从历史上看, 许多系统都是在诸如信用衍生品等产品中所蕴含的极端错向风险被充分认知之前投入使用的. 在交易对手风险系统中纳入错向风险产品, 如CDS, 这要求非常粗糙的简化或者重大系统性改进, 因此变得颇具挑战性. 如§15.3所述, 可以充分利用现有的CVA方法通过视条件而定的风险敞口模拟(或者有条件的违约概率假设)来设计资产组合的错向风险算法. 然而, 由于个体交易水平的错向风险方法(见§15.4)需要对风险因子和违约概率之间的确切关系进行特别建模, 它在实现时更具挑战性.

[①] 对于所有风险敏感性参数来说, 这都是对的, 因为它们都和Monte Carlo模拟的风险敞口的偏导数相关. 信用风险敏感性参数可以在不进行再模拟的情况下进行计算, 尽管这只在不存在错向风险的情况下才是可能的.

18.4.4 日间计算

在每一个新的交易需要定价时，重新对整个交易的净额结算集进行模拟一般是不切实际的. 解决这个问题的典型方法涉及保存在每个模拟场景和时间步长（见 9.6.4 小节）的净额结算集水平的隔夜模拟. 增量 CVA 定价则涉及在同样的场景模拟[①]新交易并与现有数据进行整合.

上述是通常使用的获取实时增量 CVA 的方法，但它只是对真实的损益影响的一个近似估算，而且 CVA 交易部门会面临一定的不确定性（这是可能的），如果其承诺据此对 CVA 收费. 当天显著的市场变动或有同样交易对手的其他交易都是明显必须要进行 CVA 日间计算的情况. 这种计算要求不会有特别的问题. 它必须可以简单地重新运行基于当前市场和交易数据的模拟，以纳入市场变化和额外的交易数量. 这可能不需要针对所有的交易对手，而是针对选定的具有显著交易活动或对某些特殊的市场因子[②]具有显著敏感性的交易对手. 更大的挑战是利用前台的交易系统为 CVA 系统提供日间的交易数量以及抵押余额变化的日间反馈. 例如，具有在几分钟之内与给定交易对手跨交易部门进行两次交易，并且可以捕捉所有 CVA 和 PFE 的相关变化的能力是对系统的终极挑战.

§18.5 CVA 的对冲实务

最后，我们来讨论如何设计一个实用的 CVA 对冲策略. 出于许多原因，这非常重要.

首先，从历史上看，机构处理 CVA 的方法非常不同，从保险精算的方法（没有对冲）到积极的方法（最大对冲）. 其次，如第 16 章中所讨论的，CVA 对冲远非那么简单直接，特别是交叉-gamma（见 16.5.2 小节）和非预期效果（见 16.5.4 小节）可能导致的螺旋式对冲成本. 重要的是要注意到，CVA 交易部门的角色面临一个三维问题，即它需要优化以下部分：

- 实际的经济风险：机构所面临的实际经济风险.
- 会计损益：在相关的会计准则下，由 CVA 变化带来的会计损益.
- 监管资本：交易对手风险的监管资本金.

在理想的情况下，上面几点是完全一致的，但是在现实中不一致性可能非常显著. 例如，根据美国公认会计准则，美国或加拿大的银行被要求在其损益中纳入 DVA，但也没有必要相信这反映了其面对的真实经济风险，他们也不会得到任何 DVA 资金援助. 一个对冲利率风险的 CVA 交易部门将会减少他们的经济风险和会计损益的波动，而实际上增

---

① 我们注意到，即使在需要模拟额外的风险因子的情况下，这也是可能的.
② 例如，当市场出现大幅波动时，系统可能对所有具有显著外汇风险敞口的交易对手重新运行.

加了其 Basel Ⅲ 的监管资本金要求(见 17.4.5 小节).

因此,一个 CVA 交易部门需要仔细考虑正确的策略以纳入上述观点. 不同的机构可能会根据自己特定的风险特质、监管环境、资产负债表以及交易与风险文化而倾向于使用不同的办法. 我们首先看一下 CVA 管理的极端情形, 然后考虑 DVA, 最后在看一些最佳实践的结论.

18.5.1 对冲与否

从广义上讲,金融风险要么在传统的风险管理(如 VAR)中被谨慎控制并管理,要么被动态地对冲(如结构化产品). 正如在 9.4.1 小节中讨论的,风险管理应用真实世界概率测度,而动态对冲则与基于风险中性估值的适当交易策略相结合.

交易对手风险量化的一个特别有趣的特点是,它代表了风险管理和动态对冲这两个不同的金融世界之间的交集. 潜在的显著违约损失,加上错向风险等方面,为对冲交易对手风险提供了令人信服的证据. 然而,如在第 16 章中所讨论的,对冲交易对手风险是非常具有挑战性的,并且不太可能实现没有包括那些来自 CVA 对冲的意想不到后果所产生的显著残余风险(见 16.5.4 小节).

让我们考虑两个 CVA 管理的极端情形: 基于真实世界概率测度和风险管理基础的"精算方法", 基于风险中性定价的"市场方法". 前文也已经将这些分别关联到 CVA 的主动和被动管理.

18.5.2 精算方法

在精算方法中,增量(或边际)CVA 费用将作为保险的保费,起到缓冲或贮备金的作用,以应对交易对手违约. 这种"精算 CVA"应涵盖所有因交易对手风险产生的预期未来损失. 然而,除此之外还应当收取覆盖意外损失的费用, 如图 18.7 所示. 这将导致一个比违约时的平均数更大的结果. 意外损失更难量化, 如第 11 章中所述,因为它依赖于所有交易对手风险. 这将需要做一个复杂的计算,除非使用一些简单的近似, 如使用在 11.3.4 小节中描述的阿尔法乘数.

在精算方法中, 交易对手风险管理效果的评估只能在漫长的时间跨度才可以精确进行. CVA 费用是对未来违约损失的缓冲. 如果该缓冲过小,则在违约概率很高的时期会出现显著的额外损失. 与此相反,一个大的缓冲可能意味着整体的损失是非常不可能的,但也可能表明,业务线收取了过多的交易对手风险费用. 最终, 意外损失的不确定性导致了这个困难.

18.5.3 市场方法

管理交易对手风险的另一种方式是"市场法". 提前设定的 CVA 会导致所有底层变量和

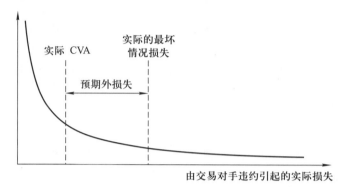

图 18.7 使用精算方法量化 CVA 的原理说明. 图中给出了一个涵盖所有交易到期日的时间跨度内由于交易对手违约(不包括收到 CVA 费用)带来的损失的分布. "精算 CVA"包括了预期损失,同时意外损失表示了预期损失与某置信水平的最差损失之间的不同

信用的线性和非线性风险敏感性(详见第 16 章中的讨论). 如图 18.8 所示,市场方法涉及相对于这些敏感性的所有对冲,并且因此需要量化对冲 CVA 的成本. 需要注意的是,与精算方法相比,它没有考虑无意外损失部分. 风险中性 CVA 应该定义对冲成本,但残余对冲误差的量化也是必需的. 对冲的误差可能反映了对冲的不确定性(对称效应)和诸如额外交易成本(非对称效用)等方面的偏差. 对于一个大型的投资银行,这种"对称误差"可能高达数亿美元.

可以预见风险中性 CVA 将显著高于精算 CVA, 因为它是根据市场隐含参数计算得的, 如 10.1.6 小节中所讨论的, 这其中包括大量的风险溢价. 精算方法的性能是很难评估的(除非在很长的时间跨度上), 但是市场法却不是这样的, 因为理想情况下的损益应该是相对平稳的, 具有一些由不完美对冲引起的预期波动.

精算方法和市场方法代表的是极端情况, 最有效的交易对手风险管理代表一种折中方案, 其中只有关键敏感性会被动态对冲. 在过去的 10 年中, 积极管理 CVA 的机构借助信用衍生品市场的发展, 已经逐渐向更多交易方式进化. 这将通过 Basel III 的规定进一步推动. 重要的是要注意到, 市场所采用的管理 CVA 的方法(这就是"CVA 交易部门"一词隐含的方法)不应与典型的衍生品交易部门所使用的方法进行过于细致的比较. 衍生品交易通常涉及对冲大部分的潜在市场风险, 同时接受一些残留的风险(图 18.8 所示的"对冲误差"). 甚至奇异衍生品交易席位能够对冲其大部分风险. 相比之下, CVA 是一个奇异的复合衍生品, 主观所认为的可以真正对冲的风险是有限的[1]. 因此, CVA 的理想管理将是上述精算

---

[1] 事实上,即使在 2007 年之前银行激进地在诸如 CDO 等奇异衍生品中承担风险的年代,混合信用业务(本质上和 CVA 相似)也是受到限制的,部分原因在于其公认的定价和风险管理的复杂性.

方法和市场法之间的某种平衡，并同时考虑会计损益和监管资本金.

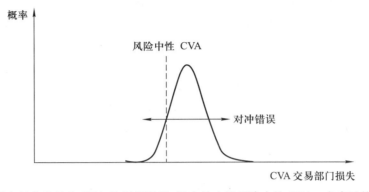

图 18.8 使用市场方法量化 CVA 的原理说明. 图中给出了风险中性 CVA，它表示的是光滑市场下的对冲成本. 如图所示，会有一些额外的对冲误差. 这很可能是在对冲 CVA 过程中交易费用和其他问题所产生的乐观偏差

18.5.4 DVA 处理

不同的机构有不同的 DVA 处理方法，部分是由不同的会计准则驱动的，部分是由于风险偏好. 从本质上讲，我们可以考虑三种一般的 DVA 处理方法：

- 忽略 DVA. 忽略 DVA 的方法可能由于它的一些有争议特征而受到青睐. 我们注意，这仅仅是银行的选择而不是美国或加拿大 GAAP 的规定，并且是 2013 年推出的 IFRS13 会计准则下的一个选项.
- 在损益管理中独立 DVA. 将 DVA 从损益管理中分离出来，反映了一种将 DVA 纳入管理，但不鼓励 CVA 交易部门对冲机构自身的信用资质的愿望或需求. 这意味着，CVA 交易部门很难将 DVA 纳入其管理，因为收益不会被兑现. CVA 交易部门基本上运行一个多头信用账户.
- 充分纳入 DVA. 在 CVA 交易部门的损益中充分纳入 DVA 将潜在地减少费用，并可以通过对冲来实现减免 (尽管有各种如 13.3.4 小节中所述的对冲问题). CVA 交易部门本质在运行一个基准账户，并试图管理交易对手和自己之间的基准信用溢差. 这个基准账户可能反映了一个净信用头寸，如果机构自己的信用溢价足够显著.

18.5.5 损益解释

CVA 交易部门需要具备的一个关键能力就是解释损益的变化. 对于 CVA 交易部门来说，理解其所做对冲的表现和非对冲部分任何实质性移动的原因是一个非常普通的要求. 损益解释旨在通过独立观察各个一致性分量的影响将损益进行分解. 从广义上讲，这些分量来源于两组因子：

- 管理风险. 这指的是 CVA 交易部门需要对冲的风险, 如利率、汇率和信用溢差的变化. CVA 交易部门的表现将明确地取决于这些方面.
- 非管理风险. 这可能包括了不属于 CVA 交易部门控制的风险, 如净额结算和抵押条款的变化. CVA 交易部门的表现可能不依赖于这些方面, 它们可以纳入损益管理中.

有些损益既可以视为管理性的也可以看作非管理性的. 一个例子就是 DVA: 一个负责将 DVA 作为部分"基准账户"进行对冲的 CVA 交易部门应该把 DVA 作为上述的管理性风险, 而在损益管理中处理的 DVA 应给予不同的考虑. 违约风险是另一个困难部分: 在一个理想的世界, 这将是一个管理性的组成部分, 但是通过购买个体 CDS 保护来防止跳至违约风险经常是不可能的. 如 18.3.4 小节中所讨论, 期权的执行也可能会产生不可对冲的损益跳跃. 最后, 损益解释也应包括新交易带来的变化. 由于同样的交易数量, CVA 交易部门收取的 CVA 费用应该与损益的变化相匹配. 然而, 无力在交易时间对增量 CVA 和边际 CVA 进行准确定价将造成无法解释的损益.

18.5.6 证券化

Basel III 显著地提高了监管资本金, 毫无悬念, 这已经导致银行需找其他机制来转移 CVA. CVA 的证券化就是这样的一个替代方案. 这样做不仅提供新的风险转移方法, 还可能允许对冲没有流动性的个体 CDS 市场交易对手的很多风险敞口. CVA 证券化也可以提供投资者获得信用资源的机会. 证券化交易对手风险的想法并不新颖, 在 2000 年, UBS 的 Alpine Partners 就首次发行了一个参照 7.5 亿美元利率风险敞口的证券.

不幸的是, CVA 证券化非常困难. 从建模的角度来说, 为了定价和评级目的, 它需要考虑非常复杂的 CDO 型结构, 尤其是相关性建模涉及风险敞口相关性、违约相关性以及风险敞口与违约(错向风险)之间的相关性. 底层的复杂性可能会让那些考虑到诸如 MBS 证券定价等金融危机问题的投资者更加难于决定, 他们会需要更多地理解给定产品组合的特点, 包括相关性和行业集中度, 并且不会依赖评级.

另一个问题涉及相关参考标的的保密性(只有有限的信息, 如评级、行业部门和地域可能是知道的). 此外, 抵押品的加入和不断变化的交易对手风险敞口以及新交易的处理是具有挑战性的.

由于来自 CVA 和证券化过程的复杂性, 加上后者在全球金融危机中的角色, 毫不奇怪, 监管部门一直对这种形式的风险转化非常冷漠. 另一方面, 如果量化 CVA VAR 是可能的, 那么定价 CVA 证券也应该是可以实现的. 此外, 人们可以争辩说, 如果 50%(或以上)的资本资助可以通过对冲一个没有共享任何组成机构 CVA 的个体信用指数来获得, 那么至少同样的资本资助应该可以通过进一步对冲 CVA 证券产生的资产组合得到.

如果操作得当, 证券化可以是利用资本市场进行风险转移的强大工具; 如果操作不当,也会适得其反.银行是否有足够强烈的需求超越底层的复杂性、投资者的谨慎和监管机构的反对来找到方法以转化其 CVA,还仍然有待观察.

18.5.7 对冲的实用方法

尽管一个 CVA 交易部门不去对冲某些流动性风险(如利率和汇率风险)是不理智的,但是针对流动性差的风险的对冲是一个更大的挑战.在该背景下,流动性差主要是指信用风险,因为大多数交易对手不会在个体 CDS 市场中交易.然而,它也可以涉及其他方面,如远期波动性,这可能是难以对冲的.

重要的是,要注意到 CVA 交易部门可能由于各种原因不能对冲某个特定部分,例如:
- 没有对冲可用.在市场上没有合理的直接或间接的对冲.
- 拥挤交易效应.对冲是可能的,但由于过多交易的影响,对冲是相对昂贵的.
- 选择. CVA 交易部门认为最好不要对冲(假设这一选择在其职责和风险限额之内).

一个很重要的考虑是,通过不对冲信用风险,期望 CVA 在交易期限内随着时间的推移显现显著的正收益(θ)[①],如 10.1.6 小节所述.虽然将会经历违约,但是表 10.4 中的经验结果和众所周知的风险溢价的存在都表明,这些只能部分抵消这一积极的 θ.这创造了诱人的前景,即 CVA 交易部门不去对冲其流动性不足的信用风险,从长期来看将产生正的损益,比较而言尝试最大限度对冲会由于对冲成本产生整体的负损益,示意图如图 18.9 所示.虽然最大限度对冲方法会明确地从最小的损益波动性(和监管资本金要求)中获益,但是长期来看,零对冲方法更受青睐.

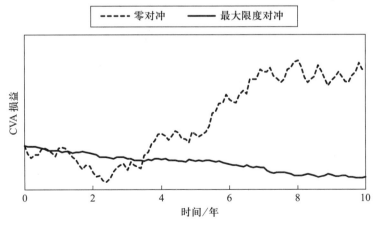

图 18.9 无 CVA 对冲策略(正向平移、大波动率)和最大对冲(负向平移、小波动率)的损益示意图

---

① 我们假设 CVA 费用的收取是基于市场的,因为无论机构的对冲需求如何,相对于它们的竞争对手,它们不希望由于系统性的交易对手风险低估而遭到赢者诅咒.我们还应该注意到, DVA 的使用将导致负 θ,因为机构没有对冲自身违约带来的收益.

最终，持有而不是对冲 CVA 是更有利可图的策略．监管条例似乎要求银行尽可能地对冲 CVA．然而，这会产生一些明显的问题：
- 谁将从银行接手 CVA 风险？
- 如果 CVA 转化为其他的风险（例如通过中央交易对手方），那么它真正成为什么？
- 什么是 CVA 大规模对冲的潜在意外结果？

§18.6 小　　结

本章考虑了金融机构内部的交易对手风险管理．我们列出了需要考量的重要组成部分和 CVA 交易部门的可能作用和责任．我们还讨论了 CVA 定价和相关的技术，仔细研究了介于两个极端——保险公司（精算方法）和交易部门（市场方法）之间的 CVA 交易部门的运作问题．我们对此的解释是，虽然完全不对冲 CVA 可能过于简单，但是尝试积极对冲也可能是危险的．所以，CVA 交易部门的最大挑战是何时选择对冲，何时选择不对冲．

第 19 章 交易对手风险的未来

> 我们知道的关于未来的唯一一件事就是未来将会不同.
>
> Peter Drucker(1909—2005)

在写这本书的时候,交易对手风险是金融市场最热门的话题之一,并且对 CVA 的量化和管理也备受市场关注.另外,人们就"对诸如错向风险和 DVA 等复杂内容的理解还有更多的工作需要去做"达成了共识.和交易对手风险有关的方面,比如无风险估值和融资,也得到高度关注.最后,通过使用诸如对冲和中央清算等方法来降低交易对手风险所产生的影响仍在被人们所讨论.在这最后一章,我们将讨论那些未来定义交易对手风险及其相关领域的关键元素.

§19.1 关 键 元 素

19.1.1 监管资本金和法规

鉴于本次全球金融危机的规模,监管者将会不可避免地限制杠杆交易并对银行征收更高的资本费用.作为危机中起决定性作用的组成部分,交易对手风险将会在这个方面(在相对基础上)被更加严格地监管也就不足为奇.交易对手风险资本被定义为一些元素的和,如违约风险费用、CVA VAR 以及中央清算交易的收费.另外,不同的机构可能会使用简单(如当前的风险敞口方法或对 CVA VAR 标准化的方法)或复杂的方法进行相应的计算(内部建模方法或 CVA VAR 的高级方法).Basel Ⅲ 中要求的一些改变,例如增加保证金风险期和压力数据也同样需要.未来场景的一大部分都将受资本金要求以及可以降低资本金要求的方法所驱动.在某种程度上,只有时间可以告诉我们资本的规则是如何很好地与银行实际承担的风险(降低的风险)保持一致的.

除此之外,监管者对诸如后向测试、压力测试和错向风险等方面加强了限制.这将会显著地增加操作负担,并且需要大量地从量化和技术的角度来增加投入.然而,这将允许银行可以避免重大或意外的损失,同时也将给管理者以更大的信心,即银行有能力正确地量化交易对手风险且可以避免重要的双向依赖可能带来的问题.

19.1.2 抵押品

抵押协议是一种强有力的降低交易过程中单方或双方交易对手风险的方法。然而，它们可能会造成的更进一步的问题也值得关注。特别是考虑到保证金风险期的影响，需要对有抵押的风险敞口的建模进行更多研究。残存风险和与 CSA 一同存在的 CVA 需要被更好地领会。保证金对降低错向风险是十分重要的，尽管这很难理解。

由于可缴纳的抵押品类型存在多种选择，现今标准的抵押协议也包含了大量的可选择性。抵押品管理不再被视为一个后台的成本中心，而更像是一个前台的、重要的资产最优化过程。在这个过程中，抵押品应该被最经济、最有效地使用。抵押协议很可能被极大地简化（如标准 CSA 的发展）以移除可选择性并使得标的的估值变得不那么复杂。抵押品管理同样需要接受高度自动化的场外衍生品市场，从而降低对人工过程的依赖，这可以使操作性风险最小化并使得抵押品的潜在收益最大化。

19.1.3 CVA 对冲

尽管高度复杂的结构性产品（奇异）的精确对冲是一件有挑战的任务，但是 CVA 仍将对冲问题带到了一个新的层次。风险管理的挑战在于，有效地管理一个奇异跨资产类别的混合信用账户风险的难度不应该被低估。此外，对于诸如 DVA、错向风险、抵押品影响敏感性（对冲），一定要充分理解。一个好的 CVA 风险管理策略必须涉及一个对不可对冲风险的量化，以及一个可以承受特殊事件和其他意外损失的策略。对于市场参与者和市场监管者，CVA 对冲的意外后果（举例来说，拥挤交易效应）需要重点考虑。尽管不可能事后预测非预期效应的影响，但是这都必然会有助于一个机构确定管理其 CVA 的方法。

中央交易对手（CCP）在最小化 CDS 信用保护买方的交易对手风险的过程中起到了关键的作用，这有助于 CDS 市场的发展。然而，这需要与 CCP 自身带来的风险进行平衡。

19.1.4 信用衍生品市场

信用衍生品市场几乎是 CVA 的先决条件，因为个体 CDS 是用来定义市场隐含的违约可能性的最明显的工具。然而，即使个体 CDS 市场在流动性方面发展迅速，一个机构用这种方法为仅仅一小部分的交易对手来定义违约的可能性也是令人不可思议的。因此，指数 CDS 在这里扮演了一个重要的角色。一个更加复杂的市场的发展是十分重要的，该市场具有较为完善的指数 CDS，且该市场跨越了标的信用（underlying credit）、地区和行业类别。即使是这样，一个指数 CDS 至多为交易对手信用溢差提供一个好的代用品这个问题仍是一个难题。

CDS 工具在交易对手风险中具有双面性：一方面，它为量化 CVA 提供了市场隐含的违约概率，且它是对冲工具的关键；另一方面，在 CDS 合约中可能出现的使人不愉快的错向风险会给那些购买 CDS 保护的人增加额外的难度. 理想的 CVA 对冲在对冲工具中不应该产生更多的交易对手风险. 这意味着所有的 CDS 对冲都应该进行中央清算.

19.1.5　中央清算

CCP 似乎使 CVA 消失了. 表面上, CCP 为很多交易对手风险问题, 比如嵌在信用衍生品中的错向风险, 提供了一个快速单一的解决方法. 然而, CVA 主要是由于机构不能对其信用风险敞口提供对应的抵押品而产生的, 而 CCP 只基于其会员公布的重要抵押品来进行操作. 因此, CCP 并不直接解决没有抵押品公布的交易对手的问题, 因为这会造成无流动资金的信用风险. 要求这些交易对手借入必需的抵押品会很容易造成重大的融资流动性风险. CCP 不会直接减少交易对手的 CVA, 该交易对手包括公司和主权国家.

CCP 的主要角色是降低提供保证金的交易对手(如银行和其他的重要机构)之间的交易对手风险, 无论它们是否为清算会员. 在这里, 以下这一点是有争议的: CCP 是一个可以通过损失共担和同质化交易对手风险来控制交易对手风险的关键方法. 然而, 严重的道德风险问题和系统性风险问题也可能存在. 中央清算的好处也可能同样依赖于产品的类型. 举例来说, 可以证明中央清算利率产品是简单的, 但是对于信用衍生品则可能是一个更大的挑战. CCP 包括的错向风险有可能造成严重的问题, 就像它在最近的这次金融危机中表现的那样. 同样, 市场的参与者可能对 CCP 的收益有着强烈分歧, 有些认为仅有它是场外衍生品实际的中心, 而其他人则认为它引入了不必要的费用和复杂性, 甚至可能会是导致下一次金融危机的罪魁祸首.

对 CCP 的一个详细的介绍, 包括它们的总量、交易结构、资本基础等, 可使场外衍生生品市场获益匪浅. 然而, 监管者需要仔细地考虑 CCP 的收益和弊端, 并且需要从经验中汲取教训, 比如高信用资质交易对手的违约, 包括专业保险公司. CCP 不会是想象中的那样"大而不倒", 如果这样做, 那么会导致市场参与者天真地增加其风险敞口.

19.1.6　大而不倒

雷曼兄弟是这次全球金融危机中不幸的牺牲品. 在某种意义上, 当它成为财政上的破产者时, 它不被认为是"大而不倒"的. 然而, 不是雷曼兄弟不幸, 而是很多的即将破产的机构(或对其有严重风险敞口的交易对手)都幸运地接受帮助而摆脱困境. 雷曼兄弟破产可能被证明是近几年中极为重要的一课, 用来不断提醒我们一个大的、高信用资质的机构也不总是"大而不倒"的.

"大而不倒"这个概念, 多年来都是金融市场中广义交易对手风险的核心. 然而, 这是有问题的, 因为那些被认为是"大而不倒"的机构是会产生道德风险的. 首先, 在动荡时期纳税人总会为流动性提供最后一道防线的假设下, 机构本身可能会承担不必要的风险. 其次, 交易合伙人可能会自然地暴露更多的风险敞口. 一个稳定的双边衍生品市场并不是基于那些"大而不倒"的机构,而是基于那些具有不同信用资质的机构,在这里信用资质会影响交易条款(CVA、抵押品要求等),机构也希望通过对其有效的更加优惠的条款来拥有更好的信誉. 此外,在这样的市场中,任何一家机构的破产(即使不太可能)都是有可能的.

CCP 的指令并不适合"大而不倒"的讨论. 一方面,监管部门需要"大而不倒"的"系统重要性金融机构"(SIFI)来持有更多的资金,甚至是在考虑将其分解为较小的体量(非系统重要性金融机构). 另一方面,CCP 将会不可能避免地、轻松地达到 SIFI 的地位,这是由于它们的持仓位于金融网络的中心以及它们清算交易的规模. 交易对手风险未来关键的部分是 CCP 是否可以发展并扩展一种可以有效地降低交易对手风险和提高透明度的方式,或者是它们仅仅是增加了"大而不倒"问题的规模.

§19.2 发展的关键轴心

19.2.1 量化

交易对手风险出现在很多交易中,包括银行、其他金融机构以及公司. 它覆盖了横跨多个资产类别的多个不同的产品,并包含了市场风险(信用风险敞口)和信用风险(违约概率和信用迁移)等元素. 交易对手风险必须在一个较长的时间范围内被衡量(通常是很多年),从而为多个可能的风险缓释做出解释. 对交易对手风险进行定价必须在交易对手(净额结算集)层面完成,而不是孤立地针对个别的交易,错向风险和其他的细节必须被仔细审视. 在资产组合层面的交易对手风险相对复杂,这是由于风险敞口的不确定性以及衡量违约相关性的问题造成的. 对交易对手风险的高水平管理是可以完成的,但这需要通过对多方面同时进行仔细的控制和量化来实现.

19.2.2 架构

公司围绕 CVA 产生了浓厚的兴趣,这是由于公司试图使它们自身系统在实时的基础上,可以实现主动地对交易对手风险进行定价,并将 CVA 加入所有新的交易中. 银行及其他的机构正在试图形成一个基于前台的 CVA 交易部门(在银行中通常称为 CVA desk),负责对交易对手风险进行收费和管理. 由于很多重要的衍生品用户需要动态地知晓他们的交易对手风险当前的估值,这将成为接下来需要努力实现的任务. 由于系统中将会有数量众多的资产类别、外来衍生品、错向风险交易(比如 CDS),这将成为一个关键的挑战. 此外,此类系统需要具有对每个交易对手的所有相关的净额结算、抵押品和其他合约细节. 最终,计算需求将会极为庞大.

19.2.3 风险削减

风险削减是一把双刃剑:额外的风险类型被创建,而一些原始的风险仍然存在. 全球金融危机突出了以下这个事实：针对净额结算、抵押品和实体(比如 SPV)的复杂文档和法律术语通常在正常时期被定义，但是通过在危机中的检验，发现它们有时会失效. 显然，任何用于削减风险的法律合约都必须是严密的，尤其是在发生金融危机或政策、地缘危机时. 被监管者所青睐的风险削减的方法，比如抵押品管理和中央清算，将交易对手风险转换为资金流动性风险、法律风险和系统性风险. 这个转换的范围一定不能被忽视，这是由于这些类型的风险不容易被理解，且更容易被忽略. CVA 很复杂并且难于管理，但是可能倾向于在 CVA 被削减时制造的那些替换的风险.

19.2.4 DVA

BCVA 或 DVA 的估值在变得更加标准化，尤其是针对那些有着大量场外衍生品和交易对手风险的机构. 这是由在公平的价值会计规则下，识别一个人"自身信用"的可能性所驱动的，这要通过在其资产负债表以市场价值定价负债来完成. 使机构使用 DVA 的一个关键的驱动因素是它们不同意对交易的交易对手风险的收费. 许多 DVA 的用户都对这一点成为一般概念感到不舒服，并且也同意有些特征是违反直觉的，例如盯市收益与机构逐渐恶化的信用资质相关. 尽管 DVA 的那些令人不愉快的特征可能会被遗忘，对交易对手债务收益的货币化依旧是一个问题，因为机构可能在挣扎着等待某个时间的到来. 在多个会计规则下的 DVA 的正确性和资本充足率(Basel Ⅲ)之间的明显的不一致也是一个重要的原因. 尽管会计和资本计量准则在意图上有所不同，但是它们仍然需要在某种程度上进行靠拢.

19.2.5 错向风险

由于单一险种保险人的违约，对 AIG 的紧急救助，以及与各种主权实体相关的金融问题，使得错向风险处于重要的地位. 因此，对错向风险进行更好的控制显得一点也不奇怪. 这需要改进方法来量化由于宏观经济关系所产生的所谓的普通的错向风险，比如信用溢差和利率之间的相互关系. 这可能同样需要涉及识别潜在的更加有危害的"特殊错向风险"，这种错向风险的产生通常是由于交易对手信用资质和拙劣的交易选择(比如为重投机者提供交易)而产生的风险敞口之间的联系所造成的. 从量化的角度看，为了刻画导致错向风险的相互依赖关系是一个重大的挑战，并且历史数据的稀疏性可能导致其作用有限. 针对错向风险的对冲工具的作用同样有限. 由于银行试图找到方法来对冲交易对手风险并且防止可能暴露风险的有问题的交叉-gamma，使得这些对冲工具有着良好的发展.

19.2.6 与估值和融资成本的联系

交易对手风险已经变得与标准估值的问题有关，且与融资费用的量化也有关. CVA 在考虑到金融工具价值的情况下被定义，因此这两者也必然被联系到一起. 最明显的表现是对"无风险"进行估价,并使用 CVA(或 DVA)作为调整. 然而, 定义"无风险"价值不再是一个简单的问题,因为这需要解决如"双重曲线"定价的问题. 除此之外, 通过 FVA 对融资费用进行的量化与 DVA 的估价相关联, 二者共享了很多的技术和架构, 这是交易对手风险所需要的. 通过 CollVA 对抵押品元素估价也是很重要的. 当衍生品估价实现了完整的体制转换后, 双重曲线定价, FVA 和 CollVA 等术语很可能会变得更加常见.

19.2.7 风险转移

最终, 交易对手风险的问题是, CVA 由金融市场中许多参与者生成, 然而这些参与者不能抵押其交易. 拒绝这类交易对手介入场外衍生品市场不是一个可行的解决方法, 因为它们很可能有着重大的、合理的对冲需求. 那么问题就是: CVA 的未来将会何去何从? 银行是这些不能进行抵押或流通性差的信用风险的天生持有者, 并且它们当然应该对其进行妥善的抵押. 然而, 市场同样需要交易对手风险转移的存在.

信用衍生品市场处于一个不稳定的状态, 观点分为了两派: 基础工具是否可以代表重要的风险转移和对冲工具, 或者说这些基础工具仅仅是在未来金融市场中制造扰动的危险武器. 中央交易对手的一个重要的角色就是使得信用衍生品市场更加透明, 具有更好的流动性, 且消除交易对手风险. 这需要改善对 CVA 的对冲, 最起码要考虑那些最大的和最重要的交易对手. 同样, 需要对流动性不佳的信用资产(不在信用衍生品市场中进行交易的品种)的系统元素进行对冲, 尽管从银行中转移这样的系统风险不一定是最佳的解决方案.

除了对冲以外, 银行会自然地寻找其他的方法, 例如资产证券化, 来对冲其他流动性差的交易对手风险. 一方面, 监管者可能认为对 CVA 资产证券化并非无害, 因为对更简单的基础资产进行资产证券化是最近这次金融危机发生的重要原因. 另一方面, 鉴于监管者在银行使用完全不同的组合进行对冲时, 允许 50% 甚至更多的资本减免, 他们或许也会青睐资产证券化, 因其能够提供更精确的对冲.

§19.3 对全球金融市场的持续挑战

交易对手风险和 CVA 将会是一个统治从业者、决策人和学术界多年的主题. 银行以及其他机构需要找到正确的方法来管理它们的交易对手风险, 不论它们只有几个交易对手或其交易对手成千上万. CVA 管理部门将会成为横跨银行以及其他金融机构或重要衍生品用户的规范. 模型设计者需要使用最好的、最实用的方法来量化 CVA. 技术人员需要找到最高效且最划算的方法来实现系统, 使得其可以覆盖交易对手风险的所有方面, 包括产品、交易对手类型、提供实时的定价和对冲, 以及会计、报告和监管等功能. 解决这些方面的方法, 包括 DVA 和错向风险, 将会被反复讨论和改进. 一些外围问题, 包括无风险估值和融资(FVA)需要同交易对手风险一同被研究. 监管者试图提供正确的需求来使得机构可以对其交易对手风险进行抵押，而不阻碍经济的发展或不造成不愉快的意外后果.

交易对手风险的混合物——包括 CVA、抵押品、错向风险、CCP、信用衍生品、DVA、FVA 和监管规则，很有可能在接下来的几年中生成很多头疼的问题. 然而，也很有可能激发出更多主动的讨论并产生很多新的研究、创新和对问题的解决方法.

参 考 文 献

Acharya, V., Engle, R. F., Figlewski, S., Lynch, A. W. and Subrahmanyam, M. G. (2009) Centralized Clearing for Credit Derivatives, in Restoring Financial Stability: How to Repair a Failed System, Acharya, V. and Richardson, M. (eds), John Wiley & Sons Inc.

Albanese, C., D'Ippoliti, F. and Pietroniero, G. (2011) Margin lending and securitization: regulators, modelling and technology, Working Paper.

Altman, E. (1968) Financial ratios, discriminant analysis and the prediction of corporate bankruptcy, Journal of Finance, 23, 589-609.

Altman, E. (1989) Measuring corporate bond mortality and performance, Journal of Finance, 44 (4 September), 909-922.

Altman, E. and Kishore, V. (1996) Almost Everything You Wanted to Know About Recoveries on Defaulted Bonds, Financial Analysts Journal, Nov/Dec.

Amdahl, G. (1967) Validity of the single processor approach to achieving large-scale computing capabilities, AFIPS Conference Proceedings, 30, 483-485.

Andersen, L. and Piterbarg, V. (2010a) Interest Rate Modelling Volume 1: Foundations and Vanilla Models, Atlantic Financial Press.

Andersen, L. and Piterbarg, V. (2010b) Interest Rate Modelling Volume 2: Term Structure Models, Atlantic Financial Press.

Andersen, L. and Piterbarg, V. (2010c) Interest Rate Modelling Volume 3: Products and Risk Management, Atlantic Financial Press.

Andersen, L., Sidenius, J. and Basu, S. (2003) All your hedges in one basket, Risk Magazine, November.

Arvanitis, A. and Gregory, J. (2001) Credit: the Complete Guide to Pricing, Hedging and Risk Management, Risk Books.

Arvanitis, A., Gregory, J. and Laurent, J.-P. (1999) Building models for credit spreads, Journal of Derivatives, 6 (3 Spring), 27-43.

Baird, D. G. (2001) Elements of Bankruptcy, 3rd Edition, Foundation Press, New York, NY.

Basel Committee on Banking Supervision (BCBS) (2004) An explanatory note on the Basel II IRB risk weight functions, October, www.bis.org.

Basel Committee on Banking Supervision (BCBS) (2005) The application of Basel II to trading activities and the treatment of double default, www.bis.org.

Basel Committee on Banking Supervision (BCBS) (2006) International convergence of capital measurement and capital standards, a revised framework-comprehensive version, June, www.bis.org.

Basel Committee on Banking Supervision (BCBS) (2009) Strengthening the resilience of the banking sector, Consultative document, December, www. bis. org.

Basel Committee on Banking Supervision (BCBS) (2010a) Basel Ⅲ: A global regulatory framework for more resilient banks and banking systems, December (Revised June 2011), www. bis. org.

Basel Committee on Banking Supervision (BCBS) (2010b) Basel Ⅲ counterparty credit risk-frequently asked questions, November, www. bis. org.

Basel Committee on Banking Supervision (BCBS) (2011) Capitalisation of bank exposures to central counterparties, December, www. bis. org.

Basurto, M. S. and Singh, M. (2008) Counterparty risk in the over-the-counter derivatives market, November. IMF Working Papers, 1-19, Available at SSRN: http://ssm. com/abstract=1316726.

Bates, D. and Craine, R. (1999) Valuing the futures Market clearinghouse's default exposure during the 1987 crash, Journal of Money, Credit & Banking, 31 (2 May), 248-272.

Bliss, R. R. and Kaufman, G. G. (2005) Derivatives and systemic risk: netting, collateral, and closeout (May 10th), FRB of Chicago Working Paper No. (2005)-03. Available at SSRN: http://ssrn. com/abstract=730648.

Black, F. and Cox, J. (1976) Valuing corporate securities: some effects of bond indenture provisions, Journal of Finance, 31, 351-367.

Black, F. and Scholes, M. (1973) The pricing of options and corporate liabilities, Journal of Political Economy, 81(3), 637-654.

Bluhm, C., Overbeck, L. and Wagner, C. (2003) An Introduction to Credit Risk Modeling, Chapman and Hall.

Brace, A., Gatarek, D. and Musiela, M. (1997) The market model of interest rate dynamics, Mathematical Finance, 7(2), 127-154.

Brady, N. (1988) Report of the Presidential Task Force on Market Mechanisms, US Government Printing Office, Washington DC.

Brigo, D. and Masetti, M. (2005a) Risk Neutral Pricing of Counterparty Risk, in Counterparty Credit Risk Modelling, Pykhtin, M. (ed.), Risk Books.

Brigo, D. and Masetti, M. (2005b) A Formula for interest rate swaps valuation under counterparty risk in presence of netting agreements, www. damianobrigo. it.

Brigo, D. and Morini, M. (2010) Dangers of Bilateral Counterparty Risk: the Fundamental Impact of Close-out Conventions, Working Paper.

Brigo, D. and Morini, M. (2011) Closeout convention tensions, Risk, December, 86-90.

Brigo, D., Chourdakis K. and Bakkar, I. (2008) Counterparty risk valuation for energy commodities swaps: impact of volatilities and correlation. Available at SSRN: http://ssrn. com/ abstract=1150818.

Burgard, C. and Kjaer, M. (2011a) Partial differential equation representations of derivatives with counterparty risk and funding costs, The Journal of Credit Risk, 7(3), 1-19.

Burgard, C. and Kjaer, M. (2011b) In the balance, Risk, November, 72-75.

Burgard, C. and Kjaer, M. (2012) A generalised CVA with funding and collateral, Working Paper.

http://ssm.com/abstract=2027195.

Canabarro, E. and Duffle, D. (2003) Measuring and Marking Counterparty Risk, in Asset/Liability Management for Financial Institutions, Tilman, L. (ed.), Institutional Investor Books.

Canabarro, E., Picoult, E. and Wilde, T. (2003) Analyzing counterparty risk, Risk, 16(9), 117-122.

Cesari, G., Aquilina, J., Charpillon, N., Filipovic, Z., Lee, G. and Manda, I. (2009) Modelling, Pricing, and Hedging Counterparty Credit Exposure, Springer Finance.

Collin-Dufresne, P., Goldstein, R. S. and Martin, J. S. (2001) The Determinants of credit spread changes, Journal of Finance, 56, 2177-2207.

Cooper, I. A. and Mello, A. S. (1991) The default risk of swaps, Journal of Finance, 46, 597-620.

Das, S. (2008) The credit default swap (CDS) market—will it unravel?, February 2nd, http://www.eurointelligence.com/Article3.1018+M583ca062a10.0.html.

Das, S. and Sundaram, R. (1999) Of smiles and smirks, a term structure perspective, Journal of Financial and Quantitative Analysis, 34, 211-239.

De Prisco, B. and Rosen, D. (2005) Modelling Stochastic Counterparty Credit Exposures for Derivatives Portfolios, in Counterparty Credit Risk Modelling, Pykhtin, M. (ed.), Risk Books.

Downing, C., Underwood, S. and Xing, Y. (2005) Is liquidity risk priced in the corporate bond market?, Working Paper, Rice University.

Duffee, G. (1998) The Relation Between Treasury Yields and Corporate Bond Yield Spreads, The Journal of Finance, LIII (6 December).

Duffee, G. R. (1996a) Idiosyncratic variation of treasury bill yields, Journal of Finance, 51, 527-551.

Duffee, G. R. (1996b) On measuring credit risks of derivative instruments, Journal of Banking and Finance, 20(5), 805-833.

Duffle, D. (1999) Credit swap valuation, Financial Analysts Journal, January-February, 73-87.

Duffle, D. (2011) On the clearing of foreign exchange derivatives, Working Paper.

Duffle, D. and Huang, M. (1996) Swap rates and credit quality, Journal of Finance, 51, 921-950.

Duffle, D. and Singleton, K. J. (2003) Credit Risk: Pricing, Measurement, and Management, Princeton University Press.

Duffle, D. and Zhu, H. (2009) Does a central clearing counterparty reduce counterparty risk?, Working Paper.

Edwards F. R. and Morrison, E. R. (2005) Derivatives and the bankruptcy code: why the special treatment?, Yale Journal on Regulation, 22, 91-122.

Ehlers, P. and Schönbucher, P. (2006) The influence of FX risk on credit spreads, Working Paper.

Engelmann, B. and Rauhmeier, R. (eds) (2006) The Basel II Risk Parameters: Estimation, Validation, and Stress Testing, Springer.

Figlewski, S. (1984) Margins and market integrity: margin setting for stock index futures and options, Journal of Futures Markets, 13(4), 389-408.

Financial Times (2008) Banks face $10bn monolines charges, June 10th.

Finger, C. (1999) Conditional approaches for creditMetrics portfolio distributions, Credit Metrics Monitor,

April.

Finger, C. (2000) Towards a better understanding of wrong-way credit exposure, Risk Metrics Working Paper Number 99-05, February.

Finger, C., Finkelstein, V., Pan, G., Lardy, J. -P. and Tiemey, J. (2002) Credit Grades Technical Document. Risk Metrics Group.

Fitzpatrick, K. (2002) Spotlight on counterparty risk, International Financial Review, 99, November 30th.

Fleck, M. and Schmidt, A. (2005) Analysis of Basel II Treatment of Counterparty Risk, in Counterparty Credit Risk Modelling, Pykhtin, M. (ed.), Risk Books.

Fons, J. S. (1987) The default premium and corporate bond experience, Journal of Finance, 42 (1 March), 81-97.

Garcia-Cespedes, J. C., de Juan Herrero, J. A., Rosen, D. and Saunders, D. (2010) Effective modelling of wrong-way risk, CCR capital and alpha in Basel II, Journal of Risk Model Validation, 4(1), 71-98.

Garcia-Cespedes, J. C., Keinin, A., de Juan Herrero, J. A. and Rosen, D. (2006) A simple multi-factor 'factor adjustment' for credit capital diversification, special issue on risk concentrations in credit portfolios (Gordy, M. ed.) Journal of Credit Risk, Fall.

Gemen, H. (2005) Commodities and Commodity Derivatives, John Wiley & Sons Ltd.

Geman, H. and Nguyen, V. N. (2005) Soy bean inventory and forward curve dynamics, Management science, 51 (7, July), 1076-1091.

Gemmill, G. (1994) Margins and the safety of clearing houses, Journal of Banking and Finance, 18 (5), 979-996.

Ghosh, A., Rennison, G., Soulier, A., Sharma, P. and Malinowska, M. (2008) Counterparty risk in credit markets, Barclays Capital Research Report.

Gibson, M. S. (2005) Measuring Counterparty Credit Risk Exposure to a Margined Counterparty, in Counterparty Credit Risk Modelling, Pykhtin, M. (ed), Risk Books.

Giesecke, K., Longstaff, F. A., Schaefer, S. and Strebulaev, I. (2010) Corporate Bond Default Risk: a 150-Year Perspective, NBER Working Paper No. 15848, March.

Glasserman, P. and Li, J. (2005) Importance sampling for portfolio credit risk, Management Science, 51 (11, November), 1643-1656.

Glasserman, P. and Yu, B. (2002) Pricing American Options by Simulation: Regression now or Regression later?, in Monte Carlo and Quasi-Monte Carlo Methods, Niederreiter, H. (ed), Springer.

Gordy, M. (2002) Saddlepoint approximation of credit risk+, Journal of Banking and Finance, 26, 1335-1353.

Gordy, M. (2004) Granularity Adjustment in Portfolio Credit Risk Management, in Risk Measures for the 21st Century, Szegö, G. P. (ed.), John Wiley & Sons.

Gordy, M. and Howells, B. (2006) Procyclicality in Basel II: can we treat the disease without killing the patient?, Journal of Financial Intermediation, 15, 395-417.

Gordy, M. and Juneja, S. (2008) Nested simulation in portfolio risk measurement, Working Paper.

Gregory, J. (2008a) A trick of the credit tail, Risk, March, 88-92.

Gregory, J. (2008b) A free lunch and the credit crunch, Risk, August, 74-77.

Gregory, J. (2009a) Being two faced over counterparty credit risk, Risk, 22(2), 86-90.

Gregory, J. (2009b) Counterparty Credit Risk: the New Challenge for Global Financial Markets, John Wiley and Sons.

Gregory, J. (2010) Counterparty casino: the need to address a systemic risk, European Policy Forum Working Paper, www. epfltf, org.

Gregory J. (2011) Counterparty Risk in Credit Derivative Contracts, in The Oxford Handbook of Credit Derivatives, Lipton, A. and Rennie, A. (eds), Oxford University Press.

Gregory, J. and German, I. (2012) Closing out DVA, Working Paper.

Gregory, J. and Laurent, J. -P. (2003) I will survive, Risk, June, 103-107.

Gregory, J. and Laurent, J. -P. (2004) In the core of correlation, Risk, October 87-91.

Gupton, G. M., Finger C. C. and Bhatia, M. (1997) CreditMetrics Technical Document, Morgan Guaranty Trust Company, New York.

Hamilton, D. T., Gupton, G. M. and Berthault, A. (2001) Default and recovery rates of corporate bond issuers (2000), Moody's Investors Service, February.

Hardouvelis, G. and Kim, D. (1995) Margin requirements: price fluctuations, and market participation in metal futures, Journal of Money, Credit and Banking, 27(3), 659-671.

Hartzmark, M. (1986) The Effects of changing margin levels on futures market activity, the composition of traders in the market, and price performance, Journal of Business, 59(2), S147-180.

Hille, C. T., Ring J. and Shimanmoto, H. (2005) Modelling Counterparty Credit Exposure for Credit Default Swaps, in Counterparty Credit Risk Modelling, Pykhtin, M. (ed.), Risk Books.

Hills, B., Rule, D., Parkinson, S. and Young, C. (1999) Central counterparty clearing houses and financial stability, Bank of England Financial Stability Review, June, 22-133.

Hughston, L. P. and Turnbull, S. M. (2001) Credit risk: constructing the basic building block, Economic Notes, 30(2), 257-279.

Hull, J. (2010) OTC derivatives and central clearing: can all transactions be cleared?, Working Paper, April.

Hull, J. and White, A. (1990) Pricing interest-rate derivative securities, The Review of Financial Studies, 3(4), 573-592.

Hull, J. and White, A. (1999) Pricing interest rate derivative securities, Review of Financial Studies, 3(4), 573-592.

Hull, J. and White, A. (2004) Valuation of a CDO and an nth to default CDS without Monte Carlo simulation, Working Paper, September.

Hull, J. and White, A. (2011) CVA and wrong way risk, Working Paper, University of Toronto.

Hull, J., Predescu, M. and White, A. (2004) The relationship between credit default swap spreads, bond yields, and credit rating announcements, Journal of Banking & Finance, 28 (11 November), 2789-2811.

Hull, J., Predescu, M. and White, A. (2005a) Bond prices, default probabilities and risk premiums, Journal of Credit Risk, 1 (2 Spring), 53-60.

Hull, J., Predescu, M. and White, A. (2005b) The valuation of correlation-dependent credit derivatives using a structural model, Journal of Credit Risk, 6(3), 99-132.

Hull, J., Predescu, M. and White, A, (2005c) The Valuation of correlation-dependent credit derivatives using a structural model, Available at SSRN: http://ssrn.com/abstract=686481.

International Swaps and Derivatives Association (ISDA) (2009) ISDA close-out protocol, Available at www.isda.org.

Jamshidian, F. and Zhu, Y. (1997) Scenario Simulation: Theory and methodology, Finance and Stochastics, 1, 43-67.

Jarrow, R. A. and Tumbull, S. M. (1992) Drawing the analogy, Risk, 5(10), 63-70.

Jarrow, R. A. and Tumbull, S. M. (1995) Pricing options on financial securities subject to default risk, Journal of Finance, 50, 53-86.

Jarrow, R. and Tumbull, S. M. (1997) When swaps are dropped, Risk, 10(5), 70-75.

Jarrow, R. A. and Yu, F. (2001) Counterparty risk and the pricing of defaultable securities, Journal of Finance, 56, 1765-1799.

Johnson, H. and Stulz, R. (1987) The pricing of options with default risk, Journal of Finance, 42, 267-280.

Jorion, P. (2007) Value-at-Risk: the New Benchmark for Managing Financial Risk, 3rd Edition, McGraw-Hill.

Kealhofer, S. (1995) Managing Default Risk in Derivative Portfolios, in Derivative Credit Risk: Advances in Measurement and Management, Jameson, R. (ed.), Renaissance Risk Publications.

Kealhofer, S. (2003) Quantifying credit risk I: Default prediction, Financial Analysts Journal, January/February, 30-44.

Kealhofer, S. and Kurbat, M. (2002) The Default Prediction Power of the Merton Approach, Relative to Debt Ratings and Accounting Variables, KMV LLC, Mimeo.

KMV Corporation (1993) Portfolio Management of Default Risk, San Francisco: KMV Corporation.

Kenyon, C. (2010) Completing CVA and liquidity: firm-level positions and collateralized trades, Working Paper, www.defaultrisk.com.

Kolb, R. W. and Overdahl, J. A. (2006) Understanding Futures Markets, Wiley-Blackwell.

Kroszner, R. (1999) Can the financial markets privately regulate risk? The development of derivatives clearing houses and recent over-the-counter innovations, Journal of Money, Credit, and Banking, August, 569-618.

Laurent, J.-P. and Gregory, J. (2005) Basket default swaps, CDOs and factor copulas, Journal of Risk, 7(4), 103-122.

Leland, H. (1994) Corporate debt value, bond covenants, and optimal capital structure, Journal of Finance, 49, 1213-1252.

Levy, A. and Levin, R. (1999) Wrong-way Exposure, Risk, July.

Li, D. X. (1998) Constructing a credit curve, Credit Risk: a RISK Special Report, November, 40-44.

Li, D. X. (2000) On default correlation: a copula function approach, Journal of Fixed Income,

9(4 March), 43-54.

Lomibao, D. and Zhu, S. (2005) A Conditional Valuation Approach for Path-Dependent Instruments, in Counterparty Credit Risk Modelling, Pykhtin, M. (ed.), Risk Books.

Longstaff, F. A. and Schwartz, S. E. (1995) A simple approach to valuing risky fixed and floating rate debt, The Journal of Finance, L (3 July).

Longstaff, F. A. and Schwarz, S. E. (2001) Valuing American options by simulation: a simple least squares approach, The Review of Financial Studies, 14(1), 113-147.

Martin, R., Thompson, K. and Browne, C. (2001) Taking to the saddle, Risk, June, 91-94.

Mashal, R. and Naldi, M. (2005) Pricing multiname default swaps with counterparty risk, Journal of Fixed Income, 14(4), 3-16.

Matthews, R. A. J. (1995) Tumbling toast, murphy's law and the fundamental constants, European Journal of Physics, 16, 172-176.

McKenzie, D. (2006) An Engine, Not a Camera: How Financial Models Shape Markets, MIT Press.

Meese, R. and Rogoff, K. (1983) Empirical Exchange Rate Models of the Seventies, Journal of International Economics, 14, 3-24.

Mercurio, F. (2010) A LIBOR market model with stochastic basis, Available at SSRN: http://ssm.com/abstract=1583081.

Merton, R. C. (1974) On the pricing of corporate debt: the risk structure of interest rates, Journal of Finance, 29, 449-470.

Milne, A. (2012) Central Counterparty clearing and the management of systemic default risk, Working Paper, Loughborough University School of Business and Economics.

Moody's Investors Service (2007) Corporate Default and Recovery Rates: 1920-2006, Moody's Special Report, New York, February.

Morini, M. and Prampolini, A. (2010) Risky funding: a unified framework for counterparty and liquidity charges, Working Paper, http://ssm._com/abstract=1669930.

O'Kane, D. (2007) Approximating Independent Loss Distributions with an Adjusted Binomial Distribution, EDHEC Working Paper.

O'Kane, D. (2008) Modelling Single-name and Multi-name Credit Derivatives, John Wiley & Sons Ltd.

Ong, M. K. (ed.) (2006) The Basel Handbook: a Guide for Financial Practitioners, 2nd Edition, Risk Books.

Picoult, E. (2002) Quantifying the Risks of Trading, in Risk Management: Value at Risk and Beyond, Dempster, M. A. H. (ed.), Cambridge University Press.

Picoult, E. (2005) Calculating and Hedging Exposure, Credit Value Adjustment and Economic Capital for Counterparty Credit Risk, in Counterparty Credit Risk Modelling, Pykhtin, M. (ed.), Risk Books.

Pindyck, R. (2001) The dynamics of commodity spot and futures markets: a primer, Energy Journal, 22(3), 1-29.

Pirrong, C. (2000) A theory of financial exchange organization, Journal of Law and Economics, 437.

Pirrong, C. (2009) The economics of cleating in derivatives markets: netting, asymmetric information, and the sharing of default risks through a central counterparty, Available at SSRN: http://ssrn.com/abstract=1340660.

Pirrong, C. (2011) The economics of central clearing: theory and practice, ISDA Discussion Papers Series Number One (May).

Piterbarg, V. (2010) Funding beyond discounting: collateral agreements and derivatives pricing, Risk, 2, 97-102.

Polizu, C., Neilson F. L. and Khakee, N. (2006) Criteria for rating global credit derivative product companies, Standard & Poor's Working Paper.

Press, W. H., Teukolsky, S. A., Vetterling W. T. and Flannery, B. P. (2007) Numerical Recipes: the Art of Scientific Computing, 3rd Edition, Cambridge University Press.

Pugachevsky, D. (2005) Pricing Counterparty Risk in Unfunded Synthetic CDO Tranches, in Counterparty Credit Risk Modelling, Pykhtin, M. (ed.), Risk Books.

Pykhtin, M. (2003) Unexpected recovery risk, Risk, 16(8), 74-78.

Pykhtin, M. (2012) Model foundations of the Basel III standardised CVA charge, Risk, July, 60-66.

Pykhtin, M. and Sokol, A. (2012) If a dealer defaulted, would anybody notice?, Working Paper.

Pykhtin, M. and Zhu, S. (2007) A guide to modelling counterparty credit risk, GARP Risk Review, July/August, 16-22.

Rebonato, R. (1998) Interest Rate Options Models, 2nd Edition, John Wiley and Sons, Ltd.

Reimers, M. and Zerbs, M. (1999) A multi-factor statistical model for interest rates, Algo Research Quarterly, 2(3), 53-64.

Remeza, A. (2007) Credit derivative product companies poised to open for business, Moody's Investor Services special report.

Rosen, D. and Pykhtin, M. (2010) Pricing counterparty risk at the trade level and CVA allocations, Journal of Credit Risk, 6 (Winter), 3-38.

Rosen, D. and Saunders, D. (2010) Measuring capital contributions of systemic factors in credit portfolios, Journal of Banking and Finance, 34, 336-349.

Rowe, D. (1995) Aggregating credit exposures: the primary risk source approach, in Derivative Credit Risk, Jameson, R. (ed.), Risk Publications, 13-21.

Rowe, D. and Mulholland, M. (1999) Aggregating market-driven credit exposures: a multiple risk source approach, in Derivative Credit Risk, 2nd Edition, Incisive Media, 141-147.

Sarno, L. (2005) Viewpoint: Towards a solution to the puzzles in exchange rate economics: where do we stand?, Canadian Journal of Economics, 38, 673-708.

Sarno, L. and Taylor, M. P. (2002) The Economics of Exchange Rates, Cambridge University Press.

Segoviano, M. A. and Singh, M. (2008) Counterparty risk in the over-the-counter derivative market, IMF Working Paper, November.

Shadab, H. B. (2009) Guilty by association? Regulating credit default swaps, Entrepreneurial Business Law Journal, August 19, forthcoming, Available at SSRN: http://ssrn.com/abstract=1368026.

Shelton, D. (2004) Back to normal, proxy integration: a fast accurate method for CDO and CDO-squared pricing, Citigroup Structured Credit Research, August.

Singh, M. (2010) Collateral, netting and systemic risk in the OTC derivatives market, IMF Working Paper, November.

Singh, M. and Aitken, J. (2009) Deleveraging after lehman-evidence from reduced rehypothecation, March, IMF Working Papers, 1-11, Available at SSRN: http://ssm.com/abstract=1366171.

Sokol, A. (2010) A Practical Guide to Monte Carlo CVA, in Lessons From the Crisis, Berd, A. (ed.), Risk Books.

Sorensen, E. H. and Bollier, T. F. (1994) Pricing swap default risk, Financial Analysts Journal 50 (3 May/June), 23-33.

Soros, G. (2009) My three steps to financial reform, Financial Times, June 17th.

Standard & Poor's (2007) Ratings performance: 2006 stability and transition, New York, S&P, 16th February.

Standard & Poor's (2008) Default, transition, and recovery: 2008 annual global corporate default study and rating transitions, April 2nd.

Tang, Y. and Williams, A. (2010) Funding Benefit and Funding Cost, in Counterparty Credit Risk, Canabarro, E. (ed.), Risk Books.

Tavakoli, J. M. (2008) Structured Finance and Collateralized Debt Obligations: New Developments in Cash and Synthetic Securitization, John Wiley & Sons, Inc.

Tennant, J., Emery, K. and Cantor, R. (2008) Corporate one-to-five-year rating transition rates, Moody's Investor Services Special Comment.

Thompson, J. R. (2009) Counterparty risk in financial contracts: should the insured worry about the insurer?, Available at SSRN: http://ssm.com/abstract=1278084.

Tumbull, S. (2005) The Pricing Implications of Counterparty Risk for Non-linear Credit Products, in Counterparty Credit Risk Modelling, Pykhtin, M. (ed.), Risk Books.

Tzani, R. and Chen, J. J. (2006) Credit derivative product companies, Moody's Investor Services, March.

Vasicek, O. (1997) The Loan Loss Distribution, KMV Corporation.

Vrins, F. and Gregory, J. (2011) Getting CVA up and running, Risk, October.

Wilde, T. (2001) The regulatory capital treatment of credit risk arising from OTC derivatives exposures in the trading and the banking book, in ISDA's Response to the Basel Committee On Banking Supervision's Consultation on the New Capital Accord, May (2001), Annex 1.

Wilde, T. (2005) Analytic Methods for Portfolio Counterparty Risk, in Counterparty Credit Risk Modelling, Pykhtin, M. (ed.), Risk Books.